厦门大学

国际法译丛

国际对世义务之概念

THE CONCEPT OF
INTERNATIONAL OBLIGATIONS *ERGA OMNES*

莫里齐奥·拉佳齐 著
池漫郊等 译

法律出版社
LAW PRESS · CHINA

著作权合同登记号
图字：01-2010-4773

总　　序

在厦门大学国际法学科和法律出版社的共同努力和通力合作下,“厦门大学国际法译丛”问世了。这是厦门大学国际法学科发展史上值得祝贺和鼓励的学术盛事。

近年来,厦门大学国际法学科重视开展教师和学生两个层面的国际学术交流,创建厦门国际法高等研究院并连年举办“国际法前沿问题研修班”,连续参加“Willem C. Vis 国际商事模拟仲裁辩论赛”(维也纳)和“Jessup 国际法模拟法庭辩论赛”(华盛顿 DC),持续在国际性专业刊物和出版社发表学术论著等,均反映了本学科师生走向国际的初步努力。翻译国际法名著,则是更为基础性的国际化努力。

众所周知,我国国际法学的发展亟须汲取世界各国国际法学的精与国内法学者比较而言,国际法学者更迫切需要了解和学习国际的名著,更迫切需要与国际同行对话和交流。国际法名著的翻译,为我国法学院校广大师生和相关实务工作者提供了与国际法学师更为便捷交流的中文语境,功德无量。

当下十分提倡和强调学术创新。学术创新自有其发展规律,需要经既有优秀学术成果的吸收、消化、扬弃、升华的过程。国际法名著的工作,对译者而言,是超越时空向国际法学术大师的虚心求教,是优秀学术成果的吸收、消化的过程,也是创新的酝酿或前奏。进而言之,翻译工作是对原作融会贯通之后的再创作。在这个意义上,翻译工作也是创新。虽然,在现行各种学术成果评估体系中,译作并未受到应有的重视,令人感佩的是,本译丛的译者能有"上善若水"的感悟与追求。

翻译的"信、达、雅"是学界一向追求和普遍认同的理想境界。对译者而言,"雅"是取决于已有文化积淀和文字功底的高标准,一时可能难以企及;而"信"、"达"则是不遗余力、必须达到的基本标准。国际法名著最理想的译者自然是学贯中西、潜心治学的年长国际法学者。由于历史和现实的种种原因,殊难如愿。值得庆幸的是,在本译丛第一批译者中,蔡从燕教授、陈辉萍教授、池漫郊副教授、韩秀丽副教授和龚宇博士等都曾在国际性专业刊物或出版社发表学术论著,或有翻译法学论著的经验。其他译者是莘莘学子中的佼佼者,后生可畏。2006 年,厦门大学法学院代表队在美国举行的"第 46 届 Jessup 国际法模拟法庭辩论赛"荣获"最佳书状奖第一名"(The Haldy C. Dillard Award),展现了我国新一代国际法学者的专业研究能力和英语运用能力,给国人莫大的自信与启迪。该最佳书状作者之一季烨博士生也忝列为本译丛译者。

"人之云,非知之难,行之惟难;非行之难,终之斯难。"本译丛作为厦门大学国际法学科建设的重要组成部分,持之以恒,当为我国国际法学的发展和繁荣作出应有的一份贡献。本译丛的生命力在于质量,希望得到国际法学界的持续关注和指导,更希望广大读者对译作多提批评意见,以利修订完善。

曾华群　谨识

2009 年 3 月 9 日

前　言

本书的研究对象是国际对世义务(international obligation *erga omnes*)。该义务属国际义务之一种,于国际法院“巴塞罗那机车案”(the Barcelona Traction case)判决做出后逐渐形成。尽管已有文献对该义务的多个方面展开研究(主要是该义务所对应的受保护的权利),但据作者所知,目前尚无一部专门研究该问题的专著。本书旨在填补此缺。

本书伊始就有必要探究对国际对世义务的概念创作一部专著是否值得。从理论角度来看,此议题显属重要。奥本海国际法的最新版在开卷语谈及国际法的概念时,就专门探讨了国际对世义务。[1] 威尔(Weil)在海牙国际法研究院的讲演中则认为,国际对世义务已成为了解当代国际法的核心方面,尽管他对国际对世义务本身并不热衷。[2] 从实务角度看,自国际法院做出上述判决意见以来,国际对世义务在国家实践、国际判例法的形成及国际法委员会的工作中确实发挥了更大影响。单是这些因素,就足以说明写作本书的必要性。

---

〔1〕 *Oppenheim' s International Law.* Peace, i. 9th edn. Jennings and Watts (London, 1992), pp. 4 –7.

〔2〕 “On peut sans exagération y voir l' une des pièces maîtresses de l' arsenal conceptual du droit international d' aujourd' hui.” [Weil, ‘Le droit international en quête de son identité. Cours général de droit international public’, 237 Hague *Recueil* (1992, VI), p. 287.]

尽管国际对世义务的概念不乏理论与实务的重要性，但其在很大程度上仍如同布朗利（Brownlie）教授所说的那样“确实非常神秘”。[3] 其神秘之处在于多个层面，除了涉及在国际法院判决意见所给出的几个例子之外判断国际对世义务的标准，还关涉与其相关的权利及违反该义务的救济等问题。当然，鉴于本书无法对所有这些问题都进行探讨，有必要阐明本书的研究范围。

首先，本书探讨的是国际对世义务的概念。这意味着，本书并不对这些义务本身进行列举（即使有可能在该义务的当前发展阶段做出此种列举），而将探讨这些义务的特点以及认定。与此同时，对于概念的关注并不会导致本书建立于抽象论证而非例证研究之上。相反，尽管对于法律理论及国际法的一般性研究对于研究本议题实属必要的基础，但作者着力研究国家实践、国际判例法以及国际法委员会的工作，仅在这些相关文献不够明晰之时才考虑法律原则。[4]

其次，本书所探讨的国际对世义务是一种特别的国际义务，故而对此等义务相应的权利及救济的探讨将仅限于本书论证之必需。易言之，作者将“突出”此等义务的概念，[5] 而非其各项广受学术关注却颇有争议的推论，除非我们可以厘清国际对世义务的本源。同样的原因，本书对于众有诉权（*Actio Popularis*）的研究也将仅限于判定国际法院是否在其关于国际对世义务的判决意见中暗示了此类众有诉权，而完全不讨论国际罪行。因此，本书对于对世义务的研究乃是基于其自身的重要性。

---

〔3〕 ‘To What Extent are the Traditional Categories of *Lex lata* and *Lex Ferenda* still viable? Presentation’, Cassese and Weiler（eds.）, *Change and Stability in International Law-Making*（Berlin and New York, 1988）, p. 71.

〔4〕 “判例越多……检视这些原则的机会就越少”（McNair, *Dr Johnson and the Law*（Cambridge, 1948）, p. 102（转引自 Samuel Johnson）。

〔5〕 本书使用该术语的目的与其他著述是不同的，参见 Kelsen, *Introduction to the Problems of Legal Theory*, 英文译本，Litschweski Paulson and Paulson（Oxford, 1992）, p. 43。

作者并不打算通过本书的研究提出任何关于国际义务的新理论。国际对世义务的概念的发展迟早会促使国际法学者反思现今国际义务的理论,但这项任务也须等到时机成熟方可开展。在此方面,作者赞同 Ago 的观点,即科学发展须稳步推进方可。〔6〕

即便在上文所设的范围内,本书的研究对象既不具备自足性,也难以轻易把握。国际对世义务的概念牵涉国际法的各个领域,相关材料的来源与内容亦千变万化。从某种意义上看,创作本书犹如写一部侦探故事,重要的线索往往来自于不同(也常难以预料)的方面。在这些材料中,在国际法院诉讼的当事方的诉状及辩词尤其重要,因其往往反映了国家的法律立场,这些立场难以在各国的外交材料中获知,同时,尽管可能充斥着对无关话题的片面讨论,它们总是能够提供一些值得探讨的要点。在选择研究领域时,作者将对一些尚处于形成中的国际法对象进行研究(比如国际环境与发展法),但重点仍将置于"旧争议"之上(比如渊源、国家责任和国际交易),因为"在这些领域仍可发现丰富的宝藏"。〔7〕

本书研究对象的特殊性质,即约束所有国家的普遍义务,需要作者尽其所能地关注来自各国、不同语言的法律资料。同样的原因,本书大量援引了海牙国际法研究院演讲集的各种资料,这不仅是因其高品质,亦因其所具的国际性。〔8〕

---

〔6〕 我们可以看出 Ago 在其自身的范例之外所彬彬有礼地告诫的另一规则,用他自己的话来说:"记住科学发展是以跬步前进的"。藉此论述,他认为想象力是有益的,只要想象力不要运转得太快就行。[Ziccardi, "Il diritto nell' insegnamento di Roberto Ago", 78 *Riv. dir. int.* (1995), pp. 306 - 7.]

〔7〕 Jennings, "General Course on Principles of International Law", 121 Hague *Recueil* (1967, II), p. 327.

〔8〕 就演讲集以及海牙研究院的国际性,参见 Dupuy, R. J., "La contribution de l' Académie au dévelopment du droit international", 138 Hague *Recueil* (1973, I), p. 51; Jennings, "Fifty Years of Hague Academy Lectures on Public International Law", *The Hague Academy of International Law. Jubilee Book.* 1923 - 1973 (Leiden , 1973), p. 100。

本书的体例介绍

本书采用与起草维也纳条约法公约所相同的拼字法，拉丁语“强行法（*jus cogens*）”中的“jus”及其变形（诸如“juris”），按照中世纪语法（不同于传统的罗马语规则），首字母应为“j”而非“i”，除非他们构成某个引用文献的一部分。（参见 *Oxford English Dictionary*, 2nd edn. （Oxford, 1989）, viii, j 项。）

“国家（State）”及“大国（power）”的哲学含义暗指政治单位，有时在使用时大写首字母以表“国际法的对象”之意。但这并不意味着只有国家才是国际法人。

除非另有说明，作者对于将其他语言翻译成英文承担全责。在将俄语译为英语时，除了少数格式上的变化之外，作者总体上采用了（现代）斯拉夫语的英式系统（*British Standard for Transliteration of Cyrillic and Greek Characters*, B. S. 1979:1958）。出于格式原因，部分语言（如西班牙语）的重音符号被省略。

对于圣经的引用遵行“修订标准版本”的文本，参见 May, H. G. and Metzger （eds.）, *The New Oxford Annotated Bible with the Apocrypha* （New York, 1977）。

首次引用文献的脚注均给出该文献的完整出处。此后的引用均采用缩略形式。读者也可以通过查询本书最后的参考书目便捷地查阅脚注，不必回到注释首次出现的章节。

作者目前系世界银行法律部的工作人员，但本书的观点均为作者所有，并不代表作者所属的任何机构的观点。

致　谢

我本人对于本书的观点负责，但我应对在创作本书的“漫长的紧张与劳作”（请允许我借用我的同胞的一句话）过程中给予我帮助的人们表示谢意。[1]

Ian Brownlie, *CBE*, *QC*, *FBA*，牛津大学 *Chechele* 国际法教授，是我 1995 年在 *Trinity* 学院完成此篇博士论文的导师，本书就是我的博士论文略加修改而得。他对本书的内容乃至表述都起到了至关重要的作用。他教授的法律分析与技巧亦是无价之宝。他对我给予了一贯的支持与鼓励。

Oscar Schachter，哥伦比亚大学 *Hamilton Fish* 国际法与外交学荣休教授，在我于哥伦比亚大学法学院做富布莱特学生时激发了我对于对世义务的兴趣。他用学识与友情点燃了我对于国际法的热爱。

Giovanni Battaglini，意大利 *Farrara* 大学国际法荣休教授，是我的首任国际法教授，他热情鼓励我在哥伦比亚大学与牛津大学继续深造国际法。

我还要感谢 *C. R. Seppala*, *Esq.*，已故的 *Sir Robert McIntosh* 和 *Lady Dorothy*；*Deusto* 大学国际法教授 *J. Oraa*、*Sheffield* 大学国际公

〔1〕 “Longhe vigilie e fatiche”[Ariosto, *Opere minore*, Segre ed. (Milan, 1954), p. 762 (Aristo’s letter to the 印刷遗漏 dated 25 October 1515)].

法教授 *J. G. Merrills*、牛津 *Exeter* 学院 *M. W. Janis* 博士、牛津大学 *Allen & Overy* 公司法教授 *D. D. Prentice*、牛津大学法学教员 *J. M. Eekelaar, B. C. L.*，大学学院（伦敦）国际法教授 *M. Mendelson, QC*、牛津 *St. Hilda's* 学院 *C. D. Gray* 博士、*S. Smith, M. A.*、*Mrs. D. Leandri*（*née Wilder*）及哥伦比亚大学 *Pembroke* 学院的所有成员，正是在此阅读 *Sir William Blackstone* 的著述对于 *Kent* 校长的影响时，我开始喜欢上这个学院。我还应衷心感谢牛津大学出版社（特别是该社法学助理编辑 *Miss Michaela Coulthard* 与 *Ms Myfanwy Milton*、律师 *Ms Alison Morley*、法学责任编辑 *Mr Chris Rycroft*、前任法学总编辑 *Mr Richard Hart*），感谢他们为本书出版所作的谦逊与细致的准备。

我在牛津大学求学的日子得到以下机构的慷慨资助：*Consiglio Nazionale delle Ricerche*, *The British Council*（*FSOSAS*），*Cassa di Risparmio di Ferrara*, *Fondazione Rui*, *ENAM*, *Pembroke* 学院。

我的主要研究工作是在牛津 *Bodleian* 法学图书馆与 *Codrington* 图书馆完成的，我对各位图书馆员表示诚挚谢意。其他的材料来自于多年来我所拜访的其他图书馆，包括和平宫图书馆（荷兰海牙）、哥伦比亚大学图书馆（美国纽约）、*Cujas* 校际图书馆（法国巴黎），马普外国公法与国际法研究所（德国海德堡），博洛尼亚大学（意大利博洛尼亚）以及 *Deusto* 大学（西班牙毕尔巴鄂）。

我的太太 *Grazia Ragazzi*（*née Mangano*），*B. Th.*（Angelicum, *Rome*），*CCRS*（Cantab），*M. Th.* 及博士候选人（Institut Catholique, *Paris*）与我同舟共济。我愿将此书献给我的太太，感谢她对我的矢志不渝的爱意与支持，尤其是在我失意时所给予的关怀。

我的父母 *Luciano Ragazzi* 与 *Lea Ragazzi*（*née Conti*）是给我关爱与支持的不竭源泉。我愿将此书献给他们，并借此告慰我的姐姐 *Stefania* 的英灵。

Revd Vincent Lucas, *St. Gregory* 与 *St Augustine* 教堂教区的前任

牧师,也曾帮我重获精神力量。

Maurizio Ragazzi
1996年11月21日
圣母玛丽亚保佑

目录

缩略语

A.F.D.I.	*Annuaire français de droit international*
A.J.I.L.	*American Journal of International Law*
Ann. suisse	*Annuaire suisse de droit international* (since 1991, *Revue suisse de droit international et de droit européen*)
Ann. Institut	*Annuaire de l'Institut de droit international*
Brownlie, *Basic Documents*	*Basic Documents in International Law*, 4th edn. (Oxford, 1995)
Brownlie, *Principles*	*Principles of Public International Law*, 4th edn. (Oxford, 1990)
B.Y.I.L.	*British Year Book of International Law*
C.J.T.L.	*Columbia Journal of Transnational Law*
G.Y.I.L.	*German Yearbook of International Law*
Hague *Recueil*	*Recueil des cours de l'Académie de droit international de l'Haye*
Heidelberg *Encycl.*	Bernhardt (ed.), *Encyclopedia of Public International Law* (12 instalments, Amsterdam, 1981–90) (the instalments are now being consolidated in a five-volume revised edition)
I.C.J. Pleadings	*International Court of Justice: Pleadings, Oral Arguments, Documents*
I.C.J. Reports	Reports of Judgments, Advisory Opinions and Orders of the International Court of Justice
I.C.L.Q.	*International and Comparative Law Quarterly*
I.L.M.	*International Legal Materials*
I.L.R.	*International Law Reports* (continuation of the *Annual Digest*)
J.D.I.	*Journal du droit international*
Keesing's	*Keesing's Record of World Events* (continuation of *Keesing's Contemporary Archives*)
L.N.O.J.	*League of Nations Official Journal*
L.N.T.S.	*League of Nations Treaty Series*
N.Y.U.J.I.L.P.	*New York University Journal of International Law and Politics*

Nouv. rec. gén.	de Martens (ed.), *Nouveau recueil général de traités* [Series I, 20 vols. (1843–75); Series II, 35 vols. (1876–1908); Series III (1909–)]
Oppenheim's International Law (奥本海国际法)	*Oppenheim's International Law. Peace*, i, 9th edn. Jennings and Watts (London, 1992)
P.C.I.J.	Publications of the Permanent Court of International Justice
P.Y.I.L.	*Polish Yearbook of International Law*
R.D.I.L.C.	*Revue de droit international et de législation comparée* (vols. 1–30 (1869–98); 2nd series, vols. 1–16 (1899–1914); 3rd series, vols. 1– (1920–))
R.G.D.I.P.	*Revue générale de droit international public*
R.I.A.A.	United Nations, Reports of International Arbitral Awards
Riv. dir. int.	*Rivista di diritto internazionale*
Suppl. rec.	de Martens (ed.), *Supplément au recueil des principaux traités*
Third Restatement (第三次重述)	*Restatement of the Law. The Foreign Relations Law of the United States (Third Restatement)*
U.N.T.S.	*United Nations Treaty Series*
Y.I.L.C.	United Nations, *Yearbook of the International Law Commission*
Z.a.ö.R.V.	*Zeitschrift für ausländisches öffentliches Recht und Völkerrecht*

案例索引

各部分案例均依首字母顺序排列，同案的不同阶段则依时间顺序排列。

常设国际法院

国 际 法 院

其他法院与仲裁庭

文献索引

条　约

（依时间顺序排列）

其他文件

（依首字母顺序排列）

p. 3 [partially reproduced, in English, in 29 *Japanese Annual of International Law* (1986), p. 92]..192

League of Nations. Acts of the Conference for the Codification of International Law, Held at The Hague from March 13th to April 12th, 1930. Meetings of the Committees, Vol. IV, Minutes of the Third Committee, Responsibility of States for Damage caused in their Territory to the Person or Property of Foreigners...59
'Letter dated 29 August 1980 from the Chairman of the group of 77 to the President of the Conference', *U.N.C.L.O.S. III, Off. Recs.*, xiv, p. 111...13
'Letter dated 24 May 1994 from the Secretary-General to the President of the Security Council' (Doc.S/1994/674)...............................95
'Letter of Submittal to the President of the United States by the Department of State', *S. Exec. Doc. L., 92d Cong., 1st sess.* (1971), p. 1...46
Livre blanc sur la défense 1994 (Paris, 1994)..173
Livre blanc sur les expériences nucléaires (Comité Interministériel pour l'Information, June 1973)..207–8

Mémoire presenté par M.J.M. Yepes (Doc.A/CN. 4/L.46) 204–5
'Message of the Swiss Federal Council', 47 *Ann. suisse* (1990), p. 130.........41
'Message relatif à l'adhesion de la Suisse à la Convention de Vienne de 1969 sur le droit des traités et à la Convention de Vienne de 1986 sur le droit des traités entre Etats et organisations internationales', *Feuille fédérale* (1986, II), p. 703..46
Multilateral Treaties Deposited with the Secretary-General: Status as at 31 December 1995 (New York, 1996) 37, 49, 74, 93, 105–6, 120, 123, 146, 158, 198–9

New problems of extradition (Resolution adopted by the Institute of International Law, Cambridge, 1983), reproduced in Institut de Droit International (under the auspices of), *Tableau des Resolutions adoptées (1957-1991)* (Paris, 1992), p. 161..139–40

Proceedings in the North Atlantic Coast Fisheries Arbitration before the Permanent Court of Arbitration at the Hague (Washington, 1912)..........23
Proposal of the President of the United States to the Governments of Chile and Peru regarding Tacna-Arica, 23 *A.J.I.L.* (1929), Suppl., p. 183 23
The Protection of human rights and the principle of non-intervention in internal affairs of states (Resolution adopted by the Institute of

国际法院诉状
（依首字母顺序排列）

国际法委员会报告
（按作者姓氏字母顺序排列，相同作者则依时间顺序排列）

Ago, 'Fifth Report on State Responsibility' (Doc.A/CN.4/291, and Add.1 and 2)....................15, 113, 202–3
Ago, 'Eighth Report on State Responsibility' (Doc.A/CN.4/318/ADD.1–4) 79, 80
Ago, 'Addendum to the eighth report on State Responsibility' (Doc.A/CN.4/318/ADD.5–7) 77, 78, 81, 82
Arangio-Ruiz, 'Fourth Report on State Responsibility' (Doc.A/CN.4/444)....................192
Arangio-Ruiz, 'Fourth Report on State Responsibility—Addendum' (Doc.A/CN.4/444/Add.1) 201–2
Arangio-Ruiz, 'Fourth Report on State Responsibility—Addendum' (Doc.A/CN.4/444/Add.2)....................202

Bedjaoui, 'First Report on succession of States in respect of rights and duties resulting from sources other than treaties' (Doc.A/CN.4/204)....................40

Fitmaurice, '(First) Report on the Law of Treaties' (Doc.A/CN.4/101)....................38
Fitzmaurice, 'Second Report on the Law of Treaties' (Doc. A/CN.4/107)....................200
Fitzmaurice, 'Third Report on the Law of Treaties' (Doc.A/CN.4/115)....................45, 49, 50, 51
Fitzmaurice, 'Fifth Report on the Law of Treaties' (Doc.A/CN.4/130) 31, 37, 38

Lauterpacht, H., '[First] Report on the Law of Treaties' (Doc.A/CN.4/63) 45

Riphagen, 'Preliminary Report on the content, forms and degrees of international responsibility (Part 2 of the draft articles on State responsibility)' (Doc.A/CN.4/330) 200
Riphagen, 'Third Report on the content, forms and degrees of international responsibility (Part 2 of the draft articles on State responsibility)' (Doc.A/CN.4/354 and Add. 1 and 2) 170
Riphagen, 'Fourth Report on the content, forms and degrees of State responsibility (Part 2 of the draft articles)' (Doc.A/CN.4/366)....................41

第一章　国际对世义务的出现：国际法院“巴塞罗那机车案”判决意见

众人都惊讶，
以致彼此对问说：
这是什么事？
是个新道理……

（马可福音 1,27）

第一节　概述

国际法院于 1970 年 2 月 5 日做出的“巴塞罗那机车案”（第二 1
阶段）判决中有两段文字是关于对世义务[1]的经典论述。这两段文字全文如下：

33. 当一国允许外国投资或外国人，无论自然人或法人，进入其

〔1〕 拉丁语“erga omnes”意为“针对全部”。“omnes”既可指集体概念也有个体含义。［参见 Glare（ed.），*Oxford Latin Dictionary*（Oxford，1982），pp. 1248 – 1249（“omnis”）］。在对世义务中，这种双重意义引发了争议，即国际社会本身是否也受到对世义务的约束并成为对相应权利进行保护的责任者。这个问题并非本书的研究范围，却是国际法律人格或实施对世义务所相应的权利的保护所应研究的问题。

国境,该国就必须向它们提供法律保护并有义务向它们提供可获得的待遇。但这些义务既非绝对,也不能过低。特别是,必须明确区分一国对整个国际社会所负的义务和该国对于其他国家在外交保护方面所负的义务。这两种义务性质迥异。就所涉权利的重要性而言,所有国家都可被认为对其保护拥有法律利益;这就是对世义务。

34. 在现代国际法中,这种义务既源于诸如对侵略行为及种族屠杀的非法化,也源于基本人权的原则和规则,包括保护人免于奴役及种族歧视。部分此类权利已经成为一般国际法体系之一部分(*Reservations to the Convention on the Prevention and Punishment of the Crime of Genocide*, *Advisory Opinion*, *I. C. J. Reports* 1951, p. 23),有些则由国际法律文件赋予了普世或准普世的特性。〔2〕

2 巴塞罗那机车案的文本系法语。〔3〕 法语文本对于对世义务的描述如下:

33. Dès lors qu'un Etat admet sur son territoire des investissements étrangers ou des ressortissants étrangers, personnes physiques ou morales, il est tenu de leur accorder la protection de la loi et assume certaines obligations quant à leur traitement. Ces obligations ne sont toutefois ni absolues ni sans réserve. Une distinction essentielle doit en

---

〔2〕 *Barcelona Traction*, *Light and Power Company*, *Limited*, Second Phase, Judgment, I. C. J. Reports 1970, p. 32, paras. 33 – 4.

〔3〕 Ibid., p. 51, para. 103. 国际法院的当事方可以约定采用英文或法文作为裁判语言。如果没有此种约定(目前仅有 Asylum 案中有此约定),当事方可以采用英语或法语提交其诉状。国际法院将采用两种文本做出判决,并决定哪一个文本为权威版本。参见国际法院规约第 39 条[*Gen. Ass.*, *Off. Recs.*, *Second Session of the General Assembly*, *Resolutions*, 16 *September* – 29 *November* 1947, pp. 105 – 10, reproduced in Brownlie (ed.), *Basic Documents in International Law*, 4th edn. (Oxford, 1995), pp. 438 – 55.]相关评论可参见 Mani, *International Adjudication*: *Procedural Aspects* (The Hague, 1980) pp. 155 – 7; Tabory, *Mutilingualism in International Law and Institutions* (Alphen aan den Rijn and Rockville, 1980), pp. 18 – 20。

particulier être établie entre les obligations des Etats envers la communauté internationale dans son ensemble et celles qui naissent vis-à-vis d'un autre Etat dans le cadre de la protection diplomatique. Par leur nature même, les premières concernent tous les Etats. Vu l'importance des droits en cause, tous les Etats peuvent être considérés comme ayant un intérêt juridique à ce que ces droits soient protégés; les obligations dont il s'agit sont des obligations*erga omnes*.

34. Ces obligations découlent par exemple, dans le droit international contemporain, de la mise hors la loi des actes d'agression et du génocide mais aussi des principes et des règles concernant les droits fondamentaux de la personne humaine, y compris la protection contre la pratique de l'esclavage et la discrimination raciale. Certains droits de protection correspondants se sont intégrés au droit international général (*Réserves à la convention pour la prévention et la répression du crime de génocide, avis consultatif, C. I. J. Recueil* 1951, p. 23); d'autres sont conférés par des instruments internationaux de caractère universel ou quasi universel.[4]

在阅读国际法院判决时，最好同时阅读英文与法文两个版本，因为（诚如国际法院所称）这两种版本因为起草进程的原因是“相互支持”。[5] 无论如何，不能仅在阅读了翻译件后便仓促定论。[6] 比如，有学者认为，国际法院在巴塞罗那机车案判决中写道对世义务 3

〔4〕 I. C. J. Reports 1970, p. 32, paras. 33 – 4.

〔5〕 参见国际法院就此问题的论述，引发自联合国联合调查组的一份报告，转引于 Rosenne, 'Publications of the International Court of Justice', 81 *A. J. I. L.* (1987), pp. 687 – 8。

〔6〕 按照 Rosenne 的观点，“经验已表明对非权威版本的判决、单独意见或反对意见所使用文本的重要性。”[*The Law and Practice of the International Court*, 2nd revised edn. (Dordrecht, 1985), p. 601, note 1.]

和其他义务之间“应予区分”，国际法院用了这样的假设性的措辞说明对世义务仅为“应然法的概念”。[7] 这种理解是不能成立的，既因为法语文本使用的是直陈式语气而非虚拟式语气（“[u] ne distinction essentielle droit . . . être établie”），[8] 也因为考虑判决持续使用了直陈式语气，因此不能脱离上下文来理解使用了虚拟式语气的语词（正如英语中的现在时态一样）。

对上述国际法院关于对世义务的判决的更好理解方法应考虑上下文。巴塞罗那机车案缘起于一个西班牙法院对于巴塞罗那机车电灯电力有限公司的破产判决，该公司为加拿大籍。[9] 比利时于1958年在国际法院起诉，要求西班牙国家机构对其违反国际法、对巴塞罗那机车公司所造成的损害进行赔偿。三年后，比利时请求终止诉讼程序以便于双方进行庭外和解。西班牙并未反对此请求，国际法院遂终止此案审理。[10]

---

[7] Willisch, *State Responsibility for Technological Damage in International Law* (Berlin, 1987), p. 40.

[8] 助词“should”（英文）或“doit”（法语）也不能支持 Willisch 的观点。关于语法的理论和实例都显示，情态动词的使用有很多变化且意义丰富。参见 Quirk, Greenbaum, Leech and Svartick, *A Comprehensive Grammar of the English Language* (London, 1985), paras. 4. 49 – 4. 50，及（关于助词“ought to”与“should”）para. 4. 56; Grevisse, *Le non usage. Grammaire française*, 13th edn. Goosse (Paris, 1993), para. 789，及（关于助词“devoir”）para. 791 (c)。

[9] 本案的摘要可以参见 Wallace, C. D., “Barcelona Traction Case”, Heidelberg *Encycl.*, ii, pp. 30 – 3. Eisemann, Coussirat-Coustère and Hur, *Petit manuel de la jurisprudence de la Cour internationale de justice*, 4th edn. (Paris, 1984), pp. 95 – 105. 更为广泛的探讨，参见 Miaja de la Muela, *Aportaction de la Sentencia del Tribunal de la Haye en el caso Barcelona Traction* (*5 de febrero de* 1970) *a la jurisprudencia internacional* (Valladolid, 1970). 也可参见 Higgins, R. “Aspects of the Case Concerning the Barcelona Traction, Light and Power Company, Ltd.”, 11 *Virginia Journal of International Law* (1971), pp. 327 – 43; Seidl-Hohenveldern, “Der Barcelona-Traction-Fall”, 22 *Österrichische Zeitschrift für öffentliches Recht* (1971), pp. 255 – 310。

[10] *Barcelona Traction*, *Light and Power Company*, *Limited*, Order of 10 April 1961, I. C. J. Reports 1961, p. 9.

双方和解谈判失败后，比利时在1962年重新向法院起诉。在得 4
知西拔牙对其诉讼请求作出初步反对意见后，比利时变更了诉求。至此，比利时不再要求对巴塞罗那机车公司所受的损害进行赔偿，而是要求对声称为该公司所有者并占有该公司多数股份的比利时国民进行赔偿。西班牙就此提交了四份初步反对意见。第一份和第二份初步反对意见是关于国际法院管辖权，而第三份与第四份初步反对意见则关涉比利时的诉求的可受理性。在1964年作出的判决中，国际法院驳回了关于管辖权的初步反对意见，并将第三份与第四份初步反对意见一并纳入实体问题审理。[11] 在1970年关于巴塞罗那机车案第二阶段所作的判决中，国际法院支持了西班牙的第三份初步反对意见，即比利时无权就此纠纷提出诉讼请求。在此基础上，国际法院驳回了比利时的诉求，[12]并未对其他涉案问题进行判决。[13]

---

〔11〕 *Barcelona Traction, Light and Power Company, Limited*, Preliminary Objections, Judgment, I. C. J. Reports 1964, p. 6. 该诉讼程序，初步反对受制于法院规则第62条。第62条在1972年规则修订后被重定为第67条，而在1978年规则修订后则又被重定为第79条。[1978年修订后的规则转载于17 *I. L. M.* (1978), pp. 1286 - 304] 关于这些规则修订的变化之处，可以参见Shahabuddeen法官在Certain Phosphate Lands in Nauru (Nauru v. Ausatrilia) 案中的个别意见，Preliminary Objections, Judgment, I. C. J. Reports 1992, pp. 271 - 6. 就此初步反对，可以参见Rosenne, *Law and Practice*, pp. 437 - 68. 就对于管辖权的初步反对与对可受理性的初步反对之区分，参见Shihata, *The Power of the International Court to Determine its own Jurisdiction: Compétence de la Compétence* (The Hauge, 1965), pp. 107 - 12; Oda, “The International Court of Justice Viewed from the Bench (1976 - 1993)”, 244 Hague *Recueil* (1993, VII), pp. 47 - 50。

〔12〕 这不仅是一份关于诉求不可受理的声明，而是直接驳回。Morelli法官在其个别意见中写道：“比利时的权利被拒绝，不仅因为该权利可能属于另一个国家（易言之，并非因为比利时本身缺少权利能力），更是因为没有任何国家可以援用此等权利，因为没有作为这项权利的来源”。(I. C. J. Reports 1970, p. 228.)

〔13〕 尽管如此，国际法院法官的数份个别意见中都提及了关于用尽当地救济的第四份初步反对意见。

5 巴塞罗那机车案判决也招致了批评。[14] 就对世义务的问题而言，有学者质疑国际法院为了驳回比利时的诉求而将本案与对世义务进行关联是否必要，乃至是否妥当。MaCaffrey（国际法委员会的前任委员）认为此种关联是"没有理由的观点"，是"在案情事实与法律问题都几乎不需要的情况下做出的决定"。[15] Mann 的语气更甚，认为诸如对世义务之类的附带意见"给人一种将其故意纳入判决或刻意拖入案件的印象"。[16]

随着这个概念被国际实践、案例法及著述广泛接受，上述批评最终都无足轻重了。但它们至少（隐晦地）引发了对世义务概念的起源问题。首先要考虑的问题就是"判决理由"与"附带意见"之区分，这实际上也是 McCaffrey 与 Mann 对国际法院就对世义务的判决的

---

〔14〕 比如，Thirlway 曾写道，这是一份"总体上让人失望的决定"["The Law and Procedure of the International Court of Justice 1960 - 1989", 61 *B. Y. I. L.* (1990), p. 35]。Carreau 则写道，在巴塞罗那机车案（及其他案件）中，国际法院做出了一份"可能被质疑并具有争议的决定"[*Droit international*, 4th edn. (Paris, 1994), p. 612]。Henkin 则采取了一个更为微妙的立场，认为"用国际法院自己的话来说，法院的判决并非无可指责……但如果巴塞罗那机车案在其本源上是合适的，那么它就不能服务于国际正义，因为股东们，也就是最重要的利害人，可能因此没有足够的保护与救济。"["'Nationality' at the Turn of the Century", Beyerlin, Bothe, Hofmann and Petersmann (eds.), *Recht zwischen Umbruch und Bewahrung. Völkerrecht, Europarecht, Staatsrecht. Festshrift für Rudolf Bernhardt* (Berlin, 1995) p. 97.]

〔15〕 "*Lex Lata* or the Continuum of State Responsiblity", Weiler, Cassese and Spinedi (eds.), *International Crimes of State. A Critical Analysis of the ILC's Draft Article* 19 *on State Responsibility* (Berlin and New York, 1989), p. 243.

〔16〕 "The Doctrine of Jus Cogens in International Law", Ehmke, Kaiser, Kewenig, Meessen and Rüfner (eds.), *Festschrift für Ulrich Scheuner zum* 70 *Geburtstag* (Berlin, 1973), p. 418. 同页第 70 注释中，Mann 指出国际法院关于对世义务的判决意见是对于西南非洲案（第二阶段）判决的背离（就此，参见本书第七章与第十章）。也有其他学者提出了同样的观点，但却没有像 Mann 那样提出批评。参见，如 Crawford, "The General Assembly, the International Court of Justice and Self-Determination", Lowe and Fitzmaurice, M. (eds.), *Fifty Years of the International Court of Justice. Essays in Honour of Sir Robert Jennings* (Cambridge, 1996), pp. 588 - 9。

批评的前提。

第二节　"判决理由"与"附带意见"之区分：（一）初步考量

"判决理由"与"附带意见"在普通法中一直有所区分。[17] 关于先例原则（*stare decisis*）的一项规则是，只有那些能对未来案件有约束力的那部分决定方属判决理由。[18] 本质上，判决理由为法院裁断 6
争议所必需，而那些非必需的法律观点不是判决理由，而是附带意见。

布朗利（Brownlie）对于附带意见界定为那些

法庭或者其成员所表达的较为次要的法律观点；并非针对主要争议事项的观点。[19]

詹宁斯（Jennings）正确地指出，在国际法中，先例原则并未完全

---

〔17〕 就此区别而言，参见 Cross and Harris, *Precedents in English Law*, 4th edn. (Oxford, 1991), pp. 39–96. 也可参见 Allen, *Law in the Making*, 7th edn. (Oxford, 1964), pp. 259–68; Raz, *The Authority of Law. Essays on Law and Morality* (Oxford, 1979), pp. 183–89. 此处引用了普通法系国家法学家的著述并不意味着否认这种区别，更不是否认先例在大陆法系国家法律体系中也有价值。参见 Zweigert and Kötz, *Introduction to Comparative Law*, 2nd edn.，英文版，Weir (Oxford, 1987), i, pp. 267–73. 也可参见 Kriele 的观点，"Das Präjudiz im kontinental-europäischen und anglo-amerikanischen Rechtskreis", *La sentenza in Europa. Metodo, tecnica e stile* (Padua, 1988), pp. 62–80; Taruffo, "Dimensioni del precedente giudiziario", "Scintillae iuris". *Studi in memoria di Gino Gorla*, i (Milan, 1994), pp. 383–404。

〔18〕 就先例原则而言，和其他议题相似，参见 Denning 法官的著述大有裨益。参见 *The Discipline of Law* (London, 1979), pp. 283–314。

〔19〕 *Principles of Public International Law*, 4th edn. (Oxford, 1990), p. xlvii.

定型。[20] 若果真如此，我们就可以很合理地质疑，究竟国际法的哪个领域对“判决理由”与“附带意见”进行区分。这个问题有多重意义，本书恐无法（也不必）深究。本书认为，正如詹宁斯所指出的那样，[21] 附带意见在国际法著述中常用，且我们也可以在国际判决中论及判决理由。

判决理由与附带意见之区分在理论层面比在实务层面更明显，且两者都和法律著述中的其他术语一样具有“模糊的边界”。[22] 此种模糊性的一个要素在于，不是所有的附带意见都具有同样的说服力。有些可能完全是缺乏理由的，但有些可能虽然不为判决结果所必要，但仍可能解决了当事一方在诉讼程序中提出的关切。[23] 在考量附带意见的说服力时，[24] 有必要考虑其背景、作出的环境以及后续发展。

7 在国际法中，若低估了附带意见的重要性可能是大错特错的。Fitzmaurice 法官在巴塞罗那机车案（第二阶段）的个别意见中，确认

---

〔20〕 “Judicial Reasoning at an International Court”, *Universität des Saarlands. Vorgräge Reden und Berichte aus dem Europa-Institut*, Ress ed., No. 236 (Saarbrücken, 1991), pp. 6－7. 尽管 Frank 否定了先例在国际法中的约束力，但是他也认为“即便是最狭义的法律也可能有最宽泛的意义”，(*Fairness in International Law and Institutions* (Oxford, 1995), p. 317). 也可参见 Abi-Saab, “Cours général de droit international public”, 207 Hague *Recueil* (1987, VII), pp. 129－30，更宽泛的论述也可参见 Shahabuddeen, *Precident in the World Court* (Cambridge, 1996)。

〔21〕 “The Judiciary, International and National, and the Development of International Law”, 45 *I. C. L. Q.* (1996), pp. 9－10.

〔22〕 Hart, *The Concept of Law*, 2nd edn. (Oxford, 1994), p. 135.

〔23〕 在 *Slack v. Leeds Industrial Co-operative Society* [1923] 1 Ch. 431, 451 中，Sterndale MR 写道“判决意见有不同种类且有不同的重要性。有时它们不过是对于当事方没有争议的问题的一些随意的观点表达，甚至都不能代表法官的想法…… 有些判决意见却不同；尽管它们也并非对案件作出判决所必需，但却是对当事方在案件中的争议明确提出的诉求进行仔细考量后的观点表达…… 后种判决意见显然比前种分量要重得多。”（这些论述全部被引用在 Allen, *Law in the Making*, p. 261.）

〔24〕 方便起见，“dictum”一词并不和“*obiter dictum*”一样采用斜体。

了国际法院所持有的附带意见不能作为判决理由的观点。但是他也认为，在缺乏国际立法的情况下，司法意见则是“某种形式”的澄清国际法发展的主要方式。[25] 劳特派特爵士（Sir Hersch Lauterpacht）对附带意见对国际判决的重要意义提出了另一个理由，认为由于国际法院管辖基于当事方的同意，故其需要审视当事方提出的所有观点。这支持了国际裁断须“完全穷尽”的观点[26]（当然，基于个案的差异，该观点在适用时常有变化，意指一项判决必须要“始终获得明确的推理过程的支持”但“不必对于当事方的所有诉求和反对意见都做出反应”）。[27]

总结而言，国际法院认为对世义务属于附带意见实属正确，但这无损于该问题的重要性。以下两节将结合其背景、作出的环境以及后续发展来评估该意见的价值。

第三节　“判决理由”与“附带意见”之区分：（二）对世义务意见的背景与环境

Devlin 爵士曾说，法律的“新领域”并非一夜催生。[28] 但在另一种语境下，他的话精确反映了对世义务的概念之渊源。

---

〔25〕 I. C. J. Reports 1970, p. 64, para. 2. 就国际法院这份判决的影响，参见 Gaja and Brownlie 的论述，载 Cassese and Weiler (eds.), *Change and Stability*, 分别在 pp. 77 and 92。

〔26〕 Lauterpacht, H., *The Development of International law by the International Court* (London, 1958), pp. 37 –45. 通过附带意见对于一项原则（一贯反对者原则）进行司法论述以作为对当事方诉求的反应的经典实例将在本书第三章论及。

〔27〕 *Application for Review of Judgment No. 158 of the United Nations Administrative Tribunal*, Advisory Opinion, I. C. J. Reports 1973, p. 210, para. 95.

〔28〕 *Hedley Byrne & Co. Ltd. v. Heller & Partners Ltd.* [1964] A. C. 465, 525, Devlin 法官。

“对世义务”这一术语早在国际法院的判决意见之前就产生了。1957 年，Schwarzenberger 在谈到条约对第三方的法律效力时就写道：

> 8 国际地役权，割让条约对于第三方的效力及个人作为国际义务承担者的问题在前文中已论及。这些领域的任何条约都难以得出对世义务可以自动产生的观点。[29]

几年后，Lachs（彼时为国际法委员会的委员）在维也纳条约法公约草案第 62 条（“条约为第三国设置权利或义务”）辩论时使用了如下表述：

> 条约设立的是客观体制，对世义务应在第 62 条第 2 段之外单独规定。[30]

后种观点显属重要，如果考虑他后来被选举为国际法院法官并参与了巴塞罗那机车案的审判。他对于起草对世义务的判决的特殊贡献已被国际著述所记载。[31]

也有其他学者没有使用这一表述，但可被视为预示着对世义务的概念。比如 Schachter 曾认为杰塞普（Jessup）法官在西南非洲案（*South West African Case*）第二阶段中的一些观点是国际法院关于对

---

〔29〕 *International Law as Applied by International Courts and Tribunals*, i (London, 1957), p. 459.（脚注省略。）

〔30〕 *Y. I. L. C.* (1964, I), p. 83, para. 29.

〔31〕 比如，McWhinney 写道对世义务的意见实际上是 Lachs 法官对于国际法院在巴塞罗那机车案的判决的“个人的添加”（被普遍接受与赞赏）。*Judge Manfred Lachs and Judicial Law-Making. Opinions on the International Court of Justice*, 1967 - 1993 (The Hague, 1995), p. 25 以及 pp. 36 - 8（McWhinney 对于同样的问题也做了评述）。Rosalyn Higgins 也做了类似评论（“Fundamentals of International Law”, Jasentuliyana (ed.), *Perspectives on International Law* (*A Publication on the Occasion of the Fiftieth Anniversary of the United Nations and Contribution to the Decade of International Law*) (London, 1995), p. 19; René-Jean Dupuy, (“Authors Recollect Judge Lachs', ibid., p. 531”); and Pierre-Marie Dupuy [“The Judicial Policy of the International Court of Justice”, Salerno (ed.), *Il ruolo del giudice internazionale nell' evoluzione del diritto internazionale e comunitario* (Padua, 1995), p. 71]。

世义务判决的预兆。[32] 杰塞普法官在其反对意见中写道：

> 国家可能有其普遍利益——国际法院亦可认识到——去维护一个为国际社会普遍利益所设立的国际体制。[33]

如 Lachs 法官一样，杰赛普法官也是国际法院参与审理巴塞罗那机车案（第二阶段）的法官，他早期的观点对于理解该判决的作出 9 背景毫无疑问是大有助益的。[34]

类似的，卡塞斯（Cassese）认为国际法院在巴塞罗那机车案的判决与 Sperduti 在 1958 年提出的“联合责任”概念“相同”。[35] 卡塞斯在此援用了 Sperduti 的论述：

> 存在极少的……规范可引发联合义务，对此等义务的违反将导致对整个国际社会所负的责任的违反……[36]

上述观点与国际法院关于对世义务的判决存在明显的类比之处。但卡塞斯可能过于扩大了“联合责任”的概念，因为 Sperduti 提出的联合责任所涵盖的范围远超对世义务，不仅包括习惯法规则，还包括条约法规则。[37] 从此意义看，通过同意而适用于所有国家或

---

〔32〕“Phillip Jessup's Life and Ideas”, 80 *A. J. I. L.* (1986), p. 892.

〔33〕I. C. J. Reports 1966, p. 373. 本注释所引的国家在维护客观机制方面的“普遍利益”必须与 Jessup 法官在不同背景下关于“共同体在预防违反国际法的利益原则”的更宏观探讨做出区分[*A Modern Law of Nations. An Introduction* (New York, 1948; 1968 年再版并由原作者重新作序), p. 12]。

〔34〕Schachter 则更加明确，他写道“Jessup 法官以前的观点在法院就对世义务原则进行决定可能起到了重要作用。”（“Philip Jessup's Life and Ideas”, p. 892.）

〔35〕“Note sull'opera di Giuseppe Sperduti”, 77 *Riv. dir. int.* (1994), p. 317, note 7[无可否认，一个相同的概念（“joint obligations”，意大利语为“vincoli solidali”正是国际法院做出的著名的对世义务判决意见的基础……]。

〔36〕Lezioni di diritto internazionale (Milan, 1958), p. 140 (“Rare... norme istitutive di vincoli solidali nel senso che in virtù di esse una lesione arrecata ad un soggetto si concreta nella violazione di un dovere verso la collettività...”).

〔37〕Ibid., p. 152. 也可参见 Sperduti 在作为欧洲人权委员会成员时提出的反对意见，本书第十章第六节对此做了引用。

部分国家的“联合义务”可以是与对世义务虽类似，却不“相同”。[38]

以上所引用的来自不同法律传统的不同学说都可论证Fitzmaurice 的另一论断，“人类的想法与发现的任何一个部分都不可能被独占”。[39] 如果作者在此适用罗马法中的一个生动的表述，他便可总结上述各种观点并得知，“尽管这个判决的母亲是确定的，但其父亲却并不那么确定”。[40]

这种不确定性需要对此判决作出的环境更为关注，尤其是当事方在法庭程序中所做的辩论。在其第三份初步反对意见中，西班牙
10 声称比利时无权代表巴塞罗那机车公司在国际法院起诉，因为该公司是一个加拿大公司。为支持其论断，西班牙提出保护外国人的国际责任是严格的双边义务，尽管一国可能同时对多个国家都负有内容相同的义务。在此语境之下，针对比利时提出的西班牙法院拒绝司法的诉称，西班牙表达如下观点：

拒绝司法总是针对一个特定国家所导致的损害，该国就是受害人之所属国，而非普遍意义上的国家。另一国不得就此类损害的国际责任而提出诉求；任何一国都无权干涉和保护其他国

---

〔38〕 这个观点当然并非为了否认 Sperduti 在发展国际对世义务这一概念方面所作的贡献，在国际法院的判决意见作出后，他也担任了国际法委员会的特别报告员。（参见本书第八章第二节）

〔39〕 “The Contribution of the Institute of International Law to the Development of International Law”, 138 Hague *Recueil*（1973, I）, p. 212.

〔40〕 “（Mater）semper certa est, etiam si vulgo conceperit: pater vero is est, quem nuptiae demonstrant.”（The Digest of Justinian, Mommsen and Krueger eds.，英文翻译版本 ed. By Watson（Philadelphia, 1985）i, p. 44）（D. 2. 4. 5., *Paulus libro quarto ad edictum.*）

的权利。[41]

Ago(西班牙的法律顾问)在阐述上述观点时表示:

针对一个特定个人的拒绝司法不是针对国际社会整体或其中某个成员的罪行;这是一种一国针对该个人所属国所从事的国际违法行为。[42]

因此,在反驳比利时提出的拒绝司法的指控时,[43]西班牙审视了在国际罪行的情况下,任何国家都有权主张另一国的国际责任,而不论受损的个人属于哪国。尽管“对世义务”这一表述在书面诉状以及口头辩论都并未提出过(至少作者未曾发现),[44]国际法院的

---

〔41〕 *I. C. J. Pleadings, Barcelona Traction, Light and Power Company, Limited* (*New Application*: 1962), i. pp. 194 – 5. (“Exceptions préliminairesprésentées par le Gouvernement Espagnol”). 法文原件如下:“un déni de jusitce est un préjudicecausé ὰ un Etat déterminé ὰ l' Etat national de la personne intéressée et non pas ὰ la généralité des Etats. Un autre Etat ne peut pas s' en plaindre et ne peut faire valoir une responsabilité internationale comme conséquence d' un tel fair : *aucun Etat n' est autorisé ὰ intervenir pour sauvegarder les droits de autres.*”

〔42〕 Ibid. , ii, p. 212. 法文原件如下:“le déni de justice commis ὰ l' égard d' une personne déterminée n' est pas une sorte de crime envers la communauté internationale tout entière ou envers chacun de ses members; c' est un délit international commis par un Etat envers l' Etat national de la personne en question.”

〔43〕 关于拒绝司法的概念,参见 Brownlie, *Principles*, pp. 529 – 30. 也可参见 Fitzmaurice, “The Meaning of the Term ‘Denial of Justice’”, 13 *B. Y. I. L.* (1932), pp. 93 – 114。

〔44〕 在研究诸如巴塞罗那机车案之类的诉求时,学生们往往会遇到类似于法官们需要就案件进行记录的问题,这些记录就长达 60,776 页。(参见 Sette Camara, “Behind the World' s Bench”, *International Law in an Evolving World. Liber Amicorum in Tribute to Professor Eduardo Jiménez de Aréchaga* (Montevideo, 1994), p. 1071.)国际法院的有些法官批评这些冗长的诉状与庭辩。参见,如, Jennings, “New Problems at the International Court of Justice”, ibid. , pp. 1062 – 5; Guillaume, “The Future of International Judicial Institutions”, 44 *I. C. L. Q.* (1995), pp. 853 – 4. 类似的批评还见于 Bowett, Crawford, Sinclair and Watts, “The International Court of Justice: Efficiency of Procedures and Working Methods. Report of the Study Group established by the British Institute of International and Comparative Law as a contribution to the UN Decade of International Law”, 45 *I. C. L. Q.* (1996), Supplement, pp. S4 – 9 (paras. 10 – 23)。

11 判决是有其存在理由的。综上所述，可以认为这个判决并非“没有理由的观点”，而是反映了国际法院在诉讼程序中努力对当事方的诉求做出的“穷尽性的回应”。（这个结论并非要否定国际法院在做出判决时可以考虑更多问题，而是为了强调任何这些更多问题都不能被认为是排除了法院在巴塞罗那机车案所持的特定观点。）

巴塞罗那机车案（第二阶段）判决在国际法院内部也获得了很大程度的赞同，只有一名法官出具了反对意见。关于对世义务的论述获得了所有法官的支持。专案法官 Riphagen 作为唯一持反对意见的法官提出了如下观点：

判决似乎在一国的对世义务、一国依据一般国际法针对特定其他国家所负的义务及一国仅基于“条约规定”向另一缔约国所负的义务之间做出区分。这种区分当然不无道理。但是很难认为这种区分与已有的依据此类义务所保护之利益的分类相符，而此分类本身就存疑。[45]

因此，尽管专案法官 Riphagen 的反对意见中还有一些论述支持

〔45〕 I. C. J. Reports 1970, p. 340. 法文原件措辞如下：“L’arrêt semble faire une distinction entre les *obligations* d’un Etat *erga omnes*, les obligations d’un Etat qui existent envers certains autres Etats d’après le droit international général et des obligations d’un Etat qui n’existent envers un autre Etat qu’en raison de ‘stipulations conventionnelles’. On peut, certes, faire cette distinction. Encore est-il difficile d’admettre que cette distinction correspondrait nécessairement àune classification à priori suivant la nature des *intérêsts* protégés par ces obligations, classification qui est déjà en soi assez douteuse.”

了以上引文的观点，[46]但他明确使用了对世义务的概念。[47] 就此而言，他与国际法院的其他法官的主要异见在于确定对世义务的标 12
准及其实践后果，而非概念本身。[48]

第四节　"判决理由"与"附带意见"之区分：（三）对世义务意见的后续发展

在巴塞罗那机车案之后，国际法院的咨询意见与判决[49]及当事

---

〔46〕 在其一篇早期论著里，专案法官 Riphagen 依据国际法院判决的第 33，34 及 87 段的内容，认为不同类型的义务之间的原则之区别"似乎非常刻意且不能总是证明本判决对于此等区别所引发的重大法律后果"（"paraît bien artificielle et ne peut en aucun cas justifier les conséquences jurisdiques essentielles que l' arrêt attache ὰ cette distinction"）。（Ibid.，pp. 338 –9）

〔47〕 我们不应忽视判决（或者咨询意见）及其所附的意见之间必然的联系。参见 Jennings，"The International Judicial Practice of the International Court of Justice"，59*B. Y. I. L.*（1998），pp. 42 –4；Bedjaoui，"La ' fabrication' des arrêst de la Cour internationale de Justice"，*Le droit international au service de la paix，de la justice et du développment. Mélanges Michel Virally*（Paris，1991），pp. 104 –5。

〔48〕 此判决做出后数年，Riphagen 以国家责任法编纂项目的特别报告员身份常提到对世义务的概念。本书下文将引用到他的部分相关论著。

〔49〕 某些参考资料出现在诸如 Nuclear Tests，Nicaragua，East Timor 以及 Bosnia-Herzegovina，以及 Namibia 及两个 Nuclear Weapon 咨询意见中。尽管这些案件都将在下文论述（或仅被引用），但它们并非是穷尽性的。这些参考文献足以得出不同于某些学者的观点来，依据这些学者，国际法院关于对世义务的判决意见是个孤例。[比如，参见 Cahier，"Changements et continuité du droit international. Cours général de droit international public"，195 Hague *Recueil*（1985，Ⅵ），p. 295；Sinclair，"State Responsibility and the Concept of Crimes of States"，Weiler，Cassese and Spinedi（eds.），*International Crimes of State*，p. 225.]

13 方的诉状中[50]都曾援引了对世义务的概念。可资研究此概念的材料也见于国家实践(除了本案当事方的诉状之外)[51]及其他法院的咨询意见与判决之中。[52] 本书也将探讨部分此类材料。

---

〔50〕 除了本书后文将要提及的一些诉状与庭辩之外,关于对世义务的参考文献(本书将不对这些文献做论述)也可参见,*Legality of the Use by a State of Nuclear Weapons in Armed Conflict* (*Request for Advisory Opinion Submitted by the World Health Organization*), and *the Legality of the Threat or Use of Nuclear Weapons* (*Request for Advisory Opinion Submitted by the General Assembly of the United Nations*)的书面与口头陈述,比如"Request by the World Health Organization for an Advisory Opinion on the Legality of the Use of Nuclear Weapons in View of their Effects on Human Health and the Environment-Written Observations Submitted by the Government of Solomon Islands to the International Court of Justice" (10 June 1994), para. 3.89 (note 211)及"Request by the United Nations General Assembly for an Advisory Opinion on the Legality of the Threat or Use of Nuclear Weapons-Written Observations Submitted by the Government of Solomon Islands to the International Court of Justice" (20 June 1995), para. 398 (note 212); "Request by the World Health Organization for an Advisory Opinion on the Legality of the Use of Nuclear Weapons in View of their Effects on Human Health and the Environment-Further Written Observations Submitted by the Government of Solomon Islands to the International Court of Justice" (20 June 1995), paras. 4.94 – 6 (notes 68 and 74); oral submission presented by the representative of the Government of Mexico (H. E. Ambassador Sergio Gonzalez Galvez, Undersecretary of Foreign Relations) at the public sitting of 3 Nov. 1995 (uncorrected Verbatim Record, CR 95/25), p. 60; oral submission presented by the representative of the Government of the Philippines (Mr Merlin M Magallona, Agent) at the public sitting of 9 Nov. 1995 (uncorrected Verbatim Record, CR 95/28), pp. 78 – 9. (作者在此由衷感谢国际法院注册官 Mr Eduardo Valencia-Ospina 提供了上述书面文件的复印件,以及前日内瓦国际研究院助理教授 Dr Laurence Boisson de Chazournes 提供了未经修订的文字记录复印件)。

〔51〕 参见,如,"Letter dated 29 August 1980 from the Chairman of the Group of 77 to the President of the Conference" (Doc. A/Conf. 62/106), *III United Nations Conference on the Law of the Sea. Official Records*, xiv, pp. 111 – 14。

〔52〕 参见,如, Inter-American Court of Human Rights, *Interpretation of the American Declaration of the Rights and Duties of Man Within the Framework of Article* 64 *of the American Convention on Human Rights*, Advisory Opinion OC – 10/89 of 14 July 1989, Series A No. 10, para. 38。

关于此概念的国际学说展现了一副错综复杂的图景。在有的国家，尽管国际公法的相关论著对此概念进行研究，[53]却罕有专门

[53] 除了前言中所引的 *Oppenheim's International Law* 的论述之外，还可参见，如，Brownlie, *Principles*, pp. xlvii and 598（包括 note 2）；Cassese, *International Law in a Divided World*（Oxford, 1986），pp. 28－30；Ott, *Public International Law in the Modern World*（London, 1987），pp. 245 and 292；Wallace, R., *International Law. A Student Introduction*, 2nd edn.（London, 1992），p. 171；Henkin, Pugh, Schachter and Smit, *International Law Cases and Materials*, 3rd edn.（St. Paul, Minn., 1993），pp. 555－8；Combacau and Sur, *Droit international public*, 2nd edn.（Paris, 1995），pp. 533－5, 542－3, 686；Dupuy, P. M., *Droit international public*, 3rd edn.（Paris, 1995），pp. 284（para. 356），319－21（para. 403），363－4（para. 457），377（para. 477）and 459－61（para. 554）；Nguyen Quoc Dinh, Daillier and Pellet, *Droit international public*, 5th edn.（Paris, 1994），pp. 734－5（para. 483）and 898－901（para. 585）；Reuter, *Droit international public*, 6th edn.（Paris, 1983），pp. 269－71；Verdross and Simma, *Universelles Völkerrecht*, 3rd edn.（Berlin, 1984），pp. 40－1；Podesta Costa and Ruda, *Derecho internacional publico*, updated edn.（Buenos Aires, 1984），ii, pp. 203－4；Carrillo Salcedo, *Curso de derecho internacional publico*（Madrid, 1991），pp. 204－7；Diez de Velasco Vallejo, *Instituciones de derecho internacional publico*, i, 10th edn.（Madrid, 1994），pp. 78, 85, 709 and 728－31；Gonzalez Campos, Sanchez Rodriguez and Andres Saenz de Santa Maria, *Curso de derecho internacional publico*, 5th edn.（Madrid, 1992），pp. 301－6；Pastor Ridruejo, *Curso de derecho internacional publico y organizaciones internacionales*, 6th edn.（Madrid, 1996），pp. 68 and 573－7；Giuliano, Scovazzi and Treves, *Diritto internazionale. Parte generale*, 3rd edn.（Milan, 1991），pp. 484－92；Conforti, *Diritto internazionale*, 4th edn.（Naples, 1992），pp. 363－6；Da Silva Cunha, *Direito Internacional Publico. Introduçao e Fontes*, 5th edn.（Coimbra, 1991），p. 25. 本书的其他注释中也常有从海牙研究院 1970 年以来的演讲集中引用的对世义务概念。在这些论著中，最为详细的论述参见 Schachter in 1982［参见其修订版，作为国际法理论与实践的系列的单册出版（Dordrecht, 1991），pp. 196－8, 208－13, 342－5 and 381－3］以及 Weil 于 1992（"Le droit international", pp. 284－91），尤其是第七章整章（pp. 261－312）将其视为"超级规范"或者"自动适用的规范"。

14 性的论著。[54] 而在其他国家的论著中，一般的论著中尚未对此概念进行专门研究，[55] 仅有一些国际专题的专著中谈及此概念。[56]

---

〔54〕 参见 Juste Ruiz, "Las obligaciones ' erga omnes ' en derecho internacional publico", *Estudios de Derecho Internacional. Homenaje al Profesor Miaja de la Muela* (Madrid, 1979), i, pp. 219 – 33; Frowein, "Die Verpflichtungen erga omnes im Völkerrecht und ihre Durchsetzung", *Völkerrecht als Rechtsordnung. Internationale Gerichtsbarkeit. Menschenrechte. Festschrift für Hermann Mosler* (Berlin, 1983), pp. 241 –62; Picone, "Obblighi reciproci ed obblighi *erga omnes* degli Stati nel campo della protezione internazionale dell'ambiente marino dall'inquinamento", Starace (ed.), *Diritto internazionale e protezione dell'ambiente marino* (Milan, 1983), pp. 15 – 135; Casado Raigon, "Las obligaciones ' erga omnes ' en el derecho internacional contemporaneo", 6 *La Ley* (29 Jan. 1985, No. 1120), pp. 1 –4; Annacker, *Die Durchsetzung von erga omnes Verpflichtungen vor dem Internationalen Gerichtshof* (Hamburg, 1994); ea., "The Legal Régime of *Erga Omnes* Obligations in International Law", 46 *Austrian Journal of Public and International Law* (1994), pp. 131 – 66. 还可参见 Weil, "Towards Relative Normativity in International Law?" 77 *A. J. I. L.* (1983), pp. 413 –42 (该文对于对世义务以及其他议题进行了深入研究). 遗憾的是，在 *Encyclopedia of Public International Law* 上没有一篇关于对世义务的专文，但也有文章与该概念相关，最重要的是 Mosler, "International Legal Community", Heidelberg*Encycl.*, vii, pp. 309 – 12; Jaenicke, "International Public Order", ibid., vii, pp. 314 – 18; Frowein, "Jus cogens", ibid., vii, pp. 327 –30. 关于对世义务与强行法的概念之间的关系以及对世义务与众有诉权的概念之间的关系，分别可以参见本书第十章第一节与第六节。

〔55〕 比如，就俄罗斯(前苏联)著述来看，作者并不能在 Kudriavtsev (ed.), *Kurs mezhdunarodnogo prava v. semi tomakh* (Moscow, 1989 –93)的著作中找到关于对世义务的概念的论述，即便在近期的论著中，如 Ignatenko (ed.), Mezhdunarodnoe pravo, 2nd edn. (Moscow, 1995); Kolosov and Kusnetsov (eds.), *Mezhdunarodnoe pravo* (Moscow, 1995)。类似的，Bierzanek and Symonides, *Prawo miedzynarodowe publiczne*, 3rd edn. (Warsaw, 1994) 及 Diaconu, *Curs de drept international public*, 2nd edn. (Bucharest, 1995)这两个前苏联国家的论著也没有关于对世义务的概念的探讨。

〔56〕 俄语著述参见，如，Lukashuk, *Funktsionirovanie mezhdunarodnogo prava* (Moscow, 1992)，尤其是 pp. 43 – 4 (包括参考文献的注释 34), 101 and 114; Movchan, *Mezhdunarodnyi pravoporiadok* (Moscow, 1996), p. 70. 波兰语文献参见 Czaplinski, *Skutki prawne nielegalnego uzycia sily w stosunkach miedzynarodowych* (Warsaw, 1993)(非法使用武力的国际法律效果，波兰语，附英文摘要), pp. 104 –6, 154 –90.

通常学者都通过某个特定法律领域来研究对世义务（此类法律领域主要但不限于国际人权法），或是在讨论其他概念时提到对世义务。[57]尤其是，已有大量文献就对世义务的概念与国家的国际罪

（探讨了对世义务、众有诉权以及在非法使用武力情形下的国际罪行的概念）and 229 – 3, paras. 3. 3 and 4. 4（对上述论著包含所引章节页均有英文摘要）。也可参见 Mik, “On the Specific Character of State Obligations in the Field of Human Rights”, 20 *P. Y. I. L.* (1993), pp. 129 – 33。

〔57〕参见，如，International Law Association, *Report of the Sixty-first Conference held at Paris. August 26th to September 1st*, 1984 (Aberystwyth, 1985), p. 82; Hanz, *Zur völkerrechtlichen Aktivlegitimation zum Schutze der Menschenrechte* (Munich, 1985), pp. 72 – 4 and 110 – 17; Bryde, “Verpflichtungen Erga Omnes aus Menschenrechten”, *Multilaterale Staatsverträge erga omnes und deren Inkorporation in nationale IPR-Kodifikationen—Vor-und Nachteile einer solchen Rezeption* (Heidelberg, 1986), pp. 165 – 90（附英文摘要）; Cocuzza, “State Involvement in Terrorist Activities and Economic Sanctions: The Libyan Case”, 7 *The Italian Yearbook of International Law* (1986 – 1987), pp. 209 – 15; Macdonald, “The Principle of Solidarity in Public International Law”, Dominicé, Patry and Reymond (eds.), *Etudes de droit international en l'honneur de Pierre Lalive* (Basel and Frankfurt, 1993), pp. 276 – 7 and 285; Vierdag, “Some Remarks about Special Features of Human Rights Treaties”, 25 *Netherlands Yearbook of International Law* (1994), p. 129; Francioni, “Patrimonio comune della cultura. Sovranità e conflitti armati”, 106 Studi senesi (1994), pp. 18 – 19; Provost, “Reciprocity in Human Rights and Humanitarian Law”, 65 *B. Y. I. L.* (1994), 尤其是 pp. 385 – 7; Oellers-Frahm, “Die Einsetzung des ‘Internationalen Tribunals über Kriegsverbrechen im ehemaligen Jugoslawien’ durch den Sicherheitsrat”, Beyerlin, Bothe, Hofmann and Petersmann (eds.), *Recht. Festschrift Bernhardt*, pp. 747 – 9; Bleckmann, “General Theory of Obligations under Public International Law”, 38 *G. Y. I. L.* (1995), pp. 32 – 3; Weisburd, “The Effect of Treaties and Other Formal International Acts On the Customary Law of Human Rights”, 25 *Georgia Journal of International and Comparative Law* (1995/96), pp. 106 – 8; Nakatani, “Economic Sanctions and Compliance: Theoretical Aspects” [paper submitted to the American Society of International Law/Japanese Association of International Law/Canadian Council of International Law (ASIL/JAIL/CCIL) Joint Meeting—Atlanta, 25 March 1996], para. 4. 1. B。

15 行之间的演进关系进行了研究。[58] 尽管巴塞罗那机车案中双方的一些论辩意见已对国际不法行为与国际罪行进行了区分(如本章前文所提到),但毫无疑问该判决关于对世义务的意见对于国际法委员会在编纂国家责任法之时重新审视此区分发挥了决定性影响。[59] 特别地,此种影响反映在国际法委员会所列举的国际罪行范例清单之上,包括:

(1)对于维护国际和平与安全具有关键重要性的国际义务的严重违反,比如禁止侵略的义务;

(2)对于保障人民自决权的具有关键重要性的国际义务的严重违反,比如禁止通过武力设立或维持殖民统治的义务;

(3)对于保护人类的具有关键重要性的国际义务的严重的、大规模的违反,比如禁止奴役、灭种或种族隔离的义务;

(4)对于保护与维持人类环境具有关键重要性的国际义务的严

---

〔58〕 除了下文所引用的国际罪行的著述之外(大多数此类著述都指向对世义务),参见 Picone, Interventi delle Nazioni Unite e obblighi *erga omnes*', Picone (ed.), *Interventi delle Nazioni Unite e diritto internazionale* (Milan, 1995), pp. 517 – 78; de Hoogh, *Obligations "Erga Omnes" and International Crimes. A Theoretical Inquiry into the Implementation and Enforcement of the International Responsibility of States* (The Hague, 1996)。

〔59〕 此种观点可以参见,如 Jiménez de Aréchaga, "The Work and the Jurisprudence of the International Court of Justice 1947 – 1986", 58 *B. Y. I. L.* (1987), pp. 21 – 2; Ruda, "Some of the Contributions of the International Court of Justice to the Development of International Law", 24 *N.Y. U. J. I. L. P.* (1991), pp. 53 – 5. 为了说明国际罪行与国际违法之间的区别, Ago's Fifth Report on State responsibility (Doc. A/CN. 4/291, and Add. 1 and 2) 对于对世义务的概念做了详细探讨。

重违反，比如禁止大规模污染大气或海洋的义务。[60]

---

〔60〕 国际法委员会在对于国家责任公约草案第一部分一读以后所通过的文本。本文本转载于 Brownlie, Basic Documents, pp. 426 – 37。在关于国际罪行的多种论著中，参见 Graefrath, Oeser and Steiniger, "Internationale Verbrechen—Internationale Delikte", 22 *Deutsche Aussenpolitik* (1977), pp. 90 – 101; Marek, "Criminalizing State Responsibility", 14 *Revue belge de droit international* (1978 – 79), pp. 460 – 85; Dupuy, P. M., "Observations sur le 'crime international de l'Etat'", 84 *R. G. D. I. P.* (1980), pp. 449 – 86; Cardona Llorens, "La responsabilidad internacional por violacion grave de obligaciones Esenciales para la salvaguarda de intereses fundamentales de la comunidad internacional (el 'crimen internacional')", 8 *Anuario de derecho internacional* (1985), pp. 265 – 336; Carella, *La responsibilità dello Stato per crimini internazionali* (Naples, 1985); Cassese, "Remarks on the Present Legal Regulation of Crimes of States", *International Law at the Time of its Codification. Essays in Honour of Roberto Ago* (Milan, 1987), iii, pp. 49 – 64; Conforti, "In tema di responsa-bilitò degli Stati per crimini internazionali", ibid., pp. 99 – 111; Rigaux, "Le crime d'Etat. Réflexions sur l'article 19 du projet d'articles sur la responsabilité des Etats", ibid., pp. 301 – 25; Sahovic, "Le concept du crime international de l'Etat et le développement du droit international", ibid., pp. 364 – 9; Gilbert, "The Criminal Responsibility of States", 39 *I. C. L. Q.* (1990), pp. 345 – 69; Rosenstock, "Crimes of States—an Essay", Ginther, Hafner, Lang, Neuhold and Sucharipa-Behrmann (eds.), *Völkerrecht zwischen normativen Anspruch und politischer Realität. Festschrift für Karl Zemanek zum* 65. *Geburtstag* (Berlin, 1994), pp. 319 – 34. 更多关于违反或执行对世义务的责任问题，参见 Starace, "La respons-abilité résultant de la violation des obligations ò l'égard de la communauté international", 153 Hague *Recueil* (1976, IV), pp. 265 – 317; Frowein, "Collective Enforcement of International Obligations", 47 *Z. a. ö. R. V.* (1987), pp. 73 – 8; id., *International Law in the Period after Decolonization* (Lagos, 1988), pp. 7 – 11; id., "Reactions by Not Directly Affected States to Breaches of Public International Law", 248 Hague *Recueil* (1994, IV), 尤其是 pp. 405 – 22; Focarelli, "Le contromisure pacifiche collettive e la nozione di obblighi erga omnes", 76 *Riv. dir. int.* (1993), pp. 52 – 72; Alland, *Justice privée et ordre juridique international. Etude théorique des contre-mesures en droit international public* (Paris, 1994), pp. 352 – 7. 而精通日语的读者（不同于本书作者）也可参见 Nakatani, "The Functions and the Legality of Economic Sanctions under International Law—A Study of the Legal Consequences of International Wrongful Acts"（在 *Kokka Gakkai Zassi—The Journal of the Association of Political and Social Sciences* (1987 and 1988) 第 100 与 101 卷中分六部分发表），尤其是第一章第二节与第三节、第二章第一节。

总结而言,目前存在一种趋势,国际著述往往通过检视其他概念
16 来稀释就对世义务的研究,尤其是在研究对世义务之特定议题时,过于集中于其相应的权利与救济。鉴于这种态度,尽管国际法院巴塞罗那机车案的判决已经做出了30余年,对世义务之概念仍没有一个确切界定。这也凸显了本书的必要性。

本议题的复杂性与新颖性要求采用审慎的态度来开展研究。倘若无法提供一个确切的界定,作者就着力提供可资研究的素材;如果能够做出更大胆的结论,作者也会在尊重不同意见的前提下提出自己的观点。也许Lesky在其希腊语著述的前言值得再读,因其拥有能鼓舞创作本书的精神:

一个作者对自己观点的权利总可以与其他观点妥为协调,往往这也表明学者有义务承认我们要么不懂,要么仍有质疑。[61]

第五节 小结

17 本章作为全书的概要,其主要结论是国际法院关于对世义务的意见,尽管属于附带意见,(1)关注了当事方在诉状中所提出的一些观点;(2)被国际法院的全体法官所认可;及(3)在巴塞罗那机车案判决作出之后获得了与日俱增的影响。有鉴于此,本书的真正使命是探讨对世义务的概念这一议题,而不是对国际法院的判决首次提出该概念这一正式渊源进行徒劳的追求。

---

〔61〕 *A History of Greek Literature*, 英文版, Willis and de Heer of the second German edition, 1963 (London, 1966), p. xiv. 德文第一版原文如下:"Das Recht des Autors, seine eigene Stellung zu vertreten, ist mit der Würdigung anderer Sehweise durchaus vereinbar, und nicht selten wird auch das Einbekenntnis unseres Nichtwissens oder nicht gelöster Zweifel zur wissenschaftlichen Pflicht." [*Geschichte der griechischen Literatur* (Bern, 1957 -8), p. 8.]

巴塞罗那机车案的意见点明了对世义务的两大特性。首先是其普适性,这意味着对世义务毫无例外地约束所有国家。其次是其团结性,这意味着各国都对于对世义务的保护享有法益。这两大特性中,第二项特性(团结性)则与其在国际法中的实施及法律地位等更为宽泛的议题相关。而第一项特性(普适性)则在国际学说中被遗憾地忽略(至少在对世义务这一特定语境中),因此引发了复杂的理论问题。特别是,很难将对世义务与国际社会的结构要素相妥适,而国际社会恰由独立实体组成,这些实体在合意的基础上制定规则并形成法律关系。

尽管对世义务的概念表面看似乎超越了国家之间基于同意所形成的相对关系,但事实并非如此。因此,有必要在本书的最开始就对于对世义务的一些预兆进行妥当检视。

第二章　对世义务的雏形（一）：国家役权、永久性拨地、国际性地位及客观法域

第一节　概述

18　本章以及下一章将要讨论的主题是，在国际法院判决“巴塞罗那电车、电灯和电力有限公司案”之前所存在的国际法概念，究竟在多大程度上包括了与现在“对世义务”概念相似的内容？讨论此问题的一个前提假设在于，尽管对世义务概念本身的历史较短，但其发展背景却源远流长。根据第一章所探讨的涉及国际法院在对世义务的判决意见之背景来看，上述假设不无道理。

本章标题所使用的雏形是一系列保护或促进国家共同利益并超出了严格的国家间互惠利益的概念之简称。毋庸赘言，本书的讨论对象将严格限制在那些有利于理解“对世义务”的概念之内。

对这些“雏形”，本书的选择范围可能在一定程度上显得主观，因为除了下文以外，还有很多其他概念或制度也可以被认为与对世义务存在密切关联。不过尽管这种选择不可避免的带有主观成分，本书还是秉承了以下三个主要标准：

首先，下面将要讨论的所有“概念雏形”都是国家通过外交途径

以及诉至国际争端解决机构的过程中曾正式提及的。这并不是要否定对世义务概念的背景或雏形在理论界的悠长历史，[1]但本书属于国际法而非法理学或法律史著作的性质决定了其无法对如此广 19
泛范围内的概念进行讨论。

其次是便利性的标准。在对世义务的概念雏形中，部分学者[2]也曾经提到，比如在一份咨询意见中，国际法院认为"国际社会最大多数的国家成员"可以导致一个被赋予了"客观国际人格"的主体存在。[3] 在此暂且不论这种说法是否与对世义务存在多少关联（考虑到解释这份判决所存在的固有困难），此问题就显得更为复杂，[4]事实是讨论这个问题需要对国际法上的人格问题进行彻底分析，这将不可避免地需要在一些并不切题的问题上花费大量笔墨——有鉴于此，此类概念的雏形在此将不予讨论。

最后是一个现实意义上的标准。就像本书在之前所提到的，施瓦曾伯格（Shwarzenberger）曾在分析国际性地役时以及拉赫斯（Lachs）在分析客观法域时均使用过"对世义务"的表达——因此这

---

[1] 鉴于对世义务的概念是要保护和促进属于国际法每个领域的同样的人权价值（正如 Peirano Basso 所恰当地强调过的），这个意见就显得更加切题（relevant）——随着本书讨论的过程继续，这点会显得更加明晰。参见"Naturaleza y fundamento del derecho internacional publico", International Law. Liber *Jiménez de Aréchaga*, i. pp. 205 – 6。

[2] 例子可参见 Juste Ruzi, "Las obligaciones 'ega omnes'", pp. 200 – 1。

[3] 参见 *Reparation for Injuries Suffered in the Service of the United Nations, Advisory Opinion*, I. C. J. Reports 1949, p. 185。（"……法院的意见是，这五十个国家代表国际社会最大多数的国家成员并有权在符合国际法规则的基础上作为一个享有客观性国际人格的主体而存在，这个人格不只是被他们自己所承认，还可以提出国际性的诉求。"）

[4] Quadri 认为在上述第 3 脚注提到的国际法院的判决存在疑点（equivocal），参见 Diritto internazionale pubblico, 5th edn.（Naples, 1968）, p. 182。关于国际机构在法律上的人格属性，以及上述案件的分析，参见 Amerasinghe, *Principles of the institutional law of international organizations*（Cambridge, 1996）, pp. 67 – 104。

两个概念显然会成为本章所讨论的内容。[5] 对它们的讨论也会简单涉及永久性地役以及国际性地位的内容。

第二节 役权(特别是国家役权)之概念

有关役权的概念最早可以追溯至罗马法时期。从广义上说(显然在此后也得到了发展),这个概念指向一块财产上所有种类的人
20 为障碍(而非自然障碍)限制了财产所有者的权利。[6] 从这个意义上说,役权是一种绝对权(rights *in rem*)以及对物权(rights *in re aliena*)。[7] 从绝对权的角度上说,除了依赖于某一个特殊权利以外,[8]它们在整体上具备对世性。从物权的角度上说,它们所以产生的是个人与有形物之间的特殊联系且不随着物的所有权的流转而变化,因而此种权利可说是随着物的流转而流转。

---

〔5〕 这些概念与对世义务的研究之间具备关联性是不足为奇的。Weeramantry 法官曾指出了诸如地役权概念(在类比意义上)与对其他财产权以外权利(比如人权)进行研究之间的关联性。参见他在 Application of the Convention on the Prevention and Punishment of the Crime of Genocide 一案初步反对程序裁决中的个别意见, I. C. J. Reports 1996 (mimeographed text), p. 9。

〔6〕 参见 Grosso, *Le servitù prediali nel dirtto romano* (Turin, 1969), pp. 4 – 6. 在经典的罗马法中,会出现"*servitutes*",但没有一致的"*servitus*"的概念。[Gioragianni, *L' obbligazione* (*la parte generalle delle obbligazioni*) (Milan, 1968), p. 9]。

〔7〕 在术语方面并没有一致的意见。参见 Austin, *Lectures on Jurisprudence or the Philosophy of Positive Law*, 5th edn. Campbell (London, 1885), pp. 364 – 92; *Salmond on Jurisprudence*, 12th edn. Fitzgerald (London, 1996), pp. 235 – 8; Hohfeld, *Fudamental Legal Conceptions as Applied in Judicial Reasoning and Other Legal Essays*, Cook ed. (New Haven, 1920), pp. 65 – 114; Honoré, "Rights and Other Relations *in rem*", Many Laws Selected Essays (Amsterdam, 1977), i, pp. 2 – 22。

〔8〕 此处的"权利"是指一种"由于某项事实或事件而授予某个所有者的权利", (Salmond on Jurisprudence, p. 221)。在其他的文献中也出现了类似的定义,参见 *Dictionnarire de la Terminologie du Droit international* (Paris, 1960), p. 604。

役权通常分为两大类:地役权和人役权。地役权(real or praedial servitude, "*servitus praediorum*"),普通法上也有类似的概念(easement or profit),[9]是一块土地上("*praedium serviens*"即需役地——译者注)所设定的为另外一块属于不同所有人的土地("*praedium dominans*"即供役地——译者注)之利益而服务的负担。地役权的基本要素如下:(1)设定的负担并非为了另一个体自身的利益,而是为其所享有的土地(不动产)的利益,因而可以将这种关系喻为两块土地之间的关系(这就是所谓的"土地要素");(2)出于土地的固有属性,地役权(无论是需役地上的还是供役地上的)会随着土地所有权的流转而流转;及(3)需役地和供役地的所有权必须分属两个主体,[10]否则地役权将会依法停止存在(合并或混同)。如果供役地和需役地属于同一主体,从财产权的角度即可解释所有需役地所产生的效用。有时,"永久性"("*perpetua causa*")和"毗邻性"("*praedia vicina esse debent*")也被列为地役权的特性,如更进一步探究就会发现,它们似乎并不属于独立的要求,而只是作为两块土地之间存在役权关系的某种证据。

另一类役权即是人役权。人役权属于一项个人自身的权利,而 21
不是地役权中的所有权人的权利。[11] 在人役权关系中,并不存在供

〔9〕关于罗马法与普通法上"地役权"之间的相似之处,参见 Buckland and McNair, *Roman La w and Common Law. A Comparison in Outline*, 2nd edn. Revised by Lawson (Cambridge), pp. 127 – 42。关于 easement 与 profit 这两个概念之间的区别,参见 Gale on Easements, 15th edn. Maurice (London, 1986), pp. 3 – 36。

〔10〕类似的要点可以分别在罗马法和普通法当中找到,参见"[*N*]*ulli enim res sua servit*" [The Digest of Justine, I, p. 256 (D. 8. 2. 26, *Paulus libro quinto decimum ad Sabimum*)]; "you cannot have an easement over your own land" (*Metropolitan Ry. Co. v. Fowler* [1982] 1 Q. B. 165. 171, *per* Esher M. R.)。同时地役权人不能占有供役地,否则这就不是一个役权而是租赁权的法律关系。

〔11〕在罗马法上,人役权的实例是"usufructus"、"usus"以及"habitatio"这三个概念,根据 Paton [A Textbook of Jurisprudence, 4th edn. Paton and Derham (Oxford, 1972), p. 525],其往往出现在后古典时代(postclassical)的作品中。

役人这个要素——其结果是，一个为了一项个体利益而服务的人役权，在该个体死亡后（或一个法人主体经过一段时间而停止存在之后）便宣告终止。人役权的一个子范畴是公共役权——基于公共利益、一群特定主体或其代表机构设定在一块土地上的负担，如在一块私人用地上铺设的高速公路或在一块私人享有的河流上进行公共航行的权利。[12]

在国际法上是否存在役权的概念存在一定争议。[13] 在有关国

---

〔12〕 参见 *Salmond on Jurisprudence*, p. 427 – 8。

〔13〕 参见 Klüber, *Droit des gens modern de l' Europe*, i (Stuttgart, 1819), pp. 214 – 20; de Martens, *Précis du Droit des gens*, i (Paris, 1831), pp. 262 – 4; Heffter, *Le Droit international public de l' Europe*, French trans. Bergson (Berlin and Paris), pp. 98 – 102; Blutschli, *Le Droit international codifié*, French trans. Lardy (Paris, 1870), pp. 199 – 202; Phillimore, Commentaries upon International Law, 3rd edn., i (London, 1879); pp. 388 – 92; Bello, D. A., *Principios de derecho internacional* (Madrid, 1883), pp. 110 – 13; Rivier, *Principles, du Droit des gens*, I (Paris, 1896), pp. 294 – 303; Westlake, *International law*, i (Cambridge, 1910), pp. 60 – 1 and 294 – 5; Fauschille, *Traité de Droit international public*, i (Paris, 1922), pp. 676 – 84; von Liszt, *Le Droit international. Exposé systématique*, French tras. Gidel and Alcindor of the 9th German edn. of 1913 (Paris, 1927), pp. 80 – 2 (and pp. 131 – 4 in the last German edition of this work, dited by Fleischmann in 1925); Scelle, *Précis de droit des gens. Principes et systématique*, i (Paris, 1932), pp. 113 – 17; Cavaglieri, *Corso didiritto internazionale*, 3rd edn. (Napes, 1934) pp. 297 – 9; Accioly, *Traité de droit international public*, French trans. Goulé of the first Portuguese edition, 1933 – 5 (Paris, 1940 – 2), i, pp. 252 – 5; Hyde, *International Law Chiefly as Interpreted and Applied by the United States*, i (Boston, 1947), pp. 510 – 15; Barros Jarpa, *Derecho internacional public* (Santiago de Chile, 1955), pp. 239 – 43; Dahm, Völkerrecht, i (Stuttgart, 1958), pp. 547 – 53; Sereni, *Diritto internazionale*, ii (Milan, 1958), pp. 627 – 9; Moremo Ouintana, *Tratado de derecho internacional*, i (Buenos Aires, 1963), pp. 325 – 6; Fenwick, *International Law*, 4th edn. (New York, 1965), pp. 458 – 82; Kelsen, *Principles of International Law*, 2nd edn. Tucker (New York, 1966), pp. 484 – 6; Cansacchi, *Istituzioni didiritto internazionale pubblico*, 6th edn. Cansacchi and Marazzi (Turin, 1967), pp. 157 – 60; François, *Grondlijnen can het Volkenrecht*, 3rd edn. (Zwolle, 1967), pp. 56 – 60; Verzijl, *International Law in historical Persoective*, iii (Leidon, 1970), pp. 413 – 28; Monaco,

际法文献中,对该概念有所涉及可回溯至格老秀斯(Grotius)以及沃 22
尔夫(Wolff)和瓦特尔(Vattel)合著的经典著作。[14]不过一般认为,

Manuale didirtto inernazionale pubblico, 2nd edn. (Turin, 1971), pp. 421 - 2; Roussea, *Droit international public*, iii (Paris, 1977), pp. 43 - 6; McDougal and Reiman, *International Law in Contemporary Perspective : The Publivc Order of the World Community. Cases and Materials* (Mineola, New York, 1981), pp. 745 - 61; Arellano Garcia, *Derecho internacional public*, i (Mexico City, 1983), pp. 778 - 80; Verdross and Simma, *Universelles Völkerrecht*, pp. 638 - 9; Brownlie, *Principles*, pp. 374 - 7; *Oppenheim' s International Law*, i, pp. 670 - 6; Kapoor, International Law, 9th edn. (Allanhabad, 1992), pp. 234 - 5; Nguyen Quoc Dinh, Daillier and Pellet, *Droit international public*, pp, 468 - 9 (para. 320); Starke' s International Law, 11th edu. Shearer (London, 1994), pp. 179 - 80; Detter, The International Legal Order (Aldershot, 1994), pp. 324 - 4. 专题性质的文献,参见 Reid, *International Servitudes in Law and Practice* (Chicago, 1932); Mercier, *Les Servitudes Internationals* (Lausanne, 1939); Vali, *Servitudes of International*, 2nd edn, (London, 1958); Potter, "The Doctrine of Serbitudes in International Law", 9 *A. J. I. L.* (1915), pp. 627 - 41; McNair, "So-called State Serbitudes", 6 *B. Y. I. L.* (1925), pp. 111 - 27; Crusen, "Les Serbitudes Internationales", 22 Hague *Recueil* (1928, II), pp. 5 - 79; O' Connell, "A Reconsideration of the Doctrine of International Servitude", 30 *The Canadian Bar Review* (1952), pp. 807 - 18; Wyrozumska, "Problem intnienia w prawie miedzynarodowym publicznym sluzebnosci miedzynarodowego", 7 *Acta Universitatis Lodziensis*. Folia Iuridica (1982) m pp. 71 - 96 (with English summary); Fastenrath, "Serbitudes", Heidelberg *Encycl.*, x, pp. 342 - 55. 也可参见 Lauterpacht. H., Private Law Sources and Analogies of International Law (London, 1927), pp. 119 - 24; Hostie, "Examen de quelques règles dudroit international dans ledomaine des communications et du transit", 40 Hague *Recueil* (1932, II), pp. 446 - 9; Barile, *I diritti assoluti nell' ordinamento internazionale* (Milan, 1951), pp. 251 - 7。

〔14〕 Grotius, *De jure belli ac pacis libri tres*, English trans. Kelsey of 1646 edition, Scott (ed.), Classics of International Law (Oxford, 1925), Bk. i, CH. i, Section iv, and Bi. ii, Chi. iii, Section ii; Wolff, Jus gentium method scientifica pertractatum, English trans. Drake of 1764 Edition, Scott (ed.), Classics (Oxford, 1934); Section 320; Vattel, The Law of Nations or the Principles of Natural Law Applied to the Conduct and to the Affairs of Nations and of Sovereigns, English trans. Fenwick of 1758 edtion, Scott (ed.) Classics (Washington, D. C., 1902; reprinted New York and London, 1964); Bk. oo, Section 89.

目前并不存在一个普遍接受的关于国家地役的概念。部分学者(比如 Hall)把这个概念统摄在对领土主权的自然限制项下(也就是所谓的“*servitudes juris gentium necessariae*”),〔15〕比如在领海的无害通过权以及因毗邻而产生的义务等;而其他学者(如奥本海)把这个概念框定在为了他国利益而对一国领土(或部分领土)进行限制的层面上;〔16〕还有学者(如 Guggenheim)提出了这个概念的一些特征,却没有认同概念本身。〔17〕 总而言之,就算把涉及这个问题的所有文献进行整合,恐怕也很难对“国家地役”这个概念的内容及其如何使用下一个清晰的结论。

从国家实践和国际性判决中也很难得出一个明晰的论点。维罗斯塔(Verosta)曾经引述过一个公元前 6 世纪的国家地役实例。〔18〕
不过除了偶然涉及这方面的内容——比如在西班牙和葡萄牙政府之间涉及渔区问题的信件里〔19〕或者在美国总统对于智利和秘鲁因塔
23 克纳-阿里卡地区(Tacna-Arica)而引发的领土争端而提出的正式

---

〔15〕 *A Treatise on International law*, 8th edn. Higgins, A. P. (Oxford, 1924), pp. 203-5.

〔16〕 Oppenheim's International Law, i, pp. 670-1. 在该最新的版本中所给出的定义较老版本中[Oppenheims, International Law. Atreatise, i, 8th edn. Lauterpacht, H. (London, 1955), p. 356.]的定义显得更加谨慎(“国家役权的概念有时是指……”)。

〔17〕 *Traité de Droit international public*, i (Geneva, 1953), pp. 394-7.

〔18〕 “International Law in Durope and Western Asia between 100 and 650 A. D.”, Hague *Recueil* (1964, III), p. 610.(涉及的条约是古罗马与波斯在公元前 562 年签订的条约)

〔19〕 参见 Btuns (ed.), Fontes Juris Gentim, Series B, Sectio i Tomus ii, Paris i, p. 71。

建议中[20]——国家代表很少使用这个说法。也许 William Snowdon Robson 爵士的观点道出了几分真实——说“服务”于另外一国政府或其财产可能会伤及国家尊严,[21]而并不只是因为这个概念说起来显得法律味道过重。[22]

有时,国家内部的案件[23]或国际争端解决机构的案件[24]会引发涉及国家地役的问题。国际争端解决机构往往在此问题上非常谨慎:尽管没有在总体上拒绝该原则,但最终几乎总是基于其他理由而作出裁决。一个经典的案例是北大西洋渔业仲裁案(*North Atlantic Coast Fisheries Arbitration Case*),[25]在该案中,英国与美国在解释某个条约授予美国的权利时产生了分歧。经过仔细分析各

---

〔20〕 这份1929年5月14日提出的正式建议的复本见于23 A. J. I. L. (1929), Suppl., pp. 183-4. 在其后根据这个正式建议所签订的条约中("Treaty between Chile and Peru for the Settlement of the Tanca-Arica Territorial Dispute with Supplementary Protocol, Lima, June 3, 1929"),并没有出现"役权"的字眼。关于这里涉及的领域争端,参见 Ulloa, *Derecho internatcional pulico*, 4th den. (Maride, 1957), pp. 497-510; Woolsey, "The Tacna-Arica Settlement", 23 A. J. I. L. (1929), pp. 605-10。

〔21〕 *Proceedings in the North Atlantic Coast Fisheries Arbitration before the Permanent Court of Arbitration at the Hague* (Washington, 1912), xi, pp. 1203-4.

〔22〕 关于"法律味道过重"的说法,参见 Lauterpacht, H., Private Law Sources, p. 241。

〔23〕 这方面的例子,可参见 Supreme Court of Cologne (Seventh Civil Division), Dutch State Servitude in Prussia, 8 A. J. I. L. (1914), pp. 907-13; Appellate Court of Rome, Foro Italiano (1921), columns 309-11; Swiss Federal Court, *Canton of Thurgau v. Canton of St. Gallen*, 4 *Annual Digest* (1927-8), pp. 402-3。

〔24〕 除了本章将要广泛提及的大量案件以外,还可参见:*Jurisdiction of European Commission of the Danube* 一案的程序, P. C. I. J. Series C, No. 13 (IV), i, p. 200; Nyholm 法官在 *Free Zones of Upper Savoy and the District of Gex case* 一案中的意见, Order of 19 August 1929, P. C. I. J., Series A, No. 22, p. 26; Moreno Quintana 法官对于 *Right of Passage over Indian Territory* 一案中的反对意见, I. C. J. Reports 1960, p. 90 以及该案口头提出的主张(oral argument), I. C. J. Pleadings, Right of Passage over Indian Territory, iv, pp. 266-9 (Bourquin), pp. 517-18 (Lalive d'Epinay), pp. 702-4 (Guggenheim)。

〔25〕 R. I. A. A., xi, p. 167.

方的主张，也许是对国家地役概念在国际争端解决层面作了最富有延展性的讨论之后，[26] 仲裁庭最终拒绝把授予捕鱼权利视为地役权。[27]

24 尽管这个概念仍然饱受争议，却引发了一个与对世义务概念密切相关的问题——即如何对设定或者授予了一种针对所有国家且不受领土主权变更的影响的权利或义务之条约进行解释。引发此问题两个实例包括下文将要分析的“温布尔登号案”以及涉及奥兰群岛的争议。

第三节 “供全世界使用之永久性拨地”之概念（温布尔登案）

1921年，一艘由法国公司租用的英国货船“温布尔登号”驶往位于波兰但泽的海军基地，为波兰政府运送军需用品。作为抵达但泽的必经路线，“温布尔登号”请求通过德国的基尔运河——一条连通波罗的海及北海的人工水道。尽管基尔运河全部位于德国的领土，且德国政府在先前已单方面宣布对所有国家的商船（merchant ships）开放通过权。但在涉及其他所有类似船舶（包括军舰）的问题

〔26〕 参见 Proceedings in the North Atlantic Coast Fisheries Arbitration, viii, pp. 16–31; xi, pp. 333–418, 1000–35 and 1284–8（此处是指原始页码）。该案的程序以及最终的判决复本可参见 Parry（ed.）, A British Digest of International Law, 2b（London, 1967）, pp. 378–405。

〔27〕 本案在多大程度上造成了对于“国家役权”概念的彻底拒绝的讨论可参见 Oppenheim's International Law, i, pp. 671–2.（另可参见 Oppenheim, International Law. A Treaties, i, 8th edn. Lauterpacht, H., p. 537）对于这个问题，本著作的两个版本均采取了比较谨慎的态度。但也有认为该案的判决也许可以解释为对于国家役权概念的拒绝适用，可参见 Cavaglieri, “Règles générales dudroit de la paix”, 26 Hague *Recueil*（1929, I）, p. 429。

上,1919 年 6 月 28 日签订的《凡尔赛和约》第 380 条规定,基尔运河应“保持自由并在完全平等之条件下向所有与德国处于和平状态的国家之商船和军舰开放”。[28] 德国方面拒绝了“温布尔登号”通过基尔运河的请求,理由是基于俄国和波兰正在交战,而德国关于保持中立的法律禁止运送到上述两个国家的军用物资过境,哪怕上述两国与德国并未处于交战状态。

根据《凡尔赛和约》第 386 条之规定,“任何利益相关方”均可就违反和约第 380 条至第 386 条的规定诉诸法律程序。根据上述管辖权规定,英国、法国、意大利以及日本,同时亦为“一战”中协约国的主要国家,向德国提起联合诉讼。[29] 上述五国要求法院判决德国当局拒绝“温布尔登号”进入基尔运河是错误的,德国当局应当赔偿由 25
此而引起的损失。

常设国际法院以多数赞成(安奇洛蒂、胡伯和司楚金三位法官投了反对票)支持申请方的诉求,判决德国方面必须赔偿对“温布尔登号”造成的损失。在判决书中,常设国际法院分析了四个申请国方面诉求的法律依据,并评论道:

在本案中,四个申请方中的每个国家对于执行和约中有关基尔运河的条款均有明确的法律利益,因为它们均拥有悬挂其本国旗帜

---

〔28〕 在“温布尔登号案”中,和约相关内容摘录的复制件已在案件申请环节提交给常设国际法院,Judgments, 1923, P. C. I. J. , Series A, No. 1, p. 6. 另关于本案,可参见 von Münch, “The Wimbledon”, Heidelberg Encycl. , ii, pp. 293 – 6。

〔29〕 在 1923 年 5 月 22 日,波兰提请参加本案诉讼(Judgments, 1923, P. C. I. J. , Series A, No. 1 pp. 9 – 10)。常设国际法院在 1923[原文在此为 1928 年,疑为笔误]年 6 月 28 日根据《常设国际法院规约》第 63 条(而不是波兰先前所主张的第 62 条,ibid. , pp. 11 – 14)同意了波兰方面的申请。对此的评论,参见 Salvioli. , “La jurisprudence de la Cour permanente de Justice international”, 12 Hague *Recueil* (1926, II), pp. 12 – 13。关于介入诉讼程序所依据的第 62 条和第 63 条之不同,参见 Scerni 所提出的简要观点,“La procédurede la Cour permanente de Justice international”, 65 ibid. (1938, III), pp. 648 – 9。

的军舰和商船。[30]

上述这段文字对于本书研究是很有意义的，因为其可以被视为把“利益相关方”之概念与“一国作为保护对世义务的利益相关方”之概念进行类比的一个重要砝码。不过，这种类比相当表面。实际上，根据一般国际法的原理，一项特定的法律利益在有关对世义务的案件中必须被认为是属于所有国家的。与之相反，在“温布尔登号案”中，一项特定法律利益的存在与否则要基于对于一项约定义务的解释，这只是作为法律程序中一个机制的基础而已。

接下来，常设国际法院开始对案件的核心问题进行剖析——即德国是否有权拒绝“温布尔登号”通过基尔运河。法院认为，在此问题上依据《凡尔赛和约》第380条的规定，和约缔约国已合意使基尔运河成为所有国家能共同使用之通往波罗的海的通道。为此目的，缔约国为基尔运河在某种意义上创立了一种“国际公域”(international regime，法文作准文本称为“stipulation d' ordre international”)的地位，基尔运河基于这一地位应向所有外国船只开放。[31] 以此为基础，法院还分析了相应的抗辩，主要是由 Schücking 法官在其“反对意见”中所指出的[32]——他认为关于通过基尔运河水道的权利属于一国(在本案中也就是德国)所设定的地役权。按此理论，与所有其他对于主权的限制如出一辙，对此种地役权应当进行严格解释，基尔运河的通行权不能影响德国自身保持中立的权利。

26 常设国际法院并没有接受上述抗辩。法院认为，对于德国主权

〔30〕 Judgments, 1923, P. C. I. J., Series A, No. 1, p. 20. 另法文作准文本如下："chaqune des Puissances demanderesses a un intérêt évident à l'exécution des stipulations qui concernent le Canal de Kiel puisqu'elles ont toutes des flottes et des navires marchands battant leur pavillon"。

〔31〕 Ibid, p. 23. 有些情况下，“滨河国家”(riparian State)甚至在没有条约约定义务时，仍得遵循某种义务而允许船只在航道上自由航行。参见 McNair 书中有关在河上航行的相关文件复印本，The Law of Treaties (Oxfore, 1961), pp. 318 – 20。

〔32〕 Judgments, 1923, P. C. I. J., Series A, No. 1, p. 43.

进行的限制应当进行严格解释本身是有道理的,但这与其是否是基于地役权还是基于一项条约义务并无关联。作为授予各国对基尔运河通行权的前提,法院还引用了适用苏伊士运河和巴拿马运河的规定进行类比。法院认为,根据一般性的意见:

当连接两个公海的人工水道永久为全世界所使用时,其在某种程度上应被视同天然海峡,纵使有交战过的军舰通过亦不影响该水道所属主权国家的中立。[33]

在此基础上,常设国际法院得出结论认为基尔运河是"永久为全世界服务"的,因而在基尔运河上自由航行的权利应优先于对先前提出的涉及领土主权的考虑。[34] 为得出上述结论,法院创设了一个全新的概念,即"永久性拨地"(permanent dedication)。不过,"永久性拨地"的具体涵义究竟为何。在相关的国际法著作中出现了好几种不同的解释。

Cahier 认为,常设国际法院在此可能是指,为全世界所有国家都能享有的自由航行的权利是来源于一项不断演进的国际习惯——并将其与国际海峡的相关规则进行类比。[35] 这个解释基于一个假设

---

〔33〕 Judgments, 1923, P. C. I. J., Series A, No. 1, p. 28. 另法文作准文本如下:"lorsqu'une voie d'eau artificielle mettant en communication deux mers libers, a été affecté d'une manière permanente à l'usage du monde entier, cette voie se trouve assimilée aux détroits naturels, en ce sens que le passage même d'un navire de guerre belligérant ne compromet pas la neutralité de l'Etat souverain sous la juridiction duquel se trouvent les eaux dont il s'agit"。

〔34〕 后来有关基尔运河问题的研究发展已经超出了上述讨论的范畴。不过,值得一提的是,在1936年11月14日的一份照会中,当时的德国政府又否认了《凡尔赛和约》第380条以及其他涉及德国领土上水道问题的相关条款的效力。1950年,英占区内的德国最高法院认为,这份照会"至少在事实上"终止了基尔运河地位国际化的进程[*Kiel Canal Collision* Case, 17 *I. L. R.* (1950), p. 133]。参见 Lagoni, "Kiel Cnal", Heidelberg, *Encycl.*, xii, pp. 200-2; Böhmer, "One Hundred Years: The Kiel Canal in International Law", 38 *G. Y. I. L.* (1995), pp. 325-46。

〔35〕 "Le problème des effets des traités à l'égard des Etats tiers'", 143 Hague *Recueil* (1974, III), p. 693.

前提，即存在一种国际习惯使全世界所有国家都有权在基尔运河上自由航行，并且在更广泛的意义上来说，在国际性水道或运河上航行。不过，这个假设是值得商榷的。[36]

27 McNair 则认为，这里所谓的"拨地"以及源于领土主权（在本案中为德国的领土主权）对某一块带状领土上权利（在本案中为基尔运河）的某种授予，是有相当多国家之特定的立法权实践作为基础的。[37] 然而这个观点的问题在于，就像在本章下文中将要讨论的，在国际社会中授予某种特定的立法权并没有那么简单。

Baxter 认为，类似本案中的永久性拨地还需依赖于国际航运体系，并附带得出一个推论——一国为了创立某种通行权，不需要举证先前自己的船只已使用过。[38] 这个理论的确别出心裁，不过最终还是绕回到了老问题上，即如何行为才是创设拨地、受益方需要如何予以回应。[39]

---

〔36〕 参见 Westlake, *International Law*, i. p. 157; Kaeckenbeeck, *International Rivers: A Monograph Based on Diplomatic Documents* (London, 1918), p. 23; Hall, *Treatise*, pp. 172 – 3; Winiarski, "Principes généraux du droit flubial international", 45 Hague *Recueil* (1933, III), p. 172; Giuliano, "L' ordinamento internazionale e i fiumi navigabili d' interesse internazionale", 42 *Riv. dir. int.* (1959), pp. 205 – 6; Parry (ed.), *A British Digest*, 2b, pp. 55 – 190; Brownlie, *Principles*, pp. 271 – 4; *Oppenheim' s International Law*, i, pp. 582 – 6。

〔37〕 "Treaties Producing Effects 'Erga Omnes'", *Scrtti di diritto internazionale in onore di Tomaso Perassim* ii (Milan, 1957), pp. 27 – 30. Obieta 认为一块涉及运河的国际公域地位（international regime）之确立可能需要"主权国家在一项多边条约中予以同意"即可，即使"在某些案件中条约并非国际性质"或"条约并未得到所有受益国家的同意"。[*The International Status of the Suez Canal*, 3nd edn. (The Hague, 1970). p. 35]

〔38〕 *The Law of International Waterways* (Cambridge, Mass., 1964), pp. 182 – 4. 在国内法上的确存在类似的例子，比如针对公路的拨地，在普通法体系中，土地所有权人明确或者推定拨地之成立需要公众对于该拨地的明确接受。参见 Pratt and Mackenzi, *Law of Highways*, 21st edn. Parrish and Lord De Mauley (London, 1967), p. 16。

〔39〕 对此最严厉的批判（stringent criticism），参见 Brownlie, *Principles*, p. 280. 关于永久性拨地，另见 Jennings, "General Course", p. 373。

综上所述,在避免了国家役权这个概念所产生的不确定性的同时,常设国际法院引进了一个同样具有争议性的概念来解释一项供全世界所有国家所享有的权利。

常设国际法院再次试图对一项为广泛国家群体所享有的权利或承担的义务(而非某特定的缔约国群体在争端中所产生的权利义务)作出解释,出现在"奥兰群岛案"(Auland Island)中涉及非军事化(Demilitarization)的问题上。[40] 要讨论该案,则必须回到"温布尔登号案"发生的时段。

第四节　"在全欧洲利益基础上的国际地位"之概念(有关奥兰群岛上非军事化问题的争端)

奥兰群岛位于波罗的海,其位于波的尼亚湾口(Gulf of Bothnia) 28
的战略性地位也使波罗的海国家之间有关该群岛的主权要求和实际控制所引发的争端由来已久。1809 年之前,奥兰群岛的主权属于瑞典——但就在这一年,瑞典宣布放弃对芬兰地区的主权(奥兰群

---

〔40〕 参见 Menzi, "Aland-Inseln", Strupp and Schlochauer (eds.), *Wörterbuch des Vöilkerrechts*, 2nd edn., i (Berlin, 1960), pp. 21 – 4; Modeen, "Aaland Islands", Heidelberg *Encycl.*, xii., pp. 1 – 3. 关于奥兰群岛在军事上的重要地位,参见 Padelford and Andersson, "The Aaland Islands Question", 33 *A. J. I. L.* (1939), pp. 484 – 7. 关于奥兰群岛的现状,参见 Erland, "Some of the Main Points in the Proposed New Law of Autonomy for Aland", 57 *Nordic Journal of International Law* (1988), pp. 251 – 5. 关于波罗的海地区法律问题的历史,参见 de Taube, "Le statut juridique de la mer Baltique jusqu'au début du XIXe siècle", 53 Hague *Recueil* (1935, III), pp. 441 – 531; Pausta, "Le statut juridique de la mer Baltique à partir du XIXe siècle", 52 ibid. (1935, III), pp. 109 – 89。

岛作为芬兰一个行政区),将其割让给俄国。[41] 俄国统治时期,奥兰群岛建造了大规模的防御工事。1856 年 3 月 30 日,俄国在克里米亚战争中失败后,法国、英国和俄国签署协议——俄国宣布不在奥兰群岛上继续建筑防御工事,也不驻军或建设军港。[42] 这份协议亦成为同一天由奥地利、法国、英国、普鲁士、俄国、撒丁王国以及奥斯曼土耳其所签署的 1865 年的条约(又称《巴黎和约》,下同——译者注)的附件之一。[43] 瑞典没有参加克里米亚战争,因而不是上述任何一个协议的签署国。

1917 年俄国爆发革命时,波罗的海地区的政治版图发生了重大变化。芬兰宣布独立,[44]但几乎就在同时,奥兰群岛的大多数民众通过全民公决的形式要求重新同瑞典合并。[45] 在此意义上产生的第一个法律争议在于,奥兰群岛的民众能否被授权通过全民公决的方式来决定其仍然属于芬兰的主权范围抑或重新与瑞典合并。[46] 另一个法律争议则是非军事化问题,尤其是在芬兰宣布独立而俄罗

〔41〕 "Traité de paix entre la Suède et la Russie, signé à Friedichsamn le 5/17 Sept. 1809 ratifié à Stockholm le 3 Oct. et à St. Petersbourg le 1/13 Oct, 1809", 5 Suppl. Rec. (Series I. 1817), pp. 19 – 30.

〔42〕 "Convention, annexée au traité de paix de Paris, conclue entre la Grande-Bretagne et la France d'une part et la Russie de l'autre, relative aux îles d'Aland; signée à Paris, le 30 mars 1856", 15 *Nouv. rec. gén.* (Series I, 1857), pp. 788 – 90 (Art. I).

〔43〕 "Tratité général de paix entre l'Autriche, la France, la Grande-Bretagne, la Prusse, la Russie, la Sardaigne et la Porte Ottomane, signé à Paris, le 30 mars 1856", 15 *Nouv. rec. gén.* (Series I, 1857), pp. 770 – 81 (Art. XXXIII).

〔44〕 关于芬兰的独立以及获得承认,参见 Graham, "The Diplomatic Recognition of the Border States. Part I: Finland", 3 *Publications of the University of California at Los Angeles in Social Sciences* (1936, No. 2), pp. i – viii and 81 – 230。

〔45〕 全民公决是在 1917 年 12 月 31 日进行的。1919 年 6 月举行的一轮新的全民公决中,结果显示民众依然支持与瑞典合并。

〔46〕 对此争议及其最终解决更明晰的概要和总结,参见"The Aaland Islands Settlement," *League of Nations Pamphlets Prepared by the Information Section*, *League of Nations Secretariat*, i (Political Activities 1924 – 1928) (Geneva, 1925), pp. 7 – 23。

斯尚未出现一个得到承认的政府的情况下,奥兰群岛的军事地位变得不明朗起来。芬兰政府和瑞典政府在互换外交照会后也没有解决这个问题。[47] 于是英国将此争端根据国际联盟盟约第 11 条第 2 29
款的规定(第三方在争端可能影响国际安全时可予以干涉)[48] 提交给国际联盟委员会。在审议了争议各方的主张之后,国际联盟理事会决定成立由法律人士组成的特设委员会对于两个法律先决问题发表意见——首先,奥兰群岛的问题是否属于芬兰国内法律管辖;其次,奥兰群岛在非军事化问题上的国际义务是什么。[49]

这个由国际联盟理事会成立的特设委员会从组成到程序都表明其无疑是一项"法律性质"调查的组成部分,这也就保证其能够给出独立且富于智慧的意见,其作出的最终报告在功能上也几乎等同于常设国际法院的法律意见。[50] (事实上, Balfour 曾经代表国际联盟理事会宣称有关国内法管辖权的问题会提交给国际常设法院,如果当时法院存在的话。)特设委员会被要求只就法律问题给出意见;在

---

〔47〕 "Correspondence Relating to the Question of the Aaland Islands", L. N. Q. J. , Special Supplement No. 1 (Aug. 1920).

〔48〕 参见 Curzon 勋爵致国联秘书长的信,复印件收录在 5 *L. N. O. J.* (July-Aug. 1920), p. 250. 关于国联盟约第 11 条,参见 Kunz, "L' article XI du Pacte de la Société des Nations", 39 Hague *Recueil* (1932, I), pp. 683 –789. 关于第三方根据第 11 条进行干涉的问题,参见 Conwell-Evens, *The League Council in Action: A Study of the Methods Employed by the Concil of the League of Nationas to Prevent War and to Settle International Disputes* (Oxford, 1929), pp. 21 –3。

〔49〕 参见" Resolution adopted at the seventh session of the Council of the League of Nations held in London from 9th to 12th July, 1920", 5 *L. N. O. J.* (July – Aug. 1920), pp. 249 –50。

〔50〕 特设委员会由三人组成:主席 Larnaude,巴黎一所法学院的主任;Struycken,荷兰王国议员以及 Huber,瑞士行政部门的法律顾问。国联秘书处法律部的 Kaeckenbeeck 担任该委员会秘书。Kaufmann 在其海牙国际法高等研究院的概论课程中,曾经强调过本案中特设委员会对于奥兰群岛国际地位的某些结论与作为委员会成员之一的 Huber 的法律著作之间的联系。["Règles générales du droit de la paix", 54 Hague *Recueil* (1935, IV), pp. 498 –501]

特设委员会最终报告的基础上，国际联盟理事会又成立了一个调查委员会（奥兰群岛委员会）来调查事实问题以及对争议的解决提供建议。[51]

提交给特设委员会的两个法律问题，国内法管辖权部分（委员
30 会的最终报告对此着墨颇多）[52]在此无需讨论。[53] 对本书要讨论的主题而言，第二个法律问题更为重要——也就是有关奥兰群岛非军事化的国际义务问题。

在发现 1856 年关于奥兰群岛不得构筑防御工事的相关条款仍有效之后，特设法律委员会阐释了有关非军事化问题的法律属性。瑞典并非 1856 年条约的缔约国，却主张芬兰应当遵守其涉及奥兰群岛的国际义务，因而这里的核心问题就在于瑞典提出类似主张的法律基础究竟是什么。作为推论，对芬兰而言同样存在这个问题——芬兰在 1856 年条约签署时尚未作为独立国家实体存在，其能否作为奥兰群岛非军事化的义务主体。

在起诉状中，瑞典政府认为 1856 年的条约创建了一个涉及奥兰

---

〔51〕 5 *L. N. O. J.*（Nov. – Dec. 1920），p. 86. Merrills 曾经写道通过调查所使用的方法可以提供广泛的解决方案，从寻找事实到接近适用仲裁的方法［International Dispute Settlement, 2nd edn.（Cambridge, 1991），p. 55］。在解决奥兰群岛的争议过程中，"法律"调查和事实调查的方法其实都被采用了。

〔52〕 "Report of the International Committee of Jurists entrusted by the Council of the League of Nations with the task of giving an advisory opinion upon the legal aspects of the Aaland Islands Question", *L. N. O. J.*, Special Supplement No. 3（Oct. 1920），pp. 3 – 14. 报告的第二部分的范围是 pp. 14 – 19。

〔53〕 有关这个法律问题，参见 Arangio-Ruiz, "Le Domaine réservé. L'organisation internationale et le rapport entre droit international et droit interne", 225 Hague *Recueil*（1990, IV），pp. 185 – 203. 还可参见 Rigo Sureda, *The Evolution of the Right of Self-determination. A Study of United Nations Practice*（Leiden, 1973），pp. 29 – 34；117 – 17；233 – 7。

群岛非军事化的地役权(法文作准文本为“servitude reélle”)。[54] 其结果就是瑞典政府有权主张非军事区的体制得到尊重,且该体制将自动对抗(即“适用”)任何取得对群岛主权的国家(包括芬兰)。[55]

特设法律委员会则对所谓国家役权概念“在真正技术层面上” 31
的存在表示怀疑,并基于三点理由否定了瑞典政府有关在奥兰群岛上存在地役权主张。[56] 首先,对奥兰群岛这块“供役地”而言,没有明确的“需役地”主体。如前所述,地役权最为显著的特点就是供役地和需役地分属不同主体——在两块领土的供需关系产生之后,很容易区分哪块土地是供役地哪块土地是需役地。然而奥兰群岛的外交历史表明,涉及其非军事化而产生的利益并不固定属于某一个

---

〔54〕 参见 *Les îles d'Aland. Méemoires adressés par le Goubernement Suédois au Conseil de la Société des Nations et à la Commission internationale de juristes, avec un appendice contenant le rapport de la Connission et celui du représentant britannique au Conseil, ainsi que la résolution adoptée en conséquence par le Conseil.* (*Juillet-septembre* 1920.)(Stockholm, 1920), pp. 186 – 92 (Swedish “Mémoire” of 26 July 1920), and pp. 214 – 18(Swedish “Mémoire” of 11 Aug. 1920)。(作者十分感谢瑞典外交次长助理 Berndt Fredriksson 先生提供其相关文件的复印件)。

〔55〕 De Staël-Holtein 曾评论道在北欧存在对于地役权感兴趣的传统[“Autour de la conception juridique des serbitudes internationales”, 15 *R. D. I. L. C.* (3rd series, 1934), p. 12]。有学者的确认为 1856 年的条约在奥兰群岛上设定了一种类似不动产地役权,可参见 Rivier, *Principles*, pp. 299 – 300; Oppenheim, *International Law. A Treatise*, i, 8th edn. Lauterpacht, H., pp. 538 – 40 (*Oppenheim's International Law*, i, pp. 672 – 3 对此进行了更谨慎的讨论); Verzijl, *International Law*, iii, p. 418; De Staël-Holtein, “La doctrine des serbitudes internationals et son application en Scandinavie”, 3 *R. D. I. L. C.* (3rd series, 1922), pp. 455 – 6。而反对意见可以参见其他学者的著述,比如 De Visscher, F., “La question des îles d'Aland (*Suite*)”, 2 *R. D. I. L. C.* (3rd series, 1921), pp. 249 – 56, 以及 Söderhjelm, *Démilitarisation et neutralisation des Iles d'Aland en* 1856 *et* 1921(Helsingfors, 1928), pp. 39 – 48。其他学者则认为条约在奥兰群岛上所设定的是一项人役权而非地役权,参见 Balladore Pallieri, *Dirtto internazionale pubblico*, 8th edn. (Milan, 1962), pp. 470 – 1。根据 Mercier 著作中的观点(*Les Serbitudes Internationales*, p. 99),特设法律委员会间接承认了出于保护 1856 年条约签字国的利益的确存在对奥兰群岛的人役权。

〔56〕 “Report”, pp. 16 – 17 and 19.

国家。比如芬兰独立之后,不仅包括瑞典,就连俄国也主张应当尊重奥兰群岛非军事化的国际体制。

其次,无论如何,瑞典的领土都很难被看作是需役地,因为瑞典本身既不是1856年条约的缔约国也不是任何前述的相关协议的签字国。尽管在国际法上,的确出现过为第三方利益而承担非军事化义务的例子,[57]但与本案不同。1856年条约并没有说明瑞典领土将从俄国遵守奥兰群岛非军事化的承诺而获益。[58]

---

〔57〕 比如根据一个瑞士并非缔约国的协议,法国出于对瑞士城市巴塞尔的利益而遵守对 Huiningen 的 Alsatian 镇的不予构筑防御工事之义务[“Traité définitif entre l'Autriche, la Grade-Bretagne, La Prusse, et la Russie d'une part, et la France de l'autre, signé à Paris le 20 Novembre 1815”, 4 *Nouv. Rec. gén* (Series I, 1808 - 1819)]。对于这种义务的讨论,参见 Guggenheim et al. (eds.), *Répertoire suisse de droit international public. Documentation concernant la pratique de la Confédération en matière de droit international public* 1914 - 1939 (Basel, 1975), ii, pp. 1049 - 53, Section 5.37; Clauss, Die Lehre von den Staatsdienstbarkeiten historisch-dogmatisch entwickelt (Tubingen, 1894), pp. 15 - 17. 关于宣称保护第三国利益的地役权问题,参见 Udina, “La Succession des Etats quant aux obligations internationales autres que les dettes publiques”, 44 Hague *Recueil* (1933, IV), pp. 728; Vali, *Servitudes*, pp. 310 - 11。

〔58〕 出于类似的依据,特设委员会认为奥兰群岛非军事化的体制亦不能认为是特别地指定其他非缔约国(法文文本“stipulation pour autrui”)应为瑞典的利益承担某种责任。然而,与特设委员会结论正相反的是,这种特别的授予并不需要第三国因此条款而得利。[参见 Fitzmaurich, “Fifth Report on the Law of Treaties” (Doc. A/CN. 4/130), *Y. I. L. C* (1960. II), p. 81, Art. 20, para. 2; “Research in International Law, Law of Treaties” (哈佛大学法学院主持), 29 *A. J. I. L.* (1935), Supplement, p. 935] 不过的确,在常设国际法院审理“上萨瓦及节克斯自由区案”(*Free zones of Upper Savoy and the District of Gex*, P. C. I. J., Series A/B, No. 46, pp. 147 - 8)时,曾认为条款授予第三方权利“绝不能事先加以假定”,参见部分法官对该案的意见, Order of 19 August 1929 P. C. I. J., Series A. No. 22, pp. 26 - 7 (Judge Nyholm), pp. 36 - 9 (Deputy-Judge Negulesco), pp. 43 - 5 (Judge *ad hoc* Dreyfus). 关于反对这种观点的争议方,参见 P. C. I. J., Series C, No. 17(I), i, pp. 112 - 20, 336 - 55(France) and pp. 196 - 206, 404 - 14 (Switzerland)。对此的评论,参见 Beckett, “Decisions of the Permanent Court of International Justice on Points of Law and Procedure of General Application”, 11 *B. Y. I. L.*, (1930), pp. 12 - 15. 而关于这个问题的著作,可参见 Jiménez de Aréchaga, “Treaty Stipulations in Favor of Third States”, 50 *A. J. I. L.* (1956), pp. 338 - 57。

最后,如果瑞典的领土是需役地,则一旦奥兰群岛成为瑞典领 32
土,在其上的地役权法律关系就将由于领土合并而停止存在——但这是与1856年条约缔约国的意旨相矛盾的。

有鉴于此,特设委员会否定了瑞典关于奥兰群岛的非军事化体制被视为国家地役的主张,遂在非军事化体制是一项国际义务的基础上得出了其自己的结论。委员会在进行法律推理过程中的核心是一项来源于对国家实践进行总结的概括性意见:

> 1815年之后,尤其是在最终缔结和平协议的情况下,大国同盟曾多次尝试构建一套真正客观的法律体系、一种真正的政治体制,且其影响将超出是时缔约国的范畴。[59]

在这个意见的基础上,特设委员会分析了1865年条约缔约国的意图以及涉及奥兰群岛非军事化问题的后续事件发展,并从协议签字时奥兰群岛的政治情势,决定将协议作为1865年《巴黎条约》的附件,到《巴黎和约》缔结的预备程序的文字记载,再到有关奥兰群岛协议的序言,无不作为证据体现了如下结论——俄国所应当承当的责任超出了条约缔约国互惠利益的范畴,并反映了"永久性的国际利益"(permanent international interests)。由是观之,特设委员会最终得出结论认为,奥兰群岛的非军事化的条款是:

> 基于全欧洲利益而提出的主张。这些条款为奥兰群岛构建了一个特殊的基于军事考虑的国际体制。因而非经同等方式对该条款进行损益,每个利益相关的国家均有权坚持对该条款的履行;任何占有奥兰群岛的国家都必须服从条款所规定的义务,接受条款的约束并实际履行对奥兰群岛非军事化之义务。[60]

由是,关于奥兰群岛国际地位所带来的结果也正如委员会报告所写明的那样:任何占有奥兰群岛的国家都应当接受并尊重由其国

〔59〕 "Report", p. 17.

〔60〕 Ibid. , p, 19.

33 际地位所衍生出的义务之约束,任何利益相关国家均得主张上述义务得以监督。[61]

正如前面所讨论的“永久性地役”一般,由奥兰群岛国际地位所衍生出的义务与对世义务存在几个方面的联系。特设委员会在最终结论中认为,一方面任何“占有奥兰群岛”的国家必须服从非军事化的义务,另一方面,并非“世界所有国家”无一例外,而是每一个“利益相关国家”拥有法律基础可以提出遵守该义务的主张——易言之,这与对世义务的联系在于,对奥兰群岛非军事化的义务超出了仅仅是条约互惠义务的范畴而扩展到了比缔约国范围更广的一系列国家;而与对世义务的不同则在于其只与利益相关国发生联系,而并非世界上的所有国家。

本书可对此进行进一步的分析并探求特设委员会得出结论的分析过程。在报告中,特设委员会认为,奥兰群岛非军事化的总体性利益是基于军事上的考量,因其有利于在波罗的海地区建立和平友好关系。那么这种总体性利益是如何具体为权利及义务并落实到那些并非在条约中同意奥兰群岛非军事化并签字的国家之上的呢?遗憾的是,特设委员会并没有对此作出清晰说明。在报告第一段(本节之前曾引用过),特设委员会曾把在奥兰群岛上的制度安排与之前大国同盟数次试图将建立的国际性安排适用于其他国家进行类比。然而这种对先例的参照并没有清晰地阐明为什么奥兰群岛的非军事化安排也一样可适用于其他国家。之前大国同盟试图建

〔61〕 关于什么样的国家依据特设委员会的报告属于与奥兰群岛国际地位“利益相关”的国家的问题,已经超出了这里的讨论范畴。不过,一般认为(one would agree that)Quéneudec 的下列总体性评价是正确的,即当使用“利益相关国家”这类字眼时,“有时很难从这个用词本身推断出其究竟是指代哪些国家。”[法语原文为“il est parfois preque impossible de déterminer précisément quel Dtat peut être visé par cette expression”。参见“La notion d' Etat intéressé en droit international”, 255 Hague *Recueil* (1995), p. 349。]

立并贯彻的某种国际性安排发端于一种类似国家理事会的形式,[62]之后演变为国际会议体系,也就是所谓的“欧洲同盟”。[63] 偶尔也 34
会出现一些较小的国家受大国之邀而批准类似的安排,不过这种批准往往被这些小国视为纯粹是走形式。[64] 这类国家的实践本身有不确定性因素,且大国所享有的统治力并没有演变为一种拥有制定国际规则的法律权利(可能并不只是政治的)来为国际社会的全体

---

〔62〕 “Protocle signé à Aix la Chapelle le 15 Novembre 1818 par les plénipotentiaires des cours d'Autriche, de France, de la Grande Bretagne, de Prusse et de Russie”, 4 *Nouv. Rec. gén.* (Series I, 1808 - 1819), pp. 554 - 5. (This protocol extended to France the agreement of the Powers reached at Chaumont onl March 1814, and confirmed at Paris on 20 November 1815.) 关于国家理事会,参见 de la Brière, *La “Soctété des Nations”? Essai Historique et Juridique*, 2nd edn. (Paris, 1918), pp. 71 - 91; Dupuis, “Les antécédents de la Société des Nations”, 60 Hague *Recueil* (1937, II), pp. 67 - 106; Brorquin, “La Sainte-Alliance, un essai d'organisation européenne”, 83 Hague *Recueil* (1953, II), pp. 377 - 461。

〔63〕 关于欧洲同盟的材料,可在以下资料中找到其复印件:Bruns(ed.), *Fontes*, Series B, Section 1, Tomus I, Pars 1, pp. 2 - 5. 文献部分,可参见 de la Brière, *La “Soctété des Nations”?*, pp. 92 - 104; Nys, “Le concert européenne et la notion de droit international”, 1 *R. D. I. L. C.* (2nd series, 1899), pp. 273 - 313. 另外以下材料中也涵盖了有益的概括性描述,参见 Truyol y Serra, *Histoire du droit international public* (Paris, 1995), pp. 99 - 104. 还可参见以下材料中简要的概括, Sériadès, “Principes généraux dudroit international de la paix”, 34 Hague *Recueil* (1930, IV), pp. 256 - 7。

〔64〕 比如,1908 年 10 月 7 日塞尔维亚就曾经依据《柏林条约》(1878 年签署的《柏林条约》确认了原属奥斯曼土耳其帝国的波斯尼亚和黑塞哥维那地区归属奥匈帝国治理,但仍属于土耳其的一部分——译者注)抗议奥匈帝国吞并波斯尼亚和黑塞哥维那,不过塞尔维亚也同时承认“对于柏林条约而言……我们确实是被迫承认其对我们所产生的影响的……”[法文原文为“le traité de Berlin... nous avons été obligés de le subir en tant qu'il affectait notre sort...” 参见 15 R. G. D. I. P. (1908), p. 37]

成员立法。[65]

部分学者认为,奥兰群岛体制的普遍性影响源自于一些国际法上已经确立的原则。比如劳特派特爵士认为,芬兰所应当承担的关于奥兰群岛非军事化的义务是基于国家继承的普通原则,[66]而Brierly的观点则是奥兰群岛非军事化的协议之后很快催生了一个国际习惯法。[67]

上述任何一个观点都不具有整体上的说服力。首先,关于劳特

---

〔65〕参见Negulesco法官在*Jurisdiction of the European Commission of the Danube*一案中的反对意见,Advisory Opinion, 1927, P. C. I. J. , Series B, No. 14, p. 95. 在文献方面,可参考Gihl, *International Legislation: An Essay on Changes in International Law and in International Legal Situations*, English trans. Charleston (London, 1937), pp. 57–64; Rousseau, *Principes généraux du droit international public*, I (Paris, 1944), pp. 478–84; Oppenheim, *International Law. A Treaties*, i, 8th edn. Lauterpacht, H. , pp. 445–53; Reuter, "Principes de droit international public", 103 Hague *Recueil* (1961, II), pp. 445–53. 更早一些的观点,参见Mamiani, *D' un nuovo dirtto europeo* (Torino, 1859), pp. 104–09 and 112–13; Rivier, *Principes*, i, p. 125; Fiore, *International Law Codified and its Legal Sanction or The Legal Organization of the Society of States*, English trans, Borchard (New York, 1918), pp. 222–3. 有观点认为随着大国利益优先得到考量,"国家平等"已经在实际上遭到了抛弃,参见Lawrence, *Essays on Some Disputed Questions in Modern International Law*, 2nd edn. (Cambridge, 1885), p. 227, 更详细的讨论(More cautiously manning)参见*Commentaries on the Law of Nations*, revised edn. Amos (London and Cambridge, 1875), pp. 1000–1. 另一个不同的问题是,欧洲同盟是否可以被视为后来国际社会政府间组织的前奏。关于这个问题可将Blunschli, *Droit international codifié*, pp. 97–8 (art. 103)以及Westlake, *International Law*, i, pp. 321–3与Streit, "Les grandes puissances dans le droit international", 2 R. D. I. L. C (2nd series, 1900), pp. 13–25进行比较。

〔66〕*Development of International Law*, p. 312, note 50. 这个观点也为卡希尔所认同,参见Cahier, "Le problème des effets des traités ὰ l'égard des Etats tiers", pp. 666–7。

〔67〕"Règles générales du droit de la paix", 58 Hague *Recueil* (1936, IV), pp. 222–4. 而在晚近有关国际法的著作中,类似的观点也被Giuliano、Scovazzi以及Treves所采纳,参见*Diritto internaztionale. Parte generale.* , pp. 329–31。

派特基于国家继承原则而提出的主张,特设委员会关于奥兰群岛的 35
报告中确实有一段评论,对于芬兰(也是在普遍意义上对于一个新国家)进行承认的一个重要条件就是其应当尊重在国际法项下的国际义务及涉及其领土国际性解决方案。[68] 然而,这只能解释芬兰对于奥兰群岛的义务来源,却无法将其扩展到更多的国家,以及对于瑞典的授权问题。

与之类似,以"一战"之后新出现的国际习惯法或者1856年条约的非缔约国对此类新习惯法认同为基础来解释奥兰群岛体制的普遍性效力,也在某种程度上是不合实际的。[69] 的确,在1918年芬兰、瑞典和德国同意拆除奥兰群岛上的所有防御工事,[70]但如果就此认为大国在先前没有受到非军事区体制的影响,而只是受到1918年新的协定以及新的国际习惯法的束缚,是没有依据的。特设委员会认为,1918年的条约只能作为对奥兰群岛问题国际性解决已对其他各国均有拘束力的"证据"存在。另外,在波罗的海沿岸大国(原苏联除外)签订一个新的保证奥兰群岛国际地位的条约并取代1856年条约之时,芬兰方面确认将"按照需要"使俄国方面承担奥兰群岛

〔68〕 "Report", p. 18.

〔69〕 这个词被用在以下文献中:Rose, *A Textbook of International Law. General Part* (London, 1947), p. 84。

〔70〕 "Agreement between Finland, Germany and Sweden concerning the Demolition of the Fortifications and other Military Establishments erected on the Aaland Islands, signed in Stockholm, December 30, 1918", 113 *State Papers* (1920), pp. 993 – 1002.

非军事化的义务。[71] 这一措辞看似极为谨慎,似乎并不想破坏特设委员会所得出的关于非军事化体制在1856年条约签订时已经确立的结论。[72]

对于委员会得出结论的一个颇有意思的阐释出现于国际法院1950年"西南非洲国际地位案"中McNair法官的个别意见。[73] 这
36 是国际法院有关西南非洲(现为纳米比亚)托管统治法律问题连续六个案件中的第一个。[74] 1949年,联合国大会请求国际法院对先前由于国际联盟解散而产生对西南非洲的托管统治问题予以考虑。[75] 这个请求实际上提出了一个很棘手的问题,尤其是对于托管统治而言,这个制度是由条约建立的,且其是从一般性的人道利益的角度追求某种国际性目标。

在个别意见中,McNair法官认为奥兰群岛特设法律委员会的报告中的推理与本案(西南非洲案)存在联系。在引述了之前提到过

---

〔71〕 参见 Art. 1 of the "Convention relative à la non-fortification et à la neutralisation des Iles d'Aland, signée à Genève, le 20 octobre 1921", 15 *Nouv. rec. gén.* (Series III, 1923 – 1924), pp. 65 – 70. [对此的评论,参见 De Visscher, F., "La Convention relative à la Non-Fortification et à la Neutralisation des Iles d'Aland" 2 *R. D. I. L. C.* (3rd series, 1921), pp. 568 – 86; Erich, "La question des zones démilitarisées", 26 Hague *Recueil* (1929, I), pp. 632 – 50]. 后来,芬兰通过与苏联签订新的条约对苏承担了奥兰群岛非军事化的义务,参见"Agreement between Finland and the Soviet Union concerning the Aland Islands, signed in Moscow, October 11, 1940", 144 *State Papers* (1940 – 1942), pp. 395 – 7. 关于现状,参见 Hannikaninen, "The Continued Validity of the Demilitarised and Neutralised Status of the Aland Islands", 54 *Z. a. ö. R. V.* (1994), pp. 614 – 51。

〔72〕 在新条约的序言中,缔约国明确说明了其缔约目的。原文为"... compléter, san y porter atteinte, l'effet de l'engagement pris par la Russie dans la Convention du 30 mars 1856..."

〔73〕 I. C. J. Reports 1950, p. 128.

〔74〕 有关西南非洲托管问题的参考书目,详见以下第七章。

〔75〕 联大上提交的关于这个问题的决议案的复印件可在国际法院的报告中找到,参见 I. C. J. Reports 1950, pp. 129 – 30。

的特设委员会报告的部分段落之后,他写下了自己的总体意见:

> 一群大国团体,或者大多数国家(无论是大国还是小国),总会不时承担一项由多边条约所确立的权力来创造一种新的国际制度安排。这种安排往往会迅速得到一定程度上超越原本缔约国范围的认同并保持相当长的时间,也保证了这种安排在事实上的存在。这种权力每每在包含公共利益的情况下被使用,且经常出现在一场大型战争之后和平解决的进程之中。[76]

从对 McNair 法官的上述意见与之前引述的特设委员会的报告进行比较就会发现很明显的相似之处,不过也存在重要的区别。首先,在 McNair 法官看来,一种国际制度安排的建立不仅需要大国的参与,还要囊括大多数国家,无论是大国还是小国。这就把"民主"的要素引进到这个进程中来,这与当前国际社会的现实情形是相似的。其次,McNair 法官明确指出国际制度安排的影响力及于第三国:这种安排通过各国"同意"的方式迅速产生普遍性的效力。最后,McNair 法官提到了国际制度安排背后的"公共利益",这个概念的范畴明显要大于奥兰群岛国际制度安排背后的"欧洲利益"。

总而言之,与奥兰群岛特设委员会的报告相比,McNair 法官的个别意见展示了一个更为清晰的国际制度安排的定义。但是,认同特设委员会的报告在回答了一些法律问题之后又遗留新的问题一 37
般,McNair 法官的意见也同时提出了新的问题:一个国际制度的建立及适用于第三国究竟需要在多大程度上的同意或接受?如果有国家并未明示同意甚至反对,这种制度安排能对这些国家生效吗?以"服从多数"原则建立的国际制度安排较之"大国"建立的国际性制度安排在政治上更应当被接受吗?

在 McNair 法官的个别意见发布几年之后,国际法委员会试图在编纂《维也纳条约法公约》的过程中加入客观法域直面这个概念并

---

〔76〕 Ibid., p. 153.

使其最终得到采纳。[77]

第五节　条约法公约编纂过程中出现的“客观法域”之概念

在“条约法公约草案”及其评注中,国际法委员会曾经将客观法域的内容确定为“对世意义上具备有效性的权利和义务”。[78] 根据国际法委员会的构想,下列情况均属于构建一个客观法域的实例:通过条约在一块领土上创设一个非军事区或者中立区,或在国际水道上创设航行自由权等。易言之,客观法域可以通过之前提到的用条约建立奥兰群岛非军事区或者对基尔运河设定地役权的方法实现。

客观法域问题在条约法公约编纂期间首次被提出是在特别报告员菲茨毛里斯(Fitzmaurice)向国际法委员会所提交的第五份报告之中。菲茨毛里斯爵士论证的起点是:“条约非经第三国同意,不为该国创设义务或权利”(*pacta tertiis neque noncent neque prosunt*)作为

〔77〕 1155 *U. N. T. S.* 331.《维也纳条约法公约》最终是在 1969 年 5 月 23 日得以正式通过并于 1980 年 1 月 27 日正式生效的。77 个国家是该公约的缔约方。[参见 *Multilateral Treaties Deposited with the Secretary-General. Status as at* 31 *December* 1995 (New York, 1996), p. 839]. 对条约法公约的评注,参见 Sinclair, *The Vienna Convention on the Law of Treaties*, 2nd edn. (Manchester; 1984); Reuter, *La Convention de Vienne sur le droit des traits* (Paris, 1970)。

〔78〕 “Drafted Articles on the Law of Treaties with Commentaries, Adopted by the International Law Commission at its Eighteenth Session”, *U. N. C. L. T.*, *Off. Recs.*, *First and second sessions*, *Vienna*, 26 *March* - 24 *May* 1968 *and* 9 *April* - 22 *May* 1969, *Documents of the Conference* (New York, 1971), p. 51 [Article 34, Commentary (4)].

一项“绝对严格而清晰的准则”是要先行符合一些条件的。〔79〕 然后他大致分析了一些类似条件,〔80〕但是没有提供任何可供接受列举例 38
外的条款草案,也没有明确涉及客观法域的问题。这反映了他的对于条约法编纂的基本观点——即条约法公约应当编纂成一部说明性的法典而非国际公约。〔81〕

作为特别报告员,菲茨毛里斯的继任者是汉弗莱·沃尔多克爵士(Sir Humphrey Waldock)。后者在条约法的编纂方法问题上与前

〔79〕 “Fifth Report”, p. 73, para. 3. 这个原则现在被规定在《维也纳条约法公约》的第 34 条。关于一些符合该原则的国家实践,参见 Kiss (ed.), *Répertoire de la pratique française en matière de droit international public*, i (Paris, 1962), pp. 500 - 13; Ago (ed.), *La prasso italiana di diritto internazionale*, *Prima Serie* (1891 - 1887), i (New York, 1970), pp. 53 - 5; Guggenheim et al. (eds.), *Répertoire suisse*, i (Basel, 1975), pp. 139 - 45 (Sections 1. 63 - 7). See also McNair, *Law of Treaties*, pp. 315 - 18 and 320 - 1. 与该原则相关的法院判决或仲裁裁决书,参见 *Island of Palmas Case*, R. I. A. A., ii, p. 829; *Affaire de l'île de Clipperton*, ibid., p, 1110; *Affaire Pablo Najera*, R. I. A. A., ii, p. 466; *Status of Eastern Carelia*, Advisory Opinion, 1923, P. C. I. J., Series B., No. 5, p. 27; *Certain German Interests in Polish Upper Silesia*, Merits, Judgment No. 7, 1926 P. C. I. J. Series A, No. 7, pp. 28 - 9; *Territorial Jurisdiction of the International Commission of the River Oder*, Judgment No. 16, 1929, P. C. I. J., Series A, No. 23, p. 19; *Aerial Incident of* 27 *July* 1959 (*Israel v. Bulgaria*), Judgment, I. C. J. Reports 1959, pp. 136 - 8。

〔80〕 参见 Fitzmaurice, “Fifth Report”, Article 14 and 26 (“Case of the use of maritime or land territory under a treaty or international regime”), 17 (“General duty of all States to respect and not impede or interfere with the operation of lawful and valid treaties entered into between other States”), 18 (“General duty of all States to recognize and respect situations of law or of fact established under lawful and valid treaties”) and 29 (“*In favorem* effects resulting from the application of the principle of respect for lawful and valid international acts”).

〔81〕 “(First) Report on the Law of Treaties” (Doc. A/CN. 4/101), *Y. I. L. C.* (1956, II), pp. 105 - 6, paras. 3 - 4. Jennings 曾经强调说这个观点反映了 Fizmaruice 认为条约只是义务的渊源而非法律的立场。[Jennings, “Recent Developments in the International Law Commission: Its relation to the Source of International Law”, 18 I. C. L. Q. (1964), pp. 388 - 9.]

者采取了截然不同的态度,并回到了认为草案应当最终采取国际公约形式的老路上去。[82] 这至少部分解释了他对客观法域概念的不同意见。沃尔多克爵士在第三份报告中向国际法委员会提交了名为"构建客观法域的条约条款"(草案第63条)。[83] 该条第一段内容如下:

一部条约在如下情形下可视为构建了一个客观法域:其在行文中对客观法域直接进行了规定,且从其结论的情形观之,缔约各方有意愿为了普遍利益而在一块特定的区域、国家、领土、位置、河流、水道或海面、海床或者空间上创设普遍性的权利义务;前提是缔约方已经涵盖了所有有能力控制相应客体并符合条约宗旨的国家,或此类国家已经对相应条款表示同意。

第63条后续段落补充了如下内容:(1)第三方明示或暗示同意
39 客观法域的存在,或没有在适当的时间段内提出反对,[84] 将被视为接受了客观法域的存在(第2段);(2)一国一旦接受客观法域的存在就将接受其所包含的任何概括性的义务的约束并有权实施其所指向的任何普遍性权利(第3段);以及(3)一个同意国如在客观法域的功能上享有实在权益,则在对客观法域进行修改或废除时享有发言权(第4段)。

沃尔多克对于客观法域的定义包括了数个要素,一方面使得其很容易与其他前述的诸如国家役权及国际性地位等概念相区分,另一方面也使之有别于对世义务的概念。与国家役权和国际性地位

---

[82] 从表面上看,Waldock向国际法委员会提出同意担任特别报告员的条件之一就是国际法委员会能接受这个观点。参见 Ago's intervention reproduced in *U. N. G. A.*, *Off. Recs*, *Twentieth Session*, *Sixth Committee*, *Legal Questions*, *Summary Records of Meetings* 22 *September* - 17 *December* 1965, 851st Meeting, p. 76, para. 43。

[83] "Third Report on the Law of Treaties" (Doc. A/CN. 4/167 and Add. 1 - 3), Y. I. L. C. (1964, II), Article 63, p. 26.

[84] i. e. "within a period of X years of the registration of the treaty [providing for the objective regime] with the Secretary-General of the United Nations..." [para. 2(b)].

出现的情况不同,一项条约欲在一定领土范围内创建客观法域,则其所涉及"能控制"其领土的主权国家必须是条约缔约方。易言之,不会出现需要把客观法域适用于之前"温布尔登号案"中的德国抑或奥兰群岛争端中的瑞典之类的问题。沃尔多克在其评注中也强调,这个特点使要构建客观法域的条约与其他意在创设具有普遍性效力的条约(如普遍性的造法性条约)区分开来——后者主要通过实践国际习惯法而具有普遍性效力。[85]

从另一个方面看,根据沃尔多克的定义,条约所构建的客观法域不会产生对世义务,而只是某种"普遍性的义务",且这种义务不会对在适当时间内对其表示反对的国家生效。

尽管沃尔多克为客观法域的普遍性适用增加了这些条件,国际法委员会还是决定在条约法公约的最终文本中删除草案第 63 条。大多数委员会成员批评,哪怕最终只是比照沃尔多克所提出的条款来制定最终条款,也仍然(就算不从实质而仅从表面来看)认同过去时代中大国将其意志强加于国际社会其他成员之上,或者至少为大多数国家为少数异议国家施压或强迫其接受某种客观法域提供便利——这明显是违背国家主权平等的根本原则的。[86] 国际法委员会得出结论,认为公约中存在为第三国创设权利的条款(《维也纳条

---

〔85〕 参见 Waldock, "Third Report", p. 33, paras. 19 – 20. 关于造法性条约的问题,参见 McNair, "The Fuction and Differing Legal Character of Treaties", 11 *B. Y. I. L.* (1930), pp. 101 – 5; Scelle, *Précis*, ii (Paris, 1934), especially pp. 367 – 79; Vitta, E., "Le traité multilatéral peut-il être considéré comme un acte législatif?", 6 *A. F. D. I.* (1960), pp. 225 – 38。

〔86〕 参见 *Y. I. L. C.* (1964, I), p. 101, para. 22 (Jiménez de Aréchaga); p. 103, para. 46 (Tunkin); p. 103, para. 52 (Bartos); p. 104, para. 65 (Tabibi); and p. 105, para. 72 (Liu)。

40 约法公约》第36条)[87]及保留着条约所载规则由于国际习惯而可能对第三国有拘束力的条款(《维也纳条约法公约》第38条)[88],已经为创设具备普遍效力的客观法域提供了足够的法律基础。

《维也纳条约法公约》通过以后,关于客观法域的问题再次浮出

---

〔87〕 参见 Nahlik, "Traités internationaux et Etats tiers. Historique d'une codification", 4 *Thesaurus Acroasium* (1977), pp. 9 – 30. 关于条约为第三国创设权利或者更广泛意义上的条约与第三国之间的关系,参见 Roxburgh, *International Conventions and Third States. A Monograph* (London, 1917) l Kojanec, *Trattati e terzi stati*, *Limiti soggettivi di validità delle norme positive dell' ordinamento internazionale* (Padua, 1961); Smets, *Les Effects des traités internationaux à l'égard des Etats tiers* (Paris, 1965 – 1966); *Völkerrechtlicher Vertrag und Drittstaaten* (Treaties and Third States, in German, with English summaries of the Reports) (Heidelberg, 1988). 另可参见 Salvioli, "I terzi nel diritto internazionale", 12 *Riv. Dir. int* (1918), pp. 229 – 41; Ballreich, "Verträge zugunsten unde zu lasten Dritter", Strupp and Schlochauer (eds.), *Wörterbuch*, iii, pp. 544 – 7; Roucounans, "Le traité et les Etats tiers (Quelques approches subjectives et objectives)", 17 *Revue Hellénique de Droit International* (1964) pp. 17 – 96; Schwersfurth, "International Treaties and Third States", 45 *Z. a. ö. R. V.* (1985), pp. 653 – 74。

〔88〕 关于条约和国际习惯法之间的关系与互动,参见国际法院在"北海大陆架案"以及"尼加拉瓜军事及准军事行动案"中的观点, *North Sea Continental Shelf*, Judgment, I. C. J. Reports 1969, pp. 32 – 41, *and Military and Paramilitary Activities in and against Nicaragua* (*Nicaragua v. United States of America*), Merits, I. C. J. Reports 1986, pp. 92 – 6. 在文献方面,可参考 Baxter, "Treaties and Custom", 129 Hague *Recueil* (1970, I), pp. 25 – 106; Jiménez de Aréchaga, "International Law in the Past Third of a Century", 159 Hague *Recueil* (1978, I), pp. 12 – 23; Schachter, "Entangled Treaty and Custom", Dinstein (ed.) *International Law at a Time of Perplexity. Essays in Hounour of Shabtai Rosenne* (Dordrecht, 1989), pp. 717 – 36. More extensively, see Thirlway, International Customary Law and Codification (Leiden, 1972); Villiger, *Customary International Law and Treaties* (Dordrecht, 1985)。

水面,尤其是在关于国家继承条约的国际法编纂方面。[89] 这个问题继续吸引了一批国际学者的关注,也包括关于《南极条约》的一些讨论。[90]不过,客观法域在政治上的可接受性仍存争议,而其概念本身, 41

---

〔89〕 参见 Waldock, "First Report on succession of States and Governments in respect of treaties" (Doc. A/CN. 4/202), Y. I. L. C. (1968, II), pp. 92 – 3; Vallat, "First Report on succession of States in respect of treaties" (Doc. A/CN. 4/278 AND Add. 1 –6), ibid. (1974, II), Part I, pp. 73 – 87; "Draft articles on succession of States in respect of treaties with commentaries adopted by the International Law Commission at its twenty-sixth session", *United Nations Conference on Succession of States in Respect of Treaties*, *Official Records*, iii ("Documents of the Conference") (New York, 1979), pp. 26 –37 (Article 11 and 12); ibid., ii. ("Summary records of the plenary meetings and of the meetings of the Committee of the whole") (New York, 1978), pp. 113 –51. 关于对此的评注,参见 Reuter, *Introduction to the Law of Treaties*, English trans. Mico and Haggenmacher (London and New York, 1989), pp. 97 –9, paras 191 –2. 另在不同的上下文中可参见 Beduajoui, "First Report on succession of States in respect of rights and duties resulting from sources other than treaties" (Doc. A/CN. 4/204), *Y. I. L. C.* (1968, II), pp. 112 –14. 关于对客观法域的继承,参见 Fitzmaurice, "The juridical clauses of the peace treaties", 73 Hague *Recueil* (1948, II), p. 260; Castrén, "Aspects récents de la succession d'Etats", 78 ibid. (1951, I), pp. 448 –9; Zemanek, "State succession after decolonisation", 116 ibid. (1965, III), pp. 239 – 43; The Effects of Independence on Treaties. A handbook Published after the auspices of The International Law Association (London, 1967), pp. 352 – 60; O'Connell, States Succession in Municipal Law and International Law, (Cambridge, 1967), ii, pp. 12 –17。

〔90〕 参见 Schachter, "International Legislation", Sills (ed.), International Encyclopedia of the Social Sciences, vii. (New York, 1972), pp. 551 –8; Mosler, The International Society as a Legal Community (Aalphen aan den Rijn and Germantown, 1980), pp. 221 – 45; Klein, *Statusverträge im Völkerrecht*: *Rechtsfragen territorialer Sonderregime* (Berlin, 1980); Wyrozumska, "Treaties Establishing Territorial Regimes", 15 *P. Y. I. L.* (1986), pp. 251 – 76; Vasciannie, "Part XI of the Law of the Sea Convention and Third States: Some General Obsercations", 48 *Cambridge Law Journal* (1989), pp. 85 –97; Subedi, "The Doctrine of Objective Regimes in International Law and the Competence of the United Nations to Impose Territorial or Peace Settlements on States", 37 *G. Y. I. L.* (1994), pp. 162 –205. 有关《南极条约》(402 *U. N. T. S.* 71) 的讨论,参见 Battaglini, *La condizione dell'Antartide nel dirittl internazionale* (Padua, 1971),

也正如 Riphagen 所言，“犹抱琵琶半遮面”。[91]

第六节 小结

本章中已经讨论过的一些对世义务概念的“雏形”表明，在国际法院作出“巴塞罗那机车案”裁决之前相当长的一段时间内，法律人士一直试图为国家的共同利益制定条约的方法，以规制对可能具有对世性质的权利和义务（或对于某个条约来说，至少对超出缔约国范围的更多的国家）。对上述努力的解释大多数都是不甚恰当的。其所依赖的种种概念，比如国家役权、永久性拨地及国际性地位都

---

pp. 10 – 11, 384 – 9, 411 – 9; Brownlie, “Legal Status of Natural Resources in International Law (Some Aspects)”, 162 Hague *Recueil* (1979, I), p. 293; Auburn, *Antarctic Law and Politics* (London 1981), pp. 115 – 29; Arrow, “Seabeds, Sovereignty and Objective Regimes”, 7 Fordham International Law Journal (1984), pp. 211 – 6; Simma, “The Antarctic Treaty as a Treaty Providing for an ‘Objective Regime’”, 19 *Cornell International Law Journal* (1986), pp. 189 – 209; Francioni and Scovazzi (eds.), *International Law for Antarctica* (Milan, 1987), especially the contributions of Brunner, Charney, Francioni and Simma; Triggs (ed.), *The Antarctic Treaty Regime: Law, Environment and Resources* (Cambridge, 1987), especially the contributions of Orrego Vicuna, Lady Fox and Triggs; Orrego Vicuna, *Antarctic Mineral Exploitation. The Emerging Legal Framework* (Cambridge, 1988), pp. 423 – 47 and 479 – 97; Golitsin, *Antarktika: tendentsii razvitiia rezhima* (Moscow, 1989), pp. 143 – 57; Guillaume, “Le statut de l’Anrctique: Réflexions sur quelques problèms récents”, *Humanité et droit international. Mélanges René-Jean Dupuy* (Paris, 1991), pp. 171 – 7. 如对此还有更深兴趣还可参见 the message of the Swiss Fedral Council reproduced in 47 *Ann. suisse* (1990), pp. 130 – 1，关于各国的意见可参考联合国方面的文献，标题为“Question of Antarctica. Study requested under General Assembly resolution 38/77. Report of the Secretary-General” [Doc. A/39/583 (Part II)]。

〔91〕“Fourth Report on the content, forms and degrees of State responsibility (Part 2 of the draft articles)” (Doc. A/CN. 4/355), Y. I. L. C. (1983, II, Part 1), p. 16, para. 85.

站不住脚。其他概念,比如客观法域,最终还是绕回到国家同意的老问题上来。

尽管存在一定缺陷,但把对世义务的概念和上述概念进行比较
还是有意义的,原因如下:首先,上面的分析确定了对世义务的概念 42
并不新奇,因为涉及所有国家的权利和义务的概念之问题早在国际法院的判决之前已经存在了相当长时间;其次,部分前述构想至少运用了与国际法院判决中涉及对世义务所使用的描述(“国际社会作为一个整体”、“天然的”、“为所有国家考虑”)类似的概念(如“全世界”、“客观法”、“公共利益”);最后,就政治上的可接受性而言,上述构想从历史的角度展示了国际社会一直以来都不愿意接受任何有助于(或在表面上有助于)大国或多数国家将其意志强加在他国之上的概念。

现在,本书必须要讨论另外一个关于对世义务之概念雏形,而这个概念雏形在当时(至少是在其纳入《维也纳条约法公约》之时)与国际法院的判决已经相当接近了,这就是强行法。

第三章　对世义务的选择性设想之二：强行法

第一节　《维也纳条约法公约》之中和之外的强行法

43 谈到国际条约的无效（invalidity）的理由，《维也纳条约法公约》（the Vienna Convention on the Law of Treaties）列举了与一般国际法（general international law）的强制规范（peremptory norm）即强行法（*jus cogens*）冲突的情形。其第53条规定：

条约在缔结时与一般国际法强制规范抵触者无效。就适用本公约而言，一般国际法强制规范指国家之国际社会全体接受并公认为不许损抑且仅有以后具有同等性质之一般国际法规范始得更改之规范。[1]

---

〔1〕 有关国际强行法的文献相当广泛。可以参见以下国际法的一般专著（general treatises）。Brownlie, *Principles*, pp. 512 – 15; *Oppenheim's International law*, i, pp. 7 – 8; Cassese, *International law*, pp 175 – 9; Nguyen Quoc Dinh, Daillier and Pellet, *Droit international public*, pp. 199 – 206 (paras. 128 – 32); Favre, *Principes du droit des gens* (Fribourg, 1974), pp. 226 – 34; Verdross and Simma, Universelles Völkerrecht, pp. 328 – 34; Takano, Einführung in das Völkerrecht, German trans. Richter of the second Japanese edition, 1969 (14th reprint, 1977), i (Cologne, 1979), pp. 55 – 61; ii (Cologne 1984), pp. 39 – 42, 68 – 70 and 116; Tunkin, *Theory of International Law*, English trans. Butler (London, 1974), pp. 147 – 60; Pastor Ridruejo, Curso, pp. 66 – 70;

Giuliano, Scovazzi and Treves, *Diritto internazionale. Parte generale*, pp. 372 – 6. 海牙国际法高等研究院(Hague Academy)在60年代后开设的大部分一般课程中都讨论了强行法概念。参见,如 Quadri, "Cours général de droit international public", 113 Hague *Recueil* (1964, Ⅲ), pp. 335 – 42; Jennings, "General Course", pp. 563 – 5; Monaco, "Cours general sur des Principes de droit international public", 125 Hague *Recueil* (1968, Ⅲ), pp. 202 – 12; Chaumont, "Cours général de droit international public", 129 ibid. (1970, Ⅰ), pp. 370 – 80; De Visscher, P., "Cours général de droit international public", 136 ibid. (1972, Ⅱ), pp. 102 – 11; Tunkin, "International Law in the International system", 147 ibid. (1975, Ⅳ), pp. 85 – 94; Jiménez de Aréchaga, "International Law", pp. 62 – 9; Dupuy, R. J., "Commuauté international et disparités de devéloppement. Cours général de droit international public", 165 Hague *Recueil.* (1979. Ⅳ), pp. 196 – 205; Lachs, "The Development and Gerneral Trends of International Law in Our Time (General Course in Public International Law)", 169 ibid, (1980, Ⅲ), pp. 201 – 11; Truyoly Serra, "Théorie du droit international public. Cours general", 173 ibid. (1981, Ⅳ), pp. 257 – 61; Virally, "Panorama du droit international contemporain. Cours général de droit international public", 183 ibid. (1983, Ⅴ), pp. 175 – 8; Cahier, "Changements et continuité", pp. 195 – 200; Abi-Saab, "Cours général", pp. 426 – 7; Thierry, "L' évolution du droit international. Cours general sur des Principes de droit international public", 222 Hague *Recueil* (1990, Ⅲ), pp. 58 – 70; Weil, "Le droit international", pp. 261 – 82; Capotorti, "Cours general sur des Principes de droit international public", 248 Hague *Recueil* (1994, Ⅳ), pp. 119 – 20, 138 – 42 and 182 – 4. 也可参见, Mosler, *The International Society*, pp. 19 – 20 and 134 – 6; Schachter, *International Law*, pp. 342 – 5; Wang Tieya, "International Law in China: Historical and Contemporary Perspectives", 221 Hague*Recueil* (1990, Ⅱ), pp. 279 – 87; Conforti, *International Law and the Role of Domestic Legal Systems*, English trans. Provost and Van Praagh (Dordrecht, 1993), pp. 118 – 23; Higgins, R., *Problems and Process. International Law and How We Use It* (Oxford, 1994), pp. 20 – 2; Henkin, *International Law: Politics and Values* (Dordrecht, 1995), pp. 38 – 9; Carrillo Salcedo, *Soberania del estado y derecho international*, 2nd edn. (Madrid, 1976), pp. 257 – 85; id., El derecho internacional en un mundo en cambio (Madrid, 1984), pp. 204 – 12; Lukashuk, *Mekhanizm mezhdunarodnopravovogo regulirovaniia* (Kiev, 1980), pp. 45 – 55. 专题论文(monographs)参见, Sztucki, *Jus Cogens and the Vienna Convention on the Law of Treaties* (Vienna, 1974); Rozakis, *The Concept of Jus Cogens in the Law of Treaties* (Amsterdam, 1976); Diaconu, *Normele imperative in dreptul international* ("*jus congens*") (Bucharest, 1977) (in Romanian, with English summary); Shestakov, Imperativnye

44 一项条约可能与该条约缔约时存在的强制规范相冲突,或者与其缔结后出现的强制规范相冲突。针对后一种情形,《条约法公约》第64条做出了以下规定:

遇有新的一般国际法强制规范产生,任何现有条约之与该项规范抵触者即为无效而终止。〔2〕

---

normy v. sisteme sovremennogo mezhdunarodnogo prava (Moscow, 1981); Aleksidze, *Nekotorye voprosy teorii mezhdunarodnogo prava. Imperativnye normy Jus Cogens*, in Russian with English summary); Hannikainen, *Peremptory Norms (Jus Cogens) in International Law—Historical Development, Critieira, Present Status* (Helsinki, 1988). 也可参见, *The Concept of Jus Cogens in Public International Law: Papers and Proceedings* [卡内基国际和平基金会(*the Carnegie Endowment for International Peace*)举办的会议中的报告], Lagonissi (Greece), April 1966)(Geneva, 1967)和 Hague Academy of International Law (海牙国际法研究院)在1981年举办的 the complex on jus cogens, 可见于 172 Hague *Recueil* (1981, Ⅲ), pp. 9 – 218. (Gomez Robledo), pp. ,219 – 70 (Aleksidze), pp. 271 – 313 (Gaja). 文章参见, Miaja de la Muela, '"Ius cogens" y "ius dispositivum" en Derecho internacional publico', *Estudios juridico-sociales, Homenaje al Professor Luis Legaz y Lacambra*, ii (Santiago de Compostela, 1960), pp. 1121 – 53; Schwarzenberger, "International jus cogens?", 45*Texas Law Review* (1965), pp. 455 – 78; Verdross, "Jus Dispositivum and Jus Cogens in International Law", 60 *A. J. I. L.* (1966), pp. 55 – 63; Virally, ' Réflexions sur le "jus cogens"', 52 Riv. Dir. Int. (1968), pp. 108 – 17; Mosler, "Ius cogens in Völkerrecht", 25 *Ann. Suisse* (1968), pp. 9 – 40; Marek, "Contributio àl" etude du jus cogens en droit international", *Recueil d' études de droit international en homage à Paul Guggenheim* (Geneva, 1968), pp. 426 – 59; Li Haopei, "Jus cogens and International Law", *Selected Articles from Chinese Yearbook of International Law* (Beijing, 1983), pp. 58 – 6。

〔2〕 参见大多数在上脚注1中引用的著作,也可对照第64条规定。

强行法的起源常常被追溯到本世纪早期的一些著作中，[3]但在《条约法公约》通过前，强行法的概念尚未在国家和国际法庭的实践 45 中获得适用上的一致性(consistency)。因此，国际法学家们长期围绕《条约法公约》中的强行法条款是应予以编纂并盖棺定论还是允许其在法律中渐进发展国际法而争论不休。这里的“编纂”(codification)

〔3〕 与普遍的观点相一致，Roland and Boyer (*Locutions latines du droit français*, 3rd edn. (Paris, 1993), p. 214, under “JUS COGENS/Droit impératif”)确认了“doctrine allemande de l' entre-deux-guerres”中的这个概念的起源，使用上述表述，目的可能是指德国和奥地利学者的一些著作，如 von der Heydte, “Die Erscheinungsformen des zwischenstaatlichen Reths: *jus cogens und jus dispositivum im Völkerrecht*”, 16 *Zeitschrift für Völkerrecht* (1932), pp. 461 - 87; Verdross, “Forbidden Treaties in International Law”, 31 *A. J. I. L.* (1937), pp. 571 - 7. 然而这些贡献不能被低估，因为同年来自于其他国家的学者也开始研究这些概念，或至少使用了这些概念。参见，如 Anzilotti, Corso di dirtto internazionale, i, 3rd edn. (Rome, 1928), pp. 88 - 92 (pp. 96 - 101 in id., *Cours de droit international*, ⅰ, French trans. Gidel (Paris 1929)); Williams, J. F., “La doctrine de la réconnaissance en droit international et ses dévéloppements récents”, 44 Hague *Recueil* (1933, Ⅱ), p. 282; Ripert, “Les règles du droit civil applicables aux rapports internationaux (Contributions à l' étude des principles généraux du droit vises au Statut de la Cour permanante de Justice international)”, ibid., p. 599; Salvioli, “Les régles génrales du droit de la paix”, 46 ibid. (1933, Ⅳ), pp. 26 - 7; Ray, “Des conflits entre principles abstraites et stipulations conventionelles”, 48 ibid. (1934, Ⅱ), p. 701. 在1914年，安齐洛蒂(Anzilotti)就已经区分了国际法律规范的强制性(peremptory)和实质性(dispositive)，只是没有使用“强行法”的表述[“Intorno agli effetti delle modificazioni del corso di un fiume sul confine fra due Stati”, 8*Riv. dir. int.* (1914), p. 78]；批评意见参见，Cavaglieri, “Concetto e caratteri del diritto internazionale generale”, 14*Riv. dir. int.* (1921/22), p. 495, note 2. 该术语的起源受到争议。Dhokalia 批评道，“强行法”不属于经典罗马法，他提到 Jolowicz 的观点，即该术语是由德国学说汇纂派(pandectist)引入的。[“Problems Relating to *Jus Cogens* in the Law of Treaties”, Agrawala (ed.), *Essays on the Law of Treaties (with special reference to India)* (Bombay, 1972), p. 150, including note 4]. 另外，罗伊特(Reuter)写道，“强行法”是一个……的术语(“venu du droit romain à travers le Common Law”) (*Le développement de l' ordre juridique internatioanal: écrits de droit international* (Paris, 1995), p. 21. (重述了1970年时首次出现的一篇文章。)

和“渐进发展”(progressively development)是指《国际法委员会规约》(the Statue of the International Law Commission)中被使用的意义而言的。[4] 要严格区分二者被证明是困难的,[5] 且对强行法的概念本身进行分析也没有太大帮助。重要的是,在条约法编纂中和《条约法公约》通过之后,强行法的概念在国际法领域逐渐开始被接受。

“条约与一般国际法强制规范抵触者无效”的规定是由特别报告员赫希·劳特派特先生(Hersch Lauterpacht)引入《条约法公约》草案的,[6] 随后由其继任者杰拉尔德·菲茨莫里斯先生(Gerald
46 Fizmaurice)[7] 和汉弗莱·沃尔多克先生(Humphrey Waldock)[8] 予

〔4〕 参见,Article 1 and 15of the Statute (*U. N.*, *Off. Recs.*, *Second Session of the General Assembly*, *Resolutions*, 16 *September* – 29 *November* 1947, pp. 105 – 10.)《国际法委员会规约》和文件参见,Briggs, *The International Law Commission* (Ithaca, N. Y., 1965); Sinclair, *The International Law Commission* (Cambridge, 1987); Sucharitkul, “The Role of International Law Commission in the Decade of International Law”, 3 *Leiden Journal of International Law* (1990, No. 3, Special Issue December 1990) pp. 15 – 42. 编纂参见, Movchan, Kodifikatsiia i progressivnoe razvitie mezhdunarodnogo prava (Moscow, 1972); Geck, “The Codification of International Law in the United Nations: Promoting and Obstructing Factors and their Results”, 17 *Law and State* (1978), pp. 21 – 44 (供延伸性参考)。

〔5〕 参见,Brownlie, *Principles*, pp. 30 – 1. 也可参见,Ago, “La codification du droit international et les problems de sa rèalisation”, *Recueil Guggenheim*, pp. 93 – 131; Lauterpacht, H. “Codification and Development of International Law”, 49 *A. J. I. L.* (1955), pp. 16 – 43; Schachter, *International Law*, pp. 66 – 74。

〔6〕 “[First] Report on the Law of Treaties” (Doc. A/CN. 4/63), *Y. I. L. C.* (1953, Ⅱ), pp. 154 – 6 (Article 15).

〔7〕 “[Third] Report on the Law of Treaties” (Doc. A/CN. 4/115), *Y. I. L. C.* (1958, Ⅱ), pp. 40 – 1 (Article 17).

〔8〕 第一次会议的内容参见,“Second Report on the Law of Treaties” (Doc. A/CN. 4/156 and Add. 1 – 3), *Y. I. L. C.* (1963, Ⅱ), Article 1(3)(c) and 13。

以完善。在维也纳会议上,占有压倒性多数(overwhelming majority)的国家为了在最终文本中将何内容纳入第53条和第64条进行了投票。[9] 在《条约法公约》通过后到其生效前,第53条就已经获得了广泛的接受。[10]

在一些(但并不像有人预见或担忧的那么多)情形下,国家已经开始质疑违反强行法的条约的有效性。[11] 国际法院及法官在其个别意见中,将强行法的内容根据法律领域的不同而赋予不同的内容,

---

〔9〕 第50条(之后在最终文本中变为53条)在维也纳会议第20次全体会议上,以87票赞成,8票反对,12票弃权通过。(*U. N. C. L. T.*, *Off. Recs.*, *Second Session*, Vienna, 9 April – 22 May 1969, *Summary records of the plenary meeting and of the Committee of the Whole*, *pp.* 106 – 7). 第64条在维也纳会议上,以84票赞成,8票反对,16票弃权通过。第53条和第64条的起草历程参见,Rosenne, *The Law of Treaties*: *A Comparative Guide to the Legislative History of the Vienna Convention* (Leiden and Dobbs Ferry, 1970), pp. 290 – 3 and 330 – 2。

〔10〕 参见,如 the "Letter of Submittal to the President of the United States by the Department of State", S. Exec. Doc. L., 92d Cong., 1st sess. (1971), p. 1; "Message relative à l' adhesion de la Convention de Vienne de 1969 sur le droit des traités et à la Convention de Vienne de 1986 sur le droit des traités entre Etats et organisations internationales", *Feuille fédérale* (1986, Ⅱ), pp. 703 – 4. (作者非常感谢前弗里堡大学 Alexandre Fasel 博士提供了该文件的副本。)在该文件尚未生效前产生影响的诸多问题参见,Sinclair, " The Impact of the Unratified Codification Convention", Bos and Siblesz (eds.), *Realism in Law-Making*: *essays on international law in honour of Willem Riphagen* (Dordrecht, 1986), pp. 211 – 29。

〔11〕 参见, Ronzitti, " Trattati contrari a norme imperative del diritto internationale?", *Studi in onore di Giuseppe Sperduti. Fonti internazionali e rapporti fra ordinamenti*, *l' individuo nel diritto internationale*, *altri contributi* (Milan, 1984), pp. 209 – 72。

如通过一国领土的权利、对基本人权的保护、人道法、海洋法、民
47 族自决和禁止使用武力。[12] 对国际强行法的援引也出现在国内法

---

〔12〕 参见，如 *Right of Passage over Indian Territory*, Merits, Judgment, I. C. J. Reports 1960, p. 133, para. 29 (dissenting opinion of Judge Fernandes); *South West Africa*, Second Phase, Judgment, I. C. J. Reports 1966, p. 298 (dissenting opinion of Judge Tanaka); *North Sea Continental Shelf*, Judgment, I. C. J. Reports 1966, pp. 41 -2, para. 72; pp. 97 -8 (separate opinion of Judge Padilla Nervo); p. 182 (dissenting opinion of Judge Tanaka); p. 229 (dissenting opinion of Judge Lachs); p,248 (dissenting opinion of Judge Sörenson); *Barcelona Traction*, *Light and Power Company*, *Limited*, Second Phase, Judgment, I. C. J. Reports 1970, pp. 301 - 4, para. 11 and p. 325, para. 34 (separate opinion of Judge Ammoun); *Military and Paramilitary Activities in and against Nicaragua* (*Nicaragua v. United States of America*), Jurisdiction and Admissibility, Judgment, I. C. J. Reports 1984, pp. 614 - 16, para. 88 (dissenting opinion of Judge Schwebel); *Military and Paramilitary Activities in and against Nicaragua* (*Nicaragua v. United States of America*), Merits, Judgment, I. C. J. Reports 1986, pp. 100 - 1, para. 190; p. 153 (separate opinion of President Nagendra Singh); pp. 199 - 200 (separate opinion of Judge Sette-Camara); *Maritime Delimitation in the Area Between Greenland and Jan Mayen*, Judgment, I. C. J. Reports 1993, p. 109 (separate opinion of Judge Oda); pp. 135 -6 and 200 (separate opinion of Judge Shahabuddeen); p. 217 (separate opinion of Judge Weeramantry); *East Timor* (*Portugal v. Australia*), Judgment, I. C. J. Reports 1995, p. 131 (separate opinion of Judge Ranjeva); p. 266, para. 135 (dissenting opinion of Judge *ad hoc* Skubiszewski); *Legality of the Threat of Use of Nuclear Weapons*, Advisory Opinion, I. C. J. Reports 1996 (mimeographed text), p. 29, para. 83; pp. 4 -5, para. 21 (declaration of President Bedjaoui); p. 5 (dissenting opinion of Vice-President Schwebel); p. 4 (dissenting opinion of Judge Schahabuddeen); pp. 13 - 14 (dissenting opinion of Judge Koroma); *Application of the Convention on the Prevention and Punishment of the Crime of Genocide*, Preliminary Objections, I. C. J. Reports 1996 (mimeographed text), pp. 41 -2, para. 43 and p. 62, para. 68 (dissenting opinion of Judge *ad hoc* Kreca)。

庭[13]、国际仲裁庭[14]的判决中。同样地，前南斯拉夫特别仲裁庭在两份意见中也援引了该概念。[15]

国际强行法的另一个重要发展在于，其适用的范围目前已经超出了最初确定的使国家间条约无效的范畴。通过重述1969年通过的《条约法公约》第53条和第64条中的准确术语，《关于国家和国际组织间或国际组织相互间条约法的维也纳公约》扩展了该概念的适用范围。[16] 此外，在条约法之外，强行法对诸如国家责任法律的

〔13〕 参见，如 Sener c/Ministère public de la Confédération et Département federal de justice et police, Arrêt du Tribunal Fédéral, 22 Mar. 1983, Ib 64 (c. 6), p. 72; Ch. c/ Office federal de la police et Départment de la justice et police, ibid., 17 Apr. 1985, Ib 138 (c. 6), p. 145; Lavi v. Asco and Others (Belgium, Commercial Court of Brussels (Ninth Chamber), 2 May 1988), 91*I. L. R.* (1993), p. 249; S v. Banda and Others (Bophuthatswana, Supreme Court, General Division, 6 Feb. 1989), 82 *I. L. R.* (1990), p. 388. 也可参见，the *Siderman* case (*Siderman de Blake V. Republic of Argentina*, 965 F. 2d 699 (9th Cir. 1992))，在下文中被讨论 Janis, An Introduction to International Law, 2nd edn. (Boston, 1993), p. 65。

〔14〕 参见，如 *Beagle Channel Arbitration* (Argentina v. Chile), 52 *I. L. R.* (1979), p. 93. [五位仲裁员分别是 Gerald Fizmaurice (主席), Dillard, Gros, Onyeama 和 Petrén。] 也可参见，The *Texaco, Aminoil and Guinea-Bissau v. Senegal* cases，在下述第八章第三部分中被引用。

〔15〕 《有关分离和解体的第一意见》(Opinion No. 1 on secession and dismemberment)(1991年11月29日)和《有关少数族裔的民族自决权的第二意见》(Opinion No. 2 on the right of ethnic minorities to self-determination)(1992年1月11日)声明对基本人权，人民和少数族裔的权利的尊重是"norms imperatives du droit international général"。对第一意见的评论参见本章以下部分。

〔16〕 Doc. A/Conf. 129/15, reproduced in 25*I. L. M.* (1986), pp. 543 – 92. 该公约于1986年3月21日通过，但尚未生效。评论参见，Gaja, A "New" Vienna Convention on Treaties between States and International Organizations or between International Organizations: A Critical Commentary', 58 *B. Y. I. L.* (1987), pp. 253 – 69. 有关强行法的条款，参见，Zemanek, The United Nations Conference on the Law of Treaties Between States and International Organizations: The unrecorded history of its "general agreement", Böckstiegel, Folz, Mössner and Zemanek (eds.), *Law of Nations. Law of International Organizations. World's Economic Law. Liber Amicorum honouring Ignaz Seidl-Hohenveldern* (Cologne, 1988), pp. 675 – 7。

编纂工作也施加了影响。[17]

一种在国际法著作中采用的新的研究路径确认了强行法现在已经被接受为一般国际法的一部分。不过先前的学者曾经讨论过强制规范是否与国际制度兼容的问题，而如今在这个问题上，几乎每
48 个人都理所当然地持肯定答案，[18] 学者们现在关注的突出问题是《维也纳条约法公约》尚未解决的内容。[19] 在这些问题中，有三个问题是本章要集中讨论的：1. 强行法具体内容的定义；2.《维也纳条约法公约》第 53 条项下强行法的标准；3. 强制规范的对世性问题。

第二节　对强行法具体内容的定义的探求

除了禁止侵略和对部分（非全部）人权保护的强制性已获得普遍的接受外，对强行法内容的精确定义还尚未达成。这种不确定性令人遗憾：其对条约的稳定性是一个威胁，且为国家逃避国际义务创造了一个借口，[20] 反之，其能阻却国家质疑一项条约的有效性，即

---

〔17〕 可供参考的文献有很多。参见，如 Gaja，" Jus Cogens Beyond the Vienna Convention", 172 Hague *Recueil* (1981, Ⅲ), pp. 290 – 301。

〔18〕 这不是 80 年代早期的情形，那时拉奇思（Lachs）在海牙研究院讲授的一般课程中提到强行法是一个新的制度，"还不能被视为理所当然"。（"The Development and General Trends", p. 203.）

〔19〕 参见，如 Christenson，" Jus Cogens: Guarding Interests Fundamental to International Society", 28 *Virginia Journal of International Law* (1988), pp. 585 – 648. 与强行法概念有关的突出问题的目录参见，Javovides 在 1993 年向国际法委员会提交的报告（Doc. A. / CN. 4/454, pp. 17 – 26）。

〔20〕 相似的，在他的《国际法院和仲裁庭适用的一般法律原则》一书中（*General Principle of Law as Applied by International Courts and Tribunals* (London, 1953; reprinted Cambridge, 1987), p. xiv），陈（Cheng）认为需要对"文明国家公认的一般原则"的范围和实质做出一个清晰地定义，以免被称为"一种为了自我利益的意识形态的托词（ideological cloak）"。

使这种质疑可能被认为完全具有合法性。[21] 换言之，不确定性可能在一方面构成了主张一项合法条约无效的借口，或者在另一方面，构成了宣告不合法条约无效的一个阻碍。

作为克服这些风险的某种尝试，是向《条约法公约》引入一种程序性的保障。据此，一旦发生涉及第53条和第64条适用的解释的争端，相关条约的任何一方可以将此争端提交仲裁，如果没有仲裁协议则提交到国际法院（根据《维也纳公约》第66（a）条的规定）。[22] 迄今为止，尚未有任何根据此条款将争端提交国际法院的案例。这可能（至少部分）是因为一些国家在签署或同意《条约法公 49
约》时，对第66条做出了保留。[23] 此外，虽然从理论上讲，该程序性的保障是通过增加司法宣告的方式对强行法的定义做出了贡献，但在实践中，很难看出该机制如何在《维也纳条约法公约》外适用。因此，最好的可能防止滥用风险的做法仍然是对强行法的内容做出明确定义。

在《草案》第50条的评注中，国际法委员会明确指出赋予一项

---

〔21〕 英国在渔业管辖案（the *Fisheries Jurisdiction* case）中暗指了该问题，*I. C. J. Pleadings*, *Fisheries Jurisdiction* (*United Kingdom v. Iceland*), i, p. 261. 也可参见在条约法编纂时埃塞俄比亚的声明，*U. N. C. L. T.*, *Off. Recs.*, *First Session*, p. 314, para. 76。

〔22〕 英国、美国、法国、瑞典、意大利、比利时、加拿大、智利、葡萄牙和德国联邦共和国在第108次全体委员会会议时均提出应该将有关强行法的争议提交到一个中立机构。（*U. N. C. L. T.*, *Off. Recs*, *First Session*, pp. 472 – 3）. 第66（a）条是10个国家妥协的结果（参见，*U. N. C. L. T.*, *Off. Recs.*, *Second Session*, pp. 187 – 94）。文献参见，Bernardini, " Qualche riflessione su norme internationali di*jus cogense* giurisdizione della Corte nella Convenzione di Vienna sul dirtto dei trattati", 14 *Comunicazioni e studi* (1975), pp. 81 – 100; Rosenne, *Developments in the Law of Treaties* 1945 – 1986 (Cambridge, 1989), pp. 281 – 8。

〔23〕 参见 the declarations, reservations and objections to the Vienna Convention reproduced in*Multinational Treaties Deposited with the Secretary-General. Status as at* 31 *December* 1995, pp. 840 – 6. 也可参见英国和前苏联代表的观点，*U. N. C. L. T.*, *Off. Recs.*, *Second Session*, pp. 190 – 1。

国际规范以强制性质的依据是“该规范处理的事项的特别的性质”。[24] 这个评注体现了所有特别报告员对强行法的观点，并被菲茨莫里斯先生归纳。他认为强制规则的普遍特性在于其涉及的“不仅是法律规则而且体现了道德和国际良好秩序的考虑”。[25] 换言之，若一项条约与强行法冲突，其必定违反了一项法律规则：一个法庭或仲裁庭常常拒绝适用与公共道德相违背的条约，但在此情形下没有必要诉诸强行法。[26] 同样的，第 53 条中的强行法的概念是一般国际法的规则，之所以具有强制性不仅是因为国家已承认在此问题上不能有任何减损，也是基于该规则所保护和促进的价值的考虑。

将一些规范定义为强行法是容易的。几乎每个人都同意沃尔多克（菲茨莫里斯先生的继任特别报告员）的观点，即与禁止使用武力或武力威胁相冲突的条约，涉及国际犯罪的条约，与故意或纵容贩
50 奴的行为、海盗或种族灭绝行为有关的条约，都违背了强行法。[27] 以上案例与巴塞罗那机车案中所列举的对世义务（*erga omnes*）的实例高度重合。

真正的问题来自于这些经典案例外的情况。在维也纳会议上曾

---

〔24〕 “Draft Articles on the Law of Treaties”, p. 67, para. 2.

〔25〕 “Third Report”, p. 41, para. 76. 这些考虑常常不能像禁止侵略或保护基本人权那样不证自明。例如，菲茨莫里斯（Fizmaurice）认为海洋自由属于强行法，因为海洋是 *res communis*。（ibid., p. 40, note 54）

〔26〕 在“第三份报告”中，菲茨莫里斯明确区分了与国际法冲突的“客体的法律性”（legality of the object）（第 17 条）和“客体的道德标准”（ethics of the object）（第 20 条）。On treaties *contra bonos mores*, 参见，Monaco, “ Cours général”, pp. 153 – 4, 也可参考前注 8 中的参考文献。

〔27〕 “Second Report on the Law of Treaties”, p. 52 (draft Article 13), and p. 53, para. 4 (Commentary). 然而，在把海盗行为纳入强制规则这个问题上，菲茨莫里斯评论道，海盗行为本质上是私人和未被授权的行为，因此从严格意义上讲并不是海盗行为的性质违反国际法，而是因为由政府作为或授权的行为在国际法上可能是不合法的。（“Third Report”, p. 40, note 57）.

经出现过一些提议,如果这些提议被接受,本来可以给强行法的概念一个更好的确定的内容。英国代表提议在《维也纳公约》的议定书中对强制规则做出定义。[28] 罗马教廷的代表则建议确立解释的规则,如人权的首要性,这将给强行法一个更实在的价值。[29] 其他代表认为国际强行法是由国际法基本原则构成的,[30]但也有反对者认为每个独立的原则应该独立评估。[31] 最终,由于不同国家在政治议程上纷争大,国家也担心简单列举强制规范可能会导致滥用,这使例如将具体的强行法的案例纳入《维也纳条约法公约》最终文本的所有努力都失败了。[32] 在起草者看来,更好的解决方式是将三个检验标准引入第53条,这将为确立一项规则是否有强制性提供更实在的标准。本章下述两部分将对这些测试做出更详尽的考察。

第三节　《维也纳条约法公约》第53条项下的强行法标准:(一)国家组成的国际社会作为一个整体对一项规范强制性的接受和公认

第53条由两句话组成。第一句话规定了一项与强行法冲突的 51

〔28〕 一项分修正案(sub-amendment)(A/ Conf. 39/C. 1/L. 312),因为技术上的原因,在之后的全体委员会第57次会议中被撤回。(*U. N. C. L. T.*, *Off. Recs.*, *First Session*, p. 300)

〔29〕 Ibid., pp. 258 – 9, para 75.

〔30〕 参见前捷克斯洛伐克代表在联合国大会(第25届)第六委员会第781次会议上的观点,及伊拉克代表在第1180次会议上的观点。

〔31〕 参见荷兰代表在联合国大会(第25届)第六委员会第1183次会议上的观点。

〔32〕 参见草案第37条的官方评注(Comments of Governments on draft Article 37)(之后变为《维也纳公约》第53条),*Y. I. L. C.* (1966, Ⅱ), pp. 20 – 3。

条约是无效的。[33] 即使从特别报告员赫希·劳特派特先生第一次将草案提交国际法委员会时起，这已经被作为是强行法的一个明显特征，但达成这个最终结果并非没有困难。[34] 例如，菲茨莫里斯已经指出，如果在宣告一项条约因违反强行法而无效的事项上，没有一个公正的机构对此享有管辖权，将没有任何办法阻止国家在他们之间适用条约。在实践中，一项与强行法冲突的条约将是“不可强制执行的”，而不是“无效的”。[35]

然而，真正对本书研究目标有重要影响的是第53条的第二句话。其规定了强行法规范必须满足三个标准：该规范必须：1. 由国家组成的国际社会作为一个整体所接受和公认；2. 不许损抑；3. 仅有以后具有同等性质之一般国际法规范方可更改。这些测试必须遵循以上的考察顺序，从由国家组成的国际社会作为一个整体所接受和公认开始。

第53条是由维也纳会议第二次会议最终确定的。由国际法委

---

〔33〕《维也纳公约》第71条规定了与强行法冲突的无效条约的后果。

〔34〕 *Y. I. L. C.* (1953, Ⅱ), p. 154. 在草案第50条的评注中(Comments on draft Article 37，国际法委员会认为任何尝试列举强制规则的做法都需要对《维也纳公约》范围外的问题做延伸研究，而引入或排除一些规则的做法会导致误解。(“Draft Articles on the Law of Treaties”, pp. 67 – 8, para. 3.)

〔35〕 “Third Report”, p. 41, note 61. 相似的反对意见也存在于 Barile, *Lezioni di diritto internazionale* (Padua, 1983), p. 135. 在这里没有必要考虑一种“多重违反”(composite heading)(存疑)的复杂的问题，正如詹宁斯(Jennings)所说，(“Treaties”, Bedjaoui (ed.), *International Law: Achievement and Prospects* (Paris and Dordrecht, 1991), p. 150.)国际条约的无效，既是强制规则相冲突的无效条约问题，也是无效国际法律行为的一种。[参见，Guggenheim, “ La validité et la nullité des actes juridiques internationaux”, 74 Hague *Recuei* (1949, Ⅰ), pp. 195 – 265]相似的，没有必要考虑与一项强制规则冲突的条约条款的独立性(separability)问题。其解决方法在《维也纳公约》中已有规定。当与强行法规范(a norm of *jus cogens*)冲突时，《维也纳公约》禁止独立，但与……(a norm of *jus cogens superveniens*)冲突时，《维也纳公约》允许独立。(评论参见，Sinclair, *Vienna Convention*, p. 167. 针对违反强行法的条约的独立性问题的批评意见参见，Quadri, “ Cours général”, pp. 337 – 8.)

员会通过的最初草案虽然是维也纳会议工作的起点,但并没有特别指出强制规则必须“由国家组成的国际社会作为一个整体所接受和公认”。这是后来加上去的。当国家在反对给予《维也纳公约》中的强制规范以具体案例的问题上达成普遍的共识时,美国作为一方,希腊、西班牙和芬兰作为另一方,为减少国家可能滥用强制规范以 52
逃避其有效义务这一风险,分别提交了两份修正案。美国提出的修正案认为强行法规范应该必须得到“世界上的国家和地区法律制度的普遍承认”。[36] 然而,美国并未消除其他国家在这一问题上的疑虑,有些代表团认为,参考国内法和地区法律制度将会导致持异议的国家享有否决一项强制规范形成的权利。[37] 最终,全体委员会拒绝了这一修正案。[38]

希腊、西班牙和芬兰提出的修正案得到了更好的接受。根据他们的提议,草案第 50 条(后来经修正后变为《维也纳公约》第 53 条)应该做如下规定:

条约与一般国际法强制规范抵触者无效。一般国际法强制规范指国家之国际社会全体公认为不许损抑且仅有以后具有同等性质之一般国际法规范始得更改之规范。[39]

这个草案与第 53 条的最终文本并不一致,因为其仅要求一项强制规范被国际社会“公认”即可(而不是被“接受”和“公认”)。为何

〔36〕 Doc. A/Conf. 39/c. 1/L. 302. 联合国的代表向全体委员会(the Committee of Whole)解释了该部分语言的含义。参见, *U. N. C. L. T.*, *Off. Recs.*, *First Session*, p. 330, paras. 26 -9。

〔37〕 Ibid., p. 315., paras. 4 (Spain), and p. 327, para. 64 (Trinidad and Tobago). 联合国的修正案也受到批评,参见, Tunkin, “Jus Cogens in Contemporary International Law”, 3 *The University of Toledo Law Review*(1971), pp. 113 -14。

〔38〕 该修正案以 57 票赞成,24 票反对,7 票弃权被拒绝。(*U. N. C. L. T.*, *Off. Recs.*, *First Session*, p. 333, para. 80.)

〔39〕 Doc. A/Conf. 39/C. 1/L. 306 and Add. 1 and 2. 该修正案最先的支持国是希腊。

草案被修改？答案是简单的。维也纳会议起草委员会主席亚辛(Yasseen)解释道，起草委员会之所以修改由希腊、西班牙和芬兰最初提出的修正案中的语言，是因为认为强行法的定义应该和《国际法院规约》第38条第1段中的规定相一致。[40] 具体为：

法院对于陈诉各项争端，应依国际法裁判之，裁判时应适用：

1. 不论普通或特别国际协约，确立诉讼当事国明白承认之规条者。

2. 国际习惯，作为通例之证明而经接受为法律者。

3. 一般法律原则为文明各国所承认者。

53 4. 在第五十九条规定之下，司法判例及各国权威最高之公法学家学说，作为确定法律原则之补助资料者。

以上条款，和其前身《常设国际法院规约》第38条第1段一样，在传统上被当成是国际法渊源的权威表述。[41] 该条款认为国际条

---

〔40〕 *U. N. C. L. T.*, *Off. Recs.*, *First Session*, p. 471, para. 4.

〔41〕《常设国际法院规约》(the Statute of the Permanent Court of International Justice)第38条第1段非常清楚的说明了其在国际法渊源上的观点。参见 Cour Permanente de Justice Internationale. Comité Consultatif de Juristes. Procès Verbaux des Séances du Comité 16 juin – 24 juillet 1920 avec Annexes (The Hague, 1920), pp. 337 – 8 (intervention of Ricci-Busatti). 然而，虽然这在传统上代表了对渊源的授权性宣告，[参见 Brierly, The Law of Nations. An Introduction to the International Law of Peace, 6th edn. Waldock (Oxford, 1963), p. 56]，但国际法院并不完全受制于第38条的列举，国际法院是可以自由对持续演变和争议着的概念、法律原则和学者学说做出解释的，(*South West Africa*, Second Phase, Judgment, I. C. J. Reports 1966, p. 464) (dissenting opinion of Judge Padilla Nervo)). 国际法的一般专著中总是有一章是国际法渊源的内容。(参见，如 Brownlie, *Principles*, pp. 1 – 31) 有关该问题的3篇经典专题论文(mon是 Sörenson, *Les sources du droit international. Etude sur la jurisprudence de la Cour permanente de justice international* (Copenhagen, 1946); Parry, *The Source and Evidence of International Law* (Manchester, 1965); Verdross, *Die Quellen des universellen Völkerrecht. Ein Einführung* (Freiburg, 1973). 最近的一篇是 van Hoof, *Rethinking the Sources of International Law* (The Hague, 1983)。也可参见，Scelle, " Essai sur les sources formelles du droit international", *Recueil sur les sources du droit en l' honneur de F. Geny*,

约和一般法律原则是被“公认”的,而国际习惯是被“接受”的。因此,“接受”这个术语被添加到第53条中,使通过国际习惯方式形成的强制规则也被涵盖进来。根据实践考虑,这个修正是合理的。根据53条和沃尔多克的第二次报告中的第1条第3段,[42]强制规则属于“一般国际法”,基于“一般国际法”的解释同义于“习惯国际法”,所以国际强行法虽然需要具备一种特殊形式的“法律确信”(*opinio juris*),但在本质上是习惯的产物。[43]

然而,詹尼斯(Janis)警告道,将“一般国际法”等同于“习惯国际法”的做法会导致对强行法本质的误读,因为强行法不能被降级到和 54

---

iii (Paris, 1935), pp. 400 – 30; Gihl, " The Legal Character and Sources of International Law", 1 *Scandinavian Studies in Law* (1957), pp. 51 – 92; Fitzmaurice, " Some Problems Regarding the Formal Sources of International Law", *Symbolae Verzijl présentées au Professor J. H. W. Verzijl à l' occasion de son LLX-ième anniversaire* (The Hague, 1958), pp. 153 – 76; Abi-Saab, " Les sources du droit international: un essai de deconstruction", *International Law. Liber Jiménez de Aréchaga*, pp. 29 – 49. 渊源的理论与法律实证主义(positivism)的关系,参见 Ago, " Positive Law and International Law", 51 *A. J. I. L.* (1957), pp. 696 – 700; Schachter, *International Law*, pp. 34 – 48. 法律渊源问题必须和法律终极基础(ultimate foundation)的问题相区分,参见 Fitzmaurice, " The Foundation of the Authority of International Law and the Problem of Enforcement", 19 *The Modern Law Review* (1956), p. 9。

〔42〕 参见" Second Report on the Law of Treaties", p. 39。(including the Commentary, para. 2.)

〔43〕 参见如安格的观点, *Y. I. LC.* (1963, Ⅰ), p. 71, para. 50. 更细致精练的立场参见 Tunkin"s intervention, ibid., p. 69, paras. 25 – 6。

类似的公约或习惯规则中的同意一般。[44] 从更宽泛的意义上讲，也许这样说更合适，即采用太严格的方法界定国际强行法的渊源将会导致误读。最常被引用的强制规范的案例，如禁止种族灭绝或禁止使用奴隶，这些规则都不仅是来自于《国际法院规约》第 38 条第 1 段中列明的传统渊源中的一项，而是更多。[45] 此外，对强行法是否真正被严格限制在《国际法院规约》第 38 条列明的渊源这一问题的质疑也是有道理的。在此意义上，在《维也纳公约》编纂过程中，已经有国际法委员会成员询问联合国决议在特定的国际强行法的形成中所起的作用如何，但最后该问题没有得到解决。国际法委员会鉴于这将超越其特定的任务而决定不解决这一问题。[46]

综上所述，"接受和公认"这一表述的重要性不在于从一个绝对的意义上决定形成强行法规范的渊源，而在于在一项规则被接受和公认该规则为一项强行法规则的过程中，该规则的"内在价值"和亚辛所言的"根植于国际良知"的事实二者是否得到了反映。[47] 因此，第 53 条中强行法标准的重要性就凸显出来了。

---

〔44〕 "The Nature of *Jus Cogens*", 3 *Connecticut Journal of International Law* (1988), pp. 360 – 1. 在此处没有必要对"一般国际法"这个术语的使用和该术语与"习惯国际法"的关系做出分析。在这个问题上的简要考虑参见, Piza Escalante, ' La "opinion juris" como fuente automoma del derecho internacional ("opinio juris" y "jus cogens")', 8 Anuario hispano-luso-americano de derecho international (1987), pp. 149 – 50; Cheng, "How Should We Study International Law?", 13 *Chinese Yearbook of International Law and Affairs* (1994/95), pp. 223 – 4. 也可参见国际法协会委员会的成员在"习惯（一般）国际法的规则的形成"问题上的讨论，可见于 International Law Association, *Report of the Sixty-third Conference held at Warsaw. August 21st to August 27th*, 1988 (London, 1988), pp. 952 – 3 (Appendix to Second Report of the Rapporteur) and pp. 960 – 72。（特别参考 Mrazke, Murase, Detter de Lupis, Broms, Koulichev, Benedek and Mendelson 的观点。）

〔45〕 参见下述第五、六章。

〔46〕 参见, the interventions at the 685th meeting, *Y. I. L. C.* (1963, I), pp. 73 – 8。

〔47〕 *Y. I. L. C.* (1963, I), p. 63, para. 39 (683rd meeting), and ibid. (1966, I, Part 1), pp. 38 – 9, para. 29 (828th meeting).

第一个标准要求接受和公认必须达到一定程度：一项强制规范必须得到国家组成的国际社会作为一个整体的接受和公认。[48] 不像希腊、西班牙和芬兰提出的草案，第 53 条的最终文本明确要求接 55
受和公认一项强制规范的国际社会必须是一个"由国家组成"的国际社会。[49] 为何起草委员会引入了此项要求？我们无法借助起草委员会的记录中寻找答案，因为这些内容没有被公开。[50]

然而，1986 年的《关于国家和国际组织间或国际组织相互间条约法的维也纳公约》的准备工作材料使这一问题明朗化。如前所述，该公约第 53 条完全重复了 1969 年《维也纳公约》第 53 条的内容。在 1986 年《关于国家和国际组织间或国际组织相互间条约法的维也纳公约》通过之前的讨论中，国际法委员会有考虑过在编纂与国际组织有关的条约法的背景下，排他的规定国际社会由"国家组成"（没有涉及其他任何国际组织）的做法是否可能会导致过分的限制。国际法委员会决定不背离 1969 年《维也纳公约》第 53 条的内容，因为至少在"目前的国际法状态下"，国家才被要求创设或公

---

〔48〕 对这个表述的评论参见，Combacau and Sur，Droit international public，pp. 159 – 60；el Kadiri，*La position des Etats du tiers monde à la Conférence de Vienne sur le droit des traits*（Rabat，1980），pp. 113 – 22；Movchan，"Sovremennyi mezhdunarodnyi pravoporiadok"，Graefrath（ed.），*Probleme des Völkerrechts*（Berlin，1987），pp. 257 – 62（in Russian，with English summary）. 对"国际社会"的批评意见参见，Weil，" Le droit international"，pp. 306 – 12。

〔49〕 对世义务的概念中使用了"国际社会作为一个整体"的表述，但是删去了"由国家组成"的词组。

〔50〕 除了起草委员会工作中提到的其他可能的考虑，国际法委员会和其他联合国大会的分支机构的记录的出版都受制于财政开支。1994 年国际法委员会召开的第 46 届会议通过的一项文件清楚的阐释了建议继续出版国际法委员会会议的记录摘要的原因。["Programme，procedures and working methods of the Commission ，and its documentation"（Report of the Planning Group）（Doc. A/CN. 4/L. 502），pp. 3 – 5，paras. 12 – 16.]

认强制规范。[51] 换言之,因为国家在形成包括强行法在内的国际法规则时发挥的首要作用,国际法委员会在这种特别的情况下不愿背离国际法传统的原理。

在“由国家组成的国际社会作为一个整体”这个表述中更棘手的问题在于最后一个词组:“作为一个整体”是什么意思?一项强制规范是否有必要被国际社会中的每一个国家承认和公认?如果不是,那没有达成一致同意的国家在何情形下才能组成“作为一个整体”的国际社会?在1969年《维也纳公约》编纂工作中,亚辛解释道“作为一个整体”这个词组之所以被添加进去,是因为如果有“单独的一个国家”或“数量极少的国家”反对一项规范的强制性,将不会
56 妨碍其他国家将该规范作为强行法而接受或公认。[52] 因此,就形成一项强行法规范而言,并不需要有所有国家的一致同意。

然而,亚辛的解释没有阐释清楚一项强制规范的形成所必须具备的接受和公认的程度。在《维也纳公约》通过后的一些年,维也纳会议主席阿果(Ago)提出了一些有利于解释“作为一个整体”这个表述的实用标准。他认为,如果一项国际规范要成为一项强行法规范,其强制性必须得到国际社会“基本单元”的接受和公认才能被认为是足够的。这既包括东方和西方国家,发达和发展中国家,以及

---

〔51〕 参见,“Report of the International Law Commission on the work of its thirty-fourth session”(Question of treaties concluded between States and international organizations or between two or more international organizations)。

〔52〕 *Y. I. L. C.* (1982, Ⅱ, Part 2), p. 56, para. 3 (Commentary to Article 53). *U. N. C. L. T.*, *Off. Recs.*, *First Session*, p. 472, para. 12. 也可参见, Yasseen, “L'interprétation des traités d'après la Convention de Vienne sur le droit des traités”, 151 Hague*Recueil*(1976, Ⅲ), pp. 40 – 1。

属于不同大洲的国家。[53]

在赋予强行法内容一个更精确的定义方面，尽管上述努力是有利的，但并不能消解所有的疑虑。阿戈在引入国际社会的"基本单元"的概念时，其东西方的划分带有很明显的政治意味。今天，继共产主义政权在前苏联和东欧国家崩溃后，反映资本主义和社会主义体制在意识形态冲突的东西方划分已经快速消失，该标准将很快（如果还没有完全丧失的话）丧失适用性。其他的标准也太过模糊不清。因对"发展"的理解不同，将一个国家归于"发达"或"发展中"也相异。通常而言，"发展"具有经济上的内涵，但一个更宽泛的发展的概念，是对人和社会的整体发展的一个回应，将可能与蕴含于强行法概念中的道德考虑更为相关。（即使是纯经济上的发展概念，要对"发达"和"发展中"国家进行"一刀切"式的划分也常常是困难的。）[54]最后，一个国家属于某个大洲是不可争辩的但 57
却不是不可改变的事实。在国家存续期间，国家通过获得或失去领土的方式，可能（也确实会）被一个大洲纳入或排除。不管怎样，成为某个大洲的一部分的国家，无论其位于任何一个特定的大洲，对于某个滨水的或地理上没有优势的国家而言，看起来在形成规范上

〔53〕 Ago, "Droit des traits à la lumière de la Convention de Vienne. Introduction", 134 ibid. (1971, Ⅲ), p. 323 ("... il faut que la conviction du caractère impératif de la règle soit partagée par toutes les composantes essentielles de la communauté internatinale et non seulement, par exemple, par les Etats de l' Quest ou de l' Est, par les pays développés ou en voie de développement, par ceux d' un autre.")

〔54〕 将一个国家定义成发展中国家的内在困难，参见 Bulajic, "A Changing World Calls for International Development Law", Sarcevic and van Houtte (eds.), *Legal Issue In International Trade* (London, 1990), pp. 15 - 17; Betz, "Developing Countries", Wolfrum (ed.), *United Nations: Law, Policies and Practice*, new, revised English edn. (Munich and Dordrecht, 1995), ⅰ, pp. 398 - 406. 对"第三世界"(Third World)下定义也很困难。[参见，如 Gros Espiel, "La evolucion del concepto de los derechos humanos: criterios occidentales, socialistas y del tercer mundo", 5 *Anuario hispano-luso-americano de derecho internacional* (1979), pp. 82 - 3.]

的意义并不大。

综上所述,任何选择标准要发挥作用,都或多或少要依赖于国际社会的政治演变,另一部分依靠于既定的强制规范的内容。这正是"由国家组成的国际社会作为一个整体"这项标准的内在限制所在。强行法的国际规则并不是凭空出现的,而是在特定的历史条件下,为了达致特定的目的而产生的:一个国家可能特别受正在形成的某一强制规则的影响,〔55〕而另一个对该规则更少的有利害关系国家可能更少表明其态度。〔56〕在强行法的案例中,几乎没有一个案例得到了一致同意的支持;对于很多提议的强行法规则,常常是有热心和冷淡的支持者,亦有公开和潜在的反对者。在争议的案件中,被"由国家组成的国际社会作为一个整体"接受和公认的标准不太可能自行解决一项强行法规范是否已经实际存在这个问题,而仅仅只能改变争议的措辞。这又将导致回到一个问题,即在特别的情形下,该规则的强制性是否得到了"由国家组成的国际社会作为一个整体"的支持。〔57〕

该标准现在还导致了另一个重要问题。假设由国家组成的国际社会作为一个整体已经接受和公认了某一规范有强制性,那该规则是否会和某些已经表明持续反对该规范强制性的国家的意愿相违背?换言之,"持续反对原则"是否适用于强行法?在详细研究该问题前,下述两节将简要考虑第53条项下的两个其他的强行法规范标准,即不许损抑和对后续修改的限制。

---

〔55〕 参见南非直到最近在禁止种族隔离(prohibition of apartheid)问题上的态度。下述第七章中也对此有讨论。

〔56〕 参见 Lachs," The Development and General Trends", p. 210。

〔57〕 参见法国在禁止种族隔离的强制性问题上的批评意见(下述第十章第五节)。

第四节　《维也纳条约法公约》第 53 条项下的强行法标准：（二）不许损抑和对后续修改的限制

根据《维也纳公约》第 53 条规定，具有强制性的规范的第二项标准是指该规范必须作为一项不允许损抑的规范得到接受和公认。 58

“损抑”是法学一般理论和国际法的一个基本概念。[58] 国际法委员会曾围绕“损抑”在 53 条项下的范围进行了热烈的讨论。[59] 亚辛评论了一项日后可能成为 53 条的草案和一项附加修正案的提案，他认为禁止损抑一项强行法规范也隐含了禁止“单方”损抑，如通过国内法中的宪法规范的方式。这种方式将会导致“一项国内法的规则损抑一项一般国际法的规则”。[60] 与此相反，维多斯（Verdross）认为，从技术上讲，一个国家不能单方面损抑一项国际规范。第 53 条中的规定只涵盖了“以双边或多边条约”的方式进行的损抑，因此一个国家单方面的行为只能是违背，而不是损抑一项强行法规范。[61]

特别报告员沃尔多克提出了一项折中的解决方案，他认为没有

---

〔58〕 法理学视野下的“损抑”参见，Kelsen, *General Theory of Norms*, English trans. Hartney (Oxford, 1991), pp. 106 – 14. 国际规范视野下的“损抑”参见，Morelli, “Norme dispositive di diritto internazionale”, 11 *Riv. dir. int.* (1932), pp. 388 – 404 and 483 – 508。

〔59〕 *Y. I. L. C.* (1963, Ⅰ), especially at pp. 291 – 2 (717th meeting). 评论参见，Gomez Robledo, “Le ius cogens international: sa genèse, sa nature, ses foncions”, 172 Hague*Recueil* (1981, Ⅲ), pp. 88 – 92。

〔60〕 *Y. I. L. C.* (1963, Ⅰ), p. 292, para. 31.

〔61〕 Ibid., p. 292, para. 34, and also pp. 214 – 15, para. 79. 在这个问题上，维多斯（Verdross）可能受到凯尔森（Kelsen）的影响。凯尔森的《规范的一般理论》（*General Theory of Norms*）一书的德文原版在 1979 年面市，但反映了作者早期的观点。凯尔森写道，“损抑是由另一规范废除已存的有效规范的效力”。（p. 106）

一种损抑强行法规范的行为是被允许的,无论是以协议还是其他的方式,但他的观点遭到了反对。[62] 但随后,他的建议又以另一种方式出现在国际法委员会对条约法草案的评注中。该评注解释道没有任何一种损抑强行法规范的行为是被允许的,“即使是以”国家间协议的方式。[63] 换言之,鉴于第53条的重点在于从严格意义上解读“损抑”,即以条约的方式,所以该评注从更广泛的意义上对术语
59 “损抑”做出了限制,认为探寻一个国家是否能单方面损抑一项强制规则的做法是完全合理的。可以推定的是,该评注也涵盖了国家持续反对一项正在形成的强行法的情形。

第53条中的第三项标准针对的是另外的情形。根据其规定,一项强行法规范“只能被以后具有同等性质之一般国际法规范才能更改”。从概念上讲,“更改”一项规则不同于“损抑”一项规则。损抑意味着一项规范在某些关系上已经废除了另一规范的有效性,而更改是指一项规范替代了另一规范,是以不同的方式规定同样的事项。[64]

在条约法的编纂工作中,大家一致认为强行法的内容不能被一劳永逸的定义,所以需要被更改。这导致了两个问题。第一是对有强制规则内容的强行法的更改加以限制的问题。[65] 第二是更改的程序的问题。国际法委员会起草的草案第50条(之后变为第53条)的评注指明更改“最有可能”以一般多边条约的方式进行。[66] 然而,该措辞并不意味排除了其他可能的更改方式。不管怎样,从本书的研究目的出发,对上述两个问题的探讨可以就此打住了。

---

〔62〕 *Y. I. L. C.* (1963, Ⅰ), p. 292, paras. 35 and 37.

〔63〕 “Draft Articles on the Law of Treaties”, p. 68, para. 4.

〔64〕 参见 Kelsen, *General Theory of Norms*, p. 109.“损抑”和“更改”均不应该与“规范的冲突”(conflict of norms)相混淆。(ibid., p. 213.)

〔65〕 参见 Lach 在这个问题上的观点。在下述第九章第六节中有简要论述。

〔66〕 “Draft Articles on the Law of Treaties”, p. 68, para. 4.

第五节　强行法规范的对世对抗性问题:(一)持续反对者原则

本章的前几节已经提到了习惯在强制规范形成过程中所起的作用。与条约相比,习惯的一个突出特点在于其有效性的普遍范围,即习惯规范(不是地区习惯[67])作为一项规则,对所有的国家都有约束力。[68] 在北海大陆架(*North Sea Continental Shelf*)案的判决中,国际法院认为习惯法

> 必须对国际社会所有的成员都有同等的效力,并且不能被任意 60
> 按照有利于任何一个国家的利益的方式而单边排除其适用。[69]

依据一般对抗性原则,一国无论是否表明愿意受一项国际习惯约束的意愿,均受制于该国际习惯。这项原则也适用于一国未参与一项习惯规则形成的情形,因为该情形既有可能是该国在该习惯形成时尚未存在,也有可能是该国在该规则形成时未表明其立场。[70]

---

〔67〕 参见,Cohen-Jonathan, " La coutume locale", 7*A. F. D. I.* (1961), pp. 119 – 40。

〔68〕 参见,如 Brownlie, Principles, p. 2; Guggenheim, *Traité*, ⅰ, p. 49; Morelli, *Nozioni di diritto internazionale*, 7th edn. (Padua, 1967), pp. 29 – 31; Wolfke, *Custom in Present International Law*, 2nd revised edn. (Dordrecht, 1993), pp. 160 – 8; Kelsen, "Théorie du droit international coutumier", 1 *Revue international de la théorie du droit* (1939), pp. 252 – 74. 也可参见, league of Nations. Acts of the Conference for the Codification of International Law, H... (复印不完整) at The Hague from March 13th to April 12th, 1930. Meetings of the Committees. Vol... (复印不完整) *Minutes of the Third Committee*, *Responsibility of States for Damage caused in their Territory to the Person or Property of Foreigners*, pp. 32 – 59; Smith, H. A. (ed.), Great Britain and the Law of Nations, ⅰ (London, 1932), pp. 1 – 13。

〔69〕 I. C. J. Reports 1969, pp. 38 – 39, para. 63.

〔70〕 参见 Kelsen, *Principles*, pp. 444 – 5。

这项原则得到了国际学者的普遍支持，甚至包括常常被强调在国际法形成共识中发挥作用的发展中国家学者[71]和前苏联国家学者[72]在内。然而，一项国际习惯可对抗所有国家的这个假设是值得商榷的。首先，除非该事项属于强行法，否则两个或两个以上的国家可通过条约的方式自由损抑一项国际习惯。其次，在一项国际习惯出现以后，本受该习惯约束的一国可因该国已随后获得了一项历史的或依时效而取得的权利而不再受其约束。通过条约方式而为的损抑和依时效而取得的权利的共同之处在于，他们使国家免于遵守一项之前对其有约束力的习惯规则。习惯的一般对抗性原则的第三个限制是，一国可能在一项习惯规则形成的过程中表明了其反对的态度，因此在一开始就不需要遵守该习惯规则，即从来都不受该规则约束。根据布朗利（Brownlie）[73]的表述，即该限制被叫做"持续反对者"或"反对国家"原则。[74] 该原则的首要依据来源于国际法院在渔业（*Fisheries*）案中的一项判决意见（dictum）。

---

〔71〕 参见，如 Anand，"Attitude of the Asian-African States toward Certain Problems of International Law"，15 *I. C. L. Q.*（1966），pp. 70 -1；Wang Tieya，" The Third World and International Law"，MacDonald and Johnston（eds.），*The Structure and Process of International Law: Essays in Legal Philosophy Doctrine and Theory*（The Hague，1983），pp. 961 -3。

〔72〕 参见，如 Tunkin，*Theory*，pp. 126 - 9；Lukashuk，*Mekhanizm*，p. 76；Danilenko，*Obychai v sovremennom mezhdunarodnom prave*（Moscow，1988），p. 38。

〔73〕 参见 the first edition of his Principles of Public International Law（Oxford，1966），p. 8。

〔74〕 在国际法协会有关"（一般）习惯国际法的规则的形成"的文件中，另一个术语也被使用，即"持续异议者"（persistent dissenter）。委员会的报告员曼德森（Mendelson）说明此处没有必要对"持续反对者"（对一项正在形成的规则）和"持续异议者"（从一项正在形成的规则）做出区分。这在国际法协会的报告中也得到确认。*Report of the Sixty-fifth Conference held at Cairo*，*Egypt*. 21 *to* 26 *April* 1992（Cairo，1993），p. 384. 在这份文件中，"持续反对者"，"持续异议者"和"反对的国家"（recalcitrant State）的术语是交替被使用的。

该案是由英国单方面以挪威为被告提交到国际法院。该案的 61
核心问题是，挪威在专属区的划界时为挪威渔民保留利益的做法是否在国际法上具有合法性。双方均同意采用最低潮线标准作为划界标准，但在其适用上存有不同见解。具体而言，英国质疑挪威从岩石壁垒和挪威的海岸边小岛的最外围划直线基线。然而，挪威从19世纪开始就采用该方法，尽管该方法引发了几项涉及英国船只在挪威海岸的事件，挪威还是在1935年时以法令的形式重申了该方法。

国际法院在其判决中驳回了英国的所有主张，其结论是，在考虑到“地理现实”和其他因素的情况下，挪威的划界方法遵循了国际法。[75] 国际法院以挪威的历史权利和其他国家的默许为由解决了该争端。但国际法院在其判决中引入了另一个原则，即特殊利益原则。英国认为直线基线只能适用于穿越海湾的情形，且穿越海湾（不是历史海湾）的直线基线的长度必须不能超过10海里。国际法院驳回了此项主张，认为所谓的适用于海湾的“10海里规则”不是一项国际法的一般规则，并补充道：

---

〔75〕 参见 Brownlie, *Principles*, pp. 10 – 11. *Fisheries* case. 参见, Waldock, “The Anglo-Norwegian Fisheries Case”, 28 *B. Y. I. L.* (1995) pp. 114 – 71; Wilberforce, “Some Aspects of the Anglo-Norwegian Fishes Case”, 38 *Transactions of the Grotius Society* (1953), pp. 151 – 68; Lauterpacht, H., *Development of International Law*, pp. 45 – 6; 190 – 9; 362 – 72; id., “Implications of the Norwegian Fisheries Case”, Lauterpacht, E. (ed.), *International Law. Being the Collected Papers of Hersch Lauterpacht*, i (Cambridge, 1977), pp. 213 – 17（是对1952年1月8日 The Times 上的一篇文章的重述）; Rudolf, “New States and International Law”, 21 *Law and State* (1980), pp. 61 – 3. 布朗利认为，渔业案的裁决（decision in the Fisheries case）表明“从某种程度上讲，司法推理对实证主义的材料（positivist materials）进行了必要提炼”。（“The Source of the Law Governing Maritime Delimitation”, International Law. Liber Jiménez de Aréchaga, ii, p. 736.）

在任何情形下,10海里规则都不可作为对抗挪威的依据,因为挪威一直都反对将该规则适用于挪威海岸。[76]

国际法院在这段话中的重点在于,挪威"一直"反对10海里原则,所以此处的问题不是挪威随后背离了一项已经存在的规则,而
62 是从该规则产生之初就持续反对该规则。这个原则就叫做持续反对者原则。

在渔业案中直接引入该规则并不意外。在裁判时,国际法院的院长是朱尔斯·巴德旺(Jules Basdevant),他是一位杰出的法国法学家,在"持续反对者"的情形尚未发生时,他在海牙研究院讲授的一般课程中就支持了该原则。[77] 此外,挪威和英国在诉状中都专门提到了持续反对的问题(此章下述部分将涉及)。

在渔业案判决做出以前,几乎不存在持续反对者原则的论述。直到国际法学家(特别是杰拉尔德·菲茨莫里斯先生)[78] 对该原则做出了

---

〔76〕 *Fisheries*, Judgment, I. C. J. Reports 1951, p. 131. 法语官方版本是这样规定的:"De toute manière, la règle des dix milles apparaît comme inopposable à la Norvege, celle-ci s'étant toujours élevée contre toute tentative de l'appliquer à la côte norvégienne."

〔77〕 参见 Basdevant, "Règles generals du droit de la paix", 58 Hague *Recueil* (1936, Ⅳ), p. 512 (including note 3). 相似评论可以参见, Dupuy, P. M., 'A propos de l'opposabilité de la coutume générale: enquête brève sur l'"objecteur persistant"', *Le droit international. Mélanges Virally*, p. 264, note 20. 国际法院院长的角色(根据现在法院的规则)参见, Rosenne, "The President of the International Court of Justice", Lowe and Fitzmaurice, M. (eds.), Fifty Years. Essays Jennings, pp. 406 – 23。

〔78〕 Fizmaurice, "The Law and Procedure of the International Court of Justice, 1951 – 54: General Principles and Sources of Law", 30 *B. Y. I. L.* (1953), pp. 24 – 6; id., "The General Principles of International Law Considered from the Standpoint of the Rule of Law", 92 Hague *Recueil* (1957, Ⅱ), pp. 99 – 101.

更精准的定义。从此以后，在国际判决[79]和国内判决[80]中开始出现对该规则的援引，并且目前大多数学者也都接受了该原则。[81]

---

〔79〕 参见，*North Sea Continental Shelf*, Judgment, I. C. J. Reports 1969, p. 97 (Judge Padilla Nervo), p. 229 (Judge Lachs), p. 253 (Judge Sörenson); *Fisheries Jurisdiction (United Kingdom v. Iceland)*, Merits, Judgment, I. C. J. Reports 1973, p. 58 (Judge Dillard), pp. 89 - 90 (Judge Castro); *Nuclear Tests (Australia v. France)*, Judgment, I. C. J. Reports 1974, pp. 286 - 9, paras. 15 - 21 (Judge Gros); *Legality of the Threat or Use of Nuclear Weapons*, Advisory Opinion, I. C. J. Reports 1996 (mimeographed text), p. 1 (Vice-President Schwebel). 在讨论持续反对者原则时，有些学者也引用了国际法院庇护案(the *Asylum* case)判决中的一段。(I. C. J. Reports 1950, p. 277.)然而，该案涉及的是一项地方习惯存在与否的问题。地方习惯并不产生一般影响，并且主张国必须证明反对国已经同意过该规则。因此，从严格意义上讲，一项地方习惯不能引发持续反对者原则的问题。

〔80〕 参见，如 *Entscheidungen des Bundesverfassungsgerichts*, vol. 46, Beschluss vom 13. Dezember 1977 (2 BvM 1/76), Nr. 32 (Tübingen, 1978), pp. 388 - 9, para. 6. (作者感谢海德堡大学的 Jochen Abr. Frowein 教授对这个裁决的关注。)也可参见，*Inter-Science Research and Development Services (Pty) Ltd. v. Republica Popular de Mocambique (Margo J, citing Friedman, Lissitzyn and Pugh, Cases and Materials on International Law*, St. Paul, Minn., 1969), extract reproduced in Annual Survey of South African Law (1980), p. 59。

〔81〕 除了前面引用的菲茨莫里斯的著作，参见 Stein, "The Approach of the Different Drummer", 26 *Harvard International Law Journal* (1985), pp. 457 - 82; Dupuy, P. M., "A propos de l' opposabilité de la coutume generale", pp. 257 - 72; Colson, "How Persistent Must the Persistent Objector Be?", 61 *Washington Law Review* (1986), pp. 957 - 70; McClane, "How Late in the Emergence of a Norm of Customary Law May a Persistent Objector Object?", 13 ILSA Journal of International Law (1989), pp. 1 - 26. 批判性的意见参见，Charney, "The Persistent Objector Rule", 56 *B. Y. I. L.* (1985), pp. 1 - 24; Abi-Saab, "Cours général", pp. 180 - 2 and 378; id., "The 1977 Additional Protocols and general international law: some preliminary reflections", Delissen and Tanja (eds.), *Humanitarian Law of Armed Conflict. Challenges Ahead. Essays in Honour of Frits Kalshoven* (Dordrecht, 1991), pp. 124 – 5; Condorelli, "Custom", Bedjaoui (ed.), *International Law*, pp. 204 – 5. 一般著作参见, Brownlie, *Principles*, p. 10; von der Heydte, *Völkerrecht. Ein Lehrbuch* (Cologne, 1958), p. 68; Virally, "The Sources of International Law", Sörensen (ed.), *Manual of Public International Law* (London, 1968), pp. 135 – 7; Sörensen, "Principles de droit international public", 101 Hague *Recueil* (1960, Ⅲ), pp. 43 – 4; Waldock, "General Course on Public International Law", 106 ibid. (1962, Ⅱ), pp. 49 – 51; Giaud, "Le droit international public et la politique", 110 ibid. (1963, Ⅲ), p. 729; Bishop, "General Course of Public International Law", 115 ibid. (1965, Ⅱ), pp. 226 – 7; Jennings, "General Course", pp. 335 – 6; Tunkin, *Theory*, p. 130; Rousseau, *Droit international public*, ⅰ, p. 320; Mosler, *The International Society*, pp. 118 – 19; Merrills, *Anatomy of International Law. A Study of the Role of International Law in the Contemporary World*, 2nd edn. (London, 1981), pp. 5 – 6; Verdross and Simma, *Universelles Völkerrecht*, pp. 352 – 3; Giuliano, Scovazzi and Treves, *Diritto internazionale. Parte generale*, pp. 210 – 12; Danilenko, *Law-Making in the International Community* (Dordrecht, 1993), pp. 109 – 13; Conforti, *International Law*, pp. 60 – 3; Marino Menéndez, *Derecho Internacional Publico. Parte general* (Madrid, 1993), pp. 214 – 15; Tomuschat, "Obligations Arising for States without or against Their Will", 241 Hague *Recueil* (1993, Ⅳ), pp. 284 – 90; Seidl-Hohenveldern, *Völkerrecht*, 8th edn. (Cologne, 1994), p. 122; Diaconu, *Curs*, p. 52. 早期的著作(没有使用"持续反对者"的表述,但是讨论了这个概念)参见, De Visscher, C., "La codification du droit international", 6 Hague *Recueil* (1925, Ⅰ), p. 363; Balladore Pallieri, "La forza obbligatoria della consuetudine internazionale", 7 *Riv. dir. int.* (1928), pp. 354 – 6; François, "Régles generals du droit de la paix", 66 Hague *Recueil* (1938, Ⅳ), p. 175; Sperduti, *La fonte suprema dell' ordinamento internazionale* (Milan, 1946), p. 206. 也可参见, MacGibbon, "Some Observations on the Part of Protest in International Law", 30 *B. Y. I. L.* (1953), pp. 317 – 19; D'Amato, *The Concept of Custom in International Law* (Ithaca, N. Y., 1971), pp. 187 – 99; Akehurst, "Custom as a Sources of International Law", 47 *B. Y. I. L.* (1974/75), pp. 23 – 7; Unger, 'Völkergewohnheitscrecht-objectives Recht oder Geflecht bilateraler Beziehungen: Seine Bedeutung für einen "persistent objector"' (Munich, 1978) (批评西玛(Simma)的文章参见, Das Reziprozitätselement in der Entstehung des Völkergewohnheitsrechts (Munich, 1970)); Weil, "Towards Relative Normativity", p. 434; Danilenko, "The Theory of International Customary Law", 31 *G. Y. I. L.* (1988), pp. 41 – 3. (and more extensively, in Russian, the same author's *Obychai*, pp. 13 – 14 and 115 – 18); Wolfke, *Custom*, pp. 66 – 7. 达成持续反对者原则的不同路径反映了不同的习惯法理论,参见, Arangio-Ruiz, "Consuetudine (consuetudine internazionale)", *Enciclopedia Giuridica*, ⅷ (Rome, 1988), pp. 5 – 6; Sur, "Sources du droit international. La coutume", *Jurisclasseur de droit international* (1989), "Fascisule 13", pp. 10 – 11。

菲茨莫里斯归纳了持续反对原则适用的条件，以菲茨莫里斯的话来讲，是“消极”（历史权利原则）。[82] 第一，与现在正在形成的一项国际法规则赋予的权利相比，反对者必须在过去的情况下拥有更广泛的权利。第二，从一项国际法规则开始产生之初，反对者就必须表明其反对态度。第三，反对者的异议必须是公开和明确的，而非模棱两可，才能假定其不受制于新规则。第四，反对必须是“持续的”，即必须在该规则形成中和之后都持续的反对。 63

以上严格的条件使持续反对原则更易和本部分早先重述的国际法院在北海大陆架案声明中提到的习惯的一般影响一致。在该声明中，国际法院否认一国可任意排除一项习惯规则的适用。[83] 目前，持续反对者原则不允许一国任意逃避一项习惯规则的适用，但允许一国在某些条件满足的情况下保留其权利。这样一来，国际法院的声明就不会被违背。 64

虽然日本和美国对正在形成的海洋法的新规则的态度被当作使用了持续反对者原则，[84] 但类似的案例是少见的。在实践中，一国很难证明其从一项习惯规则形成之初就已经开始反对，即使做到了，

---

〔82〕 参见本章之前对菲茨莫里斯著作的引用。

〔83〕 对该段的不同解释参见，Lang, *Le plateau continental de la Mer du Nord. Arrêt de la Cour International de Justice* 20 *Février* 1969 (Paris, 1970), p. 90, para. 24。

〔84〕 对这些和其他案例的批判性讨论参见，Charney, "The Persistent Objector Rule", pp. 11 – 16. 涉及日本的案例和日本立场的演变参见，the "Statement of the Japanese Government on High Seas Fisheries, July 13, 1951", reproduced in 16*Ecology Law Quarterly*(1989), pp. 98 – 9; Yanai and Asomura, "Japan and the Emerging Order of the Sea-Two Maritime Laws of Japan", 21*Japanese Annual of International Law*(1977), p. 72; Oda and Owada, "Annual Review of Japanese Practice in International LawXV (1976 – 77)", 28 ibid. (1985), pp. 94 – 142; Ogiso, "Japan and the UN-Convention on the Law of The Sea", 25 Archiv des Völkerrechts (1987), pp. 71 – 3. 有关美国的案例，参见 Stein, "The Approach of the Different Drummer", p. 462; Colson, "How Persistent Must the Persistent Objector Be?", pp. 958 – 61; Kelly, "Law of the Sea: The Jurisdiction Dispute over Highly Migratory Species of Tuna", 26 *C. J. T. L.* (1988), pp. 504 – 7;

也很难证明该反对是持续的。形成一项习惯规则的过程是潜移默化的。很难确定在一个特定的时间点形成的过程已经开始，或形成的过程已完全结束。基于此，国家在一开始就表明反对该习惯规则，且该反对毫无中断的这个要求很难被满足。

此外，当多个国家反对一项正在形成的习惯时，有疑问的是针对一项国际习惯规则会不会有几个持续反对者，或同时出现的反对意见是否意味着缺乏普遍性的国家实践，从而阻碍该习惯的形成。[85]
65 另外，当一国单独反对一项国际习惯规则时，该国会发现坚持其立场会变得越来越困难。就如皮尔斯·希金斯在本世纪初评论道的那样（她的看法在今天仍然是成立的），"来自于世界公众舆论的压力有一个最终不能被忽视的强大力量"。[86]这也是为什么迄今为止在实践中只有大国和中等国家才能对一项规则宣称持续反对，因为只有这些国家才有意愿以及能够承受国际社会的压力。这也解释了为什么持续反对通常只是一国在接受一项习惯规则前，和其他国家形成特别关系的一个临时工具。

前述考虑帮助我们理解了为什么在实践中鲜有一国对一项国际习惯宣称持续反对的实例。除了之前提到的内在困难和外在压力，

Treves, "Codification du droit international et pratique des Etats dans le droit de la mer", 223 Hague*Recueil*(1990, Ⅳ), pp. 66 – 74 and 159 – 62. 其他的案例参见，I. C. J. Pleadings, *North Sea Continental Shelf*, ⅰ, pp. 400 and 509; *I. C. J Pleadings*, *Fisheries Jurisdiction*, ⅱ (*Federal Republic of Germany v. Iceland*), pp. 400 – 1, para. 25 (Reply of the F. R. G.). 也可参见，the case reported by Verzijl, *International Law*, ⅰ, pp. 37 – 8, and the considerations developed in O' Connell, *The International Law of the Sea*, Shearer ed., ⅰ (Oxford, 1982), p. 44。

〔85〕《国际法院规约》第38(1)(b)条将习惯定义为"作为通例之证明而经接受为法律者"（本章第三节对此有重述）。习惯一般性的要求参见，Brownlie, Principles, p. 6。

〔86〕 *The Binding Force of International Law. Inaugural Lecture in International Law at the London School of Economics and Political Science. Session* 1910 – 11 (Cambridge, 1910), pp. 11 – 12. 也可参见，Westlake, *International Law*, ⅰ, p. 17。

还有一种情况是，当一国批评一项正在形成的习惯，其意图在于否认一项新规则已经形成，而不是承认一项该国作为持续反对者的习惯形成。通过公开表明其持续反对者的立场，一国将实际上认可一项违背其利益的国际习惯正在形成或已经形成，[87]于是在整个国际社会的眼中造就了一个孤立的反对者的印象。

尽管存在现实困难，还是有几个持续反对的案例。因此，可以合理地提出这样的问题：是否存在一个范围，在超越这个范围后，持续反对者原则就不被允许？具体而言，持续反对者原则是否适用于全部国际习惯，还是对一些习惯不适用？[88] 为了回答这一问题，一个有益的参考就是参考渔业案中的诉状，因为当事方特别限制了持续反对者原则的援引。

在挪威的答辩书中，挪威驳斥了英国主张——即认为某些国际习惯限制了海岸国采用直线基线的方法。挪威补充道，鉴于其持续地反对，即便该规则存在也不能对抗挪威。[89] 英国不同意挪威的事实陈述和法律理由。虽然英国同意挪威主张的一项习惯规则不能对抗一个反对国家，但一国反对一项正在形成的规则的权利并非是绝对的。具体而言， 66

在这种情形下有一个基本原则，即国际社会不承认任意国家有将自己从该原则的影响中脱离出来的权利。[90]

在国际法院审理的该案中，这个“基本原则”是指海洋自由。英国在再答辩中承认，整个国际社会对公海享有的权利可能偶尔会和

---

〔87〕 参见 Treves, “Military Installations Structure, and Devices on the Seabed”, 74*A. L. I. L.* (1980), p. 814, note 36。

〔88〕 持续反对者原则的条件讨论于 Schachter, *International Law*, pp. 13 – 14; Thirlway, *International Customary Law and Codification*, p. 110; Kaplan and Katzenbach, *The Political Foundations of International Law* (New York and London, 1961), p. 255; Wengler, *Völkerrecht* (Berlin, 1964), i, pp. 179 – 80。

〔89〕 *I. C. J. Pleadings*, *Fisheries*, i, pp. 381 – 4, paras. 256 – 61.

〔90〕 *I. C. J. Pleadings*, *Fisheries*, ii, p. 429.

某一海岸国的权利相冲突。例如,这可能是由挪威对其领水的划界造成的。然而英国认为,在这样的情形下,国际社会的权利应优于与某一海岸国的权利,这也是考虑到国际法上的某种“多数主义者”的趋势。对该趋势,英国反对意见中提到了但未对其做出解释。换言之,在该案中,一项“基本原则”处在岌岌可危的状态之时,持续反对者原则将不适用于挪威。[91]

在挪威的二次答辩状中,挪威同意英国所说的没有国家能反对一项“基本原则”,但补充道:

为了使该抗辩更加合理,很要紧的在于为“原则”这个术语划定其范围,而不是将“原则”和只是建立在原则上的技术规则(*technical rules*)相混淆。[92]

通过引用 *De Visscher* 在海牙研究院开设的授课内容,挪威将“原则”定义为那些最基本的、以至于不依靠国家意志的国际法规则。[93] 但根据挪威的观点,有关海洋划界的习惯法规则并不是“基本原则”。相比而言,这些规则是“技术规则”,倚赖于国家的意愿。因此,挪威认为其有权反对这些规则的适用。

综上所述,英国和挪威均同意:1. 一国可持续反对一项习惯规则的适用;2. 在“基本原则”适用的场合,持续反对将不被允许。然而,两国在不允许持续反对之“基本原则”的具体内容上没有达成共识。
67 从一定程度上讲,渔业案的诉状预示了该术语的争议,即“持续反对者”原则是否能适用于“强行法”。

---

〔91〕 Ibid., ⅱ, p. 428, and ⅳ, p. 121 (statement of Sir Frank Soskice).

〔92〕 ‘Pour que la thèse soit plausible, il est essentiel de limiter le sens du mot “Principle” et de ne point confondre les “principes” avec les règles techniques qui n’en forment que la super-structure.’ (Ibid., ⅲ, p. 292.)

〔93〕 De Visscher, C., “La codification du droit international”, p. 342.

第六节　强行法规范的对世对抗性问题：（二）持续反对原则和强行法

在维也纳会议上，法国提出了一项针对第 50 条（之后成为《维也纳公约》第 53 条）的修正案，其内容是，对明确表示不接受该强制性的一国而言，一项强行法规范对其没有对抗性。[94] 法国政府将其修正案分发给了一些西方代表，但之后并没有坚持其提议，因为这些代表表明了自己的担忧，即法国的修正案可能威胁有关强行法规范的争端解决的达成。[95] 由于法国的提议实际上并没有被讨论，所以从修正案的散发到随后的撤回，很难推断出“持续反对者”和强行法的关系。因此，要解决此问题，必须在《维也纳公约》编纂之外寻找原因。

从“强行法”这个特别的概念出发，认为强制规则不允许任何持续反对的观点是十分合理的。如果强制规则的目的是使国家的共同利益优于与之相冲突的一个国家或少数国家的利益，那么当该国或少数国家被允许可以以持续反对为由不遵守一项强制规则时，这个目的就无法达成。

实际上，相当多的学者都不赞成将持续反对适用于一项强行法

---

〔94〕 被提议的修正案如下规定：“Toutefois une telle norme n' est pas opposable à un Etat qui peut faire la prevue qu' il ne l' a pas acceptée expressément en tant que telle.” [Deleau, “Les positions fran çaises à la Conférence de Vienne sur le droit des traits ”, 15*A. F. D. I.* (1969), p.19.]

〔95〕 参见本章第二节。

68 规范,[96]即使有些学者采用了更谨慎的方法,[97]认为持续反对不能

---

〔96〕 参见 Brownlie, *Principles*, p. 11, note 56; Bos, *A Methodology of International Law* (Amsterdam, 1984), pp. 246 and 250; van Hoof, *Rethinking the Sources*, pp. 160 – 2; Rozakis, *The Concept of Jus Cogens*, pp. 76 – 80; Juste Ruiz, *Derecho internacional public?* (Valencia, 1986), pp. 208 – 9. 也可参见,De Azevedo Soares, *Licoes de direito international public*, 4th edn. (Coimbra, 1988), p. 111; Gomez Robledo, "Le *ius cogens* international", pp. 106 – 8; Rao, "International Custom", 19*Indian Journal of International Law*(1979), pp. 519 – 20; Ronzitti, "La disciplina dello jus cogens nella Convenzione di Vienna sul diritto dei trattati", 15*Comunicazioni e studi* (1978), pp. 256 – 7; Barberis, "Réflexious sur la contume international", 36 A. F. D. I. (1990), p. 39; Henkin, 'Human Rights and State "Sovereignty" (Sibley Lecture, March 1994)', 25*Georgia Journal of International and Comparative Law* (1995/96), p. 38. 更中立的立场参见,Akehurst, "The Hierarchy of the Sources of International Law", 47 *B. Y. I. L.* (1974/75), p. 285; Sztucki, "Some Questions Arising from Reservation to the Vienna Convention on the Law of Treaties", 20 *G. Y. I. L.* (1977), pp. 294 – 5; Stein, "The Approach of the Different Drummer", p. 481; Heiskanen, *International Legal Topics* (Helsinki, 1992), pp. 392 – 4. 很多(如果不是大多数的话)前社会主义国家的学者都同意持续反对者原则不适用于强行法的规范。参见,Aleksidze, "Legal Nature of *Jus Cogens* in Contemporary International Law", 172 Hague *Recueil* (1981, Ⅲ), pp. 246 and 258; Bokor-Szegö, *New States and International Law* (Budapest, 1970), p. 70; Mullerson, "Sources of International Law: New Tendencies in Soviet Thinking", 83*A. J. I. L.* (1989), pp. 503 – 5; Niciu, *Dreptul international public*, ⅰ (Iasi, 1992), p. 15. 也可参见,the statement of Pechota and Lukashuk in Zacklin (ed.), The Process of Change in International Law (*Report of a Conference organized by the Carnegie Endowment for Intentional Peace*, *Geneva*, 1963) (Geneva, 1965), pp. 16 – 17 and 20 – 1. 前苏联学者的不同立场的讨论参见,Aleksidze, *Nekotorye voprosy*, pp. 200 – 6。

〔97〕 参见 Charney, "The Persistent Objector Rule", p. 3, note 9; p. 19, note 81; id., "Universal International Law", 87 *A. J. I. L*. (1993), pp. 541 – 2; Chaumont, "Cours général", pp. 370 – 7; Wolfke, "Jus Cogens in International Law (Regulations and Prospects)", 6 *P. Y. I. L.* (1974), p. 149; Magallona, "The Concept of *Jus Cogens* in the Vienna Convention on the Law of Treaties", 51 *Philippine Law Journal* (1976), pp. 528 – 9; Shestakov, *Imperativnye normy*, pp. 36 – 43; Cassese, *International Law*, pp. 178 – 9; Danilenko, "The Theory of International Customary Law", pp. 41 – 3; id., "International*Jus Cogens*: Issues of Law-Making", 2 *European Journal of International Law* (1991, No. 1), pp. 48 – 57; Bernhardt, "Customary International Law: New and Old Problems", 19 *Thesaurus Acroasium* (1992), pp. 219 – 20。

适用于一项强行法规则的观点得到了法官声明的支持。在北海大陆架案判决附带的法官独立意见中 Lachs 如此写道：

无强行法性质的一般规则不能阻止一些国家对此采取反对的态度。这些国家可能从该规则产生之初就反对该规则，可能是单边的，或与其他国家合意决定对该问题采用不同的解决方法。[98]

从以上内容可以推断，一国不能成为有强行法性质的习惯规则的持续反对者。这与 Lachs 早年做出的声明一致，那时他还是国际法委员会的成员，在一项有关《维也纳公约》的草案的讨论中，他认为“基于一国是国际社会的成员的事实，使得接受强行法规则是其职责。”[99]

其他的支持持续反对者原则不应适用于强制规则的观点可以在
前南斯拉夫特设仲裁委员会做出的初步意见中找到。该机构是 69
1991 年时被前欧洲共同体，即现在的欧盟成员国外交部长设立的。[100] 以讨论为目的，下文将对这份初步意见做出分析，但不涉及

〔98〕 I. C. J. Reports 1969, p. 229. 强行法的概念在判决中（p. 42, para. 72），法官帕迪拉·内尔沃（Padilla Nervo）的意见中（p. 97），法官田中（Tanaka）的意见中（p. 182）和法官 Sörenson 的意见中（p. 248）都所涉及。但是没有任何一个涉及持续反对者的问题。

〔99〕 *Y. I. L. C.* (1966, Ⅰ, Part 2), p. 69, para. 62 (853rd meeting). 强制规则的普遍对世性的间接声明是在国家责任的编纂中的。参见，*Y. I. L. C.* (1976, Ⅰ), p. 248, para. 12 (Sir Francis Vallat) and p. 249, para. 20 (Quentin-Baxter)。

〔100〕 关于本仲裁委员会，参见拙文 Introductory Note to “Conference on Yugoslavia Arbitration Commission: Opinions on Questions Arising from the Dissolution of Yugoslavian”, 31 *I. L. M.* (1992), pp. 1488 – 90.（尽管随后有发展，但其提供背景信息仍然是有用的。）也可参见，Craven, “The European Community Arbitration Commission on Yugoslavia”, 66 *B. Y. I. L.* (1995), pp. 333 – 413; Pellet, “Note sur la Commission d'arbitrage de la Conférence européénne pour la paix en Yougoslavie”, 37 *A. F. D. I.* (1991), pp. 329 – 48; id., “L'activité de la Commission d'arbitrage de la Conférence européénne pour la paix en Yougoslavie”, 38 ibid. (1992), pp. 220 – 38; id., “L'activité de la Commission d'arbitrage de la Conférence internationale pour l'ancienne Yougoslavie”, 39 ibid. (1993), pp. 286 – 303. 有关强行法的仲裁委员会的会议参见，Degan, “Mixed International Jurisdictions as the Last Instances in Enforcement of Human Rights in Successor States of Former Yugoslavia”, 106 *Studi senesi* (1994), pp. 328 – 31。

该问题的法律价值。[101]

在该初步意见中,仲裁委员会解决的问题是,前南斯拉夫随后的进程是否构成一种解体,如果是,这将导致所有的加盟共和国都获得平等的继承权利,或者另一种方式是只使一些加盟共和国分离出来。该意见的结论是南斯拉夫联邦正在经历一个解体的过程,加盟共和国应该在国际法的基础上解决所有的继承问题,包括对人权,人民及少数族裔的权利的尊重。在这个问题上,仲裁委员会认为:

一般国际法中的强制规范,特别是对个人基本人权和人民及少数族裔的权利的尊重,对所有继承的当事方均有拘束力。[102]

仲裁委员会的这段推理是十分扼要的,反映了仲裁委员会法语
70 判决的简洁风格。[103] 然而,尽管该表述简洁,但这段话至少表明了三个要素。其中,仲裁委员会:1. 援引了条约有效性背景以外的强行法;2. 认为人权,人民及少数族裔的权利均属于强行法(对该案最重要);3. 宣告强制规范约束所有继承方。这是一个直截了当的宣

---

[101] 仲裁委员会意见的法律价值问题可以比较分析南斯拉夫(塞尔维亚和黑山)的代表和波斯尼亚及黑赛哥维那的代表在"有关《防止及惩治灭绝种族罪公约》的适用性案"[*Case Concerning the Application of the Convention on the Prevention and Punishment of the Crime of Genocide*(*Bosnia and Herzegovina v. Yugoslavia*)]中的观点,未修正的逐字记录(Verbatim Record)[respectively, CR 96/5, pp. 27 – 8 (Mr Mitic) and CR 96/8, p. 56 (Mr Pellet), 这些参考资料只是指示性的,而不是穷尽性的。][作者感谢日内瓦国际研究生机构(Graduate Institute of International Studies)的 Laurence Boisson de Chazournes 博士提供了未修正的逐字记录的副本。]

[102] Para. 1, point (e). 法语原版本内容如下:"les norms inpératives du droit international general et, en particulier, le respect des droits fondamentaux de la personne humaine et des droits des peoples et des minorities, s' imposent à toutes les parties prenantes à la succession."第一意见法语原版的英文翻译版可以在此处找到:31*I. L. M.* (1992), pp. 1494 – 7。

[103] 这种精简的风格在赫希·劳特派特先生的《国际法的发展》(*The Development of International Law*)一书中受到了批评, p. 41, note 9. 这个问题是复杂的,在此处不能得到解决。为了不同司法风格间讨论的目的,从一个国际或比较的视野,参见……(复印不完整)

告，甚至没有为持续反对者原则可能不适用于本案的情况留下任何空间。

综上所述，持续反对者原则和强行法的本质并不兼容。至少从理论方面看，以目前的情况如此。在实践中，情况往往更为复杂。在一些不可争辩的强行法案例的普遍对抗性问题上，如禁止侵略或者对种族灭绝的保护，持续反对者的问题根本不可能出现。然而，当一个问题涉及较不明显的强行法的案例，或者更一般的强制规则的具体适用时，持续反对的主张不能很容易的被排除（*dismissed*）。两个实例阐释了这个观点。

在维也纳会议上，法国是唯一反对适用《维也纳公约》的国家。现在该国仍然没有签署该公约。这种态度的主要（如果不是唯一）原因是该国对《维也纳公约》中的强行法条款不满意。[104] 然而，法国看起来并不反对强行法。法国代表在维也纳会议上的介入很明确的表明：如果强行法被限制在所有国家共享的基本人类价值范围内，法国在接受该强行法上没有任何问题，问题在于接受一项被错

---

〔104〕 法国外交部的一项出版物在《维也纳公约》通过后被发布，其包括以下声明：Les dispositions les plus graves, les plus lourdes de consequences de la Convention sont celles qui ont trait au "jus cogens". (La Convention de Vienne sur le Convention sur le droit des traités, *Notes et Etudes Documentaires* (25 Sep. 1969, No. 3622), p. 7. 为了回应法国国会议员的问题，法国外交部宣布："La Frence n" est pas devenue partie à la convention de Vienne du 23 mai 1969 dur le droit des traités en raison. . . de la consecration par ce texte de la notion de "norms impératives du droit interntional" (jus cogens). [*Journal Officiel*, *Assemblée Nationale* (23 Nov. 1992), p. 5288.] 法国对《维也纳公约》中的强行法条款的批评参见，Villiger, *Customary International Law*, pp. 310 – 11; Colard, Premières réflexions sur le "Traité des Traités": la Convention de Vienne du 23 mai 1969, 97 *L. D. I.* (1970), pp. 284 – 7. 第 53 条和第 64 条可能有助于解释其他国家为何拒绝签署《维也纳公约》。如巴西的观点，参见 Rezek, *Direito international publico. Curso elementar*, 2nd edn. (San Paulo, 1991), p. 120。

误定义的强行法，因为这将威胁条约的稳定和国家的主权权利。[105]

71 这些担忧并非空穴来风。《维也纳公约》是在一项部分禁止核试验的条约通过后6年才被通过的，法国在当时不是（目前也不是）该条约的缔约国。法国担忧的是这种可能性，即在条约之外，一项强行法习惯规范可能形成且可对抗所有国家，包括法国。[106] 鉴于这种可能性，持续反对者原则将成为像法国这样的国家的最后防线。用 de Lacharrière（法国外交部前法律顾问和国际法院副院长）的话来说，法国希望在防御和外交关系方面采取的政策是像一个"独立和单独的国家"做出的，而不是领导国或卫星国做出的。[107] 在大气实验的情况下，强行法的普遍对抗性不仅引发了有效性的问题，对在为何持续反对者原则应受该强行法约束的问题上，也很难提供有说服力的解释。[108]

---

〔105〕 *U. N. C. L. T.*, *Off. Recs. First Session*...（复印不完整）*U. N. C. L. T.*, *Off. Recs. Second Session*, pp. 93 – 5 (intervention of Hubert). 相似的考虑也在1986年的维也纳会议上被法国代表提出。参见，*United Nations Conference on the Law of Treaties Between States and International Organizations or Between International Organizations*, *Official Records* (New York, 1995)，ⅰ, pp. 31 – 2 (intervention of Delon) 奇怪的是，在国际联盟时代，法国代表 Cot 曾经基于同样的理由批评过"不道德的条约"（immoral treaties）[*L. N. O. J.* (Apr. 1933), p. 510]。

〔106〕 在海牙研究院的一般课程中，Virally 承认法国反对《维也纳条约法公约》第53条的主要原因是基于法国的核防御政策。（"Panorama", p. 177）. 也可参见，de Lacharrière, " Tendances contradictories en matière de consentement des Etats ", *L' ebaboration du droit international public* (*Colloque de Toulouse*) (Paris, 1975), p. 187; Deleau, " Les positions françaises", p. 16。

〔107〕 "Un Etat Indépendante et solitaire, ni leader ni satellite. " (" Aspects du relativisme du droit international", Bos And Siblesz (eds.), *Realism: essays Riphagen*, p. 95.) 法国学者对一问题相当敏感，即保护一国的独立，免受其他大多数国家和超级大国的意志的影响。参见，Id., *La politique juridique extérieure* (Paris, 1983), pp. 23 – 7; Chaumont, " Course general", pp. 373 – 7; Ruzié, *Droit international public*, 12th edn. (Paris, 1996), p. 3. 这种担忧的表述在法国学者中不算是新现象。参见，Dupuis, "Règles generals du droit de la paix", 32 Hague*Recueil* (1930, Ⅱ), pp. 72 – 4。

〔108〕 关于70年代早期南太平洋大气试验争议的相关问题，参见以下第九、十章。

第二个案例反映了南非直到最近在种族隔离的国际禁止问题上的立场。[109] 尽管南非对该禁止的强制性持续反对,但国际社会一直都认为该禁止已经存在,并且国际社会一直不接受南非的持续反对。种族隔离的政策影响了基本人权,因此一般倾向于认为不允许对该问题持续反对。然而,要阐明该结论的理由并非易事。例如,欧洲人权法院的法官和杰出的国际学者本哈特(Bernhardt)非常简 72
单的写道:

> 南非持续反对,并且实行着种族隔离。那么南非因此就不受该规范约束了吗?当然不是,但这在法律上和理论上如何解释呢?我提出这个问题,但不给定答案。[110]

第七节 小结

本章在以下几方面确认了强行法概念和对世义务概念的相似处:1. 和对世义务一样,强行法规范是为了保护国家的共同利益和基本道德价值;2. 在条约法编纂中出现的强行法规范的经典案例和巴塞罗那机车案中给出的对世义务的案例大部分一致;3. 强行法概念的一些特色表述(例如"作为整体"的国际社会)仅在国际法院针对对世义务的判决意见中出现。

这些相似性不意味着强行法自身所携带的模糊性得以消除。《维也纳公约》第53条的标准没有给那些普遍被承认的少有案例之外的强行法一个精确的定义。此外,该标准没有为持续反对者原则能否适用于强行法提供一个完满的答案。而从对世义务判决意见

---

〔109〕 参见以下第七章。

〔110〕 "Custom and Treaty in the Law of the Sea", 205 Hague*Recueil* (1987, Ⅴ), p. 269.

中反映出的路径,使国际法院可以避免很多(如果不是全部的话)模糊性。在该判决意见中,国际法院给出了4个具体的对世义务的案例,并且明确指出对世义务是"从其本质上来讲"关乎所有国家的。换言之,国际法院采用的是一条可被称为"价值导向"的,被实践中的案例支持的路径,以区别于《维也纳公约》第53条反应的"标准导向"路径。

本章和前一章已经为对世义务的更细致的分析奠定了基础。分析的便利起点是国际法院给出的4个对世义务的案例。通过定义,一个案例就可以阐释一项一般规则。福勒(Fowler)认为,"当一个单词有不同的含义但又只有细小差别,或当一个定义除非被举例说明,否则都是模糊和缺乏说服力时",阐释性的句子是定义的一个必
73 要补充。〔111〕 在对世义务的案例中,上述两种情形看起来都是有效的理由。〔112〕 下述章节将对上述判决意见中列明的4个案例和对其他在国际法文献上提出的候选案例做出细致分析。

---

〔111〕 *The Concise Oxford Dictionary of Current English*, 4th revised edn. Mclntosh (Oxford,1951),p. vi(1911年第一版序言)

〔112〕 事实上,"对世义务"在使用中,其表述存在"不同含义"。(参见,下述第10章第4节)此外,因为国际法院有关"对世义务"的判决以及那"不是很明确",所以也遭到批评。[Arangio-Ruiz, "Human Rights and Non-intervention in the Helsinki Final Act", 1957 Hague *Recueil* (1977, Ⅳ), p. 240.]

第四章　国际法院判决意见中对世义务的实例（一）：禁止侵略

第一节　对侵略的国际性禁止

国际法院在“巴塞罗那机车案”中给出对世义务的第一个实例， 74
即为“禁止侵略行为”。

“侵略”一词作为军事、政治或法律概念有很长的历史，而寻求给侵略下一个定义的材料往往陷入重重困惑与矛盾之中。[1] 本书

---

〔1〕 参见 Brownlie, *International law and the Use of Force by States* (Oxford, 1963), pp. 351 - 8。另参见 Oppenheim, *International Law, A Treaties*, ii, 7th ed., Lauterpacht, H. (London, 1952), p. 188; Guggenheim, *Traité de Droit international public*, ii (Geneva, 1954), pp. 253 - 61; Stone, *Aggression and World Order, A Critique of United Nations Theories of Aggression* (London, 1958); Schwebel, "Aggression, Intervention and Self-Defence in Modern International Law", 136 Hague *Recueil* (1972, II), p. 411 - 98; Tunkin, *Theory*, pp. 49 - 57; Ferencz, *Defeining International Aggression. The Search for World Peace* (New York, 1975); Rosenne, "On Defining International Aggression. An Exercise in Futility. A book review of Benjamin B. Ferencz, 'Defining International Aggression The Search for World Peace'", 12 *Israel Law Review* (1977), pp. 401 - 5; Reuter, *Droit international public*, pp. 512 - 19; Kudriavstev (ed.), *Kurs mezhdunarodnogo praba v semi tomakh*. ii, (Lukashuked.), (Moscow, 1989), ch. 4 (by Mullerson and Fedorov), pp. 73 - 5。

不必在此从头分析侵略的来龙去脉，而直接从《联合国宪章》入手开始进行分析便可。[2]

《联合国宪章》第 1 条第 1 款开宗明义地宣称联合国的首要任务便是国际和平与安全，以及为了达此目的而采取有效集体办法“制止侵略行为或其他和平之破坏”。断定是否出现“和平之威胁、和平之破坏或侵略行为”的权力归安理会（第 39 条）。作为宪章核
75 心条款的第 2 条第 4 款（关于禁止非法使用武力，用亨金的话说，该条款是“国际间基本价值的淬炼和化身”[3]）并没有明确提到侵略的字眼，其具体内容如下：

各会员国在其国际关系上不得使用威胁或武力，或以与联合国宗旨不符之任何其他方法，侵害任何会员国或国家之领土完整或政治独立。[4]

---

〔2〕《联合国宪章》于 1945 年 6 月 26 日在旧金山签字，1945 年 10 月 24 日生效。缔约国成员为 185 个（参见 Multilateral Treaties Deposited with the Secretary-General. Status as at 31 December 1995, p. 3。）联合国宪章的复印件可在以下文献中找到：Brownlie, *Basic Documents*, pp. 1 – 35. 可参阅的评注有，Cot and Pellet (eds.), *La Charte des Nations Unites* (Paris, 1991); Simma (ed.), *The Charter of the United Nations: A Commentary*, (Oxford, 1994)。

〔3〕International Law, p. 113. 关于宪章禁止非法使用武力的第 2 条第 4 款，相关的文献汗牛充栋，如对此问题有兴趣希望深入研究，可选取海牙国际法高等研究院的相关课程演讲进行研究，如 Scörensen, “Pinciples”, pp. 234 – 45; Waldock, “General Course”, pp. 230 – 46; Jiménze Aréchaga, “International Law”, pp. 87 – 100; Lachs, “The Development and General Trends”, pp. 153 – 74; Virally, “Panorama”, pp. 99 – 107。关于此问题的专题文献，参见 Brownlie, *International law and the Use of Force by States*。另可参见 Waldock, “The Regulation of the Use of Force by Individual States in International law”, 81 Hague *Recueil* (1952, II), pp. 451 – 517; Kelsen, International Law Studies. Collective Security under International Law (Washington, 1957) l Schachter, International Law, pp. 106 – 83; Cassese (ed.), The Current Legal Regulation of the Use of Force (Dordrecht, 1986); Bulter (ed.), The Non-Use of Force in International Law (Dordrecht, 1989)。

〔4〕本款内容必须和上一款（第 2 条第 3 款）结合起来阅读，上一款条款的内容是遵守和平解决国际争端的义务。

这里没有出现侵略的字眼,说明并非所有形式的非法使用武力都会构成侵略。反之,国际社会也曾谴责某些并不含有使用武力因素的行为构成“侵略”。[5] 易言之,侵略这个概念接近,但并不等同于威胁或破坏和平的行为。在实践中,对这些概念进行区分的主流观点是参照行为的程度,就此意义而言,侵略是“最为严重和危险的非法使用武力的行为”。联合国大会在1974年一致通过的“关于侵略定义”的决议的序言中也确实是这样写的。[6] 该决议的第1条进一步发展了这个定义,内容为:

侵略是指一个国家使用武力侵犯一个国家的主权、领土完整或政治独立,或以本“定义”所宣示的与《联合国宪章》不服的任何其他方式使用武力。

联合国为此专门成立了一个特别委员会,该委员会被授权制定一个能够被大会一致通过的侵略定义(这个定义最后被采纳到第1条中)以及一份不完全列举的特殊形式的侵略行为清单。根据该决 76
议第3条,以下行为被认定为侵略:

(1)一国武装部队侵入或攻击另一国的领土,或因此种侵入或攻击而造成任何军事占领,不论时间如何短暂,或使用武力吞并另

〔5〕 Röling 列举了一些例子,如1938年纳粹德国吞并(Anschluss)奥地利;1949年南非非法吞并(annexation)本属于其托管的西南非洲,等等。参见“The 1974 U. N. Definition of Aggression”, Cassese (ed.) *The Current Legal Regulation*, pp. 413 - 14。

〔6〕 “Resolution 3314 (XXIX) of the Unite Nations General Assembly on the Definition of Aggression (Adopted on 14 Dec. 1974)”, *Gen. Ass. Off. Recs.*, *Twenty-ninth Session*, Supp. 31(A/9631), pp. 142 - 4. 对此决议的评论,参见 Broms, “The Definition of Aggression”, 154 Hague *Recueil* (1977, I), pp. 299 - 400(作者为“侵略定义”特别委员会主席)。另参见 Zourek, “Enfin une Définition de l'Agression”, 20 *A. F. D. I.* (1974), pp. 9 - 30; Cassin, Debevoise, Kalies and Thompson, “The Definition of Aggression”, 16 *Harvard International Law Journal* (1975), pp. 589 - 613; Garvey, “The U. N. Definition of “Aggression”: Law and Illusion in the Context of Collective Security”, 17 *Virginia* Journal of International Law (1977). pp. 177 - 99; Stone, “Hdes and Loopholes in the 1974 Definition of Agression”, 71 A. J. I. L. (1977), pp. 224 - 46。

一国家的领土或使用武力吞并其他国家领土或其中的一部分；

(2)一国武装部队轰炸另一国家领土，或一国对另一国的领土使用任何武器；

(3)一国武装部队封锁另一国的港口或海岸；

(4)一国武装部队攻击另一国陆、海、空军或商船及民用飞机；

(5)一国违反与另一国订立的协定所规定的条件使用其根据协定而在后者国内驻扎的武装部队，或在协定终止后延长该武装部队在该国领土上的驻扎时间；

(6)一国以其领土供另一国使用以对第三国进行侵略；

(7)一国或以其名义派遣武装小队、武装团体、非正规军或雇佣兵对另一国进行其严重性相当于上述所列各项行为的无礼行为；或该国实际卷入了这些行为。

伴随着对侵略行为明晰定义的出现，禁止侵略的原则也在国际法规范当中占据了清晰而显著的位阶。在《联合国宪章》通过时，国际上已经出现了禁止侵略以及非法使用武力的国际习惯法。〔7〕作为侵略的具体实例，国际法院曾在判决中清楚地承认上述第3条第(7)款项下有关禁止非正规军的侵略行为(这也是国际法院在“尼加拉瓜军事及准军事行动案”的主要探讨旨趣所在)“可以被认为是反映了国际习惯法”。〔8〕

无论是在上述侵略定义的决议通过前或后，侵略行为以及非法使用武力的行为都一直受到国际社会强力和反复的谴责——如联合国大会1970年通过的“友好关系宣言”(又称“国际法原则宣言”，即

〔7〕 参见 Brownlie, International Law and the Use of Force by States, p. 110（其中提到“……作为一个国际习惯法至少从1939年已经开始发展了”）。

〔8〕 *Military and Paramilitary Activities in and against Nicaragua* (*Nicaragua v. United States of America*), Merits, I. C. J. Reports 1986, p. 103, para. 195.

著名的第2625号决议——译者注)[9]及晚近联合国大会通过的最 77
新的关于不使用武力的宣言[10]等。国家之间频繁发生的暴力冲突也并没有影响到上述法律框架——国家在可能破坏国际和平之时总会宣称在极端的情况下诉诸武力是可被正当化的,却从未质疑现已存在的国际性禁止使用武力的现实。[11] 国际法院对此正确指出,国家的上述态度恰恰是加强而非削弱了对侵略的禁止。[12]

今天,就禁止侵略以及非法使用武力应约束世界所有国家并构

---

〔9〕 "Declaration on Principles of International Law Concerning Friendly Relations and Co-operation Among States in Accordance with the Charter of the United Nations" (Annex to Resolution 2625 adopted, without a vote, on 24 Oct. 1970), *Gen. Ass. Off. Recs.*, *Twenty-fifth Session*, Supp. 28 (A/8028). 其复印件可在以下文献中找到: Brownlie, *Basic Documents*, pp. 36 – 45。关于对此的评注,参见 Arangio-Ruiz, *The United Nations Declaration on Friendly Relations and the System of the Sources of International Law* (*with an Appendix on the Concept of International Law and the Theory of International Organisation*) (Alphen aan den Rijn and Germantown, 1979)。另可参见 Lowe and Warbrick (eds.), *The United Nations and the Principles of International Law. Essays in memory of Michael Akehurst* (London and New York, 1994)。

〔10〕 Declaration on the Enhancement of the Effectiveness of the Principle of Refraining from the Threat or Use of Force in International Relations, Annex to General Assembly resolution 42/22 of 18 November 1987. 对此的评论,参见 Treves, "La Déclaration des Nations Unies sur le renforcement de l'efficacité du principe du non-recours à la force", 33 *A. F. D. I.* (1987), pp. 379 – 98。

〔11〕 在国际法上,诉诸可被辩护的行为或例外而构成对于禁止侵略和非法使用武力原则的违反的并不鲜见(not peculiar to)。参见 Henkin, *How Nations Behave. Law and Foreign Policy*, 2nd edn. (New York, 1979), pp. 68 – 87; Meron, "The Geneva Conventions as Customary Law", 81 *A. J. I. L.* (1987), p. 369。

〔12〕 *Military and Paramilitary Activities in and against Nicaragua* (*Nicaragua v. United States of America*), Merits, I. C. J. Reports 1986, p. 98, para. 186. 关于尽管被一再违反但禁止侵略和非法使用武力原则并未动摇的有力证明,参见 Schachter, *International Law*, pp. 130 – 1; id., "In Defence of International Rules on the Use of Force", 53, *The University of Chicago Law Review* (1986), pp. 116 – 19。

成强行法而言,全世界已经达成了广泛共识。[13] 进一步来说,如果国际法体系中有犯罪概念的话,侵略行为将同时触发个人责任[14]以
78 及国家责任。[15] 事实上,在条约法公约的编纂过程中,禁止侵略和非法使用武力已作为被引用次数最多的强行法实例。[16] 人们可能

〔13〕 在递交给国际法委员会的报告中,"国家责任条款草案"特别报告员 Ago 认为,"二战"结束以后,各国都认为"让世界所有国家在交往过程中均承担不得使用武力的强制性义务的规则势在必行"[Y. I. L. C. (1980, II, Part 1), p. 63, para. 108]。根据 Sörensen 的观点,宪章第 2 条第 4 款"作为一个国际性条约在事实上产生了对世义务的效力,因为其性质等同于全球性的法律定罪"(原文为"d'une disposition conventionnelle qui produit des effets *erga omnes* car elle formule unprincipe qui correspond à une conviction juridique universelle",参见"*Principes*", p. 236)。Thierry 认为,国际性的禁止侵略"毫无疑问是强行法"(原文为"incontestablement une norme du *jus cogens*",参见"L'évolution dudroit international")。而国际法院前院长 Nagendra Singh 曾在"尼加拉瓜案"的个别意见中一再肯定了禁止非法使用武力原则的绝对效力(参见 I. C. J. Reports 1986, p. 153)。另关于强行法的讨论也可参见该案。(ibid., pp. 100 - 1, para. 190)关于对该案的评论,可参见 Christenson, "The World Court and *Jus Cogens*", 81 *A. J. I. L.* (1987), pp. 93 - 101。

〔14〕 参见 Article 2 of the draft Code of Offences Against the Peace and Security of Mankind, adopted By the International Law Commission at its sixth session (1954), 根据这部法律,"任何侵略行为"都是对人类和平与安全的侵犯,因而是对于国际法的犯罪[Y. I. L. C. (1954, II), paras. 49 - 54]。同样地,侵略行为也会触发国家责任(See DOC. AICN. A/L. S32)。

〔15〕 关于"国家犯罪行为"的相关参考书目,参见本书第一章第四节的内容。

〔16〕 可参见下列文献: the declarations of the representatives of States at the first session of the Vienna Conference, reproduced in *U. N. C. L. T.*, *Off. Recs.*, *First Session*, p. 294, para. 3 (from USSR); p. 296, para. 31 (Kenya); pp. 296 - 7, para. 34 (Cuba); p. 297, para. 43 (Lebanon); p. 300, para. 9 (Sierra Leone); p. 301, para. 15 (Ghana); p. 302, para. 35 (Poland); p. 303, para. 48 (Uruguay); p. 304, para. 59 (United Kingdom); p. 306, para. 69 (Cyprus); p. 307, para. 9 (former Byelorussian SSR); p. 311, para. 42 (Italy); p. 312, para 55 (Romania); p. 318, para. 25 (former Czechoslovakia); p. 318, para. 31 (Federal Republic of Germany); p. 320, para. 42 (Ecuador); p. 322, para. 6 (former Ukrainian SSR); p. 323, para. 20 (Philippines); p. 323, para. 22 (Canada); pp. 323 - 4, para. 26 (Switzerland); p. 326, para. 51 (Malaysia)。另可参见条约法公约草案,"Draft Articles on the Law of Treaties with Commentaries, Adopted by the International Law Commission at its Eighteenth Session", Article 50, Commentary (3)。

会质疑这种绝对和强制的性质是否已经超出禁止侵略的范畴而扩大到更广义上的非法使用武力,[17]不过本书在此没有必要探讨这个问题,因为根据国际法院在对世义务的判决意见中已经特别提到了禁止侵略(而非更广义上的非法使用武力)属于强行法无疑。

考虑到目前对于禁止侵略和非法使用武力的一致意见,国际法院在"巴塞罗那机车案"中把禁止侵略作为对世义务的第一个实例也就不足为奇了。[18] 从另外一个角度而言,目前对于该禁止的一致支持可能引发一个问题,即其具有强行法的性质是否那么重要?易言之,这个问题的关键在于,如果所有国家都同意侵略行为应当被禁止,且违反这一禁止会影响到所有国家的利益,那么认为这个禁止本身是对世义务只是在其已有的内容基础上叠床架屋而已。

这样一种简单的推理看上去很有吸引力,不过却有因小失大之嫌:一项义务与对世义务概念之间的联系并不单纯只是其作为相对
于所有国家的义务而存在,更在于其结果和类比概念可以从该义务 79
的对世性中推演出来。可能没有比禁止侵略能更好地解释这后一种联系的了。本章接下来将从国家责任条款草案的编纂过程以及国际法院科孚海峡案及尼加拉瓜军事及准军事行动案的判决中展

---

〔17〕 参见 Ago 的观点,"Addendum to the eight report on State responsibility" (Doc. A/CN. 4/318/ADD. 5 – 7), *Y. I. L. C.* (1980, II, Part 1), p. 44, para. 66。另 Brownlie 在其最新版本的 Principle 中把禁止使用武力原则列为争议性最低的强行法(第 513 页),而在早先的版本中,他却倾向于将其写为"禁止侵略性战争"(aggressive war),参见 3rd edn. (Oxford, 1979), p. 513。

〔18〕 Abi-Saab 在其海牙国际法高等研究院的概论课中曾经提到一系列由禁止侵略和非法使用武力原则所衍生出的对世义务(原文为"autres obligations erga omnes que l'acte même du recours à la force fait naître à la charge des tiers. . . ","Cours général", p. 368)。本章接下来的第二节和第四节以及第九章的第二节都将讨论一些其他可能的类似义务,当然本书的宗旨并不在于讨论并穷尽所有的类似义务。

示这一点。[19]

第二节 “强行法”及“对世性”概念对自卫及其他排除国家不法责任情形的影响：基于对国家责任条款草案制定的简要考量

《联合国宪章》第2条第4款并没有“一刀切”地排除所有诉诸武力的行为之合法性，而只认定“不符合《联合国宪章》原则”的行为非法。宪章所真正关注的并不是禁止使用武力本身，而是国家把使用或威胁使用武力作为一种政治工具。[20] 由是，在一些例外情况下，使用武力是允许的。[21] 在编纂国家责任条款草案过程中，国际法委员会仔细分析了所谓“排除国家行为不法性的情形”。[22] 尽管这个范畴要大于对使用武力的抗辩（显然使用武力仅仅是国家需要

---

〔19〕 这是国际法院审理的关于禁止侵略和非法使用武力的两个经典案例。不过，除了这两个案例以外，还有其他很多案例。Schachter在其著作中就曾列举1987年以前的类似案例，参见Schachter, “Disputes Involving the Use of Force”, Damrosch (ed.), *The International Court of Justice at a Crossroads* (New York, 1987), pp. 223－7。关于包含了使用武力案件中（尤其是“科孚海峡案”以及“伊朗人质案”）法律裁决的功用，参见Jennings, “International Force and The International Court of Justice”, Cassese (ed.), *The Current Legal regulation*, pp. 322－35。

〔20〕 Brownlie, “The United Nations Charter and the Use of Force, 1945－1985”, Cassese (ed.) The Current Legal regulation, p. 496. 对于使用武力的控制的确是国际组织的一个基本问题（参见Jennings, “General Course”, pp. 582－600）。

〔21〕 Browline曾经研究过在法律上使用武力的例外（抗辩），International Law and the Use of Force by States, pp. 214－349。

〔22〕 *Gen. Ass. Off. Recs. Thirty-Fifth Session*, Supp. 10 (A/35/10), chapter V., Articles 29－35. 特别报告员之所以用“排除行为不法性的情形”代替“排除行为责任的情形”的原因，参见他提交给国际法委员会的报告，“Eighth report on State responsibility”, (Doc. A/CN. 4/319 and ADD. 1－4), *Y. I. L. C.* (1979, II, Part 1), pp. 27－30。

为其不法行为进行抗辩的一种情况），本节对国际法委员会的工作成果进行一定参考也是有所裨益的。

1981 年，国际法委员会暂时通过了“国家责任条款草案”（此为该草案的一读版本，当前的“国家责任条款草案”定本则是 2001 年通过的二读版本。以下简称一读草案——译者注）。该草案的第 5 章特别列出了一系列排除国家责任不法性的情形，包括“同意”（一 80
读草案第 29 条）、合法的反措施（一读草案第 30 条）、不可抗力（一读草案第 31 条）、危难（一读草案第 32 条）、危急情势（一读草案第 33 条）以及自卫（一读草案第 34 条）。[23] 对于刚才列举的第一个排除不法性的情形，特别报告员阿戈（Ago）将“同意”作为排除国家行为不法性的起点。[24] 然后他提出，该原则是否存在例外？在这个问题上，相关的国家实践非常少见。不过阿戈还是得出结论，认为如果国家的同意与从强行法衍生出的国际义务相矛盾，则不能排除相关行为的不法性。这个结论背后的法律证明过程是同意在一定程度上可以看作是享有领土主权的国家（不法行为的客体国——译者注）与干涉国家（不法行为主体国——译者注）之间协议的组成部分，而这种协议显然不能违背国际法的强制性规范（peremptory rule，即按其定义不得依国家间的合意被减损的规则）。[25] 一读草案第 29 条的内容如下：

1. 一国以有效方式表示同意另一国实施某项特定行为时，该特定行为因违反既定义务而产生的针对该国的不法性即告解除，但以

---

〔23〕 一读草案第 35 条集中解决由第 29 条、第 31 条、第 32 条以及第 33 条中不法行为所造成的损害赔偿问题。

〔24〕 “Eighth report on State responsibility”, p. 35, para. 68.

〔25〕 Ibid., p. 38, paras. 75 – 6. 关于强行法能否由于同意而排除国家行为合法性的问题，参见 Ronzitti, *Rescuing Nationals Abroad Through Military Coercion and Intervention on Grounds of Humanity* (Dordrecht, 1985), pp. 84 – 6; id., “Use of Force, Jus Cogens and State Consent,” Cassese (ed.), *The Current Legal Regulation*, pp. 147 – 66。

该行为在该项同意的范围为限。

2. 如果被违反的既定义务源于一般国际法上的强制性规范，则第1款不发生效力。根据本草案的宗旨，一般国际法上的强制性规范系指一项规则被国际社会整体所接受并公认不得损益，并且以后只能由同等性质的规则才能变更。

根据第1款的内容，国家之间的同意只能排除由违反一国与另一国之间产生的义务之行为的违法性，而排除了对于国际社会整体的义务。而另外，第2款也直接从正面排除了由强行法衍生出的义务之违反被“同意”而解除不法性的可能性。

上述第29条两款的关键问题并不在于某一项规则是否可以减损，而在于是否违反了某项义务。因而在涉及第2款的问题上，可以提出这样的问题：那些由一般国际法强制性规范所衍生出的义务是
81 否就是对世义务呢？如果是，则第29条第2款实际上指向了对世义务的概念，被视为禁止在不法行为与对世义务冲突时通过同意而解除该行为的不法性。

相似的情况也出现在危急情势的条款中，危急情势也被作为排除国家行为不法性的情形之一。[26] 与第29条所载情形不同，国家在危急情势时采取行动并不需要另一国同意，即便该国试图获得另一国的同意，该另一国也不会同意。一读草案第33条也对国家援用危急情势原则排除其行为不法性做出了相应限制，这些限制包括：首先，国家必须除此之外已经没有其他方法以保护其正在遭受严重

〔26〕 有关危急情势的讨论，参见 *Dictionnaaire de la Terminologie du Droit international*, sub voce, and (with extensive bibliographical references) Ago, “Addendum to the eighth report on State responsibility”, pp. 14 – 51, paras. 1 – 81。比较晚近的文献，可参考 Schachter, *International Law*, pp. 169 – 73; Barboza, “Necessity (Revisited) in International Law”, Makarczyk (ed.), *Essays in International Law in Honour of Judge Manfred Lachs* (The Hague, 1984), pp. 27 – 44; Salmon, “Faut-il codifier l' état de nécessité en droit international?”, ibid., pp. 235 – 70。

迫切危险的权益;其次,国家的行为并不严重损害作为所附义务对象的国家。该条第 2 款则后续规定了以下情况国家不能援引危急情势原则排除其行为的不法性:

(1)……国家不法行为所违反的义务来源于一般国际法上的强制性规范……

正因如此,特别报告员阿戈才表示侵略属于"最典型也最无可争议的"为强行法所禁止的典型行为,因而其不法性也不能被危急情势的出现所排除。[27] 尽管第 33 条甚至连概念都未加明确,在此却依然有理由提出疑问——此处不能为危急情势所排除的不法性的行为所指向义务是否就是对世义务?

另外一个排除不法性的情形是一读草案第 34 条规定的自卫。[28] 与危急情势不同,行使自卫的前提是出现了针对行使自卫权国家自身的、他国主动或受到其他国家帮助的不法行为。特别报告 82
员在关于第 34 条的报告中认为,禁止非法使用武力原则和自卫权本身是基于"平行且同样迫切需要"的原则而诞生的。[29]

根据《联合国宪章》第 51 条的规定,自卫权是成员国的一项"天然"权利而存在。不过这项权利的内容以及对行使该权利的一系列案件的评价都显得矛盾重重。沿着这一思路,本书接下来将探讨对

---

[27] "Addendum to the eighth report on State responsibility", pp. 20 – 1 (para. 16) and pp. 37 – 9 235 – 70.

[28] 关于自卫的问题,可参见国际法院在尼加拉瓜案中裁决的观点,I. C. J. Reports 1986, especially paras. 195 – 9 and 211。在文献方面,较为经典的著作有 Bowett, *Self-Defence in International Law* (Manchester, 1958)。还可参见 Brownlie, *International Law and the Use of Force by States*, pp. 231 – 80。比较晚近的文献,可参考 Dinstein, *War, Aggression and Self-defence*, 2nd edn. (Cambridge, 1994); Schachter, *International Law*, pp. 135 – 83; *Oppenheim's International law*, i, pp. 416 – 27。自卫权的实施在国际习惯法上还有必要性和比例性的要求,这些都在外交人员商讨如何应对伊拉克侵略科威特的时候得到了详尽的讨论 。(参见 Schachter, "United Nations in the Gulf Conflict", 85 A. J. I. L.)

[29] "Addendum to the eighth report on State responsibility", p. 63, para. 108.

世义务的概念是否对自卫的范围和限制的争论起到了相应的影响。不过，过于宽泛的讨论则不在本书的研究范围内。因此，本书主要讨论国际法院审理的涉及使用武力的两个案例，即“科孚海峡案”以及“尼加拉瓜军事及准军事行动案”。分析的重点将在于通知雷区存在的国际义务，而在“尼加拉瓜案”中，该等国际义务与由美国方面提出自卫问题有明确的联系。

第三节　在国际航运中对雷区存在的通知义务之对世性(一)：科孚海峡案

1947 年，英国将阿尔巴尼亚起诉至国际法院。诉因是由于 1946 年在阿尔巴尼亚水域爆炸的水雷造成英国军舰通过科孚海峡时所遭受的损害及严重的人员伤亡。[30]

在第一次裁决中，阿尔巴尼亚在管辖权方面提出了初步反对意见。国际法院认为其对案件有管辖权。[31] 在第一次判决之后，英国立即与阿尔巴尼亚达成一份特别协定并将两个问题提交给国际法院进行裁判：第一个问题是阿尔巴尼亚是否应对在其领水内发生的爆炸和因此而引起的战舰及生命损失承担责任；第二个问题是英国派遣战舰通过阿尔巴尼亚领水及在爆炸发生后未经阿方同意派遣舰队在科孚海峡区域执行扫雷任务是否侵犯了阿尔巴尼亚的主权？是否负有赔偿义务？[32] 双方缔结的特别协定成为本案后续法律程
83 序的基础。1949 年 4 月 9 日，国际法院发布了实体裁决。对于第一

〔30〕 参见 Bernhardt, “Corfu Channel Case”, Heidelberg *Encycl.*, ii, pp. 61 – 4。

〔31〕 *Corfu Channel*, Preliminary Objection, Judgment, 1948, I. C. J. Reports 1947 – 1948, p. 15.

〔32〕 特别协定文本复印件参见 I. C. J. Reports 1949, p. 6。

个问题,国际法院以 11 票对 5 票认定阿尔巴尼亚应当对爆炸承担责任,并以 10 票对 6 票,不对赔偿数额作出计算;对于第二个问题,国际法院以 14 票对 2 票认定英国在爆炸发生时船只通过科孚海峡并未侵犯阿尔巴尼亚的主权,随后又一致认定英国后续派船只扫雷侵犯了阿尔巴尼亚的主权。〔33〕在第三次判决中,国际法院最终对阿尔巴尼亚应当赔偿英国的损失进行了计算。〔34〕

在第二份判决中(对事实部分的判决),国际法院所面对的是数个事实问题:爆炸发生时的水雷属于后来英国发现并派船只进行扫雷的雷区吗?如果是,是阿尔巴尼亚进行了布雷,或者说阿尔巴尼亚至少默认了布雷行为?阿尔巴尼亚知道其领水范围内存在雷区吗?为了回答这些问题,国际法院不得不对双方及其专家提交的证据进行权衡。与此同时,对于事实问题进行颇为细致的分析并没有耽搁法院对法律问题的仔细考量。〔35〕在诸多法律问题里,关于和平时期涉及雷区的国际义务性质问题便是其一。

在这个问题上,国际法院分析的着手点是 1907 年海牙第八公约,即《敷设自动水雷公约》所创设的权利,〔36〕该公约反映了 19 世

---

〔33〕 *Corfu Channel*, Merits, Judgment, I. C. J. Reports 1949, p. 4.

〔34〕 *Corfu Channel*, Assessment of Amount of Compensation, Judgment, I. C. J. Reports 1949, p. 244.

〔35〕 根据 Sir Hersch Lauterpacht 的观点,科孚海峡有关事实部分的裁决是国际法院在审判过程中对事实部分问题的分析促使法院制定法律的一般规定的经典案例。参见 *The Development of International Law*, p. 35。

〔36〕 本公约的法文原文、英文翻译本的复印件,参见 Scott (ed.), *The Hague Peace Conferences of* 1899 *and* 1907. *A Series of Lecture Delivered Before the Johns Hopkins University in the Year* 1908, ii (Baltimore, 1909), p. 429。关于本公约的一般性评论,参见 Guggenheim, Traité de Droit international public, ii, p. 405。

84 纪末各国希望限制战争行为的努力。[37] 由于该公约只在战争时生效,[38] 因而国际法院并没有在本案中适用之。与此同时,即使该条约未能适用,毫无疑问,其至少也包含了一些和平时期解决此类问题的基本原则。在这个问题上,国际法院以及争议双方的意见一致。

英国在其诉状中强调,尽管1907年海牙公约体系只能在战时适用,但该体系构建了一个"在所有时期约束文明国家的国际最低标准"。在此基础上,英国进一步认为,没有战争作为合法性依据的布雷行为属于一种"国际性过失",而如果违法者有没有满足布雷严格的条件以尽到《敷设自动水雷公约》所规定的通知义务,则此行为就升级成为"人道主义犯罪"。[39] 与之类似,阿尔巴尼亚确认其存在"国际性的过失",尽管他们并非"海牙第八公约"的缔约方,但他们一样需要受到其所包含的原则的约束。特别是,如果其事先知道在其领水内有雷区存在,他们必然会给予通知。阿方随后承认,在和平时期秘密布雷无疑是被禁止的。[40]

由是,争议双方的分歧并非布雷或纵容在和平时期布雷的国家必须对国际航运及海上交通尽到通知警告义务(双方都承认此为必须),而是对案件事实的解释,也就是阿尔巴尼亚方面是否参与或者

---

〔37〕 参见 Westlake, International Law, ii (2nd edn., Cambridge, 1913), pp. 56 - 63; Oppenheim, International Law, ii, 7th edn. Lauterpacht, H., pp. 226 - 36。两次海牙会议所通过的法律文件全本复印件,可参见 Scott (ed.), *The Hague Peace Conferences*, ii。1959年,波兰最高法院曾认为1907年海牙第四公约(《陆战法规与惯例公约》)将陆战的法规和惯例尊为"构成了强行法,即其中所包含的原则之适用并不依赖于国家的自由裁量"。[*In re Koch*, 30 *I. L. R.* (1966), p. 503]

〔38〕 Azevedo 法官在其反对意见中补充认为1907年"海牙第八公约"只处理"直接"意义上的布雷,而并不处理第三方的布雷行为。(I. C. J. Reports 1949, p. 84)不过,在最终的判决书中国际法院也承认,在阿尔巴尼亚领水上布雷的主体仍属未知。(ibid., p. 17.)

〔39〕 *I. C. J. Pleadings*, *Corfu Channel*, i, pp. 37 - 8, para. 64; p. 40, para. 72.

〔40〕 Ibid., ii, pp. 324 - 5, para. 27.

至少知道在其领水内有雷区。在这个问题上,国际法院最终得出结论认为,阿尔巴尼亚方面不可能不知道在其领水内存在雷区的事实。正是由于其没有对国际航行的船只进行通知或警告,最终导致英国船只面临紧迫危险并最终被炸,阿尔巴尼亚违反了国际性通知义务。国际法院也阐释了其最终结论的法律基础。法院认为,这种国际性的通知义务是基于“普遍以及得到广泛承认的原则”,也就是:

基本的人道考虑,在和平时期比在战争时期更应如此;海上交通自由原则;以及一国不得允许其领土被用于损害他国权利的行为。[41]

涉及本段中出现的“基本的人道考虑”也是其他诸多评论所讨 85
论的内容,不过本书在此似无必要对此讨论。[42] 另外,对于国际法院为什么认为有必要诉诸其所依赖的两个法律依据之外的“基本的人道考虑”值得探究。对此问题,一个比较简单的解释是,国际法院希望对通知作为国际性义务的所有法律依据进行穷尽列举。不过,如果把“基本的人道考虑”和国际法院所依赖的另外两个法律依据进行比较,国际法院对此会有更有力的理由。

第一个是所谓“海上交通自由”原则,也是国际法的一般原则之一。[43] 不过沿海国家可以通过多种方式行使此等权利。如在科孚海峡案中,阿尔巴尼亚主张,在例外情况下,沿海国家有权对通行其

---

〔41〕 I. C. J. Reports 1949, p. 22. 法文作准文本如下,“des considérations élémentaires d'humanité, plus absolues encore en temps de paix qu'en temps de guerre, le principe de la liberté des communications maritimes et l'obligation, pour tout Etat, de ne pas laisser utiliser son territoire aux fims d'actes contraires aux droit d'autres Etats”。

〔42〕 参见 Brownlie, *Principles*, p. 28; Fitzmaurice, “The Law and Procedure of the International Court of Justice: General Principles and Substantive Law”, 27 *B. Y. I. L.* (1950), p. 4; Schwarzenberger, *International Law*, I, p. 51; Chung, *Legal Problems Involved in the Corfu Channel Incident* (Geneva, 1959), pp. 161 -2。

〔43〕 参见 Brownlie, *Principles*, pp. 233 -7。

领水的战舰进行规制。根据阿方的观点,当某些事故发生时就会出现“例外情况”。〔44〕同样的考虑也出现在判决所提及的其他法律依据,即每个国家都承担“在明知的情况下不允许自己的领土被使用于危害他国权利”。不过,该项义务并非绝对。正如国际法院在“科孚海峡案”判决中所阐明的,一国控制其领土的事实本身并不必然意味着该国知晓在其领土内发生的任何不法行为。〔45〕

“基本的人道考虑”不同,在国际法院的判决中,该原则“在和平时期比在战争时期更应当更为确切”。该原则适用于所有国家,且其适用不因任何特殊情况而改变。与上段所提到的两个法律依据相比,该原则没有与其他权利冲突而受限或出现“例外状况”的可能。所有这些最终导致通知义务具备绝对价值。国际法院并没有引
86 入“对世义务”的说法。然而通过引证对所有国家在所有情况下均有约束力的“基本的人道考虑”,其依然依赖于一个功能等同于“对世义务”的概念。接下来对于“尼加拉瓜案”事实部分裁决的一些分析也将证明这个结论。

第四节　在国际航运中对雷区存在的通知义务之对世性(二):尼加拉瓜案

国际航运中通知雷区存在的国际义务与“尼加拉瓜案”的事实部分裁决也存在一定的关联性。1984 年,尼加拉瓜针对美国在其境内及针对其自身的敌对军事与准军事活动的责任的争端向国际法院提起诉讼。在诉状中,尼加拉瓜请求国际法院判定美国违反了数

〔44〕 I. C. J. Reports 1949, p. 12 (Nos. 2, 3 and 4).

〔45〕 Ibid., p. 18. 关于对此的评论,参见“The Law and Procedure”,27 B. Y. I. L. (1950), p. 4, note 4; p. 5, note 1。

项国际条约及习惯国际法义务,因此美国应立即停止不法行为并对其造成的损害进行赔偿。[46]

1986年,在裁定其对案件有管辖权且尼加拉瓜的起诉可受理后不到两年,[47]国际法院发布了其对事实部分的判决。[48] 在功能性条款第(6)段和第(8)段中,判决涉及在尼加拉瓜水域中布雷的问题。国际法院以12票对3票的多数票[参见第(6)段]认定美国在尼加拉瓜水域内的布雷行为违反了习惯国际法上禁止非法使用武力以及干涉他国内政的规则;以14票对1票[参见第(7)段]判决美国的布雷行为违反了美国与尼加拉瓜于1956年签订的《友好通商 87
航海条约》第19条关于在双方之间保持航行和通商自由的规定;又以14票对1票的多数[参见第(8)段]——唯一投反对票的小田法官(Oda)的意见将在本部分后面进行解释——认定由于没有尽到在国际航运中通知雷区存在及位置的义务,美国违反了习惯国际法上的通知义务。在第(6)段和第(7)段中,国际法院均明确指出,美国违反了针对尼加拉瓜的义务,而在第(8)段中,国际法院只是认定美国违反了习惯国际法上的义务,而并没有明确指出此等违反所指向的具体受害国。

〔46〕 Application of the Republic of Nicaragua, dated 11 April 1984, para. 26. 在国际法院对事实问题作出判决之后,尼加拉瓜方面又申请了一个关于赔偿的案件,然而不久之后又宣布放弃了。1991年9月26日,根据国际法院的一道命令,国际法院院长宣布本案程序终止并在案件清单上删除了本案。关于这个复杂的案件,可参见 Gill, *Litigation Strategy at the International Court. A Case Study of the Nicaragua v. United States Dispute* (Dordrecht, 1989)。关于对国际法院对本案事实部分裁决的讨论,参见"Appraisals of the ICJ' S Decision: Nicaragua v. United States (Merits)", 81 *A. J. I. L.* (1987), pp. 77 – 183。

〔47〕 *Military and Paramilitary Activities in and against Nicaragua* (*Nicaragua v. United States of America*), Jurisdiction and Admissibility, Judgment, I. C. J. Reports 1984, p. 392.

〔48〕 *Military and Paramilitary Activities in and against Nicaragua* (*Nicaragua v. United States of America*), Merits, I. C. J. Reports 1986, p. 14.

在对判决的几段内容及其他反对意见进行评论之前，有必要先总结一些相关事实。鉴于美国一直没有参加事实部分的审理，[49] 国际法院是在十分困难的情况下最终确认这些事实的。(尽管美国缺席的决定从表面上看并不会影响判决的效力，但这必然会限制国际法院了解整个案件事实的范围：如同在判决中提到的，“法院不可能通过自身的问询来弥补一方缺席而带来的问题”。)[50]

判决最终认定的事实概括如下[51]：在1984年的头几个月，多国渔船在离开尼加拉瓜沿岸航行时被鱼雷炸毁或损坏，而鱼雷的准确位置无法确定(鱼雷是在尼加拉瓜的内水还是在尼加拉瓜的领海)，鱼雷的大小和型号也无从知晓。根据新闻报道，美国官方承认其支持制造并提供了这些鱼雷，但美国政府似乎并没有提醒过往船只这些鱼雷的存在及位置。国际法院没有直接证据显示有任何第三国(哪怕在爆炸已经发生后)提出任何外交抗议。很明显，只有英国政府“在原则上”对鱼雷表示谴责，但这与任何悬挂英国旗帜的船只遭受的任何事实上的损失无关。

本案到此为止所概括的事实与“科孚海峡案”相比存在明显不同：在科孚海峡案中，争议发生于船只直接遭受水雷爆炸损毁的国
88 家(英国)与必然知道水雷存在的国家(阿尔巴尼亚)之间。在尼加拉瓜案中，争议发生在水域中有鱼雷爆炸的国家(尼加拉瓜)与国际法院认定没有尽到通知义务的国家(美国)之间。尽管有此不同，但国际法院在两案中所确认的原则在本质上相似。在尼加拉瓜案的裁决中，国际法院认定和平时期在内水或领海上布雷是非法的。如果对此负有责任的国家没有对雷区的存在尽到通知或警告的义务，

---

〔49〕 参见1985年1月18日美国特使致国际法院的信函，部分复印件可参见 ibid., p.17, para.10。

〔50〕 Ibid., p.25, para.30.

〔51〕 Ibid., pp.46–8, para.76–80.

该国就违反了“人道法的原则”。根据国际法院的判决,这类原则被包括在1907年“海牙第八公约”之中,这也就等同于“科孚海峡案”中国际法院所提到的“基本的人道考虑”。[52]

部分法官的反对意见十分明确地质疑了通知义务的国际性是否正确及该义务对自卫权可能产生的影响。小田法官只对第(8)段有关执行的部分条款(美国的行为违反了习惯国际法上对于雷区存在及地点的通知义务)提出了反对意见,而他的反对意见主要是程序问题,而非实体问题。[53] 他之所以对第(8)段提出反对,主要是由于他认为国际法院对超出1956年尼加拉瓜与美国签订的《友好通商航海条约》范畴的案件事实没有管辖权。[54] 正如他在自己的反对意见中所解释的,他不能接受第(8)段的内容:

因为法院在此作出的关于违反习惯国际法项下对世性质义务的 89
决定超出了这个判决的范畴。[55]

---

〔52〕 I. C. J. Reports 1986, p. 112, para. 215. 在本段之后,国际法院又继续对1949年8月12日签署的《日内瓦公约》中“人道法的基本性原则”进行了延伸性讨论。国际法院认为四个“日内瓦公约”共同的第3条,对在科孚海峡案事实部分裁决中提到的、在今天被认为是反映了“最基本的人道考虑”的规则进行了定义。而Jennings法官在其反对意见中则对《日内瓦公约》[尤其是第四公约,其原则曾被以色列最高法院进行过讨论[参见H. C. 698/80, *Kawasem el al. v. Minister of Defence et al.* 35(1) *Piskei Din* 617],部分该内容复印件可参见Domb, “Judicial Decisions of the Supreme Court of Israel Relating to the Administrated Territories ”, 11 Israel Yearbook on Human Rights (1981), pp. 349 – 54]中所反映出的习惯人道法的性质进行了更谨慎的考量。

〔53〕 关于小田法官反对意见依据的总结可参见McWhinney, *Judge Shigeru Oda and the Progressive Development of International Law. Opinions* (*Declarations*, *Separate Opinions*, *Dissents*) *on the International Court of Justice*, 1976 – 1992 (Dordrecht, 1993), pp. 349 – 54。

〔54〕 参见小田法官的对于之前管辖权判决的反对意见,I. C. J. Reports 1984, p. 471。在这里有一个超出了本书研究范围的有意思的问题是,一个法官在管辖权判决阶段的反对意见会在多大程度上影响到他在事实问题上的立场。

〔55〕 I. C. J. Reports, 1986, p. 214, para. 2. 出于同样的原因,小田法官写道他会支持执行条款中的第(7)小段(因为其是基于1956年条约而做出)而反对第(6)小段(基于习惯国际法而做出)。

由是,到目前为止最为明确地点出了通知义务具有对世义务性质的唯一一位法官恰恰对第(8)段的内容投了反对票。

另外两份反对意见则主要是考虑到了通知义务具备国际性对于自卫权的影响。Schwebel 法官撰写了一份有力的反对意见且对于国际法院列出的 16 个功能性条款中的 12 个表示反对,[56] 不过他还是和多数法官一道谴责美国对于尼加拉瓜港口雷区的存在未尽到通知义务。另外,Schwebel 法官还在反对意见中写道,在尼加拉瓜的港口水域布雷,如同其他施压措施一样,对于尼加拉瓜来说是合法的,但其违反了国际法上关于自卫权行使的必要性和适当性原则。用他的话来说,在尼加拉瓜的港口布雷

可能而且确实影响到第三国,而在当前情况下并无理由对第三国进行自卫。[57]

这一段落似乎在暗示秘密布雷的行为在本质上("可能而且确实影响到")就与采取可抗辩的自卫行为所应适用的严格标准相矛盾。

詹宁斯(Jennings)法官也持有类似立场。在其反对意见中,詹宁斯法官也认为美国布雷的行为是非法的。然后,他提到了一个美国可能适用的却超过国际法院管辖权的抗辩理由,即集体自卫。他的结论如下:

由于集体自卫问题未能得到解决,现在很难明确被诉国对损害尼加拉瓜船只或阻碍船只停泊,以及那些尚未被诉至国际法院的第三国的船只应当承担责任。不过既然秘密布雷本身是一项非法活动,赞成第(8)条的内容似乎也是正确的。[58]

本段有两点对于本书的研究具有价值:首先,詹宁斯法官认为秘

〔56〕 施韦贝尔法官(*Schwebel*)对第(1)、(8)、(9)和第(16)小段均投了赞成票。

〔57〕 I. C. J. Reports 1986, p. 269, para. 8.

〔58〕 Ibid., p. 537.

密布雷“本身”就是一项非法活动。很难不注意到这种措辞和国际
法院后来在“巴塞罗那机车案”判决中所称的某些国际义务“依其自
身的性质”具有对世性质之间的联系。易言之,禁止秘密布雷的所 90
载的绝对价值是基于这种禁止自身的性质及其所要保护的价值。

其次,从禁止秘密布雷的绝对价值出发,可以推导出,就算诉诸自卫也不能为秘密布雷的行为提供抗辩。这也就确认了对世义务对排除行为的不法性的情形存在影响,也就是在本章之前在国家责任条款草案编纂过程中所讨论的内容。

第五节　小结

禁止侵略具有对世意义上的正当性是无可争议的:它无例外地适用于所有国家且影响到所有国家的利益。初看之下,普遍反对侵略行为所获得的一致支持似乎让人相信这与其对世性质没有太大关联。但仔细考量之后就会发现事实并非如此,对世义务的概念使得对于自卫及其他排除非法性情形的限制更加明晰。

在国家责任条款草案的编纂过程中,对世义务概念的影响力在一定程度上被强行法抢占了风头(至少是在草案关于排除非法性的部分)。不过其影响力之明显仍不乏例证,如对雷区的存在进行通知的国际义务的后果便与对世义务紧密相连。

科孚海峡案的实体部分判决与尼加拉瓜案部分反对意见中涉及的通知义务的段落,揭示了对世义务概念的另一个重要方面:小田法官在对尼加拉瓜案实体部分判决的反对意见中明确指出,和平时期禁止秘密布雷的行为是对世义务;詹宁斯法官和 Schwebel 法官的反对意见似乎也得出了同一结论。尽管在科孚海峡案实体部分判决及其他相关意见中没有“对世义务”的字眼,国际法院还是使用了其他的概念(“基本的人道考虑”),这些概念的绝对价值体现了对世

义务概念的要素。

91 在科孚海峡案40年以后，“基本的人道考虑”要素中所蕴涵的有关公共政策的宽泛标准现已经被对世义务所涵盖。这也展示了，国际法院早期判决对日后判决中所使用的概念的形成作出的贡献，这点在下一章的分析中会体现得更加清楚。

第五章　国际法院判决意见中对世义务的实例（二）：禁止种族灭绝

第一节　对种族灭绝的国际性禁止

国际法院在其判决中所列举的第二个对世义务实例为“对种族灭绝行为的禁止”。[1] 92

对种族灭绝的国际性禁止可以追溯至第二次世界大战末——彼时为了对欧洲轴心国的主要战犯进行起诉，通过了《欧洲国际军事

〔1〕 对于种族灭绝问题，可以参见两份联合国消除种族歧视以及保护少数民族专门委员会报告（1978 年以及 1985 年），标题分别为“对消除和惩罚有关种族灭绝罪问题的研究”（作者为 Nicodèm Ruhashyankiki, Doc. 3/CN. 4/Sub. 2/416）以及“对消除和惩罚有关种族灭绝罪问题的研究修订及更新版”（作者为 Ben Whitaker, Doc. E/CN. 4/Sub. 2/1985/6）。另参见 Kuper, *The Prevention of Genocide* (New Haben and London, 1985); id., International Action against Genocide (Minority Rights Group Report No. 53, London, 1982); Porter (ed.), "*Genocide and International Law*", Dinstein (ed.), *International Law. Essays Rosenne*, pp. 797 – 820; Casses, "La Communauté internationale et le génocide", *Le droit international. Mélanges Virally*, pp. 183 – 94; Thornberry, International Law and the Rights of Minorities (Oxford, 1991), pp. 57 – 109; Verhoven, "Le Crime de genocide. Originalité et ambig ? té", 24 *Revue belge de droit international* (1991), pp. 5 – 26; Andreopoulos (ed.), *Genocide: Conceptual and Historical Dimensions* (Philadelphia, 1994)。

法庭宪章》(又称"纽伦堡宪章")。[2] 尽管没有明确提及"种族灭绝"的字眼,但宪章严正谴责了下列"违反人道罪"的行为:

在战前或战时,对平民施行谋杀、歼灭、奴役、放逐及其他任何非
93 人道行为,或基于政治、种族或宗教的理由,而为执行或有关于本法庭裁判权内之任何犯罪而做出的迫害行为,不论其是否违反犯罪地之国内法规。[3]

显然,第一个对种族灭绝给出明确定义的是一位名叫 Raphael Lemkin 的波兰律师。[4] 而种族灭绝首次出现于官方文件是在 1945 年 10 月 8 日的起诉书中,其认为欧洲各轴心国主要战犯犯下了

故意及系统性的种族灭绝罪行,即消灭种族或民族团体的存在,在占领区领土上针对贫民旨在消灭某一特定人种或阶层的人群以及民族、种族或宗教团体……[5]

纽伦堡审判所宣告的原则后来为联合国大会第 95 号决议(联

---

〔2〕 该宪章是作为《关于控诉及惩处欧洲各轴心国家主要战犯协定》的附件存在的,后者于 1945 年 8 月 8 日在伦敦签署。纽伦堡判决的文本可见 *Trial of the Major War Criminals before the International Military Tribunal. Nuremberg 14 November* 1945—1 *October* 1946, i (Nuremberg, 1947), pp. 10 – 16 and 171 – 367。有关上述伦敦协议的谈判记录和最终通过,可参见 *Report of Pobert H. Jackson*, *United States Representative to the International Conference on Military Trails*, *London*, 1945 (Washington, 1949)。关于纽伦堡审判的情况,参见 Taylor, "The Nuremberg War Crimes Trials", 450 International Conciliation (1949), pp. 243 – 371; id. The Anatomy of the Nuremberg Trials (New York, 1992)。

〔3〕 宪章第 6 条第 c 款。关于"违反人道罪"的定义,参见 Clark, "Crimes Against Humanity", Ginsgurgs and Kudriavtsev (eds.), The Nuremberg Trial and International Law (Dordrecht, 1990), pp. 199 – 212; Decocq, "Le droit et la notion de crime contre l' humanité", *Revue des Sciences morales et politiques* (1992), pp. 357 – 72。

〔4〕 他将其定义为"旨在毁灭一个种族生存核心基础并消灭该种族本身的一系列有计划的行为"。[*Axis Rule in Occupied Europe* (Washington, 1994), p. 79] 亦可参见 id., "Genocide as a Crime under International Law", 41 *A. J. I. L.* (1947), p. 145。

〔5〕 *Trial of the Major War Criminals before the International Military Tribunal*, i. pp. 43 – 4.

合国大会第一次会议全体一致通过)所承认而成为“国际法基本原则”。[6] 同一天的联合国大会第 96 号决议又公开谴责种族灭绝行为是“对整个人类群体存在权利的否定”,以及“国际法项下的犯罪”。[7] 这也为联合国大会通过《防止及惩治灭绝种族罪公约》铺平了道路。[8] 该公约第 1 条中,缔约方只“确认”了种族灭绝是“国际法项下的犯罪”,并共同承担对其进行防止及惩治的义务。尽管《防止及惩治灭绝种族罪公约》(以下简称《灭种罪公约》)并没有直接援用纽伦堡的相关原则,[9] 但公约的立法文件表明,第 1 条的约 94

[6] “关于确认为纽伦堡宪章承认之国际法基本原则的联合国大会第 95 号 (I) 决议”(1946 年 12 月 11 日通过),*Resolutions Adopted be the General Assembly during the Second Part of its First Session from* 23 *October to December* 1946, p. 175。

[7] “关于种族灭绝罪的联合国大会第 96 号 (I) 决议”(1946 年 12 月 11 日通过),ibid., pp. 175 -6。有关种族灭绝是“国际法项下的犯罪”的定义,后来被借鉴到了《危害人类和平及安全治罪法草案》(Draft Code of Crimes against the Peace and Security of Mankind) 第 1 条的评注当中。参见“Titles and texts of articles on the Draft Code of Crimes against the Peace and Security of Mankind adopted by the International Law Commission at its forty-eighth session (1996)” (Doc. A/CN. 4/L. 532), Article 17。该草案的准备工作是由联大第 177 号决议启动的[General Assembly Resolution 177(Ⅱ) of 21 November 1947],该决议要求国际法委员会将纽伦堡宪章以及纽伦堡审判中所确认的国际法原则加以编纂。

[8] “关于通过《防止及惩治灭绝种族罪公约》的联合国大会第 260 号 A(Ⅲ)决议”(1948 年 12 月 9 日通过), *Gen. Ass. Off. Recs.*, *Third Session*, p. 174 (Doc. A/810)。该公约于 1951 年 1 月 12 日生效,缔约各方包括了 120 个国家。(参见 *Multilateral Treaties Deposited with the Secretary-General. Status as at* 31 *December* 1995, p. 87) 公约文本可见于 Brownlie (ed.), *Basic Documents on Human Rights*, 3rd. edn. (Oxford, 1992), pp. 31 - 4。对该公约的经典评注参见 Robinson, The Genocide Convention. A Commentary (New York, 1960)。比较简要的评注参见 O' Connell, *International Law*, 2nd., edn. (London, 1970), ii, pp. 745 - 6。

[9] 关于这个问题,委内瑞拉曾经在联合国大会第六委员会第 109 次会议上提交了修改公约序言的修正案——这个修正案在第 110 次会议上得到了大多数国家的支持。(*Gen. Ass. Off. Recs.*, *Third Session*, *Part I*, *Legal Questions*, *Sixth Committee*, *Summary Records Of Meetings* 21 *September* — 10 *December* 1948, pp. 489 - 90 and 498 - 509)

文经过仔细推敲并表明了“禁止种族灭绝”已成为一项国际法原则。[10] 不过后一点目前在国际法学界仍然存在一定争议。[11]

公约中另外一项接续了纽伦堡判决精神的第 2 条对“种族灭绝”作出定义。根据该条款：

本公约内所称灭绝种族系指蓄意全部或局部消灭某一民族、人种、种族或宗教团体，犯有下列行为之一者：

(a)杀害该团体的成员；

(b)致使该团体的成员在身体上或精神上遭受严重伤害；

(c)故意使该团体处于某种生活状况下，以毁灭其全部或局部的生命；

(d)强制施行办法，意图防止该团体内的生育；

(e)强迫转移该团体的儿童至另一团体。

上述定义与先前纽伦堡宪章中“违反人道罪”的概念以及对欧洲主要战犯起诉书中的“种族灭绝”概念的关联是显而易见的，区别在于公约作出一个更加详细的定义且将其适用范围从战争时期（如纽伦堡宪章中的“违反人道罪”概念）扩张到了包括和平时期在内。

现在，习惯国际法禁止种族灭绝（就像强行法禁止侵略一样）的观点已经得到了广泛支持。在《维也纳条约法公约》的编纂过程中，为了确认国际人权法的强行性规则，禁止种族灭绝的引用频率实际

---

〔10〕 这里的“确认”是以法文为例子的（*at the instance of France*）。参见 ibid., pp. 49 – 53 (68th meeting), and pp. 480 – 1 (108th meeting)。本条脚注可能有讹误。

〔11〕 有学者明确认为《灭种罪公约》是对于习惯国际法的宣示，参见 the decision of the District Court of Jerusalem in the Eichmann case [36 I. L. R. (1968), p. 26]，以及 the conclusions of the “Judgment of the Permanent Peoples Tribunal on the Genocide of the Armenians” (Paris, 13 – 16 April 1984)，可见于 Kuper, The Prevention of Genocide, pp. 247 – 53。而 Cassese 则认为，关于灭绝种族问题的习惯法直到 1948 年以后才出现 [Human Rights in a Changing World (Philadelphia, 1990), p. 78]。另参见 *Polyukhovich v. Commonwealth of Australia and Another* (Australia, High Court, 14 Aug. 1991), 91 I. L. R. (1993), pp. 60 – 1 [*per* Brennan J (dissenting)]。

上是最高的。[12] 然而,尤其是在对种族灭绝行为的禁止、惩罚以及
是否可以把涉及种族灭绝的义务看作对世义务的问题上仍然存在 95
严重的问题。

一个涉及种族灭绝行为的禁止、惩罚的主要问题,涉及惩罚的管辖权,即是否世界上的所有国家,无论其与出现种族灭绝行为的领土是否有关联,都可以惩罚一个为种族灭绝而负责的个人?易言之,种族灭绝是否像海盗行为以及贩奴行为一样属于普遍管辖的范畴?[13] 在公约的立法文件中,草案的一条曾经规定种族灭绝属于普遍管辖的范畴。然而,这个条款最终未被采纳。[14] 最终达成的妥协体现在第6条当中,即凡被诉犯灭绝种族罪者,应交由行为发生地国家的主管法院,或缔约国接受其管辖权的国际刑事法庭审理之。[15] 尽管在公约中并没有将种族灭绝行为归入普遍管辖的范围,但还是有部分国家的法院实践对惩处种族灭绝行为属于普遍管辖"已经被广泛接受为一项习惯国际法"提供了一定程度的支持。[16] 有人认

---

〔12〕 参见 the declarations of the representatives of States during the first session of the Vienna Conference, *U. N. C. L. T.*, *Off. Recs.*, *First Session*, p. 296, para. 31 (Kenya); p. 297, para. 43 (Lebanon); p. 301, para. 15 (Ghana); p. 302, para. 35 (Poland); p. 303, para. 48 (Uruguay); p. 306, para. 69 (Cyprus); p. 318, para. 25 (former Czechoslovakia); p. 323, para. 20 (Philippines); p. 323, para. 22 (Canada)。

〔13〕 关于普遍管辖权的问题,参见 Brownlie, *International Law and the Use of Force by States*, p. 305; Henkin, *International Law*, p. 240。

〔14〕 Doc. E/447, pp. 8 and 38 (1947); Doc. E/794, pp. 32 – 3 (1948). 另参见 *Gen. Ass. Off. Recs.*, *Third Session*, *Part I*, *Legal Questions*, *Sixth Committee*, *Summary Records of Meetings* 21 *September* – 10 *December* 1948, pp. 394 – 405 (100th meeting)。

〔15〕 Attorney General of Israel v. Eichmann, 36 I. L. R. (1968), p. 277 (Supreme Court of Israel, 1962); *Matter of Dmjanjuk*, 603 F. Supp. 1468 (N. D. Ohio), affirmed, 776 F. 2d 571 (6th Cir. 1985), *certiorari denied*, 457 U. S. 1016, 106 S. Ct. 1198, 89 L. Ed. 2d 312 (1986); *Matter of Barbie*, (1983) Gaz. Pal. Jur. 710 (Cass. Crim. Oct. 6, 1983).

〔16〕 *Restatement of the Law. The Foreign Relations Law of the United States* (*Third Restatement*), Section 404, Reporter's Note, Reporter's Note (1).

为,对世义务的概念可能会在扩大普遍管辖的范围问题上起到重要作用。[17]

另一个与此相关的问题即是否可以将禁止灭绝种族的义务视为“对世义务”。目前,尤其在国际法院“巴塞罗那机车案”的明确断言判决意见之后,禁止种族灭绝属于“对世义务”是毫无疑问(indispensable)的。[18] 问题是,对世之性质是只针对这个禁止种族灭绝的,还是可以延展到与种族灭绝之相关的其他义务?在国际法
96 院提及由《灭种罪公约》引发相关问题的两起案例中,更晚近的案例体现了对该问题答案的矛盾性,以及在种族灭绝范畴内识别对世义务是如何的困难重重。

在该案中,波斯尼亚和黑塞哥维那共和国(该国当时的官方名称)将原南联盟诉至国际法庭法院,当事双方都涉及了关于对世义务的概念。[19] 国际法院后来发布的对于前南联盟初步反对意见的判决中涉及了对世义务,其相关内容如下:

由《灭种罪公约》而庄严宣告的权利和义务均具有对世性。本院注意到,由该公约所确立的每一国家防止及惩治灭种罪的义务并

〔17〕 参见 Schachter, International Law, p. 269; Higgins, R., Problems and Process, pp. 56 – 7。另可参见 McDougal, Laswell and Chen, *Human Rights and World Public Order. The Basic Policies of an International Law of Human Dignity* (New Haven and London, 1980) pp. 359 – 60。

〔18〕 参见 the Final Report of the Commission of Experts, attached to the "Letter dated 24 May 1994 from the Secretary-General to the President of the Security Council" (Doc. S/1994/674), p. 24, para. 88, “从这些权利的角度观之,禁止种族灭绝的法律义务应当被视为对世义务”。

〔19〕 参见 *Case concerning the Application of the Convention on the Prevention and Punishment of the Crime of Genocide* [*Bosnia and Herzegovina v. Yugoslavia* (*Serbia and Montenegro*)], uncorrected Verbatim Record, CR96/9, pp. 53 – 4 (Franck); CR 96/10, p. 12 (Brownlie); CR 96/11, pp. 32 – 5 (Pellet) and 76 (Stern)。

不在地域方面受到限制。[20]

因此,对世性质就不会只被局限在禁止种族灭绝上,而会延展到“由公约庄严宣告的权利和义务”,这种表述看上去似乎应当将防止及惩治种族灭绝行为的义务包括在内。

国际法院是在针对南联盟所提出的第五次初步反对时作出上述声明的,涉及了管辖权的属物效力。这个反对意见后来被法院以11票对4票否决了。在四名投下反对票的法官(Oda法官、史法官、Verechshetin法官及Kreca专案法官)中,Oda法官和Kreca法官分别在其声明及反对意见中提及了对世义务的概念。

Oda法官在其声明中重申,在《灭种罪公约》的筹备过程中,有部分代表更偏向于把关于防止和惩治种族灭绝行为的一般性条款(也就是现条约的第1条)放在序言而非正文中。无论如何,在假定公约的第1条应当被解释为对公约缔约方防止和惩治种族灭绝行为有约束力后,Oda法官认为这些义务

> 是缔约方对其他所有缔约方——甚至是对整个国际社会——所 97
> 承担的具有总体上对世性质的义务——而不是针对任何具体而特定的缔约方的义务。[21]

在此基础上,Oda法官不同意如下观点:一国未能阻止和惩治种族灭绝的行径可以通过国际法院诉讼并被追究国家责任的方法来救济。

Kreca专案法官采用了另外一种路径。他承认禁止种族灭绝源

---

〔20〕 *Application of the Convention on the Prevention and Punishment of the Crime of Genocide*, Preliminary Objections, I. C. J. Reports 1996 (mimeographed text), p. 23, para. 31. 法文作准文本如下:“les droits et obligations consacrés par la conbention (sur le génocide) sont des droits et obligations erga omnes. La Cour constate que l'obligation qu'a ainsi chaque Etat de prévenir et de réprimer le crime de génocide n'est pas limitée territorialement par la convention”。

〔21〕 参见Oda法官的声明,I. C. J. Reports 1996 (mimeographed text), p. 2, para. 4。

自于强行法规范并“建立了一类一国对于整个国际社会的义务，由是从本质出发其与所有国家都有关系”。不过，尽管承认禁止种族灭绝的对世性，Kreca 法官还是限制了其普遍性的特征，他写道：

作为具有绝对约束力的禁止种族灭绝的规范，它对于国际法所有主体均有约束力（哪怕没有任何条约义务）。因此，且恰是因此，这个具体的规范的适用才是普世的（具有对世性的规范）…… 然而当讨论到推进或促进禁止种族灭绝规范的问题上时，情况就不相同了。[22]

到此为止，上述的两个议题（惩治种族灭绝的管辖权问题以及与种族灭绝行为有关的义务是否具有对世性问题）不得不暂停，因为大量分析这些问题将偏离本书讨论的主线。不过，本书后文仍会讨论上述波黑与前南联盟案中分歧的一个特别内容。[23]

另一个与本章主题更相关的问题是，对世义务的概念与 1951 年国际法院就《灭种罪公约》而发表的咨询意见之间的关系。集中讨论这份咨询意见至少有两个理由：首先，这份关于《灭种罪公约》的咨询意见是国际法院在判决意见中明确援引了对世义务的“先例”；其次，正如本章其他部分将论述，这份咨询意见预见了 20 年之后国际法院在“巴塞罗那机车案”所详细阐释的对世义务概念中的一些要素。[24]

---

〔22〕 参见 Kreca 法官的声明，Ibid.，pp. 84 – 5，para. 10。

〔23〕 参见本书第 8 章第 3 节。

〔24〕 “法院由是认定种族灭绝行为无论是在公约项下还是在习惯法项下均为绝对违法，这也成为其后来认定对世义务的先兆”，参见 Schwebel，“Human Rights in the World Court”，24 *Vanderbilt Journal of Transnational Law*（1991），p. 958。In Ziccardi Capaldo（ed.），*Repertory of Decisions of the International Court of Justice*（1947 – 1992）（Dordrecht, 1995），i，pp. 69 – 70，这份咨询意见的节选可见于“*Erga omnes obligations*”标题后，紧接着就是国际法院在“巴塞罗那机车案”中对对世义务的断言。

第二节　关于《灭种罪公约》的咨询意见

1950年,联合国大会通过决议要求国际法院对于由《灭种罪公约》的保留而产生的一些问题发表咨询意见。[25] 国际法院所要解决的主要问题是,一国对公约提出的保留如果遭到了一国甚至多国反对,该国能否仍然被视为缔约国?[26] 《灭种罪公约》没有规定保留问题,而联合国各成员国对此持有争议。于是,在公约通过之后,部分国家准备单方面提出保留,而其他国家表示反对。一个实际问题是,提出保留的国家究竟能否被计入公约生效所需要的20个批准国家的数量之中呢? 98

在国际法院对此发表咨询意见之前,传统的观点是只有当条约的所有其他缔约国均以明示或暗示的方式接受了这种保留的情况下,提出保留的国家才能被视为是多边条约的缔约方。这种观点是基于两个已确定的准则。第一,关于国家同意的原则,根据该原则,一项条约规则不能在未经国家同意的情况下对其产生约束力,因此一项保留(可视为一种反要约)就不能适用于对其表示反对的国家。

---

〔25〕 General Assembly Resolution 478(V.) of 16 November 1950, 可见于 I. C. J. Reports 1951, pp. 16 – 17. 关于此案的管辖权问题,参见 Brownlie, *Principles*, pp. 730 – 3。关于咨询意见本身,参见 Klein, "Genocide Convention (Adbisory Opinion)", Hedelberg *Encycl.*, ii. Pp. 107 – 9, 更广泛的讨论,参见 Diez de Velasco, "El sexton dictamen del Tribunal Internacional de Justicia: Las reservas a la Convencion sobre el Genocidio", 4 *Rebista Espanola de derecho internacional* (1951), pp. 1029 – 89。

〔26〕 上注中提到的联大第478号决议以及咨询意见本身都没有定义何为"保留"。在 *Ambatielos* 案中,Zoricic 法官认为保留是"一类条约缔约国达成协议以限制某一条或数条条款之适用或澄清其涵义的条款"(I. C. J. Reports 1952, p. 76)。后来在《维也纳条约法公约》第2条(丁)项中对此下了一个更完整的定义:"保留"意味着一国于签署、批准、接受、赞同或加入条约时所做之片面声明,不论措辞或名称如何,其目的在摒除或更改条约中若干规定对该国适用时之法律效果。

第二,多边条约是缔约方自由合意的结果,一个缔约方不能通过单方面决定而阻却条约的宗旨实现。因此,只有在所有缔约国均接受一项保留的情况下,保留国才得以成为条约的缔约方。这种传统的
99 观点并不能消除实践中的困难。少数国家(甚至一个国家)都可以通过反对某项保留方法阻止保留国成为条约的缔约方,哪怕此项保留仅仅是针对条约中的某个细枝末节且绝大多数国家都没有提出反对的内容。这种情况在当今越发难以接受,尤其是考虑到含有人道主义宗旨以及希望缔约国多多益善的多边条约正越来越多,如《灭种罪公约》。

在《灭种罪公约》的咨询意见中,国际法院在解释此问题时,认为确有"对于灵活性之新需要",承认上述问题的确值得考虑。对于联大所提出的主要问题,国际法院以微弱多数(7 票对 5 票,其中四个持反对意见的法官签署了一份联合的反对意见[27])通过判决,认为如果一项保留与条约的目的和宗旨不相冲突,则保留国可以被视为《灭种罪公约》的缔约国。这个"微弱多数"凸显分歧不仅出现在联大,也同样出现在了国际法院。[28]

在拒绝了传统的正向一致的观点之后,即全体缔约国均同意保留方使保留国成为条约的缔约国,国际法院找到了一个全新的法律基础。国际法院认为,一国的保留只要与条约宗旨和目的兼容即可。这个结论代表了——以劳特派特爵士的话说——属于"司法式

〔27〕 Guerrero, McNair, Read 以及徐谟法官签署了一份联合反对意见。Alvarez 法官又附加了一份反对意见书。在国联时期,McNair 曾与他人(Fromageot 以及 Diena)联合编纂过一份关于国际法进步方面的报告,其中也涉及了保留问题,参见 *L. N. O. J.* (1927), p. 880。

〔28〕 参见 *I. C. J. Pleadings*, *Reservations to the Convention on the Prevention and Punishment of the Crime of Genocide*, pp. 42 –4(美国的书面陈述); pp. 62 –9 (英国的书面陈述); pp. 202 – 3 (以色列的书面陈述) ; pp. 334 – 9 [Rosenne(以色列)的陈述]; pp. 378 –93 [Sir Hartley Shawcross(英国)的陈述] ; pp. 402 – 16 [Fitzmaurice(英国)的陈述] ; pp. 426 –9 [Rousseau(法国)的陈述]。

立法"的典型例证。[29] 因此,这份咨询意见成为被批判的对象也就不足为奇了。比如,Fitzmaurice 认为国际法院在区分可接受的与不可接受的保留的问题上毫无建树,而只是确立了一个"主观标准"(判断是否与条约目标和宗旨"兼容")。[30] [尽管他的观点在理论上无懈可击,但国际法院所创立的灵活的路径后来却为《维也纳条 100
约法公约》第 19 条(丙)项所吸收,[31] 且在实践中得到了很好的运用。][32]

无论如何,已无必要讨论国际法院得出结论的事实。[33] 需要注意的是国际法院得出此结论的分析路径。认定了《灭种罪公约》的缔约国可以做出保留,但并非所有保留都可被接受,国际法院提出了如下问题:怎样区分可接受的保留和不可接受的保留？为了回答这个问题以确认联合国大会以及《灭种罪公约》缔约方在此问题上

---

〔29〕 参见 *The Development of International Law*, pp. 186 – 90 and 327 – 4。

〔30〕 Fitzmanrice,"Reservations to Multilateral Conventions",2[*I. C. L. Q.*](1953),pp. 1 – 26; id. ,"The Law and Procedure of the International Court of Justice 1951 – 4: Treaty Interpretation and Other Treaty Points", 33 B. Y. I. L. (1957), pp. 272 – 93; id. , "Judicial Innovation—Its Uses and its Perils—As exemplified in some of the Work of the International Court of Justice during Lord McNair' s Period of Office", *Cambridge Essays in International law—Essays in Honour of Lord McNair* (London, 1965), pp. 31 – 5. Gerald Fitzmaurice 爵士参加了《灭种罪公约》的起草工作,并作为英国方面的代表参加了联大第六委员会。他还代表英国参加了国际法院有关《灭种罪公约》咨询案的审理程序。

〔31〕 起初,在 1951 年,国际法委员会认为"兼容性"标准太主观而反对该标准;然而到了 1962 年却又接受了这个标准。《维也纳条约法公约》第 19 条(丙)项的内容是:在条约本身没有其他要求的条件下,一国可以提出保留,除非"该项保留与条约目的及宗旨不合"。

〔32〕 参见 Brownlie, *Principles*, p. 611。

〔33〕 关于保留,可参见 McNair, Law of Treaties, pp. 158 – 77; Ruda, "Reservations to Treaties", 146 Hague *Recueil* (1975, III), pp. 95 – 218; Bowett, "Reservations to Non-Restricted Multilateral Treaties", 48 *B. Y. I. L.* (1976/77), pp. 67 – 92; Redgwell, "Universality or Integrity? Some Reflections on Reservations to General Multilateral Treaties", 64 ibid. (1993), pp. 245 – 82。也可参见 Pellet, "Le Droit et la pratique concernant les réserves aux traités" (Doc. A/CN. 4/454)。

的意见，国际法院分析了公约的目的和宗旨。在这个问题上，国际法院注意到，根据第96号决议，联合国大会谴责种族灭绝行为不仅是一项国际不法行为，也是一项足以“违反道德以及联合国精神与意旨”的犯罪行径。基于这个论断，国际法院得出了两个结论。首先，《灭种罪公约》从一开始就应当是普遍适用的；其次，

作为公约基础的原则是所有文明国家承认的对国家有约束力的原则，哪怕没有任何条约约定的义务。〔34〕

国际法院接着分析了联大之所以通过《灭种罪公约》的目的。这便是“一项纯粹的人道主义和文明的原因”，旨在保护人类群体的生命以及确保“最为基本的道德准则”，因此

101 缔约国没有任何自身的利益；它们有且仅有一项共同的利益，那就是达致使得公约自身存在的崇高目标。〔35〕

根据《灭种罪公约》的起源与其目的可知，联大是希望有尽可能多的国家成为该公约的缔约国，包括做出了保留的国家。然而，这种世界性参与并非不计代价：那些可以被接受的保留只能与该条约的道德与人道主义目标相兼容。

如前所述，国际法院只是以微弱多数得出了上述结论。不过投反对票的法官在否定了“兼容性”标准的同时，还是对国际法院对于《灭种罪公约》人道主义和道德方面目标的考虑给予了肯定。在他们联合发布的反对意见中，Guerrero法官、McNair法官、Reed法官以及徐谟法官认为，《灭种罪公约》背后最为重要的考量是“对于共同义务的接受……以达致人道主义的至高目标”。不过从这个角度出

---

〔34〕 I. C. J. Reports 1951, p. 23. 法文作准文本为“les principes qui sont à la base de la Convention sont des principes reconnus par les nations civilisées comme obligeant les Etats même en dehors de tout lien conventionnel”。

〔35〕 *I. C. J. Reports* 1951, p. 23. 法文作准文本为：“les Etats contractants n' ont pas d' intérêts propres; ils ont seulement, tous et chacun, in intérêts commun, celui de préserver les fins supérierues qui sont la rason d' être de la convention”。

发,他们得出了完全相反的结论,即"国际社会的共同利益"要求一国提出的保留倘遭到其他承担无条件、完全履行责任的国家(单个或数个)的反对,则保留国不得被认为是公约的缔约国。[36] 同样地,Alvarez 法官也在其反对意见中主张,类似于《灭种罪公约》一类的条约"非为私利而为公益",构成了一个不可分割的整体而不能允许任何保留。[37]

总而言之,国际法院对本案投赞成票的法官和投反对票的法官都在关于禁止种族灭绝行为的核心要素上达成了一致,但在平衡《灭种罪公约》所体现的"不可分割性"以及"广泛性"两个相互矛盾的价值诉求上,尤其是在保留问题所造成的后果上依旧存在分歧。

第三节　《灭种罪公约》咨询意见与"对世义务"判决意见的相似性

上面所引用的《灭种罪公约》的咨询意见体现出与国际法院后来在巴塞罗那机车案中关于对世义务判决意见的相似性。鉴于它们有着不同的背景,这种相似性就更明显。在巴塞罗那机车案中, 102
国际法院在探讨法律地位问题时对义务区分为两类;而在《灭种罪公约》的咨询意见中,国际法院是基于对条约法的探讨而得出相似结论的。

第一重相似性体现在国际法院的行文用语方面。在咨询意见中,国际法院强调的是国家超越"个体利益"的"共同利益"以及"义务与权利的绝妙平衡"。类似地,在巴塞罗那机车案关于对世义务的判决意见中,国际法院强调对于"国际社会作为一个整体"而承担

〔36〕 Ibid., pp. 46 – 7.

〔37〕 Ibid., pp. 51,53.

的国际性义务,且这种义务“本质上”是与“所有国家相关”的。

第二重相似性体现在国际法庭行文背后所蕴藏的内容。在咨询意见中,国际法院认为《灭种罪公约》的通过是基于一个纯粹人道角度的考虑,以便确认和肯定“最基本的道德原则”。这种行文几乎是对“科孚海峡案”事实判决部分用词的重述,国际法院在该案中提到了“最基本的人道考虑”。[38] 这两种表达包含一个共同的核心——制定法对根本法律价值的保护和促进。在咨询意见中,国际法院还注意到“作为公约基础的原则是所有文明国家承认的对国家有约束力的原则,哪怕没有任何条约约定的义务”。

部分学者认为,根据上述内容,国际法院实际上认为禁止种族灭绝已成为习惯国际法的一部分。[39] 考虑到现实,此观点是貌似合理,因为在国际法学著述中,以下观点得到了广泛承认:条约可以(1)变更业已存在的国际习惯;(2)促进形成一条正在形成的规则;(3)总结国家实践以使其最终成为一条习惯国际法。[40] 究竟是上面列出的哪一个(或几个)过程最终导致了习惯法禁止种族灭绝行为尚有争议,不过这个过程已经完成是无人质疑的。[41]

103 其他的一些观点看起来就没有那么容易得出《灭种罪公约》的基础原则可被视为习惯国际法原则的论点了。主要的障碍出现在

---

〔38〕 参见本书第四章第三节的内容。

〔39〕 参见 Rodley, “Human Rights and Humanitarian Intervention: The Case Law of the World Court”, 38 *I. C. L. Q.* (1989), p. 322。

〔40〕 参见 Jiméneze de Aréchaga, “International Law in the Past Third of a Century”, pp. 12 – 23; Shihata, “The Treaty as a Law-Declaring and Custom-Making Instrument”, 22 *Revue égyptienne de droit international* (1966), pp. 51 – 90; Baxter, “Multilateral Treaties as Evidence of Customary International Law”, 41 B. Y. I. L. (1965/66), pp. 275 – 300; id., “Treaties and Custom”, 129 Hague *Recueil* (1970, I), pp. 25 – 106。

〔41〕 也有观点持相反的意见[可参见 Starkman, “Genocide and International Law: Is there a Cause of Action?” 8 *ASILS International Law Journal* (1984), pp. 13 – 18], 不过并没有太大的说服力,且现在也很少被提及了。

国际法院的用词上。在咨询意见中,国际法院提到了"为文明国家所承认的……原则",按照传统的关于国际法渊源的规定,这个表述与"一般法律原则为文明各国所承认者"而非习惯国际法更为接近。[42] 一个间接支持《灭种罪公约》的基础原则属于"一般法律原则为文明各国所承认者"的论断,出现于恰是彼时担任国际法院院长的Basdevant法官的著作中关于国际法渊源作用的部分。[43] 相反,其他观点坚决排除了国际法院是要指向"一般法律原则为文明各国所承认者"。[44] 不过,对上述观点进行评估可能需要对国际法渊源问题非常细致的分析(这显然并非本书的工作)。

关于对国际法院在咨询意见中提到的关于识别国际法渊源的不同观点在此毋庸赘述。与这些分歧无关,本案与国际法院关于对世义务的判决意见的重要相似之处在于,国际法院从种族灭绝行为是与道德及联合国精神与宗旨根本矛盾为起点,推论出作为《灭种罪

〔42〕 参见《国际法院规约》第38条第1段,可见于本书第三章第三节。

〔43〕 可参见他的"Règles générales du droit de la paix",pp. 497 – 504。

〔44〕 可参见Mosler, The International Society, p. 70。实际上,"一般法律原则为文明各国所承认者"在很大程度上仍然是国际法渊源中一个高深莫测的议题。[Jennings, "What is International Law and How DO we Tell it When we See it?", 37 Ann. Suisse (1981), pp. 71 – 3] 对此问题探讨的一个有意义的起点是对通过《国际法院规约》第38条的相关争论。[Cour Permanent de Justice International , Comité Consultatif de Juristes, Procès Verbaux des Séances du Comité 16 juin— 24 juillet avec Annexes (The Hauge, 1920), pp. 293 – 7, 306 – 25, 332 – 8; 344 – 6, 351 and 730 – 1.] 在文献方面,除了国际法的一般性经典著作以外,参见Cheng, *General Principles of Law*。还可参见Herczegh, *General Principles of Law and the International Legal Order* (Budapest, 1969); Lammers, "General Principles of Law Recognized by Civilized Nations", Kalshoven, Kuyper and Lammers (eds.), *Essays on the Development of the International Legal Order in Memory of Haro F. Van Panhuys* (Aalphen aan den Rijn and Rockville, 1980), pp. 53 – 9; Battaglini, "Il riconoscimento internazionale dei principi generali del diritto", *International Law. Essays Ago*, i, pp. 97 – 140; Degan, "General Principles of Law (A Source of General International Law)", 3 *Finnish Yearbook of International Law* (1992), pp. 1 – 101。

公约》基础的原则应具备普遍效力。从这个前提出发,国际法院承认在法律上禁止种族灭绝行为应当约束所有国家,无论其是否是《灭种罪公约》的成员国。易言之,在归纳提炼禁止种族灭绝行为的
104 对世性的问题上,国际法院不仅依赖于国家已经承认的实在性因素,还将这种禁止背后的道德因素考虑在内。[45] 这就与其后来在“巴塞罗那机车案”中的判决意见体现出很强的相似性。在后案中,也正是从相关义务的本质和相应权利的保护的重要性出发,国际法院明确区分了对于单个国家的义务和对世义务。

第四节 小结

无论是在表面还是在实质上,国际法院在《灭种罪公约》咨询意见中关于禁止种族灭绝行为应普遍适用的观点与其后来在巴塞罗那机车案中关于对世义务的判决意见具有非常明显的相似性。在此方面,本章所展示的国际法院的法律推理过程不无启发意义,即其可作为对世义务断言的“先例”而存在。国际法院在两案的观点的相似性不仅体现在关于对世义务的结论上,也体现在其他方面。就像 Oda 法官曾提过的,“国际法的新发展会通过法院的判决而得以明确和具体化”。[46] 本章分析展示了对于先前判决的法律分析是如何成为国际法院后来在判案过程中发展法律的重要组成部分。

---

〔45〕 Tanaka 曾经写道,国际法院在《灭种罪公约》咨询意见中所体现出的精神可被延展到普遍意义上的人权范畴,从这个意义上说“人权的基础并不在任何制定法,亦不在公共权威,而是在‘人类良知’以及‘道德律’当中……”[“Some Observations on Peace, Law, And Human Rights”, Friedmann, Hnekin and Lissitzyn (eds.), *Transnational Law in a Changing Society. Essays in Honor of Philip C. Jessup* (New York, 1972), p.254.]

〔46〕 Legality of the Use by a State of Nuclear Weapons in Armed Conflicts, Advisory Opinion, I. C. J. Reports 1996 (mimeographed text), p. 1, para. 3, of Judge Oda's separate opinion.

第六章　国际法院判决意见中对世义务的实例（三）：奴隶制度引发的保护

第一节　奴隶制度和奴隶贩卖引发的保护

奴隶制度引发的保护是国际法院在“巴塞罗那机车案”中列举 105
的第三个对世义务的实例。[1]

国际联盟在1926年9月25日通过了《禁止奴隶贩卖和奴隶制度的国际公约》,[2]其第1条给予奴隶制度和奴隶贸易如下解释:

---

〔1〕 有关奴隶制度的文献有很多。入门级的参考文献参见,Finley, “Slavery”, Sills (ed.), *International Encyclopedia of the Social Science*, xiv (New York, 1968), pp. 307 - 13; Hellie, “Slavery”, *The New Encyclopedia Britannica* (*Macropaelida*), 15th edn. (Chicago, 1974; 1994), xxvii, pp. 288 - 300。奴隶贸易参见, a UNESCO publication headed, *The African slave trade from the fifteenth to the nineteenth century* (Paris, 1979)。反对奴隶制度和奴隶买卖的国际法规则参见, McDougal, Lasswell and Chen, *Human Rights*, pp. 473 - 508。也可参见, Lachs, “Slavery: the past and the present”, Delissen and Tanja (eds.), *Humanitarian Law*, *Essays Kalshoven*, pp. 613 - 25; Vitta, C., “La défense internationale de la liberté et de la moralité individuelles” 45 Hague*Recueil* (1933, Ⅲ), pp. 557 - 666。

〔2〕 60 *L. T. N. S.* 253. 该文本可见于 Brownlie (ed.), *Basic Documents on Human Rights*, pp. 52 - 7。该公约在1927年3月9日生效。修订奴隶制度公约的议定书(A Protocol Amending the Slavery Convention, 212 *U. N. T. S.* 17)在1953年10月23日被联合国大会第794号决议(Ⅷ)通过,在1953年12月7日被开放签署和生效。57个国家已经成为缔约国。(*Multilateral Treaties Deposited with the Secretary-General. Status as at* 31 *December* 1995, p. 699.)

1. 奴隶制度指一个人(包括其身体及劳力)的任意部分或全部均附属于他人之所有权享有之状态或情形得以实施。

2. 奴隶贩卖包括旨在使一人沦为奴隶的一切抓捕、取得或转让的行为;一切以出卖或交换为目的而取得奴隶的行为;将以出卖或交换为目的而取得的奴隶出卖或交换的一切转让行为,以及一般而言,关于奴隶的贸易和运输行为。

同样的定义经过少许修改后,出现在1956年通过的一项《补充
106 公约》的第7条[3]中,其确认了奴隶制度和奴隶贩卖是一项犯罪,呼吁缔约国完全废除与奴隶制度相似的实践,如债务奴役(debt-bondage),农奴制(serfdom),贩卖妇女以结婚(the sale of a woman into marriage)和买卖儿童(traffic in children)。

尽管巴塞罗那机车案中对世义务的判决意见只涉及奴隶制度,但也应认为该禁止也扩展适用到奴隶贩卖。因为历史表明,如果奴隶制度是合法的,就不能有效禁止奴隶贩卖,同样显而易见的是,如果奴隶制度被禁止,也就不会有奴隶贩卖。

直到现代以前,奴隶制度在世界范围内仍然是一项被普遍接受的制度。亚里士多德(Aristotle)认为奴隶是"天生"的。[4] 基督教尽管只是倾向于"四海之内皆兄弟"的态度而非质疑作为一种社会

〔3〕 Supplementary Convention on the Abolition of Slavery, the Slave Trade, and Institutions and. Practices Similan to Slavery, 266 U. N. T. S. 3. 文本可见于 Browlie(ed.), *Basic Documents on Human Rights*, pp. 58 – 63。该公约在1956年9月7日被通过,在1957年4月30日生效。140个国家已经成为缔约国。(*Multilateral Treaties Deposited with the Secretary-General. Status as at* 31 *December* 1995, p. 705.)

〔4〕 Aristotle, *The Complete Works* (*The Revised Oxford Translation*), Barnes ed. (Princeton, 1988), 1253b15 – 1255b39 (Politics).

结构的奴隶制度，[5] 却在很早以前就谴责了奴隶制度和奴隶贩卖。[6] 对托马斯·阿奎那（Thomas Aquinas）而言，成为奴隶的因素 107

---

〔5〕 该态度明确的在保罗（Paul）写给菲利蒙（Philemon）的信中被表明。评注参见，Fitzmyer, "The Letter to Philemon", Brown, Fitzmyer and Murphy (eds.), *The New Jerome Biblical Commentary* (Englewood Cliffs, N. J., 1990), pp. 869 – 70 (especially para. 6)。从古至今，该态度已经被无数的基督徒所证实，如彼得·克拉沃（Peter Claver）[参见，Valtierra, Peter Claver. Saint of the Slaves, English trans. Perry and Woodward (Westminster, Maryland, 1960)]或皮埃尔·杜桑（Pierre Toussaint）[参见，Couve de Murville, *Slave from Haiti: A Saint for New York? The Life of Pierre Toussaint* (London, 1995)]。

〔6〕 早期对奴隶制度的谴责，参见，the "epistula" of Pope John Ⅷ headed Unumest of September 873。教皇保罗三世（Pope Paul Ⅲ）在 1537 年 5 月 29 日颁布的名为田园圣祷（Pastorale officium）的"谕令"（breve）中谴责了拉丁美洲印第安人的奴隶制度。之后，在 1839 年 12 月 3 日颁布的"宪章"（constitution）中名为 *In supremo apostolatus fastigio* 文章中有教皇格列高利十六世（Pope Gregory XVI）反对奴隶贩卖的更犀利的文字。这些文件的摘要被重述于 Denzinger-Schönmetzer, Enchiridion Symbolorum definitionum et declarationum de rebus fidei et morum, 36th edn. (Freiburg, 1976), paras. 668, 1495 and 2745 – 6。近代的谴责，参见教皇约翰·保罗二世（John Paul Ⅱ）去塞内加尔访问时对奴隶制度做出的强有力的谴责["From this African shrine of sorrow let us implore heaven's forgiveness", *L'Osservatore Romano* (Weekly Edition in English, 4 March 1992), p. 2]。背景资料参见，Williams, C., "Slavery (and the Church)", *New Catholic Encyclopedia*, xiii (New York, 1967), pp. 281 – 2, and (more extensively) Dutilleul, "Esclavage", *Dictionnaire de Théologie Catholique*, v/1 (Paris, 1939), columns 457 – 520。这些参考资料无意贬低其他基督教派和其他宗教在废除奴隶制度上和对过去实践的现今反应（present reflection on past practices）上的贡献。参见，如美国最大的新教教派（Protestant denomination）美南浸信会（Southern Baptist Convention）在 1995 年 6 月通过的有关奴隶制度的决议（Niebuhr, "Baptist Group Votes to Repent Stand on Slaves", *New York Times*, 21 June, 1995, p. A1）。不同宗教教派在奴隶制度上的立场是更宏观的宗教和国际法的关系问题的一部分。除了一些由海牙研究院出版的文件，参见，Janis (ed.), The Influence of Religion on the Development of International Law (Dordrecht, 1991)。在国际法作为一个方面，宗教和哲学传统作为另一方面的关系的背景下，如卫拉曼特雷（Weeramantry）批评道……对世义务（与其他国际法的关键概念一起）"可从佛教的洞见中汲取丰富的养分"。["The International Court of Justice in the Age of Multiculturalism", 36 *Indian Journal of International Law* (1996, No. 2), p. 23.]

并不是天生导致的。[7] 这对最终导致奴隶制度和奴隶贩卖在国际法领域被公认为不合法的进程而言,是基本的一步。国内法庭在这方面也发挥了决定性的作用。在王座法院的一个经典判决中,曼斯菲尔德勋爵(Lord Mansfield)认为:

奴隶制度具备这样一种性质,即它没有任何值得推敲的理由,无论是道德还是政治的;而只有实证法……除了实证法外,没有任何理由可以支持它,这太可憎了。[8]

最初,备受抨击的违背国际法的行为是奴隶贩卖,之后对合法性问题的探讨才扩展到奴隶制度上。奴隶制度属于国家排他管辖(exclusive jurisdiction)的范畴,国家过去(并且仍然倾向于)不愿宣布放弃排他管辖权。丹麦是欧洲国家中第一个明确废除奴隶贩卖的国家,时间是在18世纪末,随后英国也废除了奴隶贩卖。之后,大国针对禁止奴隶贩卖缔结了合作条约。[9] 在当时的外交通信中,奴隶贩卖被认为是"一种最肮脏性质的犯罪和违背我们共同的人性(humanity)的犯罪"。[10]

---

[7] Thomas Aquinas, *Summa Theologiae*, Ⅱa, Ⅱae, q. 57, a. 3, *ad secundum.* 查士丁尼(Justinian)制度将奴隶制度("servitus")定义为"constitutio iuris gentium, qua quis dominio alieno contra naturam subicitur"[拉丁版本被克鲁格(Krueger)编辑,可见于Justinian's Institutes, Briks and McLeod eds. (London, 1987), Ⅰ.3.2]。相似的语言也被使用在Isidorus, *Etymologiae*, Lindsay ed. (Oxford, 1911), Liber Ⅴ, ch. 6。

[8] *Somerset against Stewart*, 98 E. R. 499 (K. B. 1772), at, p. 510. 巴克兰德(Buckland)和麦克纳尔(McNair)认为,曼斯菲尔德勋爵判决和其他有关奴隶制度的英语裁决的做出时的背景"与早期普通法彰显出的自由非常契合"。(Roman Law and Common Law, p. 30.)

[9] 参见Oppenheim's International Law, ⅰ, pp. 979–80。Truyol y Serra强调了一般性的多边条约对建立奴隶贸易的国际禁止有重要作用。[Los derechos humanos. Declaraciones y Co'venios internacionales, 3rd edn. (Madrid, 1982), p. 19.]

[10] Earl Russell to Earl Cowley (Paris), 28 February 1865, Draft of a Note to be presented to the French Government, reproduced in Bruns (ed.), *Fontes*, Seriess B. Section 1, Tomus 1, Pars 1, pp. 112–13, para. 388.

在奴隶贩卖或奴隶制度被一般国际法所禁止之前,仍然需要其他支持。〔11〕 国际联盟在这一进程中做出了相当多的贡献,在它的主持下,特别是在委任统治制度(mandate system)的背景下,反对奴隶 108
制度和奴隶贩卖的各种措施(作为1926年的《奴隶制度公约》的补充)得以采纳。从第二次世界大战开始,《世界人权宣言》(Universal Declaration of Human Rights)(第4条),〔12〕以及《公民权利和政治权利国际公约》(the International Covenant on Civil and Political Rights)

---

〔11〕 长期以来,一直有一种反对奴隶制度和奴隶贩卖的"休眠"义务("dormant" obligation)(obligation latente)。参见 the intervention of Tammes at the 1368th Session of the International Law Commission, *Y. I. L. C.* (1976, Ⅰ), p.44, para.37。很多20世纪末的国际法主要专著都否认奴隶制度和奴隶贩卖是被习惯法禁止的。参见,如 Wheaton, *Elements of International Law: with a Sketch of the History of the Science* (Philadelphia, 1836), pp. 114 – 18; Creasy, *First Platform of International Law* (London, 1876), pp.259 –77; *Kent's Commentary on International Law*, 2nd edn. Abdy (Cambridge and London, 1878)。一种更谨慎的立场参见, Bluntschli Le Droit inter...... national codifié, pp. 19 – 21 and 203 – 4: Phillimone, Commentaries upon International Law,2nd...... edn. (London, 1873), ⅰ, pp. xxxiii-xxxiv and 342 – 74。一个思想"和神学密切相关的"的学者洛里默(Lorimer)[Lachs, *The Teacher in International Law (Teachings and Teaching)* (The Hague, 1982), p.76]提到了一种"不好的习惯"(bad custom)[*The Institutes of the Law of Nations. A Treatise of the Jural Relations of Separate Political Communities*, ⅰ (Edinburgh and London, 1883), p.32]。1942年,布莱尔利(Brierly)写道,"除了公约的规制,奴隶贩卖在国际法上并不是非法的"。[*The Law of Nations. An Introduction to the International Law of Peace*, 3rd edn. (Oxford, 1942), p.193.]相似的观点5年后出现在 Oppenheim, *International Law. A Treatise*, ⅰ, 6th edn. Lauterpacht, H. (London, 1947), p.664。

〔12〕 "Resolution 217(Ⅲ) of the United Nations General Assembly (adopted on 10 Dec. 1948)", *Gen. Ass. Off. Recs.*, *Third Session* (Doc. A/811), p. 71. 该文本可见于 Brownlie, *Basic Documents*, pp.255 –61; id. (ed.), *Basic Documents on Human Rights*, pp.21 –7。

(第8条),[13]《欧洲人权公约》(the European Convention on Human Right)(第4条),[14]《美洲人权公约》(the American Convention on Human Rights)(第6条),[15]《非洲人权和民族权宪章》(African Charter on Human and People's Rights)(第5条)[16]等保护人权的主要文件都明确谴责了奴隶制度和奴隶贩卖。[17]

从以上这些文件、国家宣言和国内法中的平行发展可以得出的结论是,现在已经有宣布奴隶制度和奴隶贩卖不合法的习惯法规则,并且这个规则已经被作为一项强行法规则予以普遍适用。[18] 尽管该规则已获得了普遍的支持,但在一般国际法下,禁止的准确范

---

〔13〕 "Annex to Resolution 2200 (XXI) of the United Nations General Assembly (adopted on 16 Dec. 1966)", *Gen. Ass. Off. Recs.*, *Twenty-first Session*, Supp. 16 (Doc. A/6316), p. 52. 该文本可见于 Brownlie, Basic Documents, pp. 276 - 97; id. (ed.), *Basic Documents on Human Rights*, pp. 125 - 43。该公约于1976年3月23日起生效。

〔14〕 213 *U. N. T. S.* 221. 该文本可见于 Brownlie, Basic Documents, pp. 320 - 47; id. (ed.), *Basic Documents on Human Rights*, pp. 326 - 41。《欧洲公约》(The European Convention)于1950年11月4日签署,1953年9月3日生效。

〔15〕 O. A. S. Official Records, OEA/Ser. K/XVI/1. 1 Doc. 65, Rev. 1, Corr. 1 (7 Jan. 1970). 该文本被重述于 Brownlie, Basic Documents, pp. 320 - 47; id. (ed.), *Basic Documents on Human Rights*, pp. 495 - 520。《美洲公约》(the American Convention)于1969年11月22日签署,1978年7月18日生效。

〔16〕 该文本可见于 Brownlie, Basic Documents, pp. 551 - 66。《非洲宪章》(the African Charter)于1981年6月17日在肯尼亚的内罗毕市由第18届非洲国家和政府会议(Assembly of the Heads of State and Government of the Organization of African Unity)通过,1986年10月21日生效。

〔17〕 不仅局限于与人权有关的其他国际文件参见,Bassiouni, "Enslavement as an International Crime", 23 *N. Y. U. J. I. L. P.* (1991), pp. 445 - 517。

〔18〕 参见,Third Restatement, Section 702, Comment (e) and Reporter's Note (4)。在促使《维也纳条约法公约》通过的准备文件中,禁止奴隶制度是最经常被引用的强行法规范实例。

围仍然是有争议的。[19] 同样地,其有效实施也仍然是困难重重。[20] 在这种情形下,引人思考的问题在于,奴隶制度引发的保护的对世 109 性质是否能够有利于这些和其他突出问题的解决?

由意大利法院审理的一个案件推动了关于此问题的探讨。在1985年,一个10岁的儿童被发现在米兰独自游荡。从这个儿童的外貌来看,他很明显曾经遭受过虐待。在被独立检察官询问后,这个儿童说道他被一个男人从母国绑架,现在居住在米兰附近的贫民窟中。他的绑架者强迫他盗窃,如果他空手而归,就会被暴打。这个儿童的经历并不是唯一的,而是强迫儿童盗窃或乞讨的成年人对未成年人的系统剥削。这些儿童被叫做“argati”,一个源于斯拉夫语的单词,意思是“工人”,但实质上所指代的是两者间一种绝对隶属(absolute subjection)的关系。他们的主人(所谓的“gazda”)很少是他们的亲生父母。这些“主人”通常绑架或从儿童的亲生父母处通过买卖合同购买该儿童。这些儿童在成年以后仍然维持着这种隶属状态,成年后他们“训练”小的儿童,并循环往复。这个体系对主人而言有相当的营利性,特别是根据意大利法律,14岁以下的儿童不能被认为犯罪,因此不能被公诉。[21]

上述米兰“Corte d' Assise”一案面对的主要法律问题是,这种类奴隶制度的做法是否属于意大利《刑法典》第600条所禁止的范围内。[22] 这个问题的答案取决于是将第600条的“奴隶制度”和“类奴隶的情形”的表述限定为被法律接受的奴隶制度的实践,还是也

---

〔19〕 参见,Oppenheim' s International Law, ⅰ, p.982。

〔20〕 参见,*Slavery*: *Report prepared by Benjamin Whitaker*, *Special Rapporteur of the Sub-Commission on Prevention of Discrimination and Protection of Minorities*, *updating the* “*Report on Slavery*” *submitted to the Sub-Commission in* 1996 [Doc. E/CN. 4/Sub. 2/1982/20/Rev. 1 (1982)]。

〔21〕 参见,Article 97 of the Italian criminal code (R. D. 19 October 1930, No. 1398)。

〔22〕 第600条内容如下:“将他人当作奴隶或将他人置于类奴隶境况者,处以5~15年监禁。”

包括具有同样性质的实际情形。1981 年意大利宪法法院的一个判决对第 600 条的权威解释是认为该条款只适用于法定的奴隶制度,而不适用于事实上的奴隶制度,后者将由该法典的另一个条款进行规制。[23] 然而,这种限制性的解释会使第 600 条显得多余,因为在意大利法律上当然没有合法的奴隶制。

米兰“Corte d' Assise”的判决认为第 600 条既适用于法定也适用于事实上的类奴隶制度。[24] 在解释意大利《刑法典》第 600 条的
110 问题上,法院在论证中提到了意大利签署的《1926 年奴隶制度公约》和《1956 年补充公约》。[25] 具体而言,在类奴隶制度的实践中,法院回顾到《补充公约》在第 1(d)条列举了以下情形:

18 岁以下儿童或少年之生父、生母或两者或其监护人,不论是否为取得报酬,将其交给他人以利用或剥削其劳力之制度或实践。

该条款明确涵盖了“事实上的”奴隶制度。同样地,意大利《刑法典》第 600 条的规定也应被认为涵盖这种情形,因为正如法院在判决中指出的那样,第 600 条中的“奴隶制度”和“类奴隶实践”的术语源于意大利签署的国际条约。

如果意大利既不是《1926 年奴隶制度公约》的缔约国,也不是《1956 年补充公约》的缔约国,是否还可得出同样的结论? 如果《补充公约》第 1(d)条中的禁止属于习惯法,并且是“对世”的,是否意味着禁止奴隶制度的国际义务的对世性质不允许本国法对奴隶制度和类奴隶制度实践做出限制性的解释? 或者说,一国是否可依其国内法或法定的权利为由提出抗辩,从而最大限度上逃避该禁止的适用?

以上这些问题表明了适用对世义务而导致的实际后果。在被提交到米兰“Corte d' Assise”的案件的特定背景下,对每一个问题的答

---

〔23〕 Judgment dated 8 June 1981, *Foro italiano*(1986), Part One, column 1815.

〔24〕 Judgment dated 18 May 1988, *Foro italiano* (1989), Part One, column 121.

〔25〕 分别在 1928 年 8 月 25 日和 1958 年 2 月 12 日。

案的追问都可能会偏离意大利刑法相关条款以及为意大利国内法接受国际法的相关问题。对于本案的讨论只能就此打住,对于19世纪审理的几个有关奴隶制度和奴隶买卖的案件中的一些分析,可能有助于更好地理解对奴隶制度和奴隶买卖的禁止形成并且获得了普遍价值这样一个的漫长而又富于争议的历程。

援引150年前的案件并不值得大惊小怪。用皮尔斯·希金斯的话讲,通过历史可以透视几乎任何一个国际法律问题。[26] 在众多的陈年旧案中,特别是从不同法律传统的国际法学者的当前兴趣方面 111
以及国内法庭在确定和实施国际法的作用来看,[27] 拿一个由国内法庭审理的案件来进行分析,也是不足为奇的。

第二节　对奴隶制度和奴隶贩卖禁止的形成:企业号案和劳伦斯号案

1853年,英国和美国签署了一项条约,该条约协调由一个联合委员会处理的请求及委员们不能达成一致的请求,也协调由当事人指定的仲裁员所做出的裁决。在这些呈交给委员会并随后给仲裁

---

〔26〕 "Il y a trios fa cons d' aborder la matière du droit international: la manière philosophique, la manière historique et. la manière analytique; pour le dominer d' une fa çon complète, il est nécessaire d' avoir une nature d' esprit capable d' envisager le problèm à tous ces points de vue différents." [Higgens, A. P., "La contribution de quatre grands juristes britanniques au droit international (Lorimer, Westlake, Hall et Holland)", 40 Hague*Recueil*(1932, Ⅱ), p. 32.]

〔27〕 这种兴趣反映在孔福迪(Conforti)于1988年在海牙研究院开设的一般课程中[之后被修订并翻译成英文,作为单独的一卷出版,题名为《国际法和本国法律系统的角色》(International Law and the Role of Domestic Legal System)],也反映在Lukashuk在国内法庭上的国际法问题的专题论文,题名为Mezhdunarodnoe pravo v. sudakh gosudarstv (Saint Petersburg, 1993)。

员的请求中，有些就涉及英国起诉从事奴隶贩卖的美国船的行为。

企业号（The Enterprise or Enterprize，两种在该案中使用的拼写）[28]是美国的一艘双桅横帆船，在1835年年初——随后也会被提到，这个时间对裁决有决定性的作用——装载着一大批奴隶从哥伦比亚特区起航，驶往南卡罗来纳州。在遭遇大风后，因为延误导致了水供应不足，企业号的船长决定将船驶入百慕大当时是英国的一块殖民地的一个港口以补充给养。在该双桅横帆船可以离开港口前，船长收到了一份人身保护令（Writ of habeas corpus），要求他出庭并提供现在仍在船上的奴隶。奴隶们被带到法庭上，法庭宣告没有法律授权可对他们拘役。在这些奴隶被宣告成为自由人后，他们中的大多数选择留在岸上，但还有一些人选择回到船上，并且继续他们的航行。

美国政府要求赔偿因释放奴隶而对奴隶主造成的损害。这项请求的依据是，在和平时期，一艘在公海合法航行的船是处于其所属国的排他管辖权范围下的。如果一艘船遭遇了不可抗力，排他管辖
112 权此时也延伸适用至一个外国国家的港口。[29]

一个英国的委员赞同一艘船并不因遭遇恶劣天气或其他情形后进入一个外国港口而免予当地法律的惩罚。然而他并不认为，作为一个一般法律主张的免予受制于当地管辖权是绝对的；且基于本案的事实，他也不认为企业号的确是基于危急情况才被迫进入百慕大的港口。从奴隶制度唯一的依据是每个国家的法律这个假定出发（上文提到的曼斯菲尔德勋爵就认为如此），他认为当一艘载有奴隶的船离开了支持奴隶制度的国家的领土时，奴隶享有自由的“自然

---

〔28〕 仲裁员的裁决可见于 Moore, *History and Digest of International Arbitrations to which the United States has been a Party*, ⅳ（Washington, D. C., 1898）, pp. 4349 – 73。

〔29〕 在美国委员的论述中，其依据了先例和学者论著，特别是瓦特尔（Vattel）（瓦特尔的意见也被英国委员引用）。瓦特尔在英国和美国的影响力问题参见，Lapradelle's introduction to Vattel, *The Law of Nations*, pp. xxxiv-xxxviii。

权利”就复活了——无论一艘船是否因不可抗力被迫进入一个外国港口,以上内容都对其适用。

该案仲裁员(贝茨先生,Bates)驳回了英国委员的主张。他认为企业号是在危难的情形下不得已进入百慕大的港口,因此根据“国际法”和“友好的法律”享有绝对的受到保护的权利(免受当地管辖权的规制)。因此,企业号船上奴隶的所有人有权获得赔偿。该仲裁员补充认为,如果美国诉求所提到交易进行的当时,奴隶制在国际法下被禁止,那么本案就另当别论。但其实当时奴隶制并没有被禁止。

在之后的一个案件中,由于该问题有了新的发展,导致贝茨先生对赔偿问题得出了不同的结论。这个案件是劳伦斯号(Lawrence)案。[30] 劳伦斯号是美国的一艘双桅横帆船,在 1848 年年底,从古巴起航至非洲的卡本达(Cabenda),途中被迫进入塞拉利昂(Sierra Leone)的弗里敦(Freetown)堵漏。尽管劳伦斯号上的货物只能卖出低价,该艘船还是被次级海事法院查获,该船和货物随后通过令状的方式被国王没收,这是因为“劳伦斯号”是为了贩奴而配备的,因此一旦条件具备,可以被当成一艘奴隶贩卖船。在决定“劳伦斯号”的所有人无权提出请求的问题上,仲裁员认为,非洲的奴隶贸易在定罪时“与国际法相违背”并且“被所有的文明国家及美国的法律”所禁止。因此,从 1835 年(企业号航行的时间)到 1848 年(劳伦斯 113
号航行的时间),国际法和美国法律发生了变迁,这导致在相关的事件发生后,虽然处理上述两个案件的仲裁员根据准据法对案件做出了裁决,但法律的变迁导致了不同的处理方法。

在国家责任法编纂中,贝茨先生的推理引起了国际法委员会的注意。在第五次报告中,特别报告员阿戈提出一个问题,即“我们现

〔30〕 仲裁员的裁决可见于 Moore, *History and Digest of International Arbitrations to which the United States has been a Party*, iii(Washington, D.C., 1898), pp. 2824 – 5。

在这个时代的仲裁员在裁决案件时，是否应该采用和企业号案中贝茨先生裁决时采用的同样的方法”。特别报告员的答案是否定的，因为现今的奴隶制度和奴隶贩卖不仅被“文明”国家的法律所禁止，也被作为一个整体的国际社会认为具有强制性（强行法）的国际规则所禁止。〔31〕 据此可以推出的是，一国（如劳伦斯号案中的英国）不应该被要求对一种行为承担责任——这种行为在做出时被视为非法，但从那之后已不仅被视为合法，且一个国家还被要求受其约束，如驳回把人视为财产的诉讼。〔32〕 换言之，特别报告员将类似于附随性强行法的概念适用到国际法委员会的场合，〔33〕并且通过比较贝茨先生的推理和当代仲裁员在相似的案件中可能采用的推理，表明了时间对案件结果的作用。

在劳伦斯号案的仲裁员裁决中，另外也有一个值得注意的与我们现在分析的作为对世义务的对奴隶制度和奴隶贩卖的禁止直接相关的问题。仲裁员分析的法律基础是：不仅是“国际法”，还包括“美国的法律”在非洲奴隶贩卖问题上的立场都已改变。接下来引发的问题是：如果“国际法”已经改变，但是“美国的法律”尚未改变，贝茨先生在劳伦斯案中的裁决是否还是一样？具体而言，国际法的改变是否可对抗美国，即使美国已持续反对这种改变？

这方面恰当的案例是大约比贝茨先生的裁决早30年的，被提交到美国最高法院的案件，即羚羊号案（The Antelope）。

---

〔31〕 “Fifth Report on State Responsibility”，*Y. I. L. C.*（1976，Ⅱ，Part 1），pp. 18－19，para. 49.

〔32〕 如果一项行为在做出时被视为非法，之后已经变为合法，即使一个国家不被要求受其约束，该行为导致的后果可能也会不同。（ibid.，p. 20，para. 56.）参见，the discussion on this point by the International Law Commission in *Y. I. L. C.*（1976，Ⅰ），pp. 35－61（Sessions 1367th to 1371st）。

〔33〕 参见《维也纳条约法公约》第64条，前述第3章第2节也对此有论述。

第三节　禁止奴隶贩卖的普遍对抗性问题:羚羊号案

羚羊号是西班牙的一艘船,装载着一批非洲奴隶,于1819年,历经波折,在佛罗里达海岸盘旋了一段时间后,被美国的一艘缉私船查获。很多当事人基于不同的理由,向佐治亚州巡回法庭提出了对船和货物的诉讼。该法庭命令将非洲奴隶的一部分分配给美国,剩下的分给西班牙和葡萄牙的副领事(已经代表其国民对非洲奴隶提出请求)。针对法院命令向西班牙和葡萄牙归还非洲奴隶的令状,美国提起上诉,认为这些非洲人不是奴隶,而是自由人。在经过佐治亚州巡回法庭的上诉审理后,该案被美国最高法院审理。[34] 法庭的意见被首席大法官(Chief Justice)马歇尔(Marshall)发表。[35] 最高法院审理的关键问题如下:奴隶贩卖是否被国际法所禁止?这个问题是棘手的,并且无法从先例中找寻到明确的答案。 114

一些早先的裁决(如 *Amedie* 案[36])认为,除非原告能够证明在其根据国内法拥有奴隶的所有权,否则不享有要求返还奴隶的权

〔34〕 10 Wheat. 1825, pp. 66 – 133. 羚羊号案的历史背景参见, Friedman, *A History of American Law*, 2nd edn. (New York, 1985), pp. 85 – 9 and 218 – 29。最高法院裁决的摘要参见, Wiecek, "Antelope, The", Hall, K. L. (ed.), *The Oxford Companion to the Supreme Court of the United States* (New York and Oxford, 1992), p. 34。

〔35〕 约翰·马歇尔(John Marshall)的个性特征和审判风格参见, White, *The American Judicial Tradition. Profiles of Leading American Judges*, expanded edn. (New York and Oxford, 1988), pp. 7 – 34。马歇尔时期的最高法院状况参见, id., *The Marshall Court and Cultural Change* 1815 – 1835, abridged edn. (New York and Oxford, 1991), especially (on slavery and other human rights issues) pp. 674 – 740。

〔36〕 1 Acton's Rep. 240 (per Sir William Grant). 也可参见 the cases of the Fortuna and of the Diana (1 Dodson's Rep. 81 and 95, respectively)。

利。换言之，占有将不能被推定为对奴隶享有所有权，并且一切人都应自由的这项“自然权利”将可能导致举证责任倒置。另一个推论是，查获（capture）一艘从事奴隶贩卖的船是否合法应依据该船所属的国家的法律判定。这个方法看似为该规则的深远发展开辟了道路，特别是适时地宣告了奴隶贩卖违背国际法。的确，马萨诸塞州巡回法院（the Circuit Court of the United States in Massachusetts）在1822年的La Jeune Eugenie案[37]中有力宣告了奴隶贩卖为一般法律
115 （universal law）所禁止，并且“没有任何实践可以模糊正确和错误的基本区别”。[38] 然而，这种观点尚未被普遍接受。在更早的几年，即1817年，在Le Louis案[39]中，威廉姆·斯科特（William Scott）先生以同样明确的语句宣告了奴隶贩卖尽管在道德上是可憎的，但是却不像海盗行为那样，也并不违背国际法。[40]

因此，当羚羊号案被提交到马歇尔法庭，[41]先例因奴隶贩卖是否被国际法禁止而不同。在法庭意见中，首席大法官马歇尔同意奴隶贩卖违背“自然法”。然而，他补充道，自古以来，“全体使用”使奴隶制度“上升”为一种合法结果。[42] 相应地（判决继续写道），因为要成为一项国际法的要求是全体同意，所以奴隶制度和奴隶贩卖和国际法不违背。由于为全体所认可，每个国家有权进行奴隶贩卖，

---

[37] 26 Fed. Cas. 832.

[38] 26 Fed. Cas. 846.

[39] 2 Dodson's Rep. 238.

[40] 这里没有必要讨论威廉姆·斯科特（William Scott）先生裁决的后果，即除非被条约允许，在外国船只上不能行使登临和搜查权（right of visit and search）。从事奴隶贩卖的船只的登临权问题，参见，Rousseau, *Droit international public*, ⅳ, pp. 337 – 9。英国和美国在这个问题上的争议参见，Phillimore, Commentaries, ⅲ, pp. 525 – 30。

[41] 在使用该术语时，现在的学者注意到首席法官Rehnquist的意见，该法官认为例如“马歇尔法庭”这样的简写是方便的，但会限制该术语的含义。[The Supreme Court. How It Was, How It Is (New York, 1987), p. 127.]

[42] 即使在罗马法中，抓捕外国战争（不包括内战）中的俘虏是奴隶制度的起源。参见，Thomas, *Textbook of Roman Law*（Amsterdam, 1976）, p. 391。

并且由于国家在国际法下“完全平等”,所以一国尽管可以自由宣布放弃其权利,却不能强迫其他国家这样做。首席大法官认为:

一项经全体同意而授予的权利,只能因为同意而放弃;并且如大家所预期的那样,这种贩卖对那些尚未放弃该权利的国家而言仍然是合法的。[43]

对该声明的解释是有争议的。一方面,其上下文看似暗示了首席大法官马歇尔认为一项法规不可约束非缔约国,但并没有涉及习惯或一般原则的情况。[44] 此外,法庭面对的一个真正问题是行使管辖权的问题,即奴隶贩卖是否像海盗行为一样,属于普遍管辖权的范畴? 另一方面,这段话使用的语言是宽泛的,加之这个时期做出的其他判决中也存在相似的声明,[45] 所以对这段话进行一种宽泛的解释而不受制于可能要求的特定语境会显得更有说服力。例如,在 116
海牙研究院的一般课程中,Bishop 就引用这段话作为持续反对者原则的一个经典论述。[46]

在一定程度上讲,对首席大法官马歇尔判决的第二种解释更能被接受,这可能导致一个问题,特别报告员阿戈针对贝茨先生的裁决就曾提出过:我们时代的法官是否赞同首席大法官马歇尔的声明? 这个问题的答案可能是否定的。一项习惯尽管因普遍存在而被上升为准则,但如果违背了“自然法”(law of nature),该习惯在法理上不具有效力。除此之外,现今奴隶制度和奴隶贩卖被国际习惯所禁止,这个一般国际法规则体现出的义务是对世的。因此,没有一

---

〔43〕 10 Wheat. 1825, p. 122.

〔44〕 在接下来的段落,首席大法官写道,被视为不违反国际法的奴隶贩卖,只能通过立法使其变为类似于海盗行为,“并且立法的义务不能超越一国享有的立法权限。”(ibid.)

〔45〕 例如,在 La Jeune Eugenie 案中(前述部分有所提及,在该案中奴隶贩卖在国际法上被视为不合法),巡回法官斯托雷(Story)评论道,在外国法院可以对被使用来贩奴的法国船只施以罚没之前,“法国的禁止性法律应与国际公法保持一致”。

〔46〕 “General Course of Public International Law”, pp. 226 – 7.

个国家可基于没有宣告放弃奴隶制度或奴隶贩卖实践为由而有权从事这些行为，也没有任何国家可以对这项禁止的形成持续反对而有权从事这些行为。

第四节 小结

奴隶制度和奴隶贩卖曾经在国际社会上被当成合法的实践，但逐渐已经被视为非法，现在已被所有国家禁止。

对早期案例的研究表明，该制度的发展与其他正在形成的对世义务的实践是有明确区别的，如种族灭绝，后者长期被放在国际法范围外讨论，并且从来没有被当成过被接受的制度。这个差别导致的最主要的结果是，对已存实践施加禁止的对世义务的形成可能需要更长的时间（即使这种情形并非一成不变〔47〕），并且证据更难被确立。〔48〕 这至少是从对奴隶制度和奴隶贩卖的国际禁止的形成所导致的争议中得出的教训。

下文是对早期案例的上述讨论表明的其他成果。当奴隶制度与种族问题挂钩时，主要表现为当国家在定罪时对奴隶制度和奴隶贸易进行抵制。尽管中世纪的“隶农”（villeinage）制度的痕迹持续到
117 二十世纪，〔49〕尽管契约仆役制（indentured servitude）对殖民地的经

〔47〕 *A priori*，对已存在实践施加“即时的”（instant）对世义务的可能性不能被排除。

〔48〕 有一种相似的评论，涉及禁止奴隶制度的形成，但是没有讨论其对世的性质，参见，Mann, *Foreign Affairs in English Courts* (Oxford, 1986), p. 125。

〔49〕 这是在诺曼底征服之后在英国出现的一种不自由的占有（unfree tenure）。参见，Vinogradoff, *Villeinage in England: Essays in English Medieval History* (London, 1892; reprinted 1927)。

济发展曾是一种重要的元素,[50]但在近代,奴隶制度基本被等同于非洲奴隶的奴隶制度,至少对西方社会是如此。因此在奴隶制度和种族歧视间存在非常明确的联系,[51]在奴隶制度和种族隔离之间更是如此,用《惠特克报告》(Whitaker Report)的话来讲,[52]种族隔离是最严重的种族歧视,并且是一种"集体奴隶制"(collective slavery)。因此,种族歧视引发的保护应作为巴塞罗那机车案中的对世义务的另外一个实例就不值得大惊小怪了。这将是下章的主题。

---

〔50〕 这是一种暂时的奴隶。参见,Smith, A. E., *Colonists in Bondage, White Servitude and Convict Labor in America*, 1607 – 1776 (Chapel Hill, N. C., 1947)。

〔51〕 参见,the statement of the representative of Ghana in *U. N. C. L. T.*, *Off. Recs.*, *First Session*, p. 301, para. 16。

〔52〕 *Slavery*, para. 33.

第七章　国际法院判决意见中对世义务的实例（四）：种族歧视引发的保护

第一节　种族歧视引发的保护：平等和非歧视原则

118　种族歧视引发的保护是巴塞罗那案中列举的第四个对世义务的实例。

考察这个义务的便利出发点是从“人人平等”这一原则出发。该原则使在体现现代民主基础的庄严宣言得以被宣告。[1] 在国际法层面，特别是在第二次世界大战以后，公约的实体机构和国际组

〔1〕 例如，1776 年 7 月 4 日的《美国独立宣言》(the American Declaration of Independence)宣告“每个人是平等的……是不证自明的”。该文本被重述于 Heffner, A Documentary History of the United States, 5th edn. (New York, 1991)。1789 年 8 月 26 日的《法国人权宣言》(the French Declaration of the Rights of Man and of the Citizen)在第 1 条宣告“les homes naissent et demeurent libres et égaux”。《法国人权宣言》的文本(1791 年的版本)和其他多项通过前的草案可见于 Rials, La Déclaration des droits de l'homme et du citoyen (Paris, 1988)。当 1789 年《法国人权宣言》的条款像宪法规范一样约束立法者时，个人不能“s'en prévaloir, devant les tribunaux, autrement qu'à titre d'argument”[Carbonnier, Droit civil. Introduction, 24th edn. (Paris, 1996), p. 76]。

织反对歧视的实践不断演进。[2]《联合国宪章》和《世界人权宣言》
是理解随后发展的关键。《宪章》的多项条款都涉及人权和“对所有
人不因种族、性别、语言和宗教而有区分的”自由的保护。[3]《世界
人权宣言》可以作为所有人平等的“大宪章”(Magna Carta)。其第2 119
条以宽泛的术语宣告了所有被《宣言》规定的权利和自由都“不加任
何歧视”的属于每个人。其他条款对该原则展开了更详细的论
述。[4]

种族歧视是对平等原则的一项不可接受的贬损,因此被普遍抵

---

〔2〕 参见,Vierdag, *The Concept of Discrimination in International Law with Special Reference to Human Rights* (The Hague, 1973); McKean, *Equality and Discrimination under International Law* (Oxford, 1983); Thornberry, *International Law and the Rights of Minorities*, pp. 113 - 328。也可参见,Greenberg, “Race, Sex and Religious Discrimination in International Law”, Meron (ed.), *Human Rights in International Law: Legal and Policy Issues* (Oxford, 1984), ii, pp. 307 - 43; Bernhardt, “Vökerrechtliche Verbote der Diskriminierung von Individuen”, Jekewitz, Klein, Kühne, Petersmann and Wolfrum (eds.), *Des Menschen Recht zwischen Freiheit und Verantwortung. Festschrift für Karl Josef Partsch zum 75. Geburtstag* (Berlin, 1989), pp. 97 - 102。

〔3〕 参见,第1(3)条,第13(1)(b)条,第55(c)条,第56条,第59条和第76(c)条。也可参见第62(2)条,其涉及的是推动“所有人”的人权和自由。

〔4〕 序言宣告了固有的尊严和所有人的平等。也可参见,第1条(所有人在尊严和权利上都是平等的),第7条(所有人在法律面前平等),第16条(所有人在结婚和组建家庭上有平等的权利),第21条(所有人在他们国家享有平等的接受公共服务的权利,选举必须是普选,并且有平等的选举权),第23条(所有人享有同工同酬的权利)和第26条(教育需要促进种族宽容和友谊)。评注参见,Eide, Alfredsson, Melander, Rehof and Rosas (eds.), *The Universal Declaration of Human Rights: A Commentary* (Oslo, 1992)。

制。[5] 保护人权的一般和地区条约[6] 和国际宣言[7] 包括了反对种族歧视的特别条款。形成对种族歧视的一般禁止的过程中具有决定性意义的一步发生在20世纪60年代,是伴随《消除一切形式种

〔5〕 国际法对种族歧视的禁止参见,McDougal, Lasswell and Chen, *Human Rights*, pp. 569 - 611(有大量参考书目);Ténékidès, "L'action des Nations Unies contre la discrimination raciale", 168 Hague *Recueil* (1980, Ⅲ), pp. 269 - 487; Banton, International Action Against Racial Discrimination (Oxford, 1996)。也可参见,Henkin, "National and International Perspectives in Racial Discrimination", 4 *Human Rights Journal* (1971), pp. 263 - 9; Schachter, "How Effective are Measures against Racial Discrimination?", ibid., 293 - 310。

〔6〕 一般条约参见,如《公民权利和政治权利国际公约》(the International Covenant on Civil and Political Rights)(特别是序言和第2条);《经济、社会和文化权利国际公约》(the International Covenant on Economic, Social, and Cultural Rights)(特别是序言和第2条、第7条和第13条)。地区性的文件参见,《非洲人权和民族权宪章》(the African Charter on Human and People's Rights)(特别是序言和第2条、第3条、第12条、第13条、第15条、第19条、第22条和第28条);《美洲人权公约》(the American Convention on Human Rights)(特别是序言和第1条、第8条、第13条、第17条、第22条、第23条、第24条和第27条);《欧洲人权公约》(the European Convention on Human Right)(特别第14条)。

〔7〕 参见,《赫尔辛基最后文件》(the Final Act of Helsinki)(被重述于14 *I. L. M.* (1975), p. 1292),签署国同意(understand)尊重"所有人的,不因种族、性别、语言或宗教而有区别的"人权和基本自由。(第7条)(《赫尔辛基最后文件》的政治和法律性质在这里没有必要讨论)接下来可以参考1990年11月2日达成的《为一个新的欧洲的巴黎宪章》(the Charter of Paris for a New Europe)中对种族歧视的谴责,[重述于30 *I. L. M.* (1991), p. 190]。也可参见,1991年12月9~10日在马斯特里赫特达成的《欧洲理事会主席结论》(European Council Presidency Conclusions)的附件3,即《对种族主义和排外主义的宣言》(Declaration on Racism and Xenophobia)。在《欧洲理事会主席结论》中,欧洲理事会强调了反对歧视和种族主义的国际义务的"不受减损的有效性"(undiminished validity)。[可见于31 *I. L. M.* (1992), p. 233.]

族歧视的联合国宣言》[8]和一个具有同样主题的国际公约[9]的通过而发生的。该公约的第1条第1段将种族歧视做如下定义:

> 基于种族、肤色、世系或民族或人种的任何区分、排斥、限制或优 120
> 惠,其目的或效果为取消或损害政治、经济、社会、文化或公共生活任何其他方面人权及基本自由在平等地位上的承认、享受或行使。

如果不回顾国际法院在谴责种族歧视方面所作的贡献,对该问题的考察就是不完整的。国际法院除了在西南非洲(South West Africa)案(本章接下来的部分还会多次提到)实体问题判决的反对意见中,在对纳米比亚的咨询意见中也确认了作为西南非洲前受任统治国的南非有义务尊重所有人的人权和基本自由,不加以种族歧视,不采取任何"公然违背该宪章的宗旨和原则"的相反政策。[10]

现今,将对种族歧视的禁止作为一项国际习惯已经得到了压倒

---

〔8〕 1904号决议(1963年11月20日被通过),*Gen. Ass. Off. Recs.*, *Eighteenth Session*, *Supp.* (*No.* 15) 35 (1963)(*Doc. A*/5515)。

〔9〕 "International Convention on the Elimination of All Forms of Racial Discrimination", 600 *U. N. T. S.* 195. 该文本被重述于 Brownlie, *Basic Documents*, pp. 310–27; id. (ed.), *Basic Documents on Human Rights*, pp. 148–61。146个国家已经成为其缔约国。(Multilateral Treaties Deposited with the Secretary-General. Status as at 31 December 1995, p. 95.) 评注参见, Schwelb, "The International Convention on the Elimination of All Forms of Racial Discrimination", 15*I. C. L. Q.* (1966), pp. 996–1059; Lerner, The *U. N. Convention on the Elimination of All Forms of Racial Discrimination*, 2nd edn. (Alphen aan den Rijn and Rockville, 1980); Meron, "The Meeting and Reach of the International Convention on the Elimination of All Forms of Racial Discrimination", 79 *A. J. I. L.* (1985), pp. 283–318。也可参见, Reisman, "Responses to Crimes of Discrimination and Genocide: An Appraisal of the Convention on the Elimination of Racial Discrimination", 1*Denver Journal of International Law and Policy* (1971), pp. 29–64。

〔10〕 *Legal Consequences for States of the Continued Presence of South Africa in Namibia* (*South West Africa*) *notwithstanding Security Council Resolution* 276 (1970), Advisory Opinion, I. C. J. Reports 1971, p. 57, para. 131. 这个咨询意见的内容参见下述第九章第二部分。

性多数的支持,[11]并且这项国际习惯被认为属于强行法。[12]因此,对种族歧视的禁止和国际法院在巴塞罗那案判决中列举的其他对
121 世义务的规则具有同样的强制性。[13]

第二节 平等和非歧视原则的条件

平等原则绝不应该被解释为要求对所有人绝对的平等对待。否则,这将违背一个人能够区分于他人的多样性以及具体问题具体分析的原则。换言之,该原则必须在一定程度上由比例性衡量其合理性。概括地说,有个能追溯到经典哲学的观点是,平等被平等地对

---

〔11〕 参见,Brownlie, Principles, pp. 598 – 601。《第三次重述》(*The Third Restatement*)限制了针对"系统的"(systematic)种族歧视的规则的习惯性质,如种族隔离。[Section 702, Comment (i) and Reporter's Note (7).]

〔12〕 参见,如意大利代表在《反对种族主义和种族歧视的世界会议》(a World Conference to Combat Racism and Racial Discrimination)的陈述,部分可见于 Ramcharan, "Equality and Nondiscrimination", Henkin (ed.), *The International Bill of Rights: The Covenant on Civil and Political Rights* (New York, 1981), pp. 464 – 5, note 10。文献参见,Brownlie, Principles, p. 513 and pp. 600 – 1; Mullerson and Tunkin (eds.), International Law (Moscow, 1990), p. 21。也可参见,Gros Espiell, "No discrimination y libre determinacion como normas imperativas de derecho internacional, con especial referencia a los efectos de su denegacion sobre la legitimidad de los estados que violan o desconocen esas normas imperativas", 6 Anuario hispano-luso-americano de derecho internacional (1981), pp. 33 – 81。"系统的"种族歧视的问题参见, the *Third Restatement*, Section 702, Comment (n)。在《维也纳条约法公约》通过前的准备工作中,禁止种族歧视是其中最经常被引用的强行法规范的案例。

〔13〕 之前第六章的结论指出了奴隶制度和种族歧视的联系。与之类似,作为前南斯拉夫刑事法庭的首席检察官的理查德·戈德斯通(Richard Goldstone)指出根据他的立场获得的经验是"无论在哪里,任何种类的歧视都包含了种族清洗的种子"。(Drozdiak, "Noted Jurist Says Bias Contains 'Seeds of Genocide'", *The Washington Post*, 2 July 1995, p. A24.)

待，不平等依据其不平等的比例被不平等地对待。[14]

相似地，非歧视原则通过禁止不公正的不平等的方式补充了平等原则，也不能以一种像所有差异都应被禁止的这种教条的方式来解释。法庭往往会采用一种更灵活的方式。例如1935年，在对阿尔巴尼亚少数族裔学校（Minority Schools in Albania）案发表的咨询意见中，常设国际法院区分了“法律上的平等”和“事实上的平等”，并且得出结论，即事实上的平等可能要求被不同的对待，以期在不同情形下获得平衡。[15] 另一个经典的声明出现于欧洲人权法院审理的比利时语言（Belgian linguistic）案实体问题的判决中。在该案中，欧洲法院认为，根据该措施的目的和影响，如果区分没有“客观”与“合理”的正当理由，平等原则（在《欧洲人权公约》第14条项下明确被保护）就被违反了。[16] 综上所述，大家普遍认为某种形式的区别 122

〔14〕 Aristotle, The Complete Works, 1131a10 - 113a24 (Nicomacheean Ethics).

〔15〕 *P. C. I. J.*, *Series A/B*, *No.* 64, p. 19. 评注参见, Lauterpacht, H., *The Development of International Law*, pp. 257 - 62。

〔16〕 *Case relating to Certain Aspects of the Laws on the use of Language in Education in Belgium* (Judgment on the merits of 23 July 1968, ser. A, No. 6), 11 Yearbook of European Convention on Human Rights (1968), p. 832. 判决的英文版本被重述于45 *I. L. R.* (1972), pp. 114 - 231。欧洲法院当时的院长是法国法学家勒内·卡森(René Cassin)，他是一名杰出的人权支持者。其他的成员有的是著名的国家法学家，如维多斯(Verdrosss)，罗丝(Ross)，Balladore Pallieri，莫斯勒(Mosler)，法夫雷(Favre)，瓦尔多克(Waldock). Sörensen and 古根海姆(Guggenheim)，在平等和非歧视原则的问题上，国际法学家和学者似乎在欧洲法庭上分别代表了欧洲人权委员会和比利时政府的立场。关于欧洲法庭裁决在非歧视原则的立场，参见 Merrills, [*The Development of International Law by the European*] *Court of Human Rights* (Manchester, 1988), pp. 152 - 9; Partsch, "Discrimination", Macdonald, Matscher and Petzold (eds.), *The European System for Protection of Human Rights* (Dordrecht, 1993), pp. 571 - 92。

如果有客观的正当理由，是可以被接受的。[17]

真正的问题是决定合法和非法区别的标准。具体而言，种族可以是一个标准吗？[18] 现今，科学家一致认为人类属于同样的物种，源自一个共同的血统。[19] 除了需要对某个族群进行特定的保护，否则种族不是一个有效的区别标准。当这种保护性的措施被允许时，必须严格举证责任，并且有一定的限制条件。例如，《消除一切形式种族歧视的国际公约》第1条第4段规定，促进特定种族发展的特别措施只有具备"必要性"才能被采取，并且必须在其目的达成后不再继续实行。此外，这种保护措施不能让不同的种族族群保有单独的

〔17〕参见，Jaenicke，"Diskriminierung"，Strupp and Schlochauer（eds.），Wörterbuch，i，pp. 387－92；Guggenheim，"Quelques remarques au sujet de l'article 14 de la Convention européenne des droits de l'homme"，*René Cassin Amicorum Discipulorumque Liber I. Problèmes de protection interniationale des droits de l'homme*（Paris，1969），pp. 95－100；McKean，"The Meaning of Discrimination in International and Municipal Law"，44 *B. Y. I. L.*（1970），pp. 177－92；Tomuschat，"Equality and non-discrimination under the International Covenant on Civil and Political Rights"，*Staatsrecht-Völkerrecht-Europarecht*，*Festschrift für Hans-Jurgen Schlochauer*（Berlin，1981），pp. 712－16；Gubin，Rasovaya diskrimnatsiya：reaktsionnaya sushchnost' I mezhdunarodnaya protivopravnost'（Moscow，1979），pp. 9－28。

〔18〕种族的概念参见 Harris，"Race"，Sills（ed.），*International Encyclopedia*，xiii（New York，1968），pp. 263－9。

〔19〕参见联合国教科文组织（UNESCO）于1978年11月27日在巴黎召开的第20次一般会议上通过的《种族与种族歧视宣言》（Declaration on Race and Racial Prejudice）。联合国教科文组织在这个问题上出版的文件参见，Dunn，*Race and Biology*（*Paris*，1958），*and Racism*，*science and pseudo-science. Proceedings of symposium to examine pseudo-scientific theories invoked to justify racism and racial discrimination*，*Athens*，30 *March to* 3 *April* 1981（Paris，1983）（in particular，the article of the Senegalese anthropologist Diop headed "The unity of the origin of the human species"，pp. 133－7）。最近的科学文件参见，Cavalli-Sforza，Menozzi and Piazza，*The History and Geography of Human Genes*，abridged paperback edition（Princeton，1994），p. 19："对种族的分类已经被证明是徒劳无功的……无疑的是只存在一种人类物种。"

权利。种族族群单独发展的问题长期以来都是一个棘手的问题,并被一系列争议所见证,这些争议造就了美国最高法院在学校隔离问题上的标志性裁决。[20] 该裁决拒绝在公共教育领域实行"隔离但平等"主义。

一种极端的种族分离是种族隔离,即 1948 年在南非确立的种族 123
歧视的系统政策(伴随着奴隶制度和生理剥夺的要素),[21]之后被扩展适用到前西南非洲的领土,以维持白人的控制。[22] 种族隔离遭

〔20〕 具体参见,*Brown et al. v. Board of Education of Topeka*, *Shawnee County*, *Kan.*, *et al.*, 347 U. S. 483(1959)。该案的摘要参见,Hutchinson, D. J., "Brown v. Board of Education", Hall, K. L. (ed.), *The Oxford Companion to the Supreme Court*, pp. 93 – 6。更多参见,Kluger, *Simple Justice* (New York, 1977)。隔离的概念参见,Kuper, "Segregation", Sill (ed.), *International Encyclopedia*, xiv (New York, 1968), pp. 144 – 50。

〔21〕 从早期分离政策(segregation)到 1948 年以后的种族隔离(apartheid)新政策的持续性和变革的要素的调查参见,Cowen, *The Foundations of Freedom with Special reference to Southern Africa* (Cape Town, 1961), pp. 23 – 30。种族隔离的问题(有相当多的资料)参见,McDougal, Lasswell and Chen, *Human Rights*, pp. 521 – 60。T 种族隔离的一个核心措施是 1953 年的《班图人教育法》(the Bantu Education Act),可见于 Brownlie (ed.), *Basic Documents on African Affairs* (Oxford, 1971), pp. 415 – 25。

〔22〕 参见,*Special Study of Racial Discrimination in the Political*, *Economic*, *Social and Cultural Spheres* (*Report submitted by the Special Rapporteur*, *Mr. Hernan Santa Cruz*), *United Nations Economic and Social Council*, *Commission on Human Rights*, *Sub-Commission on Prevention of Discrimination and Protection of Minorities*, *Twenty-third Session*, *para.* 857 (Doc. E/CN. 4/Sub2/307/Add. 3)。

到了国际社会的不断谴责,〔23〕被《禁止并惩治种族隔离罪行国际公约》〔24〕终结,目前在西南非洲(现在属于纳米比亚)和南非的法典中已经被废除。〔25〕

尽管存在以上这些发展,有关种族隔离的争议,特别是西南非洲
124 案中向国际法院提出的论述,仍然为对世义务概念的分析提供了有用的素材。因此,本章剩余部分将主要针对当事方在这些案件中提

〔23〕 参见,*The United Nations and Apartheid* 1948 – 1994(New York, 1994)。也可参见,the references to apartheid in all the Reports of the Secretary-General of the United Nations in the period from 1982 to 1991 (Pérez de Cuéllar, *Anarchy or Order*, *Annual reports* 1982 – 1991(New York, 1991), pp. 8, 31, 63, 93 – 4, 119 – 20, 143 – 4, 177, 240, 268 and 340)。杜加特(Dugard)评论道,联合国大会已经"以最严厉的语言"(in the most extravagant language)谴责了种族隔离。[*Recognition and the United Nations* (Cambridge, 1987), p. 106, note 121.]1979 年,克劳福德在"相当程度上承认"(considerable support)了种族平等和非歧视原则的强制性,并认为有关种族隔离的内容下:"被一个国家采用作为一种特殊制度的种族隔离在习惯国际法下可能并非不合法,但其明确昭示了一种以种族或种族起源为依据的对平等的根本否认的政策。"[The Creation of States in International Law (Oxford, 1979), pp. 226 – 7, footnote omitted]. 种族隔离在以下文件中被当作违背了强行法:"Declaration of the Seminar on the Legal Status of the *Apartheid* Régime held at Lagos, Nigeria, from 13 to 16 August 1984 "(Doc. A/39/423 – 5/16709 and Corr. 1, p. 10)。

〔24〕 1973 年 11 月 30 日被联合国大会 3068 号决议通过,*Gen. Ass. Off. Recs.*, *Twenty-eighth Session*, *Supp.* 30 (Doc. A/9030)。该文本可见于 Brownlie (ed.), *Basic Documents on Human Rights*, pp. 162 – 8。该公约在 1976 年 7 月 18 日生效。99 个国家已经成为缔约国。(Multilateral Treaties Deposited with the Secretary-General. Status as at 31 December 1995, p. 164.)

〔25〕 有关纳米比亚独立进程,参见 15 *South African Yearbook of International Law* (1989 – 90) (Namibian Independence Edition) 中的多篇文章, 以及 1 *South African Yearbook of International Law* (1993) (Special Theme: Namibia: The Independence Process)。也可参见,Kamto, "L'accession de la Namibie à l'indépendance", 94*R. G. D. I. P.* (1990), pp. 577 – 634。南非宪法的发展问题参见,Dugard, International Law. A South African Perspective (Kenwyn, South Africa, 1994), p. 339。1993 年《宪法》中的人权保护参见,id., "International Human Rights", van Wyk, Dugard, de Villiers and Davis (eds.), *Rights and Constitutionalism. The New South African Legal Order*(Kenwyn, South Africa,1994), pp. 191 – 5。

出的论述。目前的研究将只涵盖西南非洲案中大量的书面诉状和口头论述的非常小的一部分。[26] 将要解决的唯一问题(在相应段落的选择上也将只与之相关)是当事方争议中的一个问题,即是否一项针对非歧视或不隔离的国际禁止在当时可以对抗作为西南非洲受任统治国的南非?

第三节　西南非洲案中种族歧视保护和禁止种族隔离的对世对抗性问题

1960年,埃塞俄比亚和利比里亚向国际法院起诉南非。争议的问题是西南非洲的委任统治(mandate)问题。[27] 国际法院已是第四次被要求在委任统治的问题上作出判断,这也是该问题第一次被通过诉讼程序的方式予以解决。[28]

原告国在诉状中提出,南非在西南非洲实行种族隔离的行为,已

---

〔26〕 诉状超过了3700页,审理持续了接近100天。

〔27〕 西南非洲委任中的政治和法律问题的简要论述参见,*Oppenheim's International Law*, ⅰ, pp. 300 – 7。更长的论述参见,Slonim, South West Africa and the United Nations: An International Mandate in Dispute (Baltimore and London, 1973); Zacklin, "The Problem of Namibia in International Law", 171 Hague *Recueil* (1981, Ⅱ), pp. 225 – 340。委任统治制度的问题参见,Diena, "Les mandats internationaux", 5 Hague *Recueil* (1924, Ⅳ), pp. 211 – 65; Rolin, " La pratique des mandats internationaux", 19 Hague*Recueil* (1927, Ⅳ), pp. 493 – 628。

〔28〕 在之前提到的三种情形下,国际法院均收到了联合国大会要求国际法院做出咨询意见的请求。参见,*International Status of South West Africa*, Advisory Opinion, I. C. J. Reports 1950, p. 128; *Voting Procedure on Questions relating to Reports and Petitions concerning the Territory of South West Africa*, Advisory Opinion, I. C. J. Reports 1955, p. 67; *Admissibility of Hearings of Petitioners by the Committee on South West Africa*, Advisory Opinion, I. C. J. Reports 1956, p. 23。国际法院做出的有关西南非洲委任统治的4个咨询意见和2份判决的摘要参见,Rosenne, *The World Court. What it is and how it works*, 5th revised edn. (Dordrecht, 1995), pp. 168 – 75。

违反了《国际联盟盟约》第22条第1段对受任统治国的规定和《委任统治书》第2条第2段有关的规定。[29]《盟约》第22条第1段体现了委任的指导原则,即在委任领土上生活的人民的幸福和发展构
125 成了“文明的神圣委托”。为践行该原则,西南非洲《委任统治书》第2条第2段规定受任统治国“将促进西南非洲人民的最大的物质精神幸福和社会进步”。[30]

基于何种基础方能证明种族隔离的政策和受任统治的义务不一致?在案件审理初期,原告国被要求提出法律的标准,这才能使国际法院裁决实体问题。原告国提出的一个论点是,在对西南非洲进行统治时,受任统治国有义务尊重一项“非歧视”或“不隔离”的国际习惯规范。[31] 在再答辩书中,埃塞俄比亚和利比里亚将“非歧视”和“不隔离”做如下定义:

从反面意义上讲,该术语指不存在一种政府政策或行为——该行为根据所属的族群,阶级或种族,而非个人的功过,能力或潜力为依据对地位、权利、义务、特权或责任做出分配;从正面意义上讲,该术语指政府政策和行为的目标是保护机会均等和对个人的法律上

---

〔29〕 *I. C. J. Pleadings*, *South West Africa*, i, pp. 104–66 (the Submissions are at pp. 197–8).《公约》相关条款和《委任统治书》的英文版本可见于 ibid., pp. 200–2。

〔30〕 案件审理时,菲茨莫里斯法官提醒当事方注意《委任统治书》第2条的英文版本和法文版本的差异。(ibid, viii, p. 32.)基于本书的目的,将不讨论该问题。

〔31〕 原告国认为对种族隔离的禁止已经不仅是一个法律规范,也是一个适用于委任统治的“标准”(standard),但目前的讨论不涉及该问题。(参见,*I. C. J. Pleadings*, *South West Africa*, ix, pp. 309–42。特别是,the dissenting opinion of Judge Jessup from the final judgment of the International Court, I. C. J. Reports 1966, pp. 429–42。)“标准”的问题参见,Pound, An Introduction to the Philosophy of Law, 2nd edn. (New Haven and London, 1954), pp. 57–9; Dillard, “Some Aspects of Law and Diplomacy”, 91 Hague*Recueil* (1957, I), pp. 477–8。委任统治制度中的标准的发展问题参见,Wright, Mandates under the League of Nations (Chicago, 1930), p. 219,也可参见下述第八章第四节。

的平等保护。[32]

原告国补充道,在该争端被提交到国际法院时,一项“非歧视”或“不隔离”的国际习惯已出现并被普遍接受。

南非对此持异议。在被告方二次答辩书中,南非认为有关非歧视的国际习惯尚未形成,或者至少像原告国定义的那种国际习惯没有形成。[33] 南非并没有否认一项反对歧视的规则的存在,但认为偏袒某些族群的规则应该被排除。南非方面观点的实质,是认为不存在禁止种族分离的国际规范,不管有无证据证明该政策有一种歧视 126
的意图或影响。换言之,一项有关种族隔离的政策并非当然不可接受。南非进一步辩论道,即使假设原告国定义的规范已经在国际习惯法下存在,这样的规范也不能对抗南非,因为南非已经在该规则形成之初就表明了“公开和持续”反对。[34] 在实践中,南非的确主张其对原告国宣称的国际习惯规则,是一个持续反对者。

在法院审理过程中,原告国认为一项“非歧视”或“非隔离”的规范是可以对抗所有国家的,无论该国家是否提出了持续反对。表明原告国立场的核心段落如下:

非歧视和非隔离的规范关乎所有国家和作为一个整体的有组织的国际社会的共同利益和集体利益。并且,这些共同利益是被广泛分享、深感于心且常为人称道的人道主义信念。在这方面,种族隔离和种族清洗是一样的,而对二者造法进行规范过程的性质也相似:在该情形中,受损害的国际社会的集体意愿达成了实质上的一致,法律的道德基础尤为可见。这是因为,有违法者就已存在形成

---

〔32〕 *I. C. J. Pleadings*, *South West Africa*, ⅳ, p. 493.

〔33〕 Ibid., ⅴ, pp. 140 - 1. 南非认为国际法院没有审理依据不歧视提起的诉讼的管辖权,但在当前背景下没有必要讨论该问题。

〔34〕 除了前脚注引用的页码,参见,*I. C. J. Pleadings*, *South West Africa*, ⅷ, p. 676, and ⅹ, pp. 9 - 11 and 28 - 41。(为了更好地理解前面引用的页码中内容,建议阅读整个文本,at pp. 3 - 53。)

一项规范的动因。如果违法者被允许以反对的方式逃脱其行为所应当承担的法律谴责，在国际社会秩序中的价值受到了巨大挑战时，国际法就是无能的。[35]

综上所述，原告国认为，南非作为西南非洲的受任统治国，[36]尽管提出了持续反对，但仍然受"不歧视"和"不隔离"规范的约束。主要的三点理由是：1. 该规范中体现的"道德基础"和对"关乎所有国家和作为一个整体的有组织的国际社会的共同利益"的推动作用；2. 国际社会在支持这个规范上达成的"实质一致"；3. 如果允许南非逃脱该规范的约束可能导致的负面结果。以上这些理由将以逆序方式被考察。

127 首先，原告国认为，如果从法律上允许南非逃脱"不歧视"或"不隔离"规范的适用，那么委任的目的就落空了。该观点受到南非批评，南非认为这是"纯法律"的分析，[37]如果是这样，该规范约束南非的原因就仅是因为这样做能让人满意。如果对原告国的论点仅做字面解释，这些反驳倒还有一些道理。然而，原告国的论点也可以被解释为：如果南非能合法的成为"不歧视"或"不隔离"规范的持续反对者，那么行使"与国际法一致"的委任的义务将遭到破坏。[38]换言之，该论点最终源于"委任统治"的特定性质。

其次，原告国认为，国际社会推动了一项约束所有国家的规范的产生。该规范是通过国际同意的方式体现出来的，即从国际组织的

---

〔35〕 Ibid.，ix，p. 351.

〔36〕 在南非的种族隔离原本并非本案的争点。然而，原告国的律师（Agent）承认，在西南非洲案诉讼外的一项声明（pronouncement）中，原告国的目标之一是将整个种族隔离制度提交审理，无论该制度被南非政府适用到哪里。参见，Gross，"*The South West Africa Cases*：On the Threshold of Decision"，3 *C. J. T. L.*（1964），pp. 19 – 25。

〔37〕 *I. C. J. Pleadings*，*South West Africa*，x，p. 30.

〔38〕 Ibid.，ix，p. 349.

“正式的行为”中表现出的“集中了压倒性多数的国际意见”。[39] 这样,“不歧视”或“不隔离”产生于有“准立法”作用的造法过程。原告国论点中的这一点说服力欠佳。没有人能否认决议在对种族歧视实行国际禁止中的作用,其在对人权实行国际保护上的作用更大。[40] 然而,“作为一个整体的有组织的国际社会”或“国际社会的集体意志”的表述看起来和现在的国际关系的现实并不吻合,更不要提20世纪60年代西南非洲案发生时的国际关系了。可以说,原告国出于诉讼策略上的考虑,[41]过分强调了国际机构在对西南非洲的委任的控制中的特殊作用。无论如何,原告国即使采用一种更温 128

〔39〕 Ibid., p. 345. 有关“一致同意”(consensus)的文献有很多。参见,如 Jenks, “Unanimity, The Veto, Weighted Voting, Special and Simple Majorities and Consensus as Modes of Decision in International Organisations”, *Cambridge Essays McNair*, pp. 48 – 63; Charpentier, “La procédure de non objection (A process d'une crise constitutionnelle de l'O. N. U.)”, 70 *R. G. D. I. P.* (1966), pp. 862 – 77; de Lacharrière, “Consensus et Nations Unies”, 14*A. F. D. I* (1968), pp. 9 – 14; D'Amato, “On Consensus”, 8*Canadian Yearbook of International Law* (1970), pp. 104 – 22; Jessup, “Silence Gives Consent”, 3 *Georgia Journal of International Law* (1973), pp. 46 – 54; Bastid, “Observations sur la pratique de consensus”, Tittled (ed.), *Multitudo Legum Ius Unum. Festschrift für Wilhelm Wengler zu seinem* 65. *Geburtstag*(Berlin, 1973), ⅰ, pp. 11 – 25; Cassese, “Consensus and Some of its Pitfalls”, 58 *Riv. dir. int.* (1975), pp. 754 – 61; Kas'ian, Konsensus v sovremennykh mezhdunarodnykh otnosheniyakh (mezhdunarodno-pravovye voprosy) (Moscow, 1983)。

〔40〕 参见,the Preliminary Exposé, Provisional Report, Definitive Report and Draft Resolution relating to “Resolutions of the General Assembly of the United Nation's presented by Krzyszt of Skubiszewski to the Institute of International Law at the Helsinki Session of 1985, 61 *Ann. Institut*(1985), ⅰ, pp. 29 – 334”。(也可参见 the “Observations of the Members of the Thirteenth Commission on the Provisional Report”, pp. 335 – 8。)

〔41〕 概括来讲,诉讼策略问题对解释当事方的诉求至关重要。例如,原告的律师明确承认,菲茨莫里斯法官和斯宾达(Spender)法官在管辖权阶段的反对意见中提到的可诉性(justiciability)的问题(I. C. J. Reports 1962, pp. 466 – 7),对原告采取的诉讼策略有影响(Falk, The Status of Law in International Society (Princeton, 1970), pp. 383 – 4, note 16)。在审理阶段,菲茨莫里斯法官让原告澄清他们提起案件所依据的“纯司法基础”(purely juridical basis)。(*I. C. J. Pleadings*, *South West Africa*, ⅷ, p. 30.)

和的表述，也不能消解所有疑虑。有人会提出，南非在种族隔离决议上的异议并不能剥夺这些决议在解释《联合国宪章》条款中的证明力。上述《联合国宪章》条款对所有的国家都有约束力，如第55条和第56条。然而，这些被几乎所有国家赞成的决议，至多有一种“高度的说服力”，[42]既没有法律上的约束力，也不能对抗投反对票的国家。

最后，原告国提出的第三个论点涉及对禁止种族歧视的价值评价。在原告国的口头再答辩中提到了一些有特色的表述，如“国家的共同利益和集体利益”、“人道主义信念”、“法律的道德基础”和“国际社会秩序体现的价值”。在诉讼中，原告国不断重申，南非不能依据国际法院的渔业案的判决意见[43]而主张因为其在一项法律规范形成初期表明的持续反对，所以就可以逃脱该规则的适用。原告国认为，渔业案中的习惯规范旨在“调整直接的竞争或冲突的利益”（adjusting directly competing or conflicting interests），而本案中的“不歧视”关乎“世界社会的标准”（world community standards）。[44]原告国没有就此做更多论述。从诉状的内容来看，原告国看起来更准备在持续反对者原则上做出让步，[45]尽管这与本案无关，但可成为针对南非的种族隔离而提起的诉讼的合理抗辩。

相似地，原告国提到了种族清洗的国际禁止和种族歧视引发的保护的相似性，但没有就此做过多阐述。如前所述，国际法院在“《灭种罪公约》的咨询意见”中考察了《灭种罪公约》的目的和国家谴责种族清洗的意图。国际法院写道，联合国的成员国一旦通过第96号决议，就已意味着有意图把种族清洗当作一项违反“道德法”和

---

〔42〕 Schachter, *International Law*, p. 91.

〔43〕 参见前述第三章第五节。

〔44〕 *I. C. J. Pleadings*, *South West Africa*, ix, pp. 351 – 2.

〔45〕 参见，ibid., pp. 348 – 9。

“联合国的精神与目标”犯罪予以谴责。国际法院接着写道,《灭种罪公约》通过的目的是一种国家“共同利益”中的“纯人道主义和文明的目的”。因此,国际法院得出结论,《灭种罪公约》中的原则毫无例外的适用于所有国家。[46] 129

上述咨询意见与种族歧视引发的保护的相似性是显而易见的。在《消除一切形式种族歧视的国际公约》的序言中,缔约国宣告任何种族优越主义都是在“道德上值得谴责的”,种族屏障是与任何人类社会的理念敌对的。基于同样的理由,若干年以后,《禁止并惩治种族隔离罪行国际公约》第1条将种族隔离定义为一项“违背人道的犯罪”。因为种族隔离与道德法以及国际社会的共享价值明显矛盾,所以谴责种族清洗、种族歧视和种族隔离的国际法律文件只用了相当短的时间就被缔结,之后不久就开始生效。

国际法院没有言明禁止种族灭绝和种族歧视引发的保护的类似之处,也没有涉及原告国所言的“不歧视”规范的对世对抗性问题(包括持续反对者问题)。事实上国际法院根本没有处理争端的实质问题,因为院长决定性的一票,[47]法院最终裁定原告国缺乏诉因。然而,有一些反对院长观点的法官认为,他们在诉讼中可以(即使不享有法律上的权利)考察被当事方提起的案件的实质问题。[48] 在田

---

〔46〕 参见前述第五章第二节。

〔47〕 《国际法院规约》第55条第2段规定:“如投票数相等时,院长或代理院长职务之法官应投决定票。”

〔48〕 在判决附加的一份宣言(declaration)中,国际法院院长珀西·斯宾达(Percy Spender)写道,“法官意见不应旨在处理那些完全在法院裁决范围(the range of the Court's decision)或裁决的意图(decision's motivation)范围之外的事项”。(I. C. J. Reports 1966, pp. 51 –7.)田中法官不同意并写道,“多数意见的产生不能被视为是对单个法官的独立意见(separate opinion)的限制”。(ibid., p. 262.)在杰赛普(Jessup)法官的反对意见中,他认为“60余年来,处理一项已经被提交到国际法院案件的法律问题都是他的司法义务”。(ibid., p. 325.)独立意见(individual opinion)参见,Lauterpacht, H., *The Development of International Law*, pp. 66 –70。

中法官的反对意见中，他详细讨论了对种族歧视的禁止。他论证的起点在于，人权源于人类首先是一个人的观念。国家没有创造人权，而只能确认其存在。因此，人权独立于国家的意志而存在。田
130 中法官为支撑其论点，提到了“《灭种罪公约》咨询意见”。在该咨询意见中，国际法院已确认了公约约束所有国家的原则，即使对没有公约义务的国家也是如此。[49] 田中法官得出的结论是：

> 不承认或否认该原则（即人权保护）存在的国家仍然受制于该规则。[50]

基于此，他总结道，种族歧视“自身”是与人类的平等原则相矛盾的，对种族歧视的禁止是一项可对抗所有国家的禁止。[51]

田中法官在反对意见中的论证只能从整体上、从国际法的观点及该法官掌握的法律一般理论的意义上方能被完全领会。[52] 对这些观点细致的考察显然都不在本书讨论的范围之内。这样，田中法官在禁止种族歧视的对世对抗性问题上的观点可以被概括如下：禁止种族歧视的对世约束力源于该禁止意图保护的道德和社会价值，并由国家对该禁止的承认上得以反映出来。[53]

---

〔49〕 参见前述第五章第二节。

〔50〕 *I. C. J. Reports* 1966, p. 298. 田中法官的反对意见中提到的平等可见于 Brownlie（ed.）, Basic Documents on Human Rights, pp. 567 – 98。

〔51〕 *I. C. J. Reports* 1966, pp. 313 – 16.

〔52〕 参见其本人的论著，“Du droit international au droit mondial”, *Etudes juridiques offertes à Léon Julliot de la Morandière*（Paris, 1964）, especially pp. 563 – 7。（针对的是国际法的渊源问题，特别是“被文明国家承认的一般法律原则”。）田中法官的平等原则和哲学背景参见，Saito, “Judge Tanaka, natural law and the principle of equality”, Alfredsson and Macalister-Smith（eds.）, *The Living Law of Nations: essays on refugees, minorities, indigenous peoples and the human rights of other vulnerable groups in memory of Alte Grahl-Madsen*（Kehl, 1996）。

〔53〕 和田中法官相似的观点在 30 年以前就被南非上诉法院的法官加德纳（Gardiner）在其反对意见中提出，the case of *Minister of Posts and Telegraphs v. Rasool*, The South Africa Law Report 1934, Appellate Division, p. 167, at pp. 183 – 93。

第四节　小结

从西南非洲案的诉状中引发的主要问题是，一项“不歧视”的国际规范（也包括对种族隔离的政策的禁止），是否具备“对世性”（包括作为西南非洲的受任统治国的南非）。南非不反对对种族歧视的一般禁止，但反对将该禁止解释为包括其种族隔离政策。

不像前面讨论过的巴塞罗那案判决中列举的对世义务的其他3 131
个案例，西南非洲案自有其特色，即1.一项国际义务是否能对抗一个持续反对者的确存在争议；2.该争议不在于一项一般义务（即对种族歧视的禁止）的普遍对抗性，而在于一项歧视政策（即种族隔离）之特定禁止的普遍对抗性。后者解释了国际法院在巴塞罗那案判决意见中使用的术语是多么精确：抵制种族歧视（和奴隶制）的对世义务不仅意味着在整体上宣布种族歧视（和奴隶制）不合法，也意味着保护人类免受与该义务相矛盾的特定政策的约束。〔54〕

尽管国际法院并没有审理西南非洲案的实体问题，但原告国诉状和田中法官的反对意见中的论述为国际法院在“《灭种罪公约》咨询意见”中的论证提供了可资比较的要素，其使一项国际义务的对世对抗性可以由国际义务的道德基础和国际社会中相当比例国家的支持而证成。

以上内容分析了国际法院在其经典判决意见中给出的4个对世义务的案例。下一章第一部分将概括从这些分析中得出的结论。

---

〔54〕 在另外一个背景下，Nincic强调了禁止和保护之间的联系。在对《赫尔辛基最后文件》的《原则宣言》的条款做出分类的过程中，他确定了一个叫“normes prohibitives”的概念，是指“destinées à protéger les valeurs fondamentales, c'est-à-dire à empêcher qu'il soit leur porté atteinte”[Les implications générales juridiques et historiques de la Déclaration d'Helsinki', 154 Hague Recueil (1977, Ⅰ), p. 79]。

第八章　国际文献中提出的对世义务选项

第一节　介绍

132　第四章至第七章探讨了巴塞罗那机车案中提到的对世义务，总体可归纳如下：

（一）对于一些特定的义务，如禁止侵略，对世义务这个概念的特殊贡献不在于这项义务不论同意与否都可对抗于所有的国家（比如，没有国家会反对禁止侵略），而在于阐明了这项义务所引申出来的推论（在禁止侵略的场合，是指对可援引“排除不法性”的情形进行限制）。

（二）尽管“对世义务”的概念第一次被提上国际法的议程是因巴塞罗那机车案的判决意见，但是相关的一些法理要素之前就已出现在国际法院的判决中，较为显著的是关于禁止种族灭绝公约的咨询意见。

（三）在国际法院提出的四项对世义务中，有三项都是禁止从前并不在国际法范畴之内的行为，并且其中有一项所禁止的内容曾经在长达几个世纪的时间里被人们视为一种习俗，即奴隶行为。

(四)尽管四项义务都没有针对任何特定情形,但是对于禁止种族歧视这项义务,有观点认为对种族隔离政策的禁止也应具有对世性质。

在分别讨论了四个例子之后,将它们进行比较并尝试总结出其共同点是大有裨益的。第四章至第七章的分析至少体现了五个共同点,即:

(一)所有四个例子都是狭义的义务("不得进行侵略"而非更加宽泛的"不得非法使用武力";"不得种族灭绝"而非更加宽泛的"反人类罪";"对奴役的禁止"而非更加宽泛的对自由的各种限制;"禁止种族歧视"而非更加宽泛的对各种歧视的禁止); 133

(二)尽管其中两个例子表述为"将某种实践宣布为非法",另外两个例子表述为"保护……不受某种实践的伤害",但是这四个例子本质上都是指消极义务(或禁止),[1]而非积极义务;[2]

(三)所有四个例子都是义务或责任,[3]并且概念界定严格(即

---

〔1〕 一些关于"禁止"(prohibition)这一法律概念的引人深思的论述,参见 Kelsen, *General Theory of Norms*, pp. 92 –3。

〔2〕 根据 Austin 的定义,"积极义务"要求义务人做出或履行一定的行为,"消极义务"则要求义务人克制不做或放弃一定的行为。(*Lectures on Jurisprudence*, p. 346.)有一些学者不使用积极义务(positive obligations)的表达,而用"肯定的责任"(affirmative duties)。[如 Brilmayer, *Justifying International Acts* (Ithaca, N. Y., and London, 1989), pp. 118 –38]

〔3〕 在普通法系中,"义务"(obligation)与"责任"(duties)基本上是同义词。(Hart, *The Concept of Law*, p. 284)在国际法领域中也是如此,尽管国际法院在关于西南非洲国际地位的咨询意见中将"义务"一词作为法律术语来使用,而将"责任"一词作为政治或道德概念来使用(I. C. J. Reports 1950, p. 140; see also the dissenting opinion of Judge Alvarez, ibid., p. 177)。在东帝汶案中,Weeramantry 法官将"对世义务"与"对世责任"两词通用(I. C. J. Reports 1995, p. 215)。从哲学角度比较这两个概念,参见 Brandt, "The Concepts of Obligation and Duty", 73 *Mind* (1964), pp. 374 –93。

应当做或不做),〔4〕以区别于其他基础法律概念;〔5〕

(四)四个例子相关的义务都是来自国际法中的强行法规则,它们被编纂为条约并经由众多国家签署缔约;

134 (五)四个例子所涉及的义务都有助于实现当下的政治目标,即维系和平、促进基本人权。〔6〕这些目标反过来体现了基本的利益(或道德价值),〔7〕其中首当其冲的便是生命与人类尊严。

---

〔4〕 *Lake Shore &M. S. R. Co. v. Kurtz*, (1894) 10 Ind. App., 60; 37 N. E., 303, 304.

〔5〕 参见 Hohfeld, Fundamental Legal Conceptions, pp. 23–114(只是便于参考)。Hohfeld 的术语与法律分析通行于英国法理学界[参见 Hart, *Essays on Bentham. Studies in Jurisprudence and Political Theory* (Oxford, 1982), p. 162],并为一些国际法学家所用(如 Mendelson, "State Acts and Omissions as Explicit or Implicit Claims", *Le droit international. Mélanges Virally*, pp. 373–82),并曾被至少一名国际法院法官所采纳(参见 Weeramantry's dissenting opinion in the *East Timor* case, I. C. J. Reports 1995, p. 209)。关于 Hohfeld 的基本法律概念分析,参见 Kocourek, "The Hohfeld System of Fundamental Legal Concepts", 15 *Illinois Law Review* (1920), pp. 24–39; Campbel, "International Law and the Student of Jurisprudence", 35 *Transactions of the Grotius Society* (1935), pp. 122–3; Hart, "Definition and Theory in Jurisprudence", 70 *Law Quarterly Review* (1954), p. 49, note 15; Dias, *Jurisprudence*, 3rd edn. (Oxford, 1970), pp. 269–72; *Salmond and Jurisprudence*, p. 225 note (m); Finnis, *Natural Law and Natural Rights* (Oxford, 1980), pp. 199–205; Raz, *The Concept of a Legal System*, 2nd edn. (Oxford, 1980), pp. 179–81; Halpin, "Hohfeld's Conceptions: from Eight to Two", 44 *Cambridge Law Journal* (1985), pp. 435–57。

〔6〕 根据《联合国宪章》开始的两段话:"the Peoples of the United Nations" are determined "to save succeeding generations from the scourge of war", and "to reaffirm faith in fundamental human rights"。

〔7〕 在这本书中,"利益"(good)与"价值"(value)这两个词被当作同义词来使用,用于表示本质上具有价值的某些事物。关于这两个词的哲学历史,参见 Abbagnona, Dizionario di filosofia, 2nd edn. (Turin, 1971), pp. 100–2(关于利益(good)一词),pp. 908–11[关于价值(value)一词]。在使用"价值"一词时,笔者意识到"[c]ette expression ne signifie pas grand-chose parce-qu'elle englobe finalement trop de choses"。但是他与下述这段论述的作者一同深信:"[e]lle renvoie…à un niveau très important de la réalité humaine: la morale"。[Lustiger, "La personne devant le Cardinal Archevêque de Paris", *Recueil Dalloz Sirey* (1995, No. 2), p. 7.]

这五个共同要素仅是描述性的。将它们列举于此，并未假设它们必须被看作是规范性标准，从而使一项义务必须满足这些要求才能成为对世义务。这些要素是通过比较国际法院判决意见所提出的四项义务而推断出来的，并且国际法院对于对世义务的列举也是不完全的。因此，尽管这些要素是这四项义务所共有的，但这并不意味着它们将一成不变地适用于所有的对世义务。

但是，这五个要素可以提供一个有用的框架，以分析在文献中及在国际法院中被提及的其他备选对世义务。[8] 本章及第九章将会对这些义务加以分析。分析的目的不在于评估这些备选义务是否真的是对世义务，而是在于更加深入地挖掘对世义务的概念。

尽管时有列举强行法规则的尝试，[9]但尚未有人试图对现存的或正在形成的对世义务进行编纂（至少据笔者所知未有）。由于这仍是一片处女地，任何对备选义务的挑选都应当是自由裁量的。为了阐明这种裁量权的行使并非武断，我们有理由对选择某些特定的备选义务而非其他义务的原因加以解释。

本章将要讨论的备选义务分别属于以下领域：人权法、发展法、 135
环境法。保护人权可能是当下这个时代的根本思想。它是唯一的能与“和平”并驱的理念，并在国际社会中获得了全世界范围的无条件

---

〔8〕 我们无法同意 de Hoogh 的观点，他认为从国际法院的例子中，“不能从一项义务的对世性中推导出任何标准（one cannot determine any criterion on which to base the erga omnes character of an obligation）。”（*Obligation "Erga Omnes" and International Crimes*, p. 55）。在 de Hoogh 的论述中，他过多地强调国际法院所给出的例子隶属于不同的国际法领域。在批判 de Hoogh 的观点的同时，笔者认识到 de Hoogh 的研究并非着眼于对世义务的概念（从而并非着眼于判断该义务的标准），而是着眼于国际罪行与国家责任。（See ibid., pp. xvii and 4.）

〔9〕 例如，可参见 Whiteman, "*Jus Cogens* in International Law, with a Projected List", 7 *Georgia Journal of International and Comparative Law* (1977), pp. 609 – 26; Haimbaugh, "Jus Cogens: Root & Branch (an Inventory)", 3 *Touro Law Review* (1987), pp. 203 – 27; Hannikainen. *Peremptory Norms*, pp. 716 – 23。

支持。[10] 国际法院提及的四项对世义务中有三项都与人权相关。这表明了,不仅对世义务这一概念的存在将会有利于保护与促进人权,而且同样的,(例如 Carillo Salcedo 所明确指出的那样)[11] 人权能够巩固诸如对世义务这样的概念。因此,我们可以信心十足地设想人权这个通过新生代的权利与保护机制不断扩张的领域将会继续是对世义务发展的主要领域。所以,对该领域的进一步探寻是较易被证明为有理的。

若将对世义务的概念限制于人权法的领域太过狭隘。国际法院给出的关于对世义务的四个例子之一(即不得进行侵略)就与人权保护无关,本章与第九章将展现备选对世义务如何在其他领域形成。关注发展法与环境法的原因是极其实用主义的:如今,对发展的促进和对环境的保护是国际法日程上的关键章节,它们与和平、人权的联系也是无可争议的。[12] 这样的实用主义路径同样可证明对第九章备选义务的选择是合适的,这些义务是国际法院在巴塞罗那机车案之后多年所讨论的。

第二节　国际法院判决意见所列之外的人权领域的对世义务选项

136 国际法院在给出"禁止种族灭绝"、"禁止奴隶制度"、"禁止种族

〔10〕 参见 Henkin, *The Age of Rights* (New York, 1990), p. ix。

〔11〕 *Soberania de los estados y derechos humanos en derecho internacional contemporaneo* (Madrid, 1995), pp. 106 – 11.

〔12〕 关于这种"联系",可参见,例如:the statement by Douglas Hurd, former Foreign Secretary of the United Kingdom and President of the Council of the European Communities, to the United Nations General Assembly on 22 September 1992 (reproduced in Bulletin of the European Communities (No. 9, Sep. 1992), pp. 97 – 100). 文献资料,参见 Henkin, *International Law*, pp. 288 – 95; Giuliano, Scovazzi and Treves, *Diritto internazionale*, *Parte generale*, pp. 51 – 78.

歧视”的例子时，曾笼统地说到对世义务可以来自于“保护人类基本权利的原则与规则”。[13] 这句话需要进一步的注解。

国际法院提到“原则与规则”。前国际法院法官 Dillard 认为在国际法文献中，“规则”与“原则”这两个词是可互换使用的。[14] 他的观点是正确的。人们倾向于将“原则”作为“规则”的同义词。

理论上，这两个词之间也许有所不同。不同的作者根据各自不同的法理学基础、依照不同的标准对这两个词做出区分。[15] 比如，Fitzmaurice 认为原则指的是“构成规则的基础或者为规则的存在提供原因”。[16] 这项定义将原则等同于开启法律推理的权威出发点，它实际上被翻译成了亚里士多德定义下的“原则”或“本源”。[17] Mosler 接受 Fitzmaurice 的定义作为对“原则”一词的可能解释，同时又提出了两词间的另一个区别：“原则”的意义更宽，能够产生“更多方式的应用与适用”，然而“规则”以一种更清晰的方式界定了权利与义务。[18]

这些定义并不是排他的，并无必要对其进行详细阐释。国际法院在其判决意见中使用了这两个词，清楚地表明对世义务既可来自

〔13〕 I. C. J. Reports 1970, p. 32, para. 34.

〔14〕 “Some aspects of Law and Diplomacy”, pp. 477 – 81. 类似地，在国际法院的实践中，Mendelson 曾写过“他倾向于将这两个词作为同义词”[“The International Court of Justice and the sources of international law”, Lowe and Fitzmaurice, M. (eds.), *Fifty Years. Essays Jennings*, p. 80]。

〔15〕 从法律的一般理论上讲，参见 Pound 对这两个词的定义：“Hierarchy of Sources and Forms in Different Systems of Law”, 7 *Tulane Law Review*(1933), pp. 482 – 4(参见 Dillard 对其的摘选，“Some Aspects of Law and Diplomacy”, p. 477, note 3)，以及 Paton, *Jurisprudence*, pp. 236 – 7。另，参见对 *Gentini* 案的摘选：Cheng, *General Principles of Law*, p. 24。

〔16〕 “The General Principles”, p. 7. 关于这项定义，参见 Scobbie, “Towards the Elimination of International Law: Some Radical Scepticism about Sceptical Radicalism”, 61 *B. Y. I. L.* (1990), p. 358, note 88。

〔17〕 Aristotle, *The Complete Works*, 1012b34 – 1013a23(Metaphysics).

〔18〕 *The International Society*, p. 73.

于原则,亦可来自于规则。它在关于人权保护的一个段落中明确表明如此。这是否意味着国际法院的意见仅适用于人权保护?判决意见中似乎并无任何文字能够得出这一结论。并且,对世义务不仅能来自于规则、亦能来自于原则的主张为对世义务增添了一个与强行
137 法类似的特征。在《维也纳条约法公约》的编纂过程中,被提议作为强行法规则的例子同时包括原则与规则。[19] 确实,强行法作为国际法系统的奠基性原理这一性质使得原则似乎比规则更具有强行法特征。[20]

如果我们试图分析"对世义务可来自于原则与规则"的实际后果,问题将变得更为复杂。Weeramantry 法官在国际法院"东帝汶案"的反对意见中[21] 提供了一些与此相关的具有启发性的考量。

1991 年,葡萄牙向澳大利亚提起诉讼,事关澳大利亚针对东帝汶的活动。在其诉讼请求中,葡萄牙请求国际法院裁判并宣布:由于澳大利亚与印度尼西亚磋商、缔结并施行了 1989 年《帝汶海沟合

---

〔19〕 参见如, the International Law Commission's "Draft Articles on the Law of Treaties", pp. 67 – 8, para. 3. 这个段落列出了民族自决权的原则作为强行法规则的备选例子。

〔20〕 Ziccardi, "Règles d'organisation et règles de conduit en droit international. (Le droit commun et les orders juridiques)", 152 Hague *Recueil* (1976, IV), p. 327: "Le *jus cogens* s'exprime tant en forme de principes que de normes, selon qu'il énonce des fins et des résultats comme obligatoires et prééminents, ou qu'il dérive au contraire des types de comportement absolument obligatoires ou interdits... Que le *jus cogens* comprenne des principes plutôt que des normes, ressort de sa nature même, qui le place sur le plan des principes fondamentaux, du système, considéré dans son unité globale, au point que son individualisation est celui de l'interprétation systématique."

〔21〕 *East Timor* (*Portugal v. Australia*), Judgment, I. C. J. Reports 1995, pp. 139 – 223. (笔者感谢国际法院的书记员 Mr Eduardo 为其提供复印版的葡萄牙的诉状和澳大利亚的反诉状。)(诉状的名称待统一)

作条约》,[22]澳大利亚违背了其尊重葡萄牙对东帝汶的行政管理权,并且侵犯了东帝汶人民的民族自决权及对自然资源的永久主权。[23]由于澳大利亚提起了关于管辖权与可诉性的初步异议,[24]双方律师同意法院院长将这些异议放在考虑实体问题时加以解决。[25] 1995年6月30日,法院做出判决:如果裁定葡萄牙的诉请,法院不得在未获得其同意的情况下对第三方(印度尼西亚)的行为做出裁决。因 138
此,国际法院以14票对2票判决其对该案无管辖权。

Weeramantry是对这份裁决提出异议的两位法官之一。[26] 在他的反对意见中,他认为民族自决权"可断言为一种对世义务"。[27]这段陈述反映了葡萄牙在其诉状中的观点,[28]澳大利亚对此并未提出抗辩——至少未作为独立于其诉求的一项笼统的主张而抗辩,[29]而法院在判决中则认可了这一观点。[30] Weeramantry法官的反对意见更具争议的是他对民族自决权相关概念的定义。根据该法官的

---

〔22〕 "Treaty between Australian and Indonesia on the Zone of Cooperation in an Area between the Indonesian Province of East Timor and Northern Australia, done over the Zone of Cooperation, December 11, 1989", 29 *I. L. M.* (1990), pp. 469 - 537.

〔23〕 参见本章第三部分关于这些权利的参考书目。

〔24〕 双方最终的诉讼请求见法院判决第10段。

〔25〕 根据修订后的法院规则第31条,"[i]n every case submitted to the Court, the President shall ascertain the views of the parties with regard to questions of procedure. For this purpose, he shall summon the agents of the parties to meet him as soon as possible after their appointment, and whenever necessary thereafter."

〔26〕 另外一位对该裁决投反对票的是特别法官Skubiszewski。

〔27〕 *I. C. J. Reports* 1995, p. 202.

〔28〕 Memorial Submitted by the Government of the Republic of Portugal, 18 November 1991, para. 4. 71 (mimeographed text).

〔29〕 Counter-Memorial of the Government of Australia, 1 June 1992, para. 194 (mimeographed text).

〔30〕 *I. C. J. Reports* 1995, p. 102, para. 29. 讨论民族自决权作为对世义务的特征,见Guarino, *Autodeterminazione dei popolie diritto internazionale* (Naple, 1984), 特别是pp. 189 - 207, 223 - 32。

观点，民族自决权和它的“基础构成”，即对自然资源的永久主权，其内容远不止仅仅遵循特定的规则或指示、避免行使某些被禁止的行为。[31]

在此基础上，Weeramantry 法官驳斥了澳大利亚的观点：因为澳大利亚认为其并未违背联合国的明确指示，亦未从事国际法禁止的行为，所以它并未侵犯东帝汶人民的民族自决权。换句话说，根据 Weeramantry 法官的观点，履行某项国际义务（特别是尊重民族自决权这项对世义务）不仅意味着对特定指示或禁令的遵循，更须遵守其“背后的规范与原则”。[32]

在此没有必要讨论葡萄牙诉澳大利亚一案中的实体内容与 Weeramantry 法官的结论。分析的重点在于，Weeramantry 法官通过引入“背后的规范与原则”拓展了尊重民族自决权这一对世义务的
139 法律后果，这超出了澳大利亚狭义解释这项义务所包含指示和禁令的内容。[33] 因此，不论理论研究如何区分规则（或规范）与原则，实际后果将因对世义务源自于宽泛的原则或狭窄的规则而有所不同。

接下来我们将考量国际法院在判决意见中所使用的另一表达，即“人类的基本权利”。解释这个表达的难处在于定义哪些人权可以被认为是“基本的”或“根本的”。[34] 这种权利分类方法不易被界

---

〔31〕 *I. C. J. Reports* 1995. p. 210.

〔32〕 Ibid, p. 211.

〔33〕 在民族自决权上，一般的“原则”与特定的“规则”之间的区别，还可参见 Cassese, *Self-determination of peoples. A legal reappraisal*（Cambridge, 1995）, pp. 126 – 33。

〔34〕 从历史的角度看，这个概念与自然法理论相关（Perrott, “The Logic of Fundamental Rights”, Bridge, Lasok, Perrott and Plender（eds.）, *Fundamental Rights. A volume of essays to commemorate the 50th anniversary of the founding of the Law School in Exeter.* 1923 – 1973（London, 1973）, pp. 1 – 17），尽管有些作者以其他缘由来论证［参见，如 Smith, J. C., *Legal Obligation*（London, 1976）, p. 234］。

定，即使在那些对基础权利有独立分类的法律体系中也是如此。[35] 在国际法中，有时这两个词是互换的，不仅官方文件，学术文献亦是如此。[36] 典型的例证便如 Fawcett 所写："人权有时被称为根本权利，或基本权利，或自然权利"，[37] 在此他并未区分这些表述。

近来，对这些表述的术语学研究重新兴起，这或许也是从国际法院判决意见中使用的"基本"人权一词而受到启发。[38] 比如，国际法学会在准备一个关于改革引渡规则的决议时便提出了这一问题，该决议后来在 1983 年的剑桥会议上得以通过。[39] 其第 4 条最终的 140
条文规定，如果有足够的理由认为被起诉者的"根本人权"在请求引渡国国内将会被侵犯，则可拒绝引渡请求。[40] 决议的报告员 Doehring 所拟定的原始草案使用了"人权"而非"根本人权"的表

〔35〕 参见，关于西班牙法：Perez Luno, *Los derechos fundamentales*, 2nd edn. (Madrid, 1986)；关于法国法：Champeil-Desplats, "La notion de droit 'fondamental' et le droit constitutionnel français", *Recueil Dalloz Sirey* (1995, No. 42), pp. 323 -9；关于《欧洲人权公约》，参见 Sudre, "Droits intangibles et/ou droits fondamentaux: y a-t-il des droits prééminents dans la Convention européenne des droits de l'homme?", *Liber Amicorum Marc-André Eissen* (Brussels and Paris, 1995), pp. 381 -98。

〔36〕 国际条约与其他官方文件的用语考量：Meron, "On a Hierarchy of International Human Rights", 80 *A. J. I. L.* (1986), pp. 1 -23。

〔37〕 *The Law of Nations*, 2nd edn. (Harmondsworth, 1971), p. 159.

〔38〕 认为这项复兴是因国际法院关于对世义务的判决意见而起的主张由 Simma 进一步完善：Simma (ed.), The Charter, p. 779 (Partsch's commentary on Art. 55(c))。这项判决意见的影响还可见于国际法委员会（International Law Commission）名为"State responsibility-Draft Commentaries to articles 13 and 14 of Part Two of the draft articles" (Doc. A/CN. 4/L. 521) 的文件。这份文件的第 27 段写道，在起草第 14(d) 条时，"[t]he Commission preferred the phrase 'basic human rights', chosen by the International Court of Justice in its judgment in the Barcelona Traction case, to the phrase 'fundamental human rights' which appears in Article 1, paragraph 3 of the United Charter..."（脚注已省去）。

〔39〕 题为"引渡的新问题"（New problems of extradition）的决议可见于 Institut de Droit International (under the auspices of), *Tableau des Resolutions adoptées* (1957 - 1991) (Paris, 1992), pp. 161 -5。

〔40〕 对此的评论参见：Schachter, *International Law*, p. 344。

述。[41] 决议的工作委员会成员对这两个表述之间的区别进行讨论之后，最终决定对原始草案做出修改。[42]

总而言之，尽管有时“人权”与“根本人权”这两个词被作为同义词使用[这也是反对人权雾化(atomizing human right)的结果]，[43] 但这并未排除为了特定的目的将二者加以区分的可能性。在讨论对世义务的语境下，这种区分背后的症结可总结为：是否所有保护人权的义务都构成对世义务？

国际法院在其判决意见中将与人权相关的对世义务限制为三个例子，即禁止种族灭绝、禁止奴隶行为和禁止种族歧视。并且，通过将范围限制在“人类的基本权利”，国际法院似乎传达了这样一种信息：并非所有保护人权的原则与规则都可以不加区分地具备对世义务的特征。[44] 类似地，美国法学会颁布的最后一次《对外关系法重述法》列举了某些人权保护的义务(这些义务可被认为受到国际习惯法的保护，并且对其的违反将会招致对一切国家的责任)，提到了为数不多的在国际法院判决意见列举之外的其他义务(这些义务包
141 括“谋杀或引起他人的失踪”，“虐待或其他残忍、无人性或可耻的待遇和惩罚”，“长期无正当理由的拘留”以及“具有统一模式的对人权

---

〔41〕 60 *Ann. Institut*(1983, II), p. 214.

〔42〕 Ibid., pp. 234 – 5 (Mosler); p. 239 (Salmon); p. 241 (Yankov); pp. 258 – 60 (特别是 Schwebel 的提议)。

〔43〕 参加 Mbaye, “Introduction (Human Rights and Rights of Peoples)”, Bedjaoui (ed.), *International Law*, p. 1056, para. 65。

〔44〕 对判决意见的如此阐释得到了一些学者的支持(比如，Kooijmans, “In the shadowland between civil war and civil strife: some reflections on the standard-setting process”, Delissen and Tanja (eds.), *Humanitarian Law. Essays Kalshoven*, p. 235)，同时也受到其他学者的反对(比如，Provost, “Reciprocity”, p. 430, note 174)。笔者认为，将对世义务的范围局限于保护“基本”人权的观点不仅来自判决意见本身，还可从巴塞罗那案判决的另一个段落得到印证(该段落将在第十章第六节被复述)，国际法院在这个段落中讨论“不得拒绝司法”(against denial of justice)(该义务并不具有对世义务的约束力)时，恰当地使用了“人权”而非“基本人权”。

的严重侵犯”。)[45]

在这里提到《对外关系法重述法》的目的并不在于考量是否有足够证据来证明《重述法》中多列出的义务是对世义务，也不在于讨论人权领域的习惯国际法是否一定能引起对世义务——但这似乎是《重述法》所暗含的结论。[46] 此处的关键点在于，在国际法院判决意见做出二十年之后，《重述法》仍旧秉持着谨慎的态度，将对世义务限制于一少部分的人权保护义务之中。[47]

但是，国际法学会在1989年圣地亚哥—德孔波斯特拉会议上通过“关于人权与不得干涉内政的决议”时采取了不同的路径。[48] 在这份决议中，国际法学会提出了这样的主张，认为国家保护人权的义务是对世义务。决议的第1条如下：

人权是人类尊严的直接表达。国家对人权保护的遵守义务来自于对这种尊严的认知，这种尊严亦被《联合国宪章》和《世界人权宣言》所宣扬。

---

〔45〕 *Third Restatement*, Section 702.

〔46〕 谨慎起见，作此脚注，因为Henkin(重述法的首席报告员)曾在另外一个场合以另一个身份做出过下述评论：“我倾向于将基本人权的问题和那些已经成为习惯法原则的内容建立联系，无论它们是否也是强行法。”(I would be disposed to relate the idea of fundamental human rights to those that have become principles of customary law, whether or not they are also of *jus cogens.*) [63 *Ann. Institut* (1989, I), p. 415]。如果保护人权的习惯法与保护人权的强行法并不一定相互重叠，那么能否同样推出，由保护人权的习惯法衍生的义务与因保护人权产生的对世义务也不一定相互重叠?

〔47〕 类似的路径亦可见于题为“Responsibility of the Government of Chile under International Law”的文件(Doc. A/34/583/Add. 1), p. 96, para. 190。

〔48〕 决议(题为“The protection of human rights and the principle of non-intervention in internal affairs of states”)的原文可见于国际法学会主持编纂的 *Tableau des Resolutions adoptées* (1957 - 1991), pp. 207 - 13。关于这项决议，参见 Rucz, “Les mesures unilatérales de protection des droits de l' homme devant l' Institut de droit international”, 38 *A. F. D. I.* (1992), pp. 579 - 628。还可参见 Dupuy, R. J., “L” action humanitaire, Delissen and Tanja (eds.), *Humanitarian Law. Essays Kalshoven*, pp. 74 - 5; Weil, “Le droit international”, pp. 343 - 4; Valticos, “Des parallèles qui devairent se rejoindre: les méthodes de contrôle international concernant les conventions sur les droits de l' homme”, Beyerlin, Bothe, Hofmann and Petersmann (eds.), *Recht. Festschrift Bernhardt*, p. 648。

正如国际法院所述，这种义务是一种对世义务；它是每一个国家所承担的、与整个国际社会息息相关的义务，每一个国家在保护人权之中都享有法律权益。这项义务同时还隐含着这样一种责任：所
142 有的国家应当团结一致使得人权能够尽快在全世界范围内得到有效的保护。[49]

这段话背后的推理是从“人类尊严”(dignity of human person)[50]这

---

〔49〕 第 1 条的法语原文如下：“Les droits de l'homme sont l'expression directe de la dignité de la personne humanine. L'obligation pour les Etats d'en assurer le respect découle de la reconnaissance même de cette dignité que proclament déjà la Charte des Nations Unies et la Déclaration universelle des droits de l'homme. Cette obligation internationale est, selon une formule utilisée par la Cour internationale de Justice, une obligation *erga omnes*; elle incombe à tout Etat vis-à-vis de la communauté internationale dans son ensemble, et tout Etat a un intérêt juridique à la protection des droits de l'homme. Cette obligation implique au surplus un devoir de solidarité entre tous les Etats en vue d'assurer le plus rapidement possible une protection universelle et efficace des droits de l'homme.”

〔50〕 在这份决议的准备文件中，Jean-Flavien Lalive 批判了“有人性的人”(human person)一词[而非“人类”(man)]的使用，认为这个词是一个“nouveau jargon à la mode”，它毫无含义，除非人们能够接受存在“无人性的人”或“非人的人”(inhuman or non-human persons)[63 Ann. Institut (1989. I), p. 428]。如果这项批判的含义是，归根结底，所有的人类，同时也仅有人类，从出生到死亡都是自然人，那么这项批判是正当有理的。(反对这个真理的批判性分析，参见“Chi'è persona? Persona umana e bioetica”, 143 *La Civiltà cattolica* (1992, No. 3420), pp. 547–59；关于每个人类生命所与生俱来的尊严在各个阶段的发展，参见 Amerasinghe, *Studies in International Law* [Colombo, 1969), 特别是 pp. 144–7, 160–1。]然而从其他方面来看，并不能完全否定“有人性的人”这个词。《联合国宪章》与《世界人权宣言》都使用了这个词，因此它不能被看作一个“nouveau jargon à la mode”。另外，“人”(person)作为一个哲学概念，从衍生到发展，它都不是人类(human beings)的一个独有特征。6 世纪时，Boetius 在他的一本书中给出了“人”(person)的经典定义(naturae rationalis individua substantia)，这本书是关于基督身上的两重属性(神性与人性)[“Liber de persona et duabus naturis contra Eutychen et Nestorium, ad Joannem Diaconum Ecclesiae Romanae”, in *Manlii Severini Boetii Opera Omnia*, ii (Paris, 1847), column 1343c]。7 个世纪之后，Thomas Aquinas 将“人”(person)作为上帝的一个属性来考量(*Summa Theologiae*, I, q. 29, a. 3)，“人”(person)与许多其他名字一样，可类似地适用在上帝与人类身上(ibid., I, q. 13, a. 5)。从这个意义上看，“人”(person)一词并非人类独有的属性。

个基础道德出发,然而将人权作为对这种尊严的"直接表达"(direct expression),[51]最后赋予它对世义务的性质。它非常清楚地阐述了对世义务背后的道德基础。但是,当下需要考虑的是,根据决议第 1 条,对世义务的性质并非适用于某种特殊义务,而是适用于保护人权的整体义务。[52]

对决议的准备文件进行考量,我们可知第 1 条在最终决议全文 143
中的重要性,并且认识到它的内容是经过不断修改的结果。最初,草案第 1 条处理的是不得干涉内政原则,而尊重人权的义务出现在之后的第 6 条中。然而,人们很快认识到保护人权的原则应当放在前面,[53]因此其后所有的草案都以宣告这一原则作为开场白。

第一版的决议草案反映了这样一种立场:尽管所有的人权都与人类与生俱来的尊严相关,但是其中只有某些人权是根本性的。尽管这种区分最初在决议起草委员会内部[54]得到了一致支持,[55]但

---

〔51〕 较早的决议草案是这样表述的:人权与人类尊严是"紧密相连的"(étroitement liés)。之后,Sahovic 建议换成人权是人类尊严的"直接表达",意在表明人权是人类尊严的一个构成要件。参见 63 Ann. Institut (1989, I), p. 421。

〔52〕 第 1 条的英文版本是这样的:"[t]his international obligation [即保护人权的义务], as expressed by the International Court of Justice, is *erga omnes*"。此处的用语有些模糊,插入语"如同国际法院所说的"有可能是指国际法院提到"对世义务"这个词,也有可能是指国际法院对对世义务的认定,在后一种的情况下,这一个条文将对世义务的特征限制于国际法院判决意见所列的三种人权之中。但是,这一条的法语原文("Cette obligation internationale est, selon une formule utilisée par la Cour internationale de Justice, une obligation *erga omnes*")清楚地表明这个插入语指的是国际法所使用的术语,它并不是为了将对世义务的属性限制在国际法院所列的三个义务中。

〔53〕 See 63 *Ann. Institut* (1989, I), p. 314.

〔54〕 决议的报告员是 Giuseppe Sperduti, Frowein 在《Reactions》一书中(第 410 页)高度评价了他对决议通过所作出的贡献,及他将对世义务引入决议的功劳。委员会的最初委员还包括 Boutros Ghali, Castaneda, R. J. Dupuy, J. F. Lalive, Marek, do Nascimento e Silva, Pescatore, Sahovic, Ténékidès, Truyol y Serra, Tunkin and P. De Visscher。

〔55〕 See ibid. 还可参见: Paul De Visscher's 和 Ténékidès's 的观点,分别在 pp. 361, 165 – 6。

之后涌现的各异的考量导致其最后并未被采用。这是因为,首先,难以确定哪些义务是根本的,这也是较为常见的一个困难。Henkin 和 Dinstein(他们并不是委员会的最初委员,后期才加入)极具说服力地批判了隐含在决议初稿中的假设,即根本人权与公共紧急情况下不可克减的权利是相一致的。[56] 其次,早在委员会编纂工作的伊始,报告员就不愿意高估根本人权与其他所有人权之间的区别。因为所有的人权,不论基础与否,都与每一个人与生俱来的尊严相关,并且这种区分对不得干涉内政原则中并没有任何影响。一个承担了保护人权义务的国家(不论保护的是否是根本人权),就不可援引
144 国内管辖权或不得干涉内政原则作为例外,[57] 这在涉及该国国际义务的解释或适用的任何时候都如此。[58] 这些考量致使国际法学会最终认可了保护人权的普遍义务是对世义务的观点。

在国际法著作中,学者对对世义务与国内管辖权之间的互动关

---

〔56〕 参见 Dinsein 在 1986 年 3 月 11 日给报告员的信,Henkin 在 1986 年 3 月 25 日给报告员的信,刊登在 63 Ann. Institut (1989, I), pp. 412 – 13, 414 – 16。关于国家紧急情况下不可克减的权利,参见 Cancado-Trindade, "Co-existence and Co-ordination of Mechanisms of International Protection of Human Rights (at Global and Regional Levels)", 202 Hague *Recueil* (1987, II), pp. 75 – 90,(更加深入的分析)还可参见 Oraa, Human Rights in States of Emergency in International Law (Oxford 199? 打印遗漏,需要查看原件)。

〔57〕 关于国内管辖权,参见 Brownlie, *Principle*, pp. 291 – 7, 553 – 4。在诸多这一话题的论文中,有一篇是由该决议的报告员写的:Sperduti, *Il dominio riservato* (Milan, 1970)。

〔58〕 参见报告员给 Paul De Visscher 的信,日期为 1983 年 9 月 30 日,可见于 63*Ann. Institut* (1989, I), p. 316, 以及 ibid., at pp. 381 – 8。

系已经有所探究。[59] 并且，在1973年提交给国际法学会的一份特别报告中，Fitzmaurice在没有借助对世义务这个概念的情况下，提到了“尊重人权的普遍义务”，并认为这项义务已经成为习惯国际法。[60] 基于这些限制，决议第1条的理念被完全接受。

有一种更为麻烦的解读，以Dinstein为例。他认为决议第1条的含义是，《世界人权宣言》所承认的每一项权利都可以引发对世义务。[61] 与之一脉相承，Meron曾写道：国际法院所提出的基本人权与其他人权之间的区分不再是可被接受的（至少在对世义务的层面上），因为“国际实践与学者观点似乎都已超越了巴塞罗那机车案中的对世义务范畴”。[62] 尽管这些观点可能，也可能不（may or may not）适当地描述了人权领域中令人满意的发展成果，但我们还是可以正当地怀疑它们是否准确地反映了对世义务的现状。并且，这些观点所基于的理念尽管十分值得敬重，却仍有质疑的空间，比如说

〔59〕 参见 Henkin, “Human Rights and ‘Domestic Jurisdiction’”, Buergenthal (ed.), *Human Rights, International Law and the Helsinki Accord* (Montclair, N.J., 1977), pp. 21–40（特别是pp. 27–8）。还可参见 Oellers-Frahm, “Comment: The erga omnes Applicability of Human Rights”, 30 *Archiv Des Völkerrechts* (1992), pp. 28–37（特别是pp. 29–30）; Bejiaoui and Thierry, “Future of International Law”, Bedjaoui (ed.), *International Law*, p. 1243, para. 36; Schwebel, “Human Rights”, p. 965; Simma (ed.), *The Charter*, pp. 152–3 [Ermacora's commentary on Art. 2(7)]。

〔60〕 “The Future of Public International Law and of the International Legal System in the Circumstances of Today”, Institut de Droit International (under the auspices of), *Livre du Centenaire* 1873–1973. *Evolution et perspectives du droit international* (Basel, 1973), p. 323, para. 111(c).

〔61〕 “The erga omnes Applicability of Human Rights”, 30 *Archiv des Völkerrechts* (1992), p. 17.

〔62〕 *Human Rights and Humanitarian Norms as Customary Law* (Oxford, 1989), p. 199.

某些保护人权的义务虽非强行法,但却是对世义务。[63]

145 综上所述,当对保护所有人权的对世义务这一概念进行深入的挖掘时,一些学者将会得出这样的结论:所有保护人权的习惯法都具有对世义务的性质。但是,国际法院将它讨论对世义务的范围限制在基本人权,并且列举了一些特定的例子,这似乎默示着国际法院是否定这一结论的。尽管对世义务所带来的一些效果(比如对国内管辖权例外范围的影响)能够从总体上加强对人权的保护,但每一种义务都依旧应当基于各自的特点进行评估,以确定它是否属于对世义务。

第三节　发展法领域的对世义务选项

自第二次世界大战结束,特别是自60年代殖民地时代结束以来,国际社会意识到发展是推进共同利益的关键因素。这是因为,倘若全体人类处在饥荒、营养不良和剥削之中,那么和平与人权将有可能只是一纸空文。从起源上看,发展最初并不是一个法律概念。经济与道德问题是十分关键的:如果没有足够的资源,尤其是没有发达和发展中国家中道德行为的转变,任何法律上的发展权都

〔63〕 参见 Dinstein, "The erga omnes Applicability", p. 17。Meron 也持同样的观点(*Human Rights and Humanitarian Norms*, p. 194),他深入使用了来自于所谓"自存义务(self-existent obligations)"(关于"自存义务",见下文第十章第四节)的主张来支持其关于对世义务的观点(ibid., pp. 197–8)。

不可能被实现，无论其被规定得多么清晰。[64]

《联合国宪章》在其序言中提到，“社会的进步与更高层次的生活”是联合国四大宗旨之一（其他三个为和平、人权和公平），其第55条明确地提到了“发展”（development）。当《宪章》被通过时，发展权作为一个法律权利还未进入国际法的语汇，但这并不阻碍它日渐扩大的影响力。布朗利总结了发展权的早期历史，评论道：“一项 146 理念有可能在与法律毫无关联的情况下传播并施加影响。”[65]

“发展法”的笼统概念最早出现于60年代的法语文献中。[66] 然而，在70年代早期，确立“发展权”的概念常归功于国际法院前任副院长——Keba Mbaye。[67] 随着时间的流逝，这个概念在一系列国际协议与联合国决议中不断被宣扬，使其具有了更高的重要性。

这些文件反映了不同的国际法传统，这彰显了发展权起源的复

〔64〕 为了支持反映基础价值的权利，改变道德态度的必要性在“Yamoussoukro Declaration on Peace in the Minds of Men”中得到强调，通过于1989年6月26日至7月1日在Yamoussoukro，Ivory Coast召开的国际代表大会，大会由联合国教科文组织发起（与会专家包括José Maria Ruda，当时的国际法院院长，及其他专家。）Yamoussoukro Declaration的原文刊登在3 *International Law: News and Information from Asia and Pacific*（June 1989），p. 18。类似地，Weeramantry还曾写过，尽管发展可能很好地囊括“日用消费品可得性的增加与产业水平的提高”，但是“这个概念的核心应当是围绕着每一个人的尊严”。[“The Teaching of Human Rights”，1 *Sri Lanka Journal of International Law*（1989），p. 89.]

〔65〕 *The Human Right to Development*（London，1989），p. 14.

〔66〕 根据Virally[“Vers un droit international du développement”，11 *A. F. D. I.*（1965），p. 420，note 1]，André Philip创造了“国际发展法”（international law of development）的说法（“droit international du développement”）。

〔67〕 参见他的这篇文章，题为“Le droit au développement comme un droit de l’homme”，5 *Revue des droits de l’homme*（1972），pp. 503 – 34。在对这一概念最早的引用之中，R. J. Dupuy忆及1969年给红衣主教Duval和之后给大主教Algiers的信件。[“Thème et variations sur le droit au développement”，*Mélanges offerts à Ch. Chaumont: Le droit des peuples à disposer d’eux-mêmes. Méthodes d’analyse du international*（Paris，1984），p. 264.]

合性。反映人权传统(个人与集体人权,包括民族自决权[68])的代表性文件包括诸如《经济、社会与文化国际公约》,[69]《非洲人权与民族权利宪章》,[70]《联合国儿童权利公约》等文件。[71] 其次,还有一系列由联合国大会及其分支机构通过的决议,旨在通过考量国际社会正义与国家间合作来创建国际新秩序,如《关于建立国际经济
147 新秩序的宣言》,1974 年的《经济权利与国家责任宪章》。[72] 最后,

---

〔68〕 关于集体权利,参见 Crawford (ed.), *The Rights of Peoples* (Oxford, 1988); *Les droits de l' homme, droits collectifs ou individuels. Acts du Colloque de Strasbourg des* 13 *et* 14 *mars* 1979 (Paris, 1980)。关于民族自决原则,参见 Brownlie, *Principles*, pp. 595 - 8。

〔69〕 由联合国大会 1966 年 12 月 16 日的 2200 A(XXI)号决议通过,决定开放签署、批准及加入, *Gen. Ass. Off. Recs.*, *Twenty-first Session*, *Supp.* 16, p. 49 (Doc. A/6319)。决议的原文及附件《经济、社会与文化国际公约》可见于 Brownlie, Basic Documents, pp. 263 - 75; id. (ed.), Basic Documents on Human Rights, pp. 114 - 24。公约于 1976 年 1 月 3 日生效。已有缔约国 133 个 (*Multilateral Treaties Deposited with the Secretary-General. Status as at* 31 *December* 1995, p. 111)。

〔70〕 参考前文第六章第一节。

〔71〕 未经投票,由联合国大会 1989 年 11 月 20 日的 44/25 号决议通过。公约内容可见于 Brownlie (ed.), Basic Documents on Human Rights, pp. 182 - 202。公约于 1990 年 9 月 2 日生效。已有缔约国 185 个 (*Multilateral Treaties Deposited with the Secretary-General. Status as at* 31 *December* 1995, p. 198)。

〔72〕 宣言由联合国大会 1974 年 5 月 1 日的 3201(S - VI)号决议通过,原文可见于 13*I. L. M.* (1974), p. 715。宪章由 1974 年 12 月 12 日的 3281(XXIX)号决议通过,可见于 Brwonlie, *Basic Documents*, pp. 240 - 54。关于国际经济新秩序,参见 Brownlie, "Legal Status of Natural Resources", pp. 255 - 71; Bedjaoui, *Towards a new international economic order* (Paris, New York and London, 1979); Makarczyk, *Principles of a New International Economic Order* (Dordrecht, 1988); Dupuy, R. J. (ed.), *The New International Economic Order. Commercial, Technological and Cultural Aspects* (Workshop organized by the Hague Academy of International Law and the United Nations University, held at The Hague on 23 - 25 Oct. 1980) (The Hague, 1981)。关于宪章,参见 Brownlie, *Principles*, pp. 541 - 3 (内有丰富的参考书目); Seidl-Hohenveldern, "The Charter of Economic Rights and Duties of States", *Studi in onore di Giorgio Balladore Pallieri* (Millan, 1978), ii, pp. 550 - 6。

还有两个重要的宣言，即 1969 年的《社会进步与发展宣言》[73]和 1986 年的《发展权宣言》，[74]它们包含了上述两种传统的元素。

本书难以总结与发展权相关的诸多争议，尤其是它在习惯法项下的地位与内容。[75] 然而，着重探讨发展的权利及其相关义务的对 148

---

〔73〕 1969 年 12 月 11 日的 2542(XXIV)号决议通过。宣言的原文见 *United Nations Juridical Yearbook* 1969, pp. 55 - 63。同一天，联合国大会通过了关于适用该宣言的 2543(XXIV)号决议。

〔74〕 由联合国大会 1986 年 12 月 4 日的 41/128 号决议通过，146 票赞成，8 票弃权，1 票反对(美国)。同一天，联合国大会通过了 41/133 号决议，该决议是关于为了实现发展权而需要采取的某些措施。(133 票赞成，许多赞成通过宣言的发达国家都投了弃权或反对票。)宣言的原文(除了序言)以及对其透彻的讨论可见于 Brownlie, *The Human Right to Development*。还可参见 Kenig-Witkowska, "The UN Declaration on the right to development in the light of its travaux préparatoires", de Waart, Peters and Denters (eds.), *International Law and Development* (Dordrecht, 1988), pp. 381 - 8; Petersmann, "The Right to Development in the United Nations: An Opportunity for Strengthening Popular Participation in Development. Programs and Prospects", Jekewitz, Klein, Kühne, Petersmann and Wolfrum (eds.), *Des Menschen Recht. Festschrift Partsch*, pp. 125 - 40。

〔75〕 在过去的 20 年里，有许多关于发展权和更加宽泛的发展法的著作。参见例如，Gros Espiell, *Derecho internacional del desarrollo* (Valladolid, 1975); Schachter, "The Evolving International Law of Development" 15 *C. J. T. L.* (1976), pp. 1 - 16; Flory, *Droit international du dévelopment* (Paris, 1977); Dupuy, R. J. (ed.), *The Right to Development at the International Level-Workshop*, *The Hague*, 16 - 18 October 1979 (Alphen aan den Rijn, 1980); Tomuschat, "Das Recht auf Entwicklung", 25*G. Y. I. L.* (1982), pp. 85 - 112 (德文，附有英文简介); Virally, "Panorama", pp. 317 - 32; Flory, Mahiou and Henry (eds.), *La formation des normes en droit international du développement—Table Ronde franco-magrébine Aix-en-Provence*, 7 *et* 8 *octobre* 1982 (Paris and Algiers, 1984, I), pp. 355 - 76 (特别是 pp. 367 - 76); Pellet, *Le droit international du développment*, 2nd edn. (Paris, 1987); Snyder and Slinn (eds.), *International Law of Development: Comparative Perspectives* (Abingdon, 1987); Cassese, *International Law*, pp. 351 - 75; Alston, "Some Notes on the Concept of the Right to Development", Prémont (ed.), *Essays on the Concept of a "Right to Live" in Memory of Yougindra Khushalani* (Brussels, 1988), pp. 74 - 84; Abi-Saab, "Le droit au développement", 44 Ann. suisse (1988), pp. 9 - 24; Bedjaoui, "The Right to Development", Bedjaoui (ed.), *International Law*, pp. 1177 - 1203; Carty (ed.), *Law and Development* (Aldershot, 1992), pp. 167 - 330; Schachter, "Human Rights and Economic Development", Bello and Aiibola (eds.), *Essays in honour of Judge Taslim Olawale. Elias* (Dordrecht, 1992), i.

世对抗性问题是十分可取的。前文提到的联合国大会1969年与1986年的两份宣言为我们提供了一个很好的出发点。《社会进步与发展宣言》的第1条如下：

不论种族、肤色、性别、语言、宗教信仰、国籍、民族渊源、家庭或社会地位、政治或其他信念有何不同，所有民族与人类都有权利有尊严地、自由地生活，享受社会进步的成果，并应当尽其所能为社会进步做出贡献。

这段话明确地将社会进步与人类尊严联系在一起，而后者是支撑国际法院例举的对世义务的基础价值。《发展权宣言》包含其他重要的因素，它的第1条如是规定：

1. 发展权是不可剥夺的人权，基于发展权，每一个人和所有民族都有权利参与、贡献于并享受经济、社会、文化和政治的发展，在这样的发展中所有人权和基本的自由能够得到充分的实现。

2. 作为人权的发展权还意味着民族自决权的充分实现，根据两个国际人权公约的相关条款，民族自决权包括对其所有自然财产与资源行使不可剥夺的完全主权。

这个条款将发展权界定为“不可剥夺”的权利，它是每一个人（作为一项个人权利）与所有民族（作为一项集体权利）与生俱来的。同时，该条款还在发展权与民族自决权、对于自然资源的主权之间建

---

pp. 389 – 98; Chowdbury, Denfersand de Waart (eds.), *The Right to Doevelopment in International Law* (Dordrecht, 1992); Bulajic, *Principles of International Law Relating to the New International Economic Order* (Dordrecht, 1993); Cancado Trindade, “Environment and Development: Formulation and Implementation of the Right to Development as a human Right”, 3 *Asian Yearbook of International Law* (1993), pp. 15 – 45; Steiner and Alston (eds.) *International Human Rights in Context. Law, Politics, Morals: Texts and Materials* (Oxford, 1996), pp. 1110 – 46. 在1985年2月14日发布的关于几内亚和几内亚比绍之间海上划界的裁决中，特设仲裁庭[由Manfred Lachs（主席），Keba Mbaye以及Mohammed Bedjaoui]在第123段写道，其不能“质疑人民的权利，考虑到其经济和社会的发展水平在充分意义上保持了他们的尊严”，[25 I. L. M. (1986), p. 302].

立起了一种联系,而根据一些学者的观点,后两种权利的源头可能构成强行法的规则。[76]

除了以上内容,这两个宣言并未明确主张发展权具有对世对抗性。并且,国家实践也没有更精确的暗示。具体而言,这可能是因为在促进国际正义的背景下所做出的关于发展的笼统陈述对于法律上发展权的证明效力是值得犹疑的。比如,在联合国环境与发展会议(里约会议)[77]上,罗马教廷的首席代表谈到"所有民族不可剥夺的关于发展的权利与责任"。[78] 然而,我们不应从这段话中草率得出结论,因为罗马教廷在里约会议和其他场合上的主要动机(尽管不是唯一动机)是表达宗教与道德担忧,而非制定具体的法律权利和义务。[79] 149

在国际法文献中,Bedjaoui 在他的一篇文章中就发展权的对世性质作出了十分有力的论述,在这篇文章中他表达了一些"非正统"

---

〔76〕 参见例如,Brownlie, *Principles*, p. 513.(Brownlie 在较早版本的 *Principles* 中使用了更为试探性的语言。)然而,Jennings 在海牙研究院(Hague Academy)的一般课程第 564 页对 Brownlie 在强行法语境下提到自决权和永久主权进行了批判,Lachs 在海牙研究院的一般课程第 340 页,第 794 个脚注处认为 Brownlie 仅仅只是在适用"候选人规则(candidate rules)"。还可参见 Gros Espiell, "Self-Determination and *Jus Cogens*", Cassese (ed.), *U. N. Law Fundamental Rights. Two Topics in International Law* (Alphen aan den Rijn, 1979), pp. 167 - 73。关于民族自决权强行法特征的经典论述可见于 Ammoun 法官在巴塞罗那机车案实体判决中的个别(或独立? 待统一)意见(I. C. J. Reports 1970, p. 304, para. 11)。关于自然资源之上永久主权的强行法特征,见这一部分之后的论述。

〔77〕 关于里约会议(the Rio Conference),参见下文第四节。

〔78〕 "All human needs must be respected (Intervention of Archbishop Martino at the UN Conference on Environment and Development)", *L' Osservatore Romano* (Weekly Edition in English) (17 June 1992), p. 13.

〔79〕 参见 ibid., 以及"Holy See and the 'Earth Summit'—Memorandum on the Holy See's position on environment and development", *L' Osservatore Romano* (Weekly Edition in English) (10 June 1992), p. 6。

的思考——从文章的题目易得此结论。[80] 尽管是非正统的观点，但Bedjaoui 的意见是值得细致考量的。

根据 Bedjaoui 的观点，发展权的基础是生命权、自决权和国际团结，他将国际团结定义为“各国之间相互依存的实现”。[81] Bedjaoui 认为生命权和自决权来源于强行法规则，因此以这些权利为基础的发展权也具有强行法特征。在 Bedjaoui 看来，如果一方面认为旨在保护基本生命权的种族灭绝禁令来源于强行法规则，另一方面却认为同样旨在保护生命权的发展权不是来源于强行法规则，将会导致自相矛盾。换句话说，Bedjaoui 主要是采用类比来推导出发展权的强行法性质。

150 Bedjaoui 的观点有一个显著的优点，即强调了发展权与其他基本权利如生命权和自决权之间的联系。但是，一项国际规则需要符合一定的具体标准才能成为强行法规则，包括受到国际社会全体国家作为一个整体对其强行法地位的认同。[82] 一项主张并不因基于类比而使之无需满足作为规则所应满足的这些标准。这个结论在塞内加尔与几内亚比绍划分领海边界的一份裁决中被明确地提出，在这份裁决中，国际仲裁庭（Bedjaoui 是仲裁员）因证据不足驳回了几内亚比绍提出的论点，即由于自然资源之上的永久主权来源于民

[80] “Some Unorthodox Reflections on the ‘Right to Development’”, Snyder and Slinn (eds.), *International Law of Development*, pp. 87 – 116.

[81] Ibid., pp. 93 – 101.

[82] 参见上文第三章第三节。

族自决原则,所以前者应具有后者的强行法性质。[83]

由 Bedjaoui 观点引出的另外一个困难是发展权的精确内容及其相对应的义务。Bedjaoui 确定了这个权利的两项成分。[84] 用 Bedjaoui 的话说,第一个成分是指每一个国家享有成为"自己房屋主人"的权利。这项权利是有效保护国家主权的重要条件,因为从一定意义上讲,没有达到足够经济水平的国家枉论国家主权。这点导致的实际后果之一便是每一个国家都拥有不可剥夺的对于自然资源的永久主权。[85] 换句话说,发展权的对世性质将会导致自然资源永久主权原则具有普世的对抗性,这个结论不论是在 Bedjaoui 撰文 151

〔83〕 *Arbitration Tribunal for the Determination of the Maritime Boundary* (*Guinea-Bissau v. Senegal*), 83 *I. L. R.* (1990), p. 26, para. 43. 仲裁庭由 Barberis 担任主席,Bedjaoui 与 Gros 担任仲裁员,1989 年 7 月 31 日做出裁决。1989 年 8 月 24 日,Guinea-Bissau 在国际法院质疑这份裁决,国际法院于 1991 年 11 月 12 日做出判决肯定了仲裁裁决的效力。仲裁裁决第 43 段的相关部分由法文翻译为英文,并由译者翻译为中文如下:"这二者之间的联系并不能基于由其中的一项通过简单的逻辑推演而得出另外一项而作出推论,几内亚比绍方面并未给出任何证据或论证这二者之间的业已存在的逻辑关联可得出某种推论。只是断言其中的逻辑关联存在是不够的,几内亚比绍所援引的规则中所包含的性质不能由民族自决原则推演出来。它构成了一项独立于民族自决原则的法律规范,其更多地与规范国家在国际范围上形成的规则和效力相关。"

〔84〕 "Some unorthodox Reflections", pp. 101 – 11.

〔85〕 参见联合国大会 1962 年的 1803(XVII)号决议,87 票赞成,2 票反对,2 票弃权,决议原文见于 Brownlie, *Basic Documents*, pp. 235 – 9。关于自然资源的永久主权,参见 id., *Principles*, pp. 539 – 41。关于自然资源的获取与共享这个更宽泛的问题,参见 id., *Loaves and Fishes: Access to Natural Resources and International Law* (*An Inaugural Lecture*) (London, 1978); Schachter, *Sharing the World's Resources* (New York, 1977); id., "Principles of International Social Justice", *Jus et Societas. Essays in Tribute to Wolfgang Friedmann* (The Hague, 1979), pp. 249 – 77。

时还是在如今,都充满争议。〔86〕

Bedjaoui 所确定的发展权的第二个成分很大程度上是纲领性的,它蕴涵着对国际社会正义的考量,比如原材料的公平价格、平均分配属于人类共同遗产的商品。这项成分暗含着一个积极义务,即不仅仅要避免做出某种行为,还要主动做出特定行为。这恰恰是 Bedjaoui 的观点最成问题的地方,至少在本书的分析目的下是这样。正如在之前第一节所述,国际法院所列举的对世义务本质上都是消极义务。关于更广泛意义上的国际公共政策,Schwarzenberger 曾写道:所有公共政策规则都"仅仅是使之不能",因为它们只是禁止了"违背国际社会最高利益的任何行为"。〔87〕 一些学者曾对强行法规

〔86〕 举个例子,对比以下两个裁决:1977 年 1 月 19 日的 *Texaco Overseas Petroleum Company/California Asiatic Oil Company* v. *Libyan Arab Republic* (R. J. Dupuy, Sole Arbitrator), 17 I. L. M. (1978), pp. 25 – 6, paras. 74 – 8,以及 1982 年 3 月 24 日的 *Government of Kuwait* v. *American Independent Oil Company Aminoil* (Reuter, President; Sultan and Fitzmaurice , Members), 66 I. L. R. (1984), pp. 587 – 8。在文献中,对比一下两个学者观点:Jiménez de Aréchaga, "International Law in the Past Third of a Century", pp. 297 – 8,以及 Seidl-Hohenveldern, *International Economic Law*, 2nd edn. (Dordrecht, 1992), pp. 102 – 3。还可参见 Chowdhury, "Permanent sovereignty and its impact on stablization clauses, standards of compensation and patterns of development co-operation", Hossain and Chowdhury (eds.), *Permanent Sovereignty Over Natural Resources in International Law. Principle and Practice* (New York, 1984), pp. 51 – 2, 57; Peters, Schrijver and de Waart, "Responsibility of States in Respect of the Exercise of Permanent Sovereignty over Natural Resources; An Analysis of Some Principles of the Seoul Declaration (1986) by the International Law Association", 36 *Netherlands International Law Review* (1989), pp. 292 – 4。

〔87〕 "International Jus Cogens?", p. 469.

则做出类似的论断,[88]而另一些则反对将强行法限制在禁止性规则中。[89] 就像国际公共政策与强行法的例子一样,我们有理由考量对世义务是否总是具有禁止性内容,即是否总是禁止做出某种行为(或保护某人不受这种行为的伤害)。

原则上来说,禁止的规定具有以绝对的条款施以约束力的优点, 152
不论具体的环境如何。与此相反,积极义务的行使依赖于特定的环境,这种环境上的不同有可能使积极性义务无法实现其设定的目标。因此,国际法院在判决意见中将对世义务限制在一些消极义务中是在意料之中的。但是,在判决意见之后,对世义务可能包括积极义务的主张在国际法文献中渐被提出,并至少体现在一份国际法院意见和一些法院法官的观点中。

在文献中,除了笼统的陈述之外,[90] Bedjaoui 提及的例子并非是积极对世义务的孤例。国际人道主义法中有另一个例子。[91] 1949 年日内瓦四公约共同的第 1 条规定,缔约国不仅要尊重并且要

〔88〕 比如,Simma 在写属于强行法的基础人权时,评价到"与绝大多数(如果不是所有的)强行法规则类似,这些人权义务主要是避免国家施行特定非人道行为之义务……"["International Human Rights and General International Law: A Comparative Analysis", 4 *Collected Courses of the Academy of European Law* (1993, II), p, 226.]

〔89〕 参见,例如 Picone, "Diritto internazionale dell' economia e costituzione economica dell' ordinamento internazionale", Picone and Sacerdoti (eds.), *Diritto internazionale dell' economia. Raccolta sistematica dei principali atti normativi internationali ed interni con testi introduttivi e note* (Milan, 1982), p. 59, note 58。(作者将强行法规则的积极与消极内容这一问题置于一个更为广阔的背景下,考虑了国家被要求共同代表国际社会行动的可能性。)

〔90〕 比如,Nastase 曾写过对世义务"can be obligations *in non faciendo* or *in faciendo*"["The Right to Peace", Bedjaoui (ed.), *International Law*, p. 1225.]。

〔91〕 在此所使用的"人道主义法"是用其传统意义,即"武装冲突法(law of armed conflict)"的近义词。"人道主义法"这个表达显然是由 Pictet 提出的[参见 Pictet, *Development and Principles of International Humanitarian Law* (Dordrecht, 1985), p. 1]。

在"所有的情况下""保证对公约的尊重"。[92] 根据通用的翻译版本,这项义务要求(a)所有缔约国采取一切可能的措施来尊重条约义务(b)采取行动保证其他未履行义务的国家回到正轨。[93] 许多学者认为第1条项下传统义务的源头规则已经成为习惯国际法,"尊重和保证尊重"条约内容的义务已经成为对世义务。[94]

153 此前提到的国际法院的两个案例为我们提供了一个深入考量这个问题的机会。[95] 在第四章,我们考量了一些支持"禁止未经通告

〔92〕 参见 Convention (Ⅰ) for the Amelioration of the Condition of the Wounded and Sick in Armed Forces in the Field; Convention (Ⅱ) for the Amelioration of the Condition of Wounded, Sick and Shipwrecked Members of Armed Forces at Sea; Convention (Ⅲ) Relative to the Treatment of Prisoners of War; Convention (Ⅳ) Relative to the Protection of Civilian Persons in Time of War. 所有四个公约都在1949年8月12日签署。它们的全文可见于 Roberts and Guelff (eds.), *Documents on the Laws of War*, 2nd edn. (Oxford, 1989), pp. 169 – 337。

〔93〕 参见,例如 Pictet (ed.), *Commentary. III Geneva Convention Relative to the Treatment of Prisoners of War* (Geneva, 1960), pp. 17 – 18 (commentary on Article 1)。

〔94〕 Condorelli and Boisson de Chazournes, "Quelques remarques ὰ propos de l' obligation des Etats de 'respecter et faire respecter' le droit international humanitaire 'en toutes circonstances'", Swinarski (ed.), *Studies and essays on international humanitarian law and Red Cross principles in honour of Jean Pictet*(Geneva and The Hague, 1984), pp. 17 – 35. 还可参见 Abi Saab, "The specificities of humanitarian law", ibid., p. 270; Barile, "*Obligationes erga omnes* e individui nel diritto internazionale umanitario", 68 *Riv. dir. int.* (1985), pp. 5 – 31; Post, "Some Curiosities in the Sources of the Law of Armed Conflict Conceived in a General International Legal Perspective", 25 *Netherlamds Yearbook of International Law* (1994), pp. 109 – 13; Schindler, "Die erga omnes-Wirkung des humanit ären Völkerrechts", Beyerlin, Bothe, Hofmann and Petersmann (eds.), Recht. *Festschrift Bernhardt*, pp. 199 – 211; Paust, "The Complex Nature, Sources and Evidences of Customary Human Rights", 25 *Georgia Journal of International and Comparative Law* (1995/96), pp. 152 – 3。

〔95〕 除了这些案子之外,我们应当注意到,院长 Bedjaoui 在他附于国际法院核武器咨询意见案的宣言中写道:"double obligation générale . . . de négocier de bonne foi de parvenir au résultat recherché"具有对世对抗性。[I. C. J. Reports 1996 (油印版), 院长 Bedjaoui 宣言的 p. 5, para. 23]。

设置水雷具有对世义务效力"这一主张的证据。如果这一主张是正确的,那么一国将通过向国际船舶告知雷区的存在而实现对上述禁令的遵守。因此,关于布置水雷的这一对世义务包含了从事特定行为的积极义务,即告知义务。

对关于种族灭绝的国际义务也可做出类似的考量。正如在第五章所提到的,波黑共和国诉前南斯拉夫联盟共和国一案初步异议的判决中含有这样一个段落,它将对世义务的性质延伸到预防与惩罚种族灭绝的义务上(这一观点得到了 Oda 法官有保留的赞成与特别法官 Kreca 的批判)。因此,关于种族灭绝的国际对世义务将包含从事特定行为的积极义务,即预防与惩罚种族灭绝。

这两个关于积极对世义务的例子有一个共同点,即它们是附带消极义务而存在的:在告知雷区存在的义务这一例子中,消极义务是(至少间接是)禁止非法使用武力,而在预防与惩罚种族灭绝的义务这一例子中,消极义务是(明显是)禁止种族灭绝。

上述这个共同点也许能够反映一个狭隘的关于积极对世义务的观点,然而除此之外,这样的义务结构是十分有问题的。理论上来说,一个在任何情况下都具有约束力的义务是难以成为积极义务的。且不论理论上的困难,在实践中,积极对世义务的确认与实行将会需要国际社会高度的凝聚力。基于这两个原因,在衡量支持积极对世义务的证据应格外谨慎。

第四节　环境法领域的对世义务选项

154　与发展法相同,环境法代表了国际关系中十分新近的发展。[96]尽管保护自然与野生动物的国际公约、[97]阐述环境法基本原则的仲裁裁决与国际判决[98]可追溯至几十年前,但是国际环境法出现的转机是1972年在斯德哥尔摩召开的联合国人类环境会议。[99]正是在这次会议之后,“国际环境法”的表述得到了广泛的使用,关于环境

〔96〕参见 Kiss and Shelton, International Environment Law (New York and London, 1991), pp. 33–54。同样,在国内法中,保护环境的系统性法规也代表了十分新近的发展。但是,环境污染其实是一个古老的问题,早期限制环境污染的尝试可追溯到爱德华一世(Edward I)治下的英国(Markesinis and Deakin, Tort Law, 3rd edn., (Oxford, 1994), pp. 455–6, note 18)。

〔97〕参见,例如 Convention Relative to the Preservation of Fauna and Flora in their Natural State, done in London on 8 November 1933 (172 *L. N. T. S.* 241),以及 Convention on Nature Protection and Wildlife Preservation in the Western Hemisphere, done in Washington on 12 October 1940 (161 *U. N. T. S.* 193)。

〔98〕三个经典的案例按时间顺序排列如下: the *Trail Smelter* case (II arbitral award, 11 Mar. 1941), R. I. A. A., iii, p. 1905; the *Corfu Channel* case (judgment on the merits), I. C. J. Reports (1949), p. 4; the *Lake Lanoux* case (*France v. Spain*) (19 Nov. 1956), R. I. A. A., xii, p. 281。

〔99〕联合国大会在1968年12月3日的2398(XXIII)号决议中建议召开国际环境会议。这个会议于1972年6月5日至16日在斯德哥尔摩召开,汇集了来自113个国家及各种国际组织约6000人,以及来自400多个非政府组织的观察员。

的条约、决议和著述开始增加。[100]

斯德哥尔摩会议为环境法贡献了许多理念，特别是以下这几项：(a)环境是一种全球性的存在，它应当作为一个整体被保护（但这并不会削减具体规则的重要性，这些规则可能适用于不同的污染源与环境成分），并且(b)环境保护是促进和平、人权和发展的必要条件。在解决了一些反对意见之后，[101]现在这些理念已经被广泛接受。 155

"环境是唯一且相互依存的"这一理念已在各种关于环境保护的文件中被宣告，比如，斯德哥尔摩会议鼓掌表决通过的《人类环境宣言》，[102]联合国大会在《斯德哥尔摩宣言》之后十年通过了《世界自然宪章》，[103]以及为了纪念斯德哥尔摩会议 20 周年而在里约热内卢召开的联合国会议决议通过的《关于环境和发展的里约宣

---

〔100〕 文件的整理收集，参见 Birnie and Boyle (eds.), *Basic Documents on International Law and The Environment* (Oxford, 1995)。学者文献参见 Brownlie, "A Survey of International Customary Rules of Environment Protection", Teclaff and Utton (eds.), *International Environment Law* (New York, 1974), pp. 1 - 11; Wolfke, "Some Reflections on International Environment Law-Making and Enforcement", 8 *P. Y. I. L.* (1976), pp. 33 - 53; Kiss, "The International Protection of The Environment", Macdonald and Johnston (eds.), *The Structure and Process*, pp. 1069 - 93; Schachter, "The Greening of International Law", *Humanité. Mélanges René-Jean Dupuy*, pp. 271 - 7; Dupuy, R. J. (ed.), *The Future of the International Law of the Environment. Workshop The Hague*, 12 - 14 *November* 1984 (Dordrecht, 1985); "Symposium. Earth Rights and Responsibilities: Human Rights and Environmental Protection", 18 *Yale Journal of International Law* (1993), pp. 213 - 411; Fitzmaurice, M. A., "International Environment Law as a Special Field", 25 *Netherlands Yearbook of International Law* (1994), pp. 191 - 226。

〔101〕 对这个问题的考量，参见 Schachter, *International Law*, p. 362。

〔102〕 Doc. A/Conf. 48/14/Rev. 1. 原文可见于 11 *I. L. M.* (1972), p. 1416。

〔103〕 Resolution 37/7 of 28 Oct. 1982 (Doc. A/37/51) (1982), *Gen. Ass. Off. Recs.*, *Thirty-Seventh Session*, *Supp.* 51. 评论可参见 European Council for Environmental Law (under the auspices of), *The World Charter for Nature* (Berlin, 1986)。

言》。[104] 这些文件还表明了环境保护如何紧密地与促进国际社会其他基础价值相联系，首当其冲的便是促进发展，当然还有促进和平与人权。例如，《斯德哥尔摩宣言》的原则八表明，发展是为更加优质的生活营造环境的重要助力。里约会议在最后的宣言中重申并进一步发展了这一原则，它宣扬了“可持续发展”的概念，这个概念的核心就是和平、发展和环境保护是“相互依存且密不可分的”。[105]

---

〔104〕 Doc. A/Conf. 151/5/Rev. 1 (13 June 1992). 关于环境与发展的联合国会议于1992年6月3日至14日召开。170多个国家派代表出席。在里约会议上通过的一些文件(包括《关于环境和发展的里约宣言》)可见于31 *I. L. M.* (1992), p. 814。里约会议所有的注释版文件，参见Jhonson, *The Earth Summit. The United Nations Conference on Environment and Development* (*UNCED*) (Dordrecht, 1993)。还可参见“United Nations: General Assembly Second Committee (Economic and Financial) Report containing the Recommended Resolution in Follow-up to the United Nations Conference on Environment and Development”, Doc. A/47/719, dated 18 December 1992, reproduced in 32 *I. L. M.* (1993), p. 236。关于里约会议之后的事项与发展，参见Ferrari Bravo, “Considérations sur la méthode de rêcherche des principes généraux du droit international de l'environnement”, 7 *Hague Yearbook of International Law* (1994), pp. 3 – 10。还可参见Beyerlin, “Rio-Konferenz: Beginn einer neuen globalen Umweltrechtsordnung?” 54 *Z. a. ö. R. V.* (1994), pp. 124 – 49 (德文，附有英文简介); Kiss, “La contribution de la Conférence de Rio de Janiero au développement du droit international contumier”, Al-Nauimi and Meese (eds.), *International Legal Issues Arising under the United Decade of International Law* (The Hague, 1995), pp. 1079 – 92。

〔105〕 参见《关于环境和发展的里约宣言》的原则二十五。“可持续发展”的概念是由世界环境发展委员会(World Commission on Environment and Development) 1987年的报告引入的，这是联合国于1983年创建的一个独立实体，被人们称为“Brundtland Commission”(因曾经担任委员会主席的前挪威首相而得名)。报告的题目是 *Our Common Future* (Oxford, 1987)。关于“可持续发展”这个充满争议的概念，还可参见Singh, N., “Right to Environment and Sustainable Development as a Principle of International Law”, Bello and Ajibola (eds.), *Essays Elias*, i, pp. 181 – 95, “International Law in the Field of Sustainable Development”, 65 *B. Y. I. L.* (1994), pp. 303 – 81; Cancado Trindade, “Relations Between Sustainable Development and Economic, Social and Cultural Rights: Recent Developments”, Al-Nauimi and Meese (eds.), *International Legal Issues*, pp. 1051 – 77; McGoldrick, “Sustainable Development and Human Rights: An Integrated Conception”, 45 *I. C. L. Q.* (1996), pp. 796 – 818。关于环境保护与促进发展的关系，学术文献一直不断增加。对这些著述的概览，参见Handl, “Environment Protection and Development in Third World Countries: Common Destiny—Common Responsibility”, 20 *N. Y. U. J. I. L. P.* (1988), pp. 603 – 27。

人类的环境是一个整体，而环境保护与提升国际社会基本价值之间有着密切联系，因此，我们显然应当在这份关于对世义务的研究中对环境法进行探究，无论这种探究有多么简短。在这个方面，René-Jean Dupuy 曾写过：对世义务的概念与人权和“环境”尤其相关。〔106〕对世义务的概念或明示或暗示地曾屡次在环境保护的语境中被提及。这样的提及可见于国际法院的司法过程中，〔107〕国际法委员会编纂《国家责任法》的过程中，〔108〕以及国际法文献中。〔109〕若对这些提及对世义务之处一一考察，这将超出本书的研究范围。然 156

〔106〕“Humanity and the Environment”, 2 *Colorado Journal of International Environmental Law and Policy* (1991), p. 202.

〔107〕参见 Judge Weeramantry 的个别意见，附于国际法院关于国家在武装冲突中使用核武器的合法性的咨询意见，I. C. J. Reports 1996 (mimeographed text), pp. 28 – 30。除了这则咨询意见的诉请与口头辩论之外，还可参见以下案件的诉请与口头辩论内容：国际法院关于使用或威胁使用核武器的合法性的咨询意见（在前文第一章第四节曾引用过），核试验案（判决中的一些方面将会在第九、十章考量）。

〔108〕《国家责任草案》的第 19 条第 3 款 b 项在诸多国际罪行中，列举了对国际义务的严重违反，这些义务具有“保护人类环境的核心价值，比如禁止对大气和海洋的大规模污染”（条约原文在第一章第四节曾提到）。1995 年，在国际法学会第 47 次会议草拟报告的第 7 章，章名为 Other Decisions and Recommendations of the Commission，第 14 段中，报告员 Villagran Kramer 写道，国际法学会“试图更多地关注涉及环境方面的对世义务，因为环境恶化的受害者并非单一国家，而是作为一个整体的国际社会，因而我们的研究将涵盖诸如‘全球共存’的议题”。

〔109〕除了本段后面将要讨论的 Picone 的文章外，参见，例如 Third Restatement, Part. VI (“The Law of the Environment”)，特别是第 601 部分，以及第 604 部分的评论；Gonzalez Campos, Sanchez Rodriguez and Andres de Santa Maria, *Curso*, p. 717; Schachter, International Law, pp. 381 – 3; Henkin, International Law, pp. 93 – 4; Birnie and Boyle, International Law and the Environment (Oxford, 1993), pp. 154 – 7; Cancado Trindade, Direitos humanos e meio-ambiente: paralelo dos sistemas de protecao internacional (Porto Alegre, 1993), pp. 45 – 51, 145 – 50, 213 – 19, and 276 – 81 (“Report of the I Meeting of the UNEP Group of the Legal Experts to Examine the Implications of the ‘Common Concern of Mankind’ Concept on Global Environmental Issues”);

157 而,在本书中考察对世义务在促进环境保护方面的作用是十分合适的。

在《斯德哥尔摩宣言》发布数年之后,布朗利发表了一篇文章,认为大气与公害污染是一个分散且渐变的过程,传统的责任认定方法几乎无法带来积极的效果,因为存在诸如难以确定侵权行为人、难以获得构建因果关系的证据等困难。布朗利提出了一个可能的解决方案,即诉讼资格(*locus standi*)的"自由主义路径"与设定标准的条约类似。〔110〕这样一来,当污染影响到共同的环境时,所有的国家都会具有资格对其做出反应。〔111〕布朗利提出的这些问题具有经久不灭的重要性,这可以在20年之后的一篇文章中得到非直接的证明,Valencia-Ospina 在这篇文章中指出,当下国际环境法存在的问题

Guruswamy, Palmer and Westion, International Environment Law and World Order, A Problem-Oriented Coursbook (St. Paul, Minn., 1994), pp. 344 – 6. 还可参见 Yamada, "Droits et Obligations des Etats en matière de protection de l'environnement", Doc. A/CN. 4/454, para. 2(c)。Weiss 认为一种正在形成的"对后代的信托义务(fiduciary obligation to future generations)"将会包含一个保护自然和文化遗产的对世义务("The Planetary Planetary Trust: Conservation and Intergenerational Equity", 11 *Ecology Law Quarterly* (1984), pp. 540 – 4)。关于"对后代的信托义务"这一概念,参见 ea., In Fairness to Future Generations: International Law, Common Patrimony and Intergenerational Equity (Tokyo and Dobbs Ferry, 1989),以及 D'Amato, Weiss 和 Gundling 的作品,题为"Agora: What Obligation Does Our Generation Owe to the Next? An Approach to Global Environment Responsibility", 84 A. J. I. L. (1990), pp. 190 – 212。关于"代际权利"(intergenerational rights)这一概念,参见 Weeramantry 法官在考量国际法院1974年12月20日核试验案判决第63段。

〔110〕 Brownlie, "A Survey of International Customary Rules of Environment Protection", pp. 4 – 5.

〔111〕 此处没有必要讨论做出反应的方式如何。

清晰地显示出“背离传统诉讼资格规则”的需求。[112]

布朗利在他的文章中提出了一个重要的观点：尽管在缔约方之间放宽诉讼资格只要求将保护环境的义务或标准[113]施加在这些缔约方身上，然而在国际法下，诉讼资格的“自由主义路径”将要求保 158
护环境的义务或标准具有对世对抗性。所以关键的问题在于：在如今的国际法中，是否存在无例外地施加于全体国家的环境法义务？国际渔业组织采取的一些保护措施受到第三方国家的阻挠，这个事实进一步证明了这个问题的重要性。[114]

尽管关于环境法中对世义务的综合性研究仍有待做出，Picone 已经极其细致地分析了是否存在，或至少是否正在产生防止海洋环境污染的对世义务。[115]《联合国海洋法公约》第 1 条第 1 款第 4 项

---

〔112〕“The International Court of Justice and International Environment Law”, 2 *Asian Yearbook of International Law* (1994) p. 3. 关于这个问题，还可参见 Singh, G., “The Greenhouse Effect—Need for Legal Control”, Pathak and Dhokalia (eds.), *International Law in Transition. Essays in Memory of Judge Nagendra Singh* (Dordrecht, 1992), p. 153; Murase, “Perspectives from International Economic Law on Transnational Environment Issues”, 253 Hague *Recueil* (1995), pp. 311 – 12; Sands, *Principles of international environmental law I. Frameworks, standards and implementation* (Manchester, 1995), pp. 150 – 4。

〔113〕“标准”(Standards)可被定义为“对所欲求的某种社会行为的模糊规定”(Dillard, “Some Aspects of Law and Diplomacy”, p. 478)。“标准”的概念以及“标准”与“规范”(norms)的区别在西南非洲案的诉请中得到了透彻的讨论。参见，如 *I. C. J. Pleadings*, *South West Africa*, viii (pp. 258 – 9; 680 – 5), ix (pp. 76 – 7; 342)。文献可参考 Riedel, “Standards and Sources. Farewell to the Exclusivity of the Sources Triad in International Law?”, 2 *European Journal of International Law* (1991, No. 2), pp. 58 – 84。还可参见前文第七章第三节。

〔114〕参见 Wolfrum, “Purposes and Principles of International Environment Law”, 33 *G. Y. I. L.* (1990), p. 325。

〔115〕“Obblighi reciproci ed obblighi *erga omnes*”, pp. 94 – 135. Picone 将他的分析建立在 1981 年联合国海洋法大会第 10 次会议所通过的草案上。这份草案与终稿之间的差别与本研究并不相关，所以在这个段落中，参考的将是 1982 年通过的《联合国海洋法公约》终稿。

将"对海洋环境的污染"[116]定义如下：

人类直接或间接地将物质与能源引入海洋环境(包括河口)，产生或可能产生一些有害的效果，如危害生物资源和海洋生命，威胁人类健康，阻碍海事活动，包括捕鱼及其他对海洋的合法开发，损害海水质量，减少宜人环境。

由于水体之间的不可分性，大多数的海洋污染的危害效果将会波及距离污染源数英里之外的地方，从而成为所有国家潜在的担忧。

Picone 在他的文章中讨论了对世义务的概念及其在环境保护方面的具体应用，包括对领海、专属经济区和公海的保护。[117] 关于领海的传统观点认为，(a)沿海国家并没有保护海洋环境的对世义务，
159 (b)如果一个国家侵犯了另一个国家在环境上的领海权利，只有受害的沿海国家有权对此侵犯做出反应。这种传统的观点逐渐受到质疑。首先，如今国家似乎负有一个保护海洋环境的普遍义务，包括对领海环境的保护。这个义务已经规定在《联合国海洋法公约》的第 192～193 条中，[118] 它是独立于互惠原则的一项义务，并且被 Picone 认为是一项对世义务。当试图解释这项普遍义务的具体应用时，Picone 给出了这样一个例子，即沿海国家有义务不将辐射性及核

[116] Doc. A/Conf. 62/122 and Corr. 1 to 11. 公约于 1982 年 12 月 10 日开放签署，于 1994 年 11 月 16 正式生效，这正是 Guyana 作为第 60 个国家交存同意书的第二年。已有 82 个国家成为缔约国(*Multilateral Treaties Deposited with the Secretary-General.* Status as at 31 December 1995, p. 798)。公约第 I 部分至第 IX 部分可见于 Brownlie, *Basic Documents*, pp. 129 – 208。关于海洋污染的早期文章，参见 Schachter and Serwer, "Marine Pollution Problems and Remedies", 65 *A. J. I. L.* (1971), pp. 84 – 111。

[117] Picone 假设在关于海洋环境保护的一项研究里，再没有其他的海洋区域(如毗邻区与大陆架)需要作为一个独立部分加以对待。参见"Obblighi reciproci ed obblighi *erga omnes*", p. 103, note 190(在文章中被错误地指示为第 109 个脚注)。

[118] 第 193 条与第 192 条不同，它使用了"责任"(duty)一词而非"义务"(obligation)。正如在本章第一节所提，这两个词可以被视为等同，至少在本研究的目的之下可以视为等同。

武器废料投入自己的领海，至少在有可能引起严重海洋污染的情况下不得投入。[119] 上述义务具备对世义务属性的一个后果便是，在发生了最为严重的违法行为后，沿海国家将对整个国际社会负有责任。

尽管 Picone 的讨论没有涉及，但是上述义务的对世性质中有一个方面值得我们对其进行考量，因为它影响到对世义务的一般概念。这一方面便是：从可对抗国际社会中的全部国家这个严格意义上来说，对核武器与放射性物质投放的禁止并不是对世的。相反的，这个禁止将只能对沿海国家具有可对抗性。[120] 结果便是，在对世义务的一般范畴中，将出现一个子类别，该类别的义务只需满足一定的地理条件，就可对抗全部国家。与基于条约产生的“自存义务”（self-existent obligations，法语是“obligations solidaires”）不同，这个子类别下的义务可对抗所有的沿海国家，无须获得每个国家的同意。另一方面，与来自“区域性强行法”（regional *jus cogens*）的义务不同，这个子类别的对世义务可以对抗所有符合适用条件的国家。它们的可对抗性不会局限在一个区域内。[121] 从这个意义上看，这个对世义务的子类别将会具有整个世界范围内的可对抗性，并且似乎不会使一般的对世义务与约束具有一定地理特征的国家的对世义 160
务相矛盾。这样的子类别是否存在，如果它存在，那么它包含哪些义务，这些问题已经超出了本章研究的范围。[122]

还有另一个关于领海环境保护的备选对世义务，即当自己的海

---

[119] “Obblighi reciproci ed obblighi *erga omnes*”, p. 114（包括第 207 个脚注，独立于现下所探讨的义务的对世性质，Picone 在此讨论了“存在具有上述对世义务效果的国际习惯法”这一主张的证明困难）。

[120] 当然，所有国家都有可能通过各种领土获取的方式成为沿海国家。

[121] 关于“自存义务”与“区域性强行法”，分别参见第十章第三节与第四节。

[122] 另外一个没有讨论的问题是：这个子类别的形成过程是否会与一般对世义务的形成过程有所不同。

洋环境存在损害的迫近威胁时，受害的沿海国家有义务立即通知其他国家，[123]至少当可能的威胁极为严重或相当巨大时应当这样做。上述义务具有对世性质的观点，除了 Picone 的文章，[124]还可从美国法学会通过的最后一次《对外关系法重述》（以下简称《重述法》）的第 601 节得到印证。[125] 我们在此同样没有必要讨论这项关于紧急环境威胁的通知义务是否一定是备选对世义务。这并非是仅有的具有对世性质的通知义务。正如在第四章中所述，向国际船舶告知存在水雷区的义务同样也得到了一定的支持。

由于国家对专属经济区权利具有特殊性，所以关于这个区域的对世义务问题更为棘手。《联合国海洋法公约》第 56 条反映了国际习惯法，它规定沿海国家在其专属经济区拥有主权权利、出于特定目的的责任和管辖权。不同于领海，一国在专属经济区并不享有完全的主权。另外，国家在大陆架区域基于法律享有权利，[126]与此不同，沿海国家在专属经济区的权利是可选择的，因为只有当该国声明要求拥有专属经济区时该权利才存在。事实上，目前有几个国家已经放弃了要求专属经济区的权利。[127]

第 56 条不仅提到了权利，还提到了责任与管辖权。由此产生了一个问题：这样的管辖权和责任是否只是沿海国家主权权利的附属
161 品？对此问题的肯定答案将会导致将对世义务概念适用于专属经

---

[123] 参见《联合国海洋法公约》第 198 条。

[124] "Obblighi reciproci ed obblighi *erga omnes*", pp. 115 – 16.

[125] Section 601, paras. (1)(a) and (2)(a)，以及对应部分的 Comment (e) 和 Reporter's Note (4)。

[126] 参见《国家海洋法公约》第 77 条第 3 款。

[127] 关于这个问题及更宽泛的关于专属经济区的情况，参见 Brownlie, *Principles*, pp. 209 – 13。关于第 56 条的草案，参见 *The Law of the Sea. Exclusive Economic Zone. Legislative History of Articles* 56, 58 *and* 59 *of the United Nations Convention on the Law of the Sea* (Division for Ocean Affairs and the Law of the Sea, Office of Legal Affairs) (New York, 1992)。

济区的困难:如果管辖权和责任是一个可选择的权利的附属品,它们本身也将会是可选择的,从而与对世义务的概念相矛盾,因为后者本质上是不可选择的,不论同意与否均对抗于全部国家的。

专属经济区的可选择性并不会阻碍与它相关的权利成为备选对世义务。比如,Picone 曾论述过:沿海国家在专属经济区防止、减少和控制由海底活动引发的海洋污染、船舶污染这两项义务有可能是正在形成的对世义务(两项义务分别编纂于《联合国海洋法公约》第 208 条和第 211 条)。[128]

另外一个被最后一次《重述法》认为是对世义务的《联合国海洋法公约》第 61 条第 2 款规定的义务,即一国必须保证专属经济区中的生物资源不因过度开采而受到威胁。为了履行这项义务,一国应当采取积极措施,即规定在其专属经济区中打捞生物资源的许可数量,该国自己获取这些资源的范畴以及其他国家获得盈余部分的条件。[129]

在最后一次《重述法》中提出的这一理念展现了将对世义务性质附于专属经济区权利的困难。沿海国家保护并管理专属经济区中的生物资源这一义务有一个预设前提,即该国事实上已经声明要求专属经济区。换句话说,这项义务(一项不仅是禁止从事某些行为的义务)[130]依赖于一国对专属经济区的声明,并且只能在有限的情况下被认为是对世义务,即一旦一国声明要求专属经济区(也只有一国如此声明时),该国将会向所有其他国家负有义务,她应采取充分的措施去保护与管理其专属经济区中的生物资源。

最后一个需要考虑的海洋区域是公海。作为一个没有任何国家 162
拥有管辖权或控制权的共有区域,原则上公海应当是在海洋环境保

---

〔128〕 "Obblighi reciproci ed obblighi *erga omnes*", pp. 116 – 25.

〔129〕 *Third Restatement*, Section 514, Comment (f).

〔130〕 关于对世义务的积极或消极内容,参见本章第三节。

护义务中寻找对世义务的主要领域。事实上,海洋程序与实体法律的一些发展趋势证明了这一论点。[131]

与之前关于领海与专属经济区的论述类似,Picone 在其文章中提出,禁止将核废料和辐射性物质投入公海的规定是一个备选对世义务。在这个领域中产生对世义务的趋势还可在《联合国海洋法公约》的实行机制中找到端倪。比如,公约第 218 条规定,当船舶自发地停泊在一国的港口或离岸码头,对于它在该国管辖权之外的地方所做出的任何违法行为,这个国家有权进行调查并最终诉诸司法程序。这个条款进一步规定港口所在国应当尽可能答应船旗国关于调查违反国际法行为的请求,"无论违法行为在哪里发生"。

换句话说,在第 218 条项下,港口所在国有权为了保护公海环境、促进各国共同利益而执行国际法规则与标准,不论这些国家的个体利益是否受到损害。在此我们无需讨论是否存在涵盖类似规定并且能够衍生出对世义务的习惯国际法。

第五节　小结

这一章考量了一些备选对世义务。作此考量的目的并非证明这些义务是否是适格的备选者,而是通过研究它们来关注巴塞罗那机车案所提对世义务的共同点。这些共同点(已在第一节列出)表明判决意见是从严格意义上给出义务范例,其内容是狭窄的,并且只限于禁止性义务。国际法院所给出的对世义务概念是经过挑选的,并且只适用于十分有限的国际义务。

163 国际法院的这种谨慎路径并未阻止在判决意见的初衷之外产生新的备选义务。比如,本章所探究的备选义务拓展了对世义务的概

〔131〕 参见"Obblighi reciproci ed obblighi *erga omnes*", pp. 125 – 35。

念,从具体规定到一般原则(如在人权法领域),从禁止性规定到积极义务(如在发展法领域),从严格意义上的义务到附于选择性权利的义务(如在环境法领域)。这种概念扩张的正当性或来自对国际法院判决意见的自由主义解读(如判决意见不仅提到“规则”,还提到了“原则”),或完全相反,来自否认判决意见某些用语的相关性(如“基础”人权与其他人权的区别)。

以上这些论点展现了对世义务这一概念的活力:它不仅仅是进行学术研究的一个主题,而是逐渐在国际法不同领域产生影响的一个概念,律师们将通过这个概念探寻对实际问题的解决方案。然而同时,备选对世义务在国际法院判决意见范畴之外的扩张显然是具有风险的。由于对世义务从其本质上将会影响国家做出同意与否的自由与其主权权利,这种风险便显得更为严重。

因此,在第九章考量本章第一节提出的另外两个共同点是很重要的,即对世义务的道德属性与它所要求的国际社会的支持程度。同样,我们将参考国际法院的现实案例,采用实用主义路径来讨论这些共同点。

第九章　其他对世义务选项：根据纳米比亚咨询意见与核试验案

第一节　概述

164　本章将讨论第八章第一节所述的最后两个共同点，即对世义务要求的支持程度与道德属性。纳米比亚咨询意见及其诉请、核试验案中包含各种关于对世义务的陈述，本章将以这些陈述为依据讨论上述两个共同点。

上述两个案例都确认了更多的对世义务的存在。尽管这两个案例在时间上离国际法院1970年的判决意见最近，但它们并非巴塞罗那机车案以来唯一持此观点的案例。Weeramantry法官在东帝汶案的个别意见中列举了除巴塞罗那机车案之外，国际法院遇到对世义务问题的案件有北喀麦隆案、西南非洲案、核试验案、伊朗人质案、边界和跨边界武装行动案（尼加拉瓜诉洪都拉斯）。[1] 事实上，尽管这些案件对于关于救济的研究是十分重要的，它们似乎与对世义务的研究并无直接联系。照例，下文将会有选择地讨论案例与咨询

〔1〕 *I. C. J. Reports* 1995, p. 214. 关于本章所讨论的两个案例，Weeramantry法官列举了核试验案，而未列举纳米比亚咨询意见案。

意见，仅考察有助于阐明本章主题的内容。

第二节　纳米比亚咨询意见及其诉请中关于对世义务的陈述

之前的章节已经提到过对西南非洲[或称为纳米比亚，因为联合国大会曾通过2372(XXII)号决议对其重新命名]的委任统治，前 165
文还提到国际法院已就几个与委任统治相关的问题作出四个咨询意见和两份判决。[2] 本节将会考量上述最后一个判决意见，即1971年关于纳米比亚的咨询意见。[3] 我们不需要考量咨询意见的全文，只须关注国际法院在巴塞罗那机车案判决做出一年多后，使用了“对世义务”这一表述的段落。在考量这个段落之前，有必要简单介绍一下该咨询意见的背景。

国际法院做出西南非洲案的裁决，认定原告没有资格向南非提起诉讼。之后不久，联合国大会终止了西南非洲的委任统治，并决定南非无权管理这片领土。[4] 之后，西南非洲的问题受到了安理会

〔2〕 参考前文第七章第三节的参考书目，它与此处关于国际法院纳米比亚咨询意见的讨论也相关。

〔3〕 *Legal Consequences for States of the Continued Presence of South Africa in Namibia* (*South West Africa*) *not withstanding Security Council Resolution* 276 (1970), Advisory Opinion, I. C. J. Reports 1971, p. 16. 除了在第七章第三节关于西南非洲问题的笼统引述，对该咨询意见的评论还可参见 Mani, “The Advisory Opinion in Namibia Case: A Critique”, 11 *Indian Journal of International Law* (1971), pp. 467 – 80; Dugard, “Namibia (South West Africa): The Court's Opinion, South Africa's Response, and Prospects for the Future”, 11 *C. J. T. L.* (1972), pp. 50 – 73; Rovine, “The World Court Opinion on Namibia”, ibid., pp. 203 – 39。

〔4〕 联合国大会第2145号决议终止了西南非洲的委任统治，该决议在1966年10月27日被通过。这份决议在实践与法律两方面备受诟病，简述可参见 *Oppenheim's International Law*, i, p. 303, note 17。

的关注,安理会对大会撤回委任统治的举动表示支持。[5] 在1970年的第276号决议中,[6]安理会宣布南非在纳米比亚统治的存续是非法的,在委任统治被取消之后,南非做出的代表纳米比亚或与之相关的行为都是非法、无效的。它还要求所有国家避免与南非政府进行违背该宣言的往来。在同一份决议中,安理会成立了一个特别附属委员会,它负责研究如何有效地执行安理会关于纳米比亚的决议。在附属委员会的建议下,安理会通过第284号决议要求国际法
166 院做出一份咨询意见。[7] 这份决议最初由芬兰提出,在1970年7月29日以12票赞成、0票反对、3票弃权通过。[8] 尽管安理会已通过第276号决议,它仍请求国际法院判定南非在纳米比亚统治存续的法律后果。

在国际法院的司法程序中,联合国秘书长、南非政府和其他11个国家政府递交了书面陈述给国际法院。[9] 之后是联合国秘书长、

---

[5] 参见1968年第245号和第246号决议,1969年第269号决议,1970年第276号和第283号决议。

[6] 第276号决议的原文可见于23 *Yearbook of the United Nations* (1970), pp. 752 – 3。

[7] 第284号决议的全文可见于国际法院咨询意见的第1段。(安理会基于《联合国宪章》第96条提出请求,这一条规定联合国大会与安理会有权要求关于任何法律问题的咨询意见。)

[8] 弃权的三个国家为前苏联、波兰和英国。在它们关于投票的声明中,前苏联代表"felt [that the resolution] would merely delay settlement of the question by creating the illusion that legal measures could replace political action";波兰代表"questioned the effectiveness of measures limited to Namibia and held that the realization of United Nations objectives with respect to Namibia depended on effective measures taken against South Africa—the occupier of the territory";英国代表"believed that the proposed submission to the International Court of Justice was based on certain assumptions which should themselves be examined by the Court"[24 *Yearbook of the United Nations* (1970), p. 740]。

[9] 这11个国家为:前捷克斯洛伐克、芬兰、法国、匈牙利、印度、荷兰、尼日利亚、巴基斯坦、波兰、美国及前南斯拉夫。

非洲联盟组织、[10] 南非政府和其他 7 个国家政府的口头陈述。[11] 按照安理会要求对其早前提出的问题做出回应的请求，国际法院在 1971 年6 月21 日发布了一份咨询意见，这是在第284 号决议发布不到一年之后。

在咨询意见的功能性条款中，国际法院考量了南非在纳米比亚统治的存续对于南非自身、联合国的会员国以及所有其他国家的法律后果。最终法院以 13 票对 2 票决定南非在纳米比亚统治的存续是违法的，南非应当立即撤回它在纳米比亚的统治。然后，法院以 11 票对 4 票决定（a）联合国会员国应当认同该行为的违法性，并不得采取与之相违背的行动，（b）非会员国应当在第 a 条的范畴内协 167
助联合国采取关于纳米比亚的行动。[12] 联合国大会和安理会接受了国际法院的观点。[13]

基于本研究的目的，咨询意见中的关键部分是国际法院在考量对于非会员国的法律后果时所写的一个段落：

终止委任统治与宣称南非存续于纳米比亚的违法性是可对抗于所有国家的，这意味着如同对世义务那样阻碍了某种国际违法情形

〔10〕 国际法院极少允许国际组织参与诉讼程序，除非该国际组织是咨询意见要求的提出方。尽管如此，1971 年 1 月 29 日，国际法院还是决定听取非洲联盟组织的口头陈述。类似的，在关于禁止种族灭绝公约的咨询意见中（见前文第五章），国际法院院长允许国际劳工组织与美洲国家联盟组织提交它们的书面陈述。

〔11〕 这 7 个国家为芬兰、印度、荷兰、尼日利亚、巴基斯坦、越南共和国和美国。除了越南共和国之外，它们都是联合国的会员国。（越南社会主义共和国由前越南民主共和国和越南共和国组成，在 1977 年作为一个独立的国家加入联合国）越南共和国可以提交口头陈述的原因在于国际法院院长在 1970 年 8 月 21 日决定“有权在国际法院出席”的非会员国（参见《国际法院规约》第 66 条）可以向法院提供涉案问题的相关信息。

〔12〕 I. C. J. Reports 1971，p. 58，para. 133.

〔13〕 参见联合国大会第 2871（XXVI）号决议和安理会第 301 号决议（1971）。两个决议的原文都可见于 25 *Yearbook of the United Nations*（1971），pp. 560 – 4。还可参见附于安理会第 301 号决议的讨论，简述于 ibid.，pp. 548 – 51。

的合法性:特别地,任何就纳米比亚事务与南非缔结外交关系的国家都无法要求联合国或其会员国承认这种外交关系的有效性、影响力或由此带来的结果。南非的委任统治被对统治拥有监督权的国际组织终止,南非在纳米比亚统治的存续被宣告为非法,在这种情况下,非会员国应当依据这些决定采取与之一致的行动。[14]

国际法院的用语让人有理由相信这个段落是与对世义务相关的。然而依旧存在至少来自两方面原因的质疑。首先,在纳米比亚咨询意见中,国际法院提到"对世的效果"(effects *erga omnes*)而非"对世义务"(obligation *erga omnes*)。然而,这个区别似乎是无关紧要的。我们完全可以在不改变原意的情况下以消极义务的普遍对抗性为措辞重述国际法院的用语:国家负有一个这样的对世义务,要求它们不得承认南非统治存续于纳米比亚的合法性,这种存续情形是违反国际法的。Mann 甚至建议国际法院在功能性条款中明确提到消极义务是更可取的一种做法。[15]

其次,有些学者[16]对纳米比亚咨询意见与对世义务的相关性提
168 出质疑,原因在于:在宣告南非统治存续于纳米比亚的非法性是对世的之后,国际法院又补充道,作为这个宣告的结果,任何与南非缔结外交关系的国家都不能要求联合国承认这些关系的有效性。如果这是唯一的法律后果(这些学者指出),那么非会员国并不需要遵守一个对世义务,而仅需要拒绝承认某种权利。初看之下,这些观点似乎有一定的道理。然而,细细揣摩国际法院的用语,其实"拒绝承认某种权利"只是宣告对世违法性的一个"特别的"结果,而并非

[14] I. C. J. Reports 1971, p. 58, para. 133.

[15] "The Doctrine of Jus Cogens", p. 414, note 55. (a)不承认义务暗含的内容与(b)国际法院在咨询意见中所提措施的性质["法律后果"(legal consequences)还是"执行措施"(enforcement measures)?]这两个问题在纳米比亚咨询意见的个别意见与反对意见中得到了深入的讨论。

[16] 参见 Combacan and Sur *Droit international public*, p. 107.

是唯一的结果。因此上述观点并未被证成。

综上，并不存在确定无误的原因来排除上文摘录的咨询意见段落与对世义务之间的关系。对世性质可以附于承认义务而存在，这也是在意料之中的。[17] 在纳米比亚咨询意见被做出的二十年前，Fitzmaurice 曾写过无特定受益人的权利衍生出的义务涉及那些尚未被人知晓的义务，承认一个新国家或新政府就是其中的一种（假设这种义务可被认为存在于国际法中）。[18] 这个观点最早由 Alvarez 法官提出，[19] 并且可以被认为是对世义务的另一个预兆，至少这一类义务（如对世义务一般）反映了国家的共同利益。[20]

一旦证成在“不承认”的领域也可存在对世义务，关键问题便是考察国际法院决定南非统治存续于纳米比亚的违法性具有普世对抗性的基础何在。诚然，对委任统治的撤回是由被授予委任统治监督权的国际组织做出的。然而，这只能解释为何这种违法性能够对抗联合国的会员国，而无法解释为何它具有普世的对抗性。换句话 169
说，这是真正的困难所在，所以许多学者试图找到一个解决方案。

比如，Ammoun 法官在国际法院咨询意见的个别意见中认为，

---

〔17〕 在这里，“承认”（recognition）与“不承认”（non-recognition）这两个词是根据它们在国际法文献中的通常含义来使用。在这里使用它们并不意味着应将其视为法律术语。参见 Brownlie，“Recognition in Theory and Practice”, 53 *B. Y. I. L.* (1982), pp. 197 – 9。

〔18〕 “The Law and Procedure of the International Court of Justice: General Principles and Substantive Law”, 27 *B. Y. I. L.* (1950), pp. 14 – 15.

〔19〕 参见 Alvarez 法官在西南非洲的国际地位咨询意见中的反对意见，I. C. J. Reports 1950, p. 177: “Because the new international law is based on social interdependence, many cases may be found in which States are under obligation without the beneficiary of the rights relating to these obligations being known. The beneficiary is the international community.”

〔20〕 这并不是 Alvarez 提出的唯一创新概念。关于 Alvarez 对国际法的贡献，可参见 Alvarez 在进入国际法院许多年前的一篇文章，Le Fur，“Règles générales du droit de la paix”, 54 Hague *Recueil* (1935, IV), pp. 124 – 46。

"从委任统治客观的制度特征来看",[21]对委任统治的撤回具有普世效力。这种解释令人联想到在前文第二章讨论的客观机制和国际地位的概念。因此,它也受到了一些相同的质疑。在另外一则个别意见中,De Castro 法官写道:应当像对待"撤销所有权人管理财产的权利"一般对待委任统治权的撤销。[22] 换句话说,南非统治存续于纳米比亚之非法性的对世性质将会依赖来自国内法的一项普遍原则。尽管这个观点具有独创性,国际委任统治规则在多大程度上能够与国内法的类比,这个问题还有讨论的余地,[23]并且无论如何还存在另一个更具疑问的问题,即一个一般原则是否可以使与委任统治者往来的第三方的行为仅因该委任被撤销而归于违法。[24]

不承认南非统治存续于纳米比亚之合法性的义务是一个国际对世义务,关于这个结论的另一个可能解释与强行法概念相关。通常认为,一个国际不法行为不能作为违法者法律权利的来源(*ex injuria non oritur jus*)。[25] 但是,尽管承认不可以阻却行为的违法性,但却可以使其结果合法化。为了防止这种情况,国家总是不断奉行对违法情形的不承认政策,或有条件地承认新国家,条件是这些新实体

---

[21] I. C. J. Reports 1971, p. 73, para. 4.

[22] Ibid., p. 219, para. VILD.

[23] 参见 Le Tai Trien(越南共和国)向国际法院做出的口头陈述,*I. C. J. Pleadings*, *Legal Consequences for States of the Continued Presence of South Africa in Namibia* (*South West Africa*) *notwithstanding Security Council Resolution* 276 (1970), ii, p. 284。

[24] 类似的观点,参见 Mann, "The Doctrine of Jus Cogens", p. 415。

[25] 关于这个原则,参见 Lauterpacht, H., *Recognition in International Law* (Cambridge, 1947), pp. 420 – 6; Fitzmaurice, "The General Principles of International Law", pp. 117 – 28; Jennings, "Nullity and Effectiveness in International Law, *Cambridge Essays* McNair, pp. 72 – 4; Brownlie, *Principles*, pp. 511 – 12。Kelsen 将这个原则视为"有疑问的假设"(*Principles of International Law*, p. 415; 还可参见 pp. 420 – 33)。

必须避免从事特定的危害行为，如贩卖奴隶。[26]

"集体不承认"的外交政策在史汀生 1932 年关于伪满洲国的外交照会之后获得了更大的发展动力，它有可能是由国际组织的决议而产生的。[27] 这项政策对于形成习惯国际法项下的不承认义务起 170
着决定性的作用。[28] 用布朗利的话来说，最初，这项义务的内容是"不承认的情形可能是由非法使用武力导致的"。[29] 之后，它的范围逐渐扩大，用 Crawford 的话来说，如今只要"相关行为的违法性是实质上的(substantical)，特别是违反强行法"，就会产生不承认的义务。[30]

因此，现在有观点认为在面对违反强行法所招致的情形时，所有

---

〔26〕 参见 Smith, H. A. (ed.), *Great Britain*, i, pp. 127 – 31 (1822 年 10 月 10 日 Cunning 给 Hervey 的信，内容关于墨西哥的承认) 以及 pp. 185 – 7 (1823 年 2 月 15 日 Cunning 给 Chamberlain 的急件，内容关于巴西的承认)。

〔27〕 关于"史汀生主义"(Stimson doctrine)(来自史汀生的外交照会)，参见 McNair, "The Stimson Doctrine of Non-Recognition", 14 *B. Y. I. L.* (1933), pp. 65 – 74。关于"集体不承认"，参见 Brownlie, *Principles*, p. 98; Verhoeven, *La Réconnaissance internationale dans la pratique contemporaine* (Paris, 1975), pp. 525 – 33; Dugard, *Recognition*, pp. 24 – 40。

〔28〕 关于不承认义务，参见 Brownlie, *International Law and the Use of Force by States*, pp. 410 – 23; Crawford, *The Creation of States*, pp. 120 – 8。还可参见 Guggenheim, Traité, i, pp. 199 – 202; O' Connell, *International Law*, i, pp. 140 – 8; *Oppenheim' s International Law*, i, pp. 183 – 203; Nguyen Quoc Dinh, Dailler and Pellet, *Droit international public*, pp. 536 – 8 (para. 371)。导致不承认义务形成的国家实践，参见 Sharp, *Non-recognition as Legal Obligation* 1775 – 1934 (Liège, 1934)。

〔29〕 Brownlie, *International Law and the Use of Force by States*, p. 423.

〔30〕 Crawford, *The Creation of States*, p. 123.

的国家都负有一个不承认的义务。[31] 下一步是将南非统治存续于纳米比亚具有违法性的原因归于它对国际强行法规则的违背。在纳米比亚咨询意见案的诉请中,既有观点赞成亦有观点反对将强行法规则与该案联系在一起。[32] 在此无需分析那些反对的观点。人们很容易接受这样的论点:在咨询意见中,国际法院承认联合国有权力在涉及强行法规则时施以可对抗所有国家的法律义务。[33]

171 从本研究的目的出发,关键并不在于此,而在于国际法院完全没有提到强行法,只是提到了对世义务,如此一来,它也并未对南非统治存续于纳米比亚之违法性的普世对抗性作出解释。从这个方面来看,该案与巴塞罗那机车案之间存在一个延续性的元素,尽管两个案子相隔 16 个月,并且法院的组成人员也有所改变。[34] 这个延续性的元素便是该概念的宣告性质。在巴塞罗那案中,国际法院主要是依靠法律论证来确定对世义务这个单独的义务类别。类似的,在纳米比亚咨询意见中,南非统治存续之违法性的普世对抗性也是基于该案特别的案件事实与法律原则的一个推论。

---

〔31〕 除了 Crawford 的文章,对此话题的广泛讨论参见 Dugard, *Recognition*, pp. 126 – 63(在第 145 ~ 146 页,作者正确地指出,Cheng 在 1951 年时就已对之后强行法与国际承认间关系的发展有所预期)。批判性的观点参见 Mann, "The Doctrine of Jus Cogens", pp. 412 – 18。还可参见特别法官 Skubiszewski 在东帝汶案中的反对意见,他认为不承认规则的强行法性质"是一个不确定且尚未发生的发展。"(I. C. J. Reports 1995, p. 262, para. 125.)最后,根据 1982 年特别报告员 Riphagen 向国际法委员会提交的"关于国际责任内容、形式和程度的第三次报告(国家责任草案的第 2 部分)"第 6 条,(Doc. A/CN. 4/354 和 Add. 1 及 2),不承认的国际义务被形容为触犯国际罪行的后果之一(*Y. I. L. C.* , II, Part 1),pp. 48 – 50。

〔32〕 对比 Castrén(芬兰)与 Riphagen(荷兰)、Pirzada(巴基斯坦)的口头陈述,*I. C. J. Pleadings*, *Legal Consequences*, ii, pp. 82, 123 and 142。

〔33〕 Brownie, " The United Nations as a Form of Government", Fawcett and Higgins, R. (eds.), *International Organization: Law in Movement. Essays in Honour of John McMahon* (London, 1974), p. 34.

〔34〕 1970 年 2 月 6 日,法院做出巴塞罗那案判决的第二天,5 位新法官走马上任。

该案诉请中对对世义务的明确提及为我们展开了一幅更为错综复杂的图景。[35] 匈牙利政府在其书面陈述中写到,南非从纳米比亚撤出的义务是对世义务。相关的关键段落如下:

> 南非不顾委任统治的终止而继续存续于纳米比亚的统治使其负有一个面向所有国家的责任。它撤出纳米比亚的义务是对世义务。南非统治非法存续于纳米比亚的行为损害了国际社会的整体利益,因此国家可以单独或共同采取行动,适当地了结此事。特别地,各国有权诉诸安理会,要求它采取政治、经济、军事等方面的强制措施,向南非施加压力。[36]

这个段落中所提到的义务是否是对世义务,是值得商榷的。也许将南非的义务如此定义会更为合适:这项义务来自南非作为西南 172
非洲的委任统治者这一身份,当它被违反时,将会引起一个面向所

---

〔35〕 案中也存在对这个概念的暗示提及,如在荷兰的书面陈述中,("The rules of present-day general international law impose on the government of every State the legal duty to respect and promote the exercise of the right of self-determination of peoples in so far as this is within its effective power... This nowadays is a universal duty..." *I. C. J. Pleadings*, *Legal Consequences*, i, p. 352, para. 7),以及在 Chagla 代表印度作出的口头陈述中("the inalienable right of the colonial people to self-determination and independence, the non-acquisition of territory by threat or use of force or any other form of aggression, the non-recognition of fruits of aggression or illegal occupation of territory, and the duty to fulfil international obligation in good faith, are in fact the foundations of international legal order. They are, therefore, of interest to the international community of States as a whole", ibid., ii, p. 119)。

〔36〕 Ibid., i, pp. 359 – 60.

有国家的责任。无论如何,假设匈牙利提到的确实是对世义务,[37]匈牙利(与国际法院一样)并不认为有必要提供证据来证明涉案义务的普世对抗性。

联合国秘书长也遵循类似的路径。在他的书面陈述中,他强调在纳米比亚问题上,各国应当遵守他们所有的义务,包括关于人权与基本自由的义务。即使相关义务不是来自传统的国际法渊源,即习惯、条约和普遍的法律原则,也仍应被遵守。为了佐证来自于其他渊源的法律规则,秘书长引用了关于禁止种族灭绝公约咨询意见中的段落,其内容是虽然不存在任何公约义务基础,相关原则却仍对各国有约束力,[38]秘书长还引用了巴塞罗那机车案中关于对世义务的判决意见。

在口头辩论程序中,南非对此表示反对。它主张,国际法院在巴塞罗那机车案的判决意见中所提到的原则与规则是"来自在国际法下通常被认可的法律渊源"。南非补充道,关于人权与自由的原则在"缺少条约基础且并未被广泛接受为法律规则"的情况下,不应被认为对所有国家都有拘束力。[39] 换句话说,南非主张对世义务应来自传统国际法渊源,若有人就一项国际义务主张这种对世性质,则应当证明这一点。

---

〔37〕 Thirlway 没有提及匈牙利的书面陈述,他认为可以这样解读纳米比亚咨询意见第 126 段中法院使用对世义务这一表述的部分,"South Africa was under an obligation *erga omnes*, of the kind contemplated in the Barcelona Traction judgment, to withdraw from Namibia, such that any State could seek the enforcement of that obligation, without being required to show an individual legal interest in the matter."["The Law and Procedure of the International Court of Justice", 60 *B. Y. I. L.* (1989), p. 99.]笔者认为,法院提及此处所说的对世义务的最佳部分不是咨询意见的第 126 段,而是匈牙利的书面陈述与咨询意见第 118 段,法院在这里特别讨论了南非应承受的法律后果(包括"在国际法项下对于其他国家的义务与责任")。

〔38〕 第五章第二、三节曾讨论过这个段落。

〔39〕 *I. C. J. Pleadings*, *Legal Consequences*, ii, p. 572.

数年后，在澳大利亚和新西兰向国际法院提起的诉讼案件中，173
证明国际义务对世属性的问题又重新进入视野。因此，有必要对相关问题进行考量。

第三节　核试验案诉请中关于对世义务的陈述

1973年，澳大利亚和新西兰在国际法院分别向法国提起诉讼。[40] 案件纠纷是法国在南太平洋的大气层核试验。[41] 在澳大利亚和新西兰的诉讼请求中，[42]它们写道：从1966年7月到1972年7月，法国在波利尼西亚群岛进行了约30次大气核武器试验，两国曾多次对此表示抗议。[43] 尽管两国表示抗议，并且不断与法国政府进

〔40〕 参见 Berg，"Nuclear Tests Cases (Australia v. France; New Zealand v. France)"，Heidelberg *Encycl.*，ii，pp. 216－19。

〔41〕 关于国际法下核试验的合法性（特别是关于大气核试验），参见 Margolis，"The Hydrogen Bomb Experiments and International Law"，64 *Yale Law Journal* (1954－1955)，pp. 629－47；McDougal and Schlei，"The Hydrogen Bomb in Perspective：Lawful Measures for Security"，ibid.，pp. 648－710；Furet，*Expérimentation des armes nucléaires et droit international public* (Paris，1966)；Tiewul，"International Law and Nuclear Test Explosions on the High Seas"，8 *Cornell International Law Journal* (1974)，pp. 45－70；Grief，"Nuclear Tests and International Law"，Pogany (ed.)，*Nuclear Weapons and International Law* (New York，1987)，pp. 217－44；Miatello，*L'arme nucléaire en droit international* (Berne，1987)，pp. 458－513；Sarin，"The Protection of the Human Environment in a Divided World and International Law"，Bello and Ajibola (eds.)，Essays Elias，i，pp. 240－3。

〔42〕 澳大利亚诉讼申请的原文可见于 *I. C. J. Pleadings*，*Nuclear Tests*，i，p. 3；新西兰诉讼申请的原文可见于 ibid.，ii，p. 3。

〔43〕 20世纪70年代对法国核试验的激烈反对被认为是导致后来澳大利亚、新西兰和其他国家签署1985年《南太平洋无核区条约》的一个因素。条约原文可见于 24 *I. L. M.* (1985) p. 1440。条约评注可参见 Fischer，"La zone dénuclearisée du Pacifique Sud"，31 *A. F. D. I.* (1985)，pp. 23－57；Freesone and Davidson，"Nuclear weapon-free zones"，Pogany (ed.)，*Nuclear Weapons and International Law*，pp. 195－201。

行谈判，但法国仍拒绝改变它在南太平洋的核试验计划，并声称为了使法国能够进入彻底放弃大气核试验、完全依靠地下活动的阶段，当下这样的试验是必要的。[44] 由于新一轮核试验计划从1973
174 年开始，澳大利亚和新西兰决定将各自与法国的纠纷提请至国际法院。法国认为国际法院没有管辖权，并拒绝参与诉讼程序。[45]

国际法院并没有就管辖权或实体内容发表任何意见。在1974年12月20日的两份个别意见中，[46]法院总结道：原告方的真正目的并非获得一份关于核试验在国际法下不法性的宣告，而只是要求法国停止在南太平洋的核试验。在这个方面，法院认为法国总统和政府成员在公共领域做出的一些声明[47]构成了法国对其他全部国

〔44〕 参见1973年2月7日法国发布的照会，*I. C. J. Pleadings*, *Nuclear Tests*, i, pp. 28 – 31，以及转引自核试验案判决中的法国声明。还可参见 Touscoz, *Droit international* (Paris, 1993), p. 357。关于法国在20世纪五六十年代核试验政策，参见 Kohl, *French Nuclear Diplomacy* (Princeton, 1971), pp. 164 – 8 and 245 – 51。新近的一个关于法国防守主义的重述，参见 *Livre blanc sur la défense* 1994 (Paris, 1994)(关于这份白皮书的摘要，出版在 *Le Monde*, 25 February 1994, pp. 6 – 7)。

〔45〕 参见1973年5月16日法国驻荷兰大使向国际法院登记处发出的一封信，内容(及附件)可见于 *I. C. J. Pleadings*, *Nuclear Tests*, ii, pp. 347 – 57。

〔46〕 *Nuclear Tests* (*Australia v. France*), Judgment, I. C. J. Reports 1974, p. 99, and *Nuclear Tests* (*New Zealand v. France*), Judgment, I. C. J. Reports 1974, p. 457. 这两份判决是在1973年6月22日的两份临时保护命令之后做出的(I. C. J. Reports 1973, pp. 99 and 135)。法院还发布了四个关于斐济请求介入的命令(I. C. J. Reports 1973, pp. 320 and 324, and I. C. J. Reports 1974, pp. 530 and 535)。

〔47〕 原告方并未有一个机会来评论这些声明，这是否违背了“听取双方之词”(*audi alteram partem*)这一格言中所蕴涵的原则？国际法院认为答案是否定的。参见 I. C. J. Reports 1974, pp. 263 – 5 (paras. 32 – 33) and 468 – 9 (pras. 33 – 34)。但还可参见 Murphy 议员(澳大利亚政府的代理人)的主张，*I. C. J. Pleadings*, *Nuclear Tests*, i, p. 183。问题在于这些与法院正在处理的纠纷相关的、由未涉诉的一方在法院之外所做出的声明究竟有多少分量，以及涉诉方对其进行回应的可能性有多少。

家的单方承诺,保证其不会再继续进行大气核试验。[48] 在此基础之上,法院总结认为,原被告之间不再存在任何纠纷,因此它也无须对任何问题做出判决。[49] 这个结论是法院的多数意见,但在六位投反 175
对票的法官中,有四位(Onyeama、Dillard、Jiménez de Aréchaga 和 Humphrey Waldock 爵士)发表了联合意见以表达强烈的反对。与多数意见相反,这四位法官认为原告的目标在于获得一份宣告性的判决。[50]

国际法院在判决中[51]提到公开的、对世的单方声明这一概念引

---

〔48〕 两份判决报告了这些声明的相关段落, I. C. J. Reports 1974, pp. 265 - 7 (paras. 34 - 40) and 469 - 71 (paras. 35 - 43)。在口头辩论程序中,两个原告简要地评论了总统的声明[*I. C. J. Pleadings*, *Nuclear Tests*, i, pp. 389 - 90 (Arguments of Senator Murphy) and 491 - 3 (Questions by the President and Argument of Mr Lauterpacht); ibid., pp. 259 - 60 (Argument of Dr Finlay)]。关于国家的单方行为,参见 Brownlie, *Principles*, pp. 637 - 40; *Oppenheim's International Law*, i, pp. 1187 - 96; Rousseau, *Droit international public*, i, pp. 416 - 32; Nguyen Quoc Dinh, Daillier and Pellet, *Droit international public*, i, pp. 353 - 9 (paras. 240 - 5); Giuliano, Scovazzi and Treves, *Diritto internazionale. Parte generale*, pp. 243 - 9。还可参见 Rubin, "The International Legal Effects of Unilateral Declarations", 71 *A. J. I. L.* (1977), pp. 1 - 30。

〔49〕 布朗利曾评论认为,"the decision in the Nuclear Tests case was disappointing, and some observers regarded the case as an example of running for cover" ("Introuction: International Law in the Second Half of the Twentieth Century", Bello and Ajibola (eds.), Essays Elias, i, p. 11; Frank 曾写道,国际法院"decided not to decide" ["Word Made Law: The Decision of the ICJ in the Nuclear Tests Cases", 69 *A. J. I. L.* (1975), p. 613, 以及脚注 4 有一些关于这番陈述的限制(存疑)]。依据 Thirlway 的观点,国际法院做出这个结论背后的原因"明显在于管辖权的问题" ["Reflections on the Articulation of International Judicial Decisions and the Problem of 'Mootness'", Macdonald (ed.), *Essays in Honour of Wang Tieya* (Dordrecht, 1993), p. 804]。还可参见 Scobbie, "Discontinuance in the International Court of Justice: the Enigma of the *Nuclear Tests* cases", 41 *I. C. L. Q.* (1992), p. 808。

〔50〕 I. C. J. Reports 1974, pp. 312 and 494. 联合反对意见部分转引自 Brownlie, *System of the Law of Nations: State Responsibility. Part I* (Oxford, 1983), pp. 200 - 8。关于宣告性的判决,参见 Brownlie, *Principles*, pp. 459 - 60。

〔51〕 I. C. J. Reports 1974, p. 269 (para. 50) and 474 (para. 52).

发了若干问题。Thirlway 曾指出其中一个问题：单方的、对世的声明是否必然会产生对世义务？[52] 这个问题背后的假设是：并非只有类似地施于所有国家的义务才能成为对世义务，（通过单方承诺）仅约束一个国家并使所有其他国家获得了相关的受保护的权利，这样的义务也可能成为对世义务。尽管重要，Thirlway 提出的问题是对世义务的一个派生问题，无须在本书中讨论。

从本研究的目的出发，诉请比判决更具重要性。澳大利亚和新西兰依靠对世义务来解释它们在大气核试验合法性这一问题中的立场，证明他们在国际法院起诉法国的法律资格。这两个国家主张法国的核试验侵犯了数项权利。新西兰在它的请求中要求保护其相关的主权权利，并声称这些权利中的一些（即不受产生放射性落尘的核试验影响的权利，保护环境、使之不受人为的非法放射性污染的权利）属于"国际社会的全体成员"，包括新西兰。[53] 澳大利亚至少在最初时使用了不同的证明方法。在它的请求中，它要求对其主权权利进行保护。这些权利是指不受大气核试验影响的权利、享有领土主权权利、对可能在自己领土上发生之行为的决定权、公海
176 上的自由权以及基于《和平解决国际争端总议定书》享有的一些权利（澳法两国都是该议定书的缔约方）。澳大利亚并没有从"与其他

---

〔52〕 "The Law and Procedure", 60 *B. Y. I. L.* (1989), pp. 11 - 12 and 18 - 20.

〔53〕 "Request for the Indication of Interim Measures of Protection submitted by the Government of New Zealand", *I. C. J. Pleadings*, *Nuclear Tests*, ii, p. 49, para. 2. 还可参见"Application Instituting Proceedings submitted by the Government of New Zealand", ibid., ii, p. 8, para. 28; "Memorial on Jurisdiction and Admissibility submitted by the Government of New Zealand", ibid., ii, pp. 203 - 4, para. 190。关于新西兰提出的关于环境保护的主张，参见 Elkind, *Interim Protection. A Functional Approach* (The Hague, 1981), pp. 220 - 4。

国家共有的权利"这个方面来表达其诉请。[54]

新西兰的律师在口头辩论程序中明确指出了上述不同，[55]除此之外，澳新两国的主张高度类似。两国都主张它们不受大气核试验影响的权利不依赖辐射性落尘的确实存在的证据。[56] 类似的，两国都以禁止大气核试验的国际法规则作为其诉请的依据。

为了以禁止大气核试验的国际法规则作为其诉请的依据，澳大利亚和新西兰首先援引了十年前在莫斯科缔结的《禁止在大气层、外层空间和水下进行核武器试验条约》（又称《莫斯科条约》）。[57]

---

〔54〕 "Request for the Indication of Interim Measures of Protection submitted by the Government of Australia", *I. C. J. Pleadings*, Nuclear Tests, i, p. 43, para. 3，还可参见"Application Instituting Proceedings submitted by the Government of Australia", ibid., i, p. 14, para. 49; Argument of Senator Murphy, ibid., i, p. 167。

〔55〕 Ibid., ii, p. 254. 关于澳新两国论证方法的不同，参见 Kos, "Interim relief in the International Court: New Zealand and the Nuclear Test cases", 14 Victoria University of Wellington Law Review (1984), pp. 370 – 5［特别法官 Geoffrey 爵士在"请求按照国际法院 1974 年 12 月 20 日关于核试验案（新西兰诉法国案）的判决第 63 段审查局势"一案的反对意见中参考了此书，*Request for an Examination of the Situation in Accordance with Paragraph* 63 *of the Court's Judgment of* 20 *December* 1974 *in the Nuclear Tests (New Zealand v. France) Case*, Order of 22 September 1995, I. C. J. Reports 1995, pp. 414 – 16, paras. 98 – 102］。

〔56〕 尽管请求中的用语可能在这一点上带来疑问，但口头辩论过程清楚地显示，新西兰同样也认为对大气核试验的禁止不因损害证据的有无而改变。参见 Finlay 博士的论辩，*I. C. J. Pleadings*, *Nuclear Tests*, ii, p. 100。

〔57〕《莫斯科条约》签署于 1963 年 8 月 5 日，于 1963 年 10 月 10 日正式生效。文本可见于 480 *U. N. T. S.* 43. 评注可见 Furet, *Le Désarmement nucléaire* (Paris, 1973), pp. 86 – 111; Shaker, "The Moscow Test Ban Treaty", 27 *Revue égyptienne de droit international* (1971), pp. 41 – 58。关于通过莫斯科条约之前的外交谈判，参见 Jönsson, *The Soviet Union and the Test Ban. A Study in Soviet Negotiating Behavior* (Lund, 1975), pp. 77 – 176。1996 年 9 月 10 日，联合国大会通过了《全面禁止核试验条约》。条约全文（Doc. A/50/1027）可见于 35*I. L. M.* (1996), p. 1439。通过前谈判的背景信息，参见 Schmalberger, *In Pursuit of a Nuclear Test Ban Treaty: A Guide to the Debate in the Conference on Disarmament* (New York, 1991); Schrag, *Global Action: Nuclear Test Ban Diplomacy at the End of the Cold War* (Boulder, 1992)。

该条约第Ⅰ条第1款部分规定如下：

每一缔约方应当禁止、防止并且不得在其管辖权或控制领域之内任何地方进行任何核武器爆炸试验，或其他任何核爆炸：

(a)包括大气环境；超越其边境限制的地方，包括外太空；水下环境，包括领海与公海；以及

(b)其他任何环境，如果爆炸将导致核废料出现在对该爆炸有管辖权或控制之国家的领土之外……

177 尽管从内容上看，这则条文与国际法院的案件确实相关，然而问题在于，与所有的国际条约一样，《莫斯科条约》只对缔约方有约束力。[58] 如此，这个条约的禁止效力便不能及于两个主要的核拥有国，法国与中华人民共和国，它们不论是在核试验案期间还是之后，都不是《莫斯科条约》的缔约方。[59] 因此澳大利亚和新西兰就面对着这样一个问题，即如何使大气核试验的禁令可对抗于法国。尽管诉请中包含一个胆小的建议，认为《莫斯科条约》将可对抗于没有签订条约的第三国，[60] 但澳新两国的核心主张仍是禁止大气核试验作为一个国际习惯的普世对抗性。

〔58〕 关于条约相关效力的原则，参见前文第二章第四节。

〔59〕 法国和中国从未成为《莫斯科条约》的缔约方。关于地下核试验，1992年4月8日，法国政府宣布它即将在当年剩余的时间内停止核计划，“作为对制止核扩散的贡献”[38 *Keesing's* (Apr. 1992), p. 38890]。1994年5月5日，法国总统宣称："Iln'y aura pas d'autres essais avant mai 1995. C'est ma décision. Tant que j'occuperai mes fonctions, il en sera ainsi ..." ("M. Mitterand se dit persuadé que son successeur respectera le moratoire sur les essais nucléaires", *Le Monde*, 7 May 1994, p. 14)。作为密特朗的继任者，选举结束之后，希拉克立刻下令在南太平洋进行最后一轮地下核试验，这一决定掀起了全世界范围内的抗议。(作为法国更改政策结果之一，1995年8月21日，新西兰向国际法院提请诉讼，“请求按照国际法院1974年12月20日关于核试验案的判决第63段审查局势”)在最后一轮核试验之前，中国是唯一没有自愿遵守地下核试验禁令的国家，另外却仍声称其支持在有效核裁军的背景下全面禁止核试验。法国和中国现在已经签署《全面禁止核试验条约》。

〔60〕 参见 Argument of Mr Byers, *I. C. J. Pleadings*, *Nuclear Tests*, i, p. 503。

两个原告国遵循了一个“两步走”的路径，旨在证明(a)出现了一个禁止大气核试验的习惯国际法规则，(b)这项禁止规则具有对世性质。关于第一层证明，澳新两国提出，这个习惯法规则的形成是以下两个事实的结果：在一个相对短的时间内《莫斯科条约》便获得了广泛的认可，[61]并且，国际社会不断重申对核试验，特别是大气核试验的抗议。[62]这个路径与国际法院在北海大陆架案的判决以及Lachs法官的反对意见(他在核试验案发生时已是国际法院的院 178
长)类似，即条约中造法性的条文有可能成为国际法下的一般规则。[63]换句话说，为了证明对大气核试验的禁止已成为一项习惯法规则，澳新两国采取了一个在起诉时已得到权威性判决支持的论证路线。

这样的方法并不适用于第二层论证，因为并不存在澳新两国可遵循的、证明对大气核试验的禁止具有普世对抗性的“传统”路径。巴塞罗那机车案的判决和纳米比亚咨询意见及其诉请自然是借助对世义务来证明的有益先例，但是它们并未指示人们如何向国际法院论证一个基于这个概念的主张。

澳大利亚在诉状中写道，关于禁止大气核试验的各种表达与确认：

是以“对世义务”而非“对特定国家的义务”为措辞而表达的。

---

〔61〕 在10年多一点的时间里，至国际法院司法程序开始时，有104个国家成为《莫斯科条约》的缔约方(ibid., i, p. 510)。

〔62〕 澳大利亚关于“禁止大气核武器试验逐渐形成一个国际习惯”的论证，参见ibid., i, 特别是pp. 182 -6; 332 -4, paras. 437 -46; 502 -4; 510。新西兰在这个问题上的论证，参见ibid., ii, 特别是pp. 50; 203, para. 189。这个逐渐演化的过程与澳新两国在核试验合法性上的观点变化平行发展。参见“Australian Government's Aide-Memoire of 9 September 1963”, ibid., i, p. 19; “Letter from New Zealand Prime Minister to French Ambassador, 19 December 1972”, ibid., ii, p. 31。

〔63〕 参见*North Sea Continental Shelf*, Judgment, I. C. J. Reports 1969, p. 41, para. 71; p. 225 (Judge Lachs)。

避免大气核试验的责任是从绝对意义上表述的，而不是从核试验对于特定国家产生影响的几率上表述的。这份责任是面向国际社会的；这是每一国对其他所有国家所承担的责任。〔64〕

类似的，新西兰在它的诉状中写道：不受产生放射性落尘的核试验影响的权利以及保护环境，使之不受人为的非法放射性污染的权利是共有权利，因为侵犯任何一个国家的上述权利将必然会引起国际社会其他成员所享有的相同权利。单个国家对保护这些权利的关注程度和权利受到侵犯时的焦虑程度可能会且客观上确实在变化。然而，这些权利对于所有国家是相同的。它们反映了促进安全、保护所有人群的生命与健康以及保护全球环境的共同利益。这些权利是共同享有的，而课以法国的相应义务（同时也课以其他任何核拥有国）也以同等条件课以新西兰和国际社会的所有成员。这是一项对世义务。〔65〕

179 这些所声称的禁止大气核试验的对世义务，其定义与国际法院在巴塞罗那机车案中给出的对世义务概念具有明显的类似之处。从澳新两国的论证中，有可能可以推论得出禁止大气核试验的义务，作为一项对世义务：

（a）是从“绝对”意义上表述的（判决意见提到的是“绝对”与“无资格限制”的义务）；

（b）反映了“共同利益”（判决意见提到的是“所有国家的担忧”）；

（c）保护基础价值，即“所有人群的安全、生命和健康”以及“全球环境”（安全、生命和健康同时也是判决意见提到的四种对世义务

〔64〕 *I. C. J. Pleadings*, *Nuclear Tests*, i, pp. 334 – 5, para. 448.（还可参见 ibid., i, p. 331, para. 431。）

〔65〕 Ibid., ii, p. 204, para. 191.（还可参见 New Zealand's Request, ibid., ii, p. 52, para. 14。）

所保护的基础价值)；

(d)具有禁止性内容(如同判决意见中的四个例子一样)；

(e)并非课以特定国家，而是课以“国际社会”(判决意见提到的是“作为一个整体的国际社会”)；并且

(f)与之相关的权利保护是“共同享有的”(判决意见说的是，在对世义务所给予的保护中，“所有国家都共同享有一个法律利益”)。

与国际法院判决意见中的例子相比，唯一的一个重大区别就是所声称的禁止大气核试验的义务并不对抗所有国家，而只对抗核拥有国。然而，正如在讨论另一个备选对世义务时所述，[66]这不应阻碍对世义务的构成。毕竟，并非所有国家都具备核能力，这个事实不会影响所声称的禁令可对抗于那些已经是或将会是核拥有国的国家。

在试图证成禁止大气核试验是对世义务时，澳大利亚在口头辩论过程中通过阐述涉案义务的“重要性”来证明，这项义务与“人类的普遍权利”和“道德秩序的问题”相关。它同时还比较了《莫斯科条约》第I条第1款的第一、二个段落，并得出结论认为对大气核试验的禁止(与对其他环境中核试验的禁止不同)是绝对的，因为这项活动“从其本质来看”会导致可能潜在伤害所有国家的降尘，使每个国家在制止这项活动的行为中都享有利益。[67]

类似的，新西兰在它的诉状与口头辩论中强调了国际法院的四个对世义务例子与禁止大气核试验之间的相似点。关于新西兰所 180
提到的与其他国家共有的第一类权利，即不受产生放射性落尘的核试验影响的权利，新西兰认为，对大气核试验的绝对禁止的“根本在于对于人类个体安全、生命和健康的普遍担忧，以及对其进行保护所获得的共同利益”。因此，禁令的对世性质来自大气核试验相关

---

〔66〕 参见前文第八章第四节。

〔67〕 *I. C. J. Pleadings*, *Nuclear Tests*, i, pp. 411 (Argument of Senator Murphy), 502 and 504 (Argument of Mr Byers).

法律的“本质”。关于与其他国家共有的第二类权利，即保有环境的权利，新西兰坚持认为它具有“基础性特征”（国际法院所确认的对世义务亦有这个特征），因为对它的侵犯会被认为是“对人类良心的冒犯”。[68]

此处没有必要讨论原告方提出的论点是否充分。尽管没有参与诉讼程序，法国依旧对“禁止大气核试验的习惯国际法已产生并且这项习惯法可对抗法国”的观点表示反对。[69] 在提出个别意见的法官中，有四位讨论了禁止大气核试验的习惯法地位。有两位法官坚决否认这样的习惯法已经形成，[70] 有一位法官对其表示质疑，[71] 还有一位法官（原告国所选的特别法官）承认这个问题是有争议的。[72] 国际法文献中的观点也各有不同。[73] 并且，其他的核拥有国

---

〔68〕 *I. C. J. Pleadings*, *Nuclear Tests*, ii, pp. 207 - 8, paras. 199 - 200, and pp. 210 - 11, paras. 208 - 10 (Memorial), and pp. 264 - 5 (Argument of Dr Finlay).

〔69〕 关于法国的立场，参见下文第十章第五节。

〔70〕 I. C. J. Reports 1974, pp. 286 - 8, paras. 15 - 20 (Judge Gros); pp. 305 - 6 and 489 - 90 (Judge Petrén).

〔71〕 Ibid., p. 388, note 1 (Judge De Castro).

〔72〕 Ibid., pp. 434 - 6 (Judge Barwick).《国际法院规约》第31条第2款规定："[i]f the Court includes upon the Bench a judge of the nationality of one of the parties any other party may choose a person to sit as judge..."当澳大利亚和新西兰向法国提起诉讼程序时，法院成员中包括一名法国国籍的法官（Judge Gros），却没有澳大利亚或新西兰籍的法官。两个国家都选择了同一个人在各自的案子中作为特别法官（Garfield Barwick 爵士）。

〔73〕 比如，比较以下两份文献：D'Amato, "Legal Aspects of the French Nuclear Tests", 61 *A. J. I. L.* (1967), pp. 76 - 7, 和 Dupuy, P. M., "L'affaire des essais nucléaires français et le contentieux de la responsabilité internationale publique", 20 *G. Y. I. L.* (1977), p. 398。还可参见 Bianchi, "Il Trattato di non proliferazione nucleare vent'anni dopo: prospettive di efficacia ultra partes", 100 Studi senesi (1988), pp. 314 - 15; Thierry, "L'évolution du droit international", pp. 154 - 5。禁止大气核试验是否是一个国际习惯的问题并不能够避免对另一个问题的讨论，即大气核试验可能会违反国际法下的其他习惯法规则。参见，如 O'Connell, *Law of the Sea*, pp. 810 - 13; Barile, "Sulle misure cautelari nell'affare degli esperimenti nucleari", 57 *Riv. dir. int.* (1974), pp. 23 - 4。

几乎没有支持原告国，[74]它们担心一旦国际法院做出反对大气核试 181
验的判决，它们的国防策略将会受到损害。尽管从这种支持的缺失是否能得出相关习惯法禁令在当时不存在的结论是值得商榷的，但是在讨论禁止大气核试验的对世性质时，这个因素理应被考虑。

且不论起诉方的观点有哪些优劣势，上述讨论中可取的论点在于，澳大利亚和新西兰都通过与国际法院判决意见中所列的义务进行类比，来论证禁止大气核试验具有普世对抗性。尽管法院不解决实体问题的决定使起诉国没有机会充分探索禁止大气核试验作为一个习惯法规则的对世属性，[75]但案件的诉请毫无疑义地显示，澳大利亚和新西兰将对世性质与这个禁止规则的内容及它所保护的价值相联系。另外，两个国家都没有提到任何外部的检验方法，如国际社会作为一个整体对于某个义务对世性质的接受与认可，正如强行法规则中所要求的那样。[76] 即使强行法的概念出现在诉请中——比如，提及 Waldock 在 10 年前的主张，认为禁止大气核试验的规则正在迅速获得强行法规则的地位[77]——这么做的原因也只是为了加强“禁止大气核试验的习惯法规则已经形成”这一观点，并未暗示强行法的检验方法也应当用于对世义务。

---

〔74〕 参见 Reisman, “Chinese Fallout”, *The Nation*, 8 January 1977, as reproduced in McDougal and Reisman, *International Law*, pp. 44 – 6。

〔75〕 比如，澳大利亚的诉状指出，所有支持“《莫斯科条约》中的禁止规则是对习惯法的反映”这一主张的因素将会在实体部分给出（*I. C. J. Pleadings*, *Nuclear Tests*, i, p. 333）。

〔76〕 参见前文第三章第三节。

〔77〕 *I. C. J. Pleadings*, *Nuclear Tests*, i, p. 502. 澳大利亚提及的 Waldock 的陈述可见于 *Y. I. L. C.* (1964, I), p. 78, para. 47。在 Waldock 的陈述 20 年之后，Reuter 仍拒绝接受《莫斯科条约》“是对所有国家都有约束力的强行法规则”的观点，[*Y. I. L. C.* (1984, I), p. 280, para. 20]。

第四节 对世义务的证据程度及道德内容的简要考量

182 前面对纳米比亚咨询意见案及其诉请、核试验案诉请的分析要求我们简要地考量一下对世义务要求的证据程度及其道德内容。

国际法院在其判决意见中所给出的四个例子都得到了国际社会广泛的支持,并且都来自强行法规则。对世义务和来自强行法规则的义务是否吻合至少将在接下来的第十章进行部分讨论。在法律论证方面,之前的分析表明判断强行法特征的证据并不一定是推断对世义务特征的前提条件。换句话说,一项国际义务具有对世义务并不要求有证据证明产生这项义务的规则已被国际社会整体接受并认可为强行法规则。因此,应从别处寻找对世义务的独特特征。

国际法院在它的判决意见中写到,某些特定的义务“从本质上”是所有国家都关切的问题(即对世义务)。因此,国际法院要求在判断相关义务是否是对世义务时,应当考察该义务的“本质”,即它的“关键品质或属性”。[78] 国际法院没有采取“悲观”的方法,考量国际社会中的不同点,[79] 也没有要求如国际社会“作为一个整体”的认可与接受作为保障,而是从这样一个实际的认知出发:每一项义

---

〔78〕 *Oxford English Dictionary*, x, under “nature”. 亚里士多德认为“事物的本质是它的终结。因为当一样事物充分得到发展时的状态,我们称之为本质……”[*The Complete Works*, 1252b (Politics)]。

〔79〕 这种“悲观”的观点启发了《维也纳条约法公约》第53条的草拟,维也纳会议的主席Ago曾在这本书中明确提到了这个观点:“The Concept of ‘International Community as a Whole’: A Guarantee to the Notion of State Crimes”, Weiler, Cassese and Spinedi (eds.), *International Crimes*, pp. 252-3。

务都有可知且可被研究的“本质”。[80] 由是国际法院在理论方面表达了它在关于禁止种族灭绝公约的咨询意见中所使用的方法，在该意见中法院考量了禁止种族灭绝公约的初衷与目的，并总结认为公约所蕴涵的原则对所有国家都有约束力，而不论是否存在公约义 183
务。[81]

因此，从国际法院的论述与例子中可以看出，一个义务具有普世对抗性的依据并不在于外部的规则，比如多数国家的意愿比之于少数反对者具有假定的或有效的主导性，而在于全世界对该义务所要保护的基础道德价值的认可。国际法院所提出的四个对世义务的例子都反映了无例外的道德规范（或绝对道德），[82]它们在道德方面禁止内在罪恶的行为（*malum in se*）。[83] 没有国家可以逃避这些义务的约束，这不仅是因为国家认同应当如此，更是因为（作为更本质的原因）没有国家可以在绝对道德上主张特殊豁免。笔者认为这

---

〔80〕 在强调国际法院和《维也纳条约法公约》路径的不同时，笔者注意到方法上有所不同的原因至少部分可归纳如下：（a）司法机构与外交会议所使用的不同决定机制，以及（b）会使条约无效的具体问题（即维也纳公约讨论强行法问题的部分）。

〔81〕 参见前文第五章第二节。

〔82〕 关于绝对道德，参见 Finnis, *Moral Absolute. Tradition, Revision, and Truth* (Washington, D. C., 1991)。还可参见 Rescher, *Moral Absolute. An Essay on the Nature and Rationale of Morality* (New York, 1989); Tettamanzi, *Verità e libertà. Temi e prospettive di morale cristiana* (Casale Monferrato, 1993), pp. 367 – 416; May, W. E., *An Introduction to Moral Theology* (Huntington, Indiana, 1994), pp. 107 – 53。

〔83〕 不法行为（*malum in se*）与法律所禁止的行为（*malum prohibitum*）的区分能够追溯到（至少含蓄地）亚里士多德［*The Complete Works*, 1134b (Nicomachean Ethics)］。关于这项区分的历史，参见 Pinkaers, *Ce qi' on ne peut jamais faire. La question des actes intrinsèquement mauvais. Histoire et discussion*, 2nd din. (Fribourg and Paris, 1995), 特别是 pp. 20 – 66。这项区分被一些学者接受，如 Blackstone, *Commentaries on the Laws of England* (A Facsimile of the First Edition of 1765 – 1769) (Chicago and London, 1979), i, pp. 57 – 8 (Introduction, Section II)；同时也遭到一些反对，如 Kelsen, *General Theory of Law and State*, English trans. Wedberg (Cambridge, Mass., 1949), pp. 51 – 3 (Part one, Chapter III. A)。下面引用的这个段落给出了一些

番推理非常的有说服力,除非我们目光短浅地对法律与道德进行严
格划分,[84]或坚持“古老的实用主义信条”(即使这个信条曾受到
184 过支持,如今也越发难以维持了),这样的信条是保留种族隔离一个

内在罪恶的例子:“[w]hatever is hostile to life itself, such as any kind of homicide, genocide, abortion, euthanasia and voluntary suicide; whatever violates the integrity of the human person, such as mutilation, physical and mental torture and attempts to coerce the spirit; whatever is offensive to human dignity, such as subhuman living condition, arbitrary imprisonment, deportation, slavery, prostitution and trafficking in women and children; degrading conditions of work which treat labourers as mere instruments of profit, and not as free responsible persons...”[Pastoral Constitution on the Church in the Modern World *Gaudium et Spes* (of 7 December 1965), para. 80 of the Encyclical Letter *Veritatis Splendor* (of 6 August 1993)]这一段所提到的四种价值,即生命、身体、精神的完整、人类尊严,基本上都是巴塞罗那机车案所提到的四个对世义务所保护的价值。对于国际法院在判决意见中例举的具体罪恶,*Gaudium et Spes* 谴责了第 27 段提到的种族灭绝和奴役,第 29 段提到的种族歧视,第 82 段提到的战争罪。[*Gaudium et Spes* 作品的英文翻译,参见 Abbott and Gallagher (eds.), *The Documents of Vatican II* (London, 1967), pp. 199 - 308.]

〔84〕 Nguyen Quoc Dinh, Daillier 和 Pellet 曾写过“positivisme juridique à courte vue”(*Droit international public*, p. 206, para. 132)。在浩渺的(直接或间接)讨论法律与道德关系的文献中,此处引用 Brierly 和 Baron Descamps 的立场应已足够,两人的用语几乎相同。根据前者的观点,尽管法律科学“tends necessarily to insist on the distinction between law and morality ... the connexion between law and morals is really much more fundamental than their distinction”[“The Basis of Obligation in International Law”, Lauterpacht, H. and Waldock (eds.), *The Basis of Obligation in International Law and Other Papers by the Late James Leslie Brierly* (Oxford, 1958), p. 65]。根据后者的观点,“[a]utant la distinction entre le droit et la morale est précise, naturelle, justifiée, et donne respectivement à chacune de ces sciences une physionomie propre, autant leur séparation serait arbitaire, pernicieuse et contre nature...”[“Le droit international nouveau. L'influence de la condamnation de la guerre sur l'évolution juridique internationale”, 31 Hague *Recueil* (1930, I), pp. 421 - 2.]对道德和法律关系更加清晰的认识对于现代法律研究而言愈加重要,同以往相比,现代法律对道德的考量更具包容性。[参见 Carrillo Salcado, El Derecho internacional en perspectiva historica (Madrid, 1991), pp. 179 - 80。]当下法律与道德相互关系的情况,参见 George (ed.), The Autonomy of Law. Essays on Legal Positivism (Oxford, 1996)。

支持因素。[85]

但事实上，国际法院并非不愿探求对世义务这一类义务的“本质”。国际法院之所以这样做，是旨在忠实于它“法院”的角色，[86]而不是将自己限制在“象牙塔”里。[87] 换句话说，在关于对世义务的判决意见中，国际法院并未像 Merrills 所说具有“幼稚的心机”，即 185

〔85〕 Dugard, Human Rights and the South African Legal Order (Princeton, 1978), pp. 391 – 402. 然而笔者不同意 Dugard 的“新相对主义”(new relativist approach)。如果基于道德的相对主义理论来衡量法律价值，我们是否能避免得出这样的结论：关于善恶的道德标准是基于多数人或强者的意愿，带来的结果是法律可以反映多数人或强者的任何意愿。针对各种形式的道德相对主义，下文 O'Connell 的警告不论是在当时还是现在都同样具有价值：“When a variety of contradictory moral attitudes are clamorously presented for our endorsement, one cannot be satisfied to regard them as equally moral; for a choice between them involves plumbing the depths of moral philosophy – something today people are distressingly reluctant to do.”。[“The Law of Nature and the Law of Nations: Where does the Church Stand To-day?”, 49/49 *Law and Justice* (1975), p. 52.]

〔86〕 在西南非洲案(第二阶段)的判决里，国际法院写道：“[i]t is a court of law, and can take account of moral principles only in so far as these are given a sufficient expression in legal form.”(I. C. J. Reports 1966, p. 34, para. 49.)关于这段话的批判性、引人深思的评论，参见 De Visscher, P., “Cours général”, p. 23, 包括 note 33。

〔87〕 更宽泛且独立于对世义务的概念来看，Nagendra Singh 使用了一个明白易懂的方法来解释为什么国际法院未坐在“象牙塔”中审判：“Where should humanity look for at such times of deep crisis if not to the spiritual leaders of whom you are one? ‘In the darkest hours of your existence, seek the wisdom and shelter of the sages’ is what is ordained by my scriptures, and Your Holiness is indeed a sage of our times. We Members of the Court, sitting upon this bench, are appointed solely to deal with concrete problems or to advice on specific questions. But we try to do so in the light of general principles of justice and equity, hoping on each occasion to clarify and advance the application of a law acceptable to all nations. To that extent our work represents a moral, if not a spiritual, endeavour.”[“Address of welcome delivered by the President of the International Court of Justice, Judge Nagendra Singh, to His Holiness Pope John Paul II on the occasion of the latter's visit to the Court on 13 May 1985”, *The International Court of Justice*, 3rd edn. (The Hague, 1986), p. 140.] Weeramantry 强调了这个段落独特的重要性，他认为它“总结了 Singh 法官的观点”。[“An appreciation of Judge Nagendra Singh”, Pathak and Dhokalia (eds.), *International Law. Essays Singh*, preliminary essay (vi).]

绝口不提政治(还可以加上道德),因为担心超出法律论证的范畴。[88]

另外一个更为麻烦的问题是,达到什么程度的证据可以证明某个义务的"本质"可以使其成为对世义务。

实践中,用来证明一个义务是对世义务的证据强度因具体案件情况的不同而不同。与此相关有各种不同的因素,如对世义务的问题是否在国际法院中被提出,并且如果答案是肯定的,它是出现在诉讼案件还是咨询意见中,不论"咨询意见对证据的要求更低"这一主张的错误,单这种区分都应是一个考虑因素,因为在决定一个义务的对世性时,咨询意见中的证明往往比诉讼案件更有利。(从之前的分析可以看出,在尼加拉瓜案中提及对世义务概念时,大家都没有分歧,[89]但在纳米比亚咨询意见的诉请中,大家对该概念的认识却出现了众多分歧。[90])至于诉讼双方的诉请,究竟要举证到何种程度才能证明一项义务属于对世义务则不啻为外延更宽的诉讼策略,但这反过来又取决于一些其他因素,如双方都出庭还是只有原告国出庭。

在上述所有方面,前文讨论过的国际法院判决和咨询意见的作用都具有指导性。比如,国际法院的"对种族灭绝的禁止不以条约义务为前提施加于各国"这一观点只是宣告性的,虽然种族灭绝无疑是受到所有国家谴责的内在罪恶。[91] 另外,有证据表明,在20世纪70年代早期,原告国要证明大气核试验是对世义务的困难更大。在核试验案的背后是价值与政治优先权之间的冲撞,即一方面是保护环境,另一方面是国防主权,二者从理论上说都需要保护。这至

---

〔88〕 "On Teaching International Law", 10 *The Journal of the Society of Public Teacher of Law*(New Series, 1968–69), p. 173.

〔89〕 参加前文第四章第四节。

〔90〕 参见前文第二章。

〔91〕 参见前文第五章第二节。

少部分解释了为什么在递交国际法院的诉请中，澳大利亚与新西兰都提供了非常清楚的关于“禁止大气核试验之义务具有普世对抗性”的证据。[92] 西南非洲案或许提供了一个折中的情形，在该案中 186 起诉国难以证明：关于西南非洲的委任统治，不仅禁止种族歧视，对特殊种族隔离政策的禁止也是对世义务。[93] 综上，并不存在一个确凿且迅速的规则来判断对世义务所需的证据力度。每一个案件都应结合其实体内容来考量。

不论对证据强度的要求如何，都不应该担心对世义务会泛滥或质疑这样的义务在多元化社会可否真的被认同。我们应当清晰地区分这个问题的两个方面。一方面，国际法院判决意见自身将对世义务的概念局限在仅仅几个挑选出来的例子中，这是因为它们在国际社会中获得了广泛的认同，并且保护了基础道德价值。正如本书不断强调的，国际法院判决意见列举的义务仅仅只是例子。然而，这并不意味着国际法院判决意见中包含的对世义务的概念可使备选对世义务自由地增加，相反，应当对其进行严格确认。

另一方面，确认对世义务的困难不应被夸张化。编纂《人权宣言》的那些具有不同人权传统的代表们也曾遭遇过类似的困难。尽管有许多差异，最后他们仍然达成一致，形成了最终的《人权宣言》。法国哲学家雅克·马里旦作为代表中的一员，曾评论道，这份关于共同原则的协议之所以可能产生是因为它并不要求在条约背后的基础性内容上达成一致。[94] 类似的，代表“主要文明形式”和“世界

〔92〕 参见前文第三章。

〔93〕 参见前文第七章第三节。

〔94〕 “Autour de la nouvelle déclaration universelle des droits de l’homme (Introduction aux textes réunis par l’Unesco, juillet-août 1948)”, reproduced in Maritain, *Les droits de l’homme*, Mougel ed. (Paris, 1989), pp. 125 – 37. Maritain 做出这些评论并不意味着他否认了搜索、寻找条文背后基础性内容之真相的重要性。

重要法系"[95]的16名法官也在对世义务的概念上达成了一致,[96]由此可见由国家组成的多元化社会是可以调整并在这种保护基础道德价值,无例外地约束所有国家的国际义务上达成共识。在这一点上,笔者走得更远一些,认为这种共识是国际社会中彼此进行任
187 何有意义对话的前提(比之过去,现在尤甚)。[97]

国际法院的这16名法官不仅在对世义务的概念,还在四个具体的例子上达成一致,就笔者所知,还从未有人质疑过四个例子。这四个例子可以被看作考量备选对世义务的起点。确实如此,在核试验案中,新西兰开始分析国际法院确认的对世义务所蕴涵的价值,证明禁止大气核试验也拥有类似的价值基础。[98]

除了便捷的因素,对国际法院所提的四个例子的援引之所以重要还有另外一个原因。劳特派特在海牙研究院的一般课程中表示强行法"没有回头路"。[99] 这句话是在分析最高强行法,且从法学技术来看,一个强行法规则只能被其后同样是强行法的规则所更改。如果将注意力从法学技术转向义务所蕴涵的价值,将劳特派特的评论从强行法领域拓展到对世义务领域,我们有理由认为,对世义务亦"没有回头路"。我们很难想象禁止侵略和禁止种族灭绝不再是对世义务,也难以设想如果一个国际义务与国际法院给出的四

---

〔95〕 参见《国际法院规约》第9条。

〔96〕 正如前面在第一章第三节所提到的,巴塞罗那机车案中唯一发表反对意见的法官,特别法官 Riphagen,并没有反对对世义务的概念。

〔97〕 比利时国王博杜安一世在1961年5月于卢浮宫发表讲话,他认为,若没有对特定的最高真理的共识,在任何人类社会都无法进行对话:"Nul dialogue n' est valable entre les hommes si ceux-ci ne communient pas ò quelque vérité souveraine et reconnue par tous."(卢浮宫讲话部分可见于"Baudouin Ier", *Le Soir*, Supp. of 2 August 1993, p. 16.)因为这些讲话是来自同一国家元首,他对这种最高真理的忠诚是经过了严格的考验的,所以这些言论才显得更加重要。

〔98〕 参见前面第三节。

〔99〕 "The Development and General Trends", p. 209.

个例子相冲突或者与这些例子所要保护和促进的价值相违背，这样的义务还能够被认为是对世义务。

第五节　小结

本章所讨论的备选对世义务是保护一定价值的禁止性规则，而不是国际法院在巴塞罗那机车案中所提的四个例子中的内容。纳米比亚咨询意见是关于不承认义务；核试验案的诉请是关于环境法领域的义务。这些体现了这个概念的活力，这也是之前第八章的结论之一。

然而，本章的主要结论并不在此，而是确定对世义务反映了基本 188
道德价值，因此应该被界定得更为严格。证明一个国际义务是否具有对世性质因情况而异。但在这个问题上若使用太严格的判断方法，似乎与实践中情况不符。

最后针对的问题是目前考量对世义务的程序。出发点是对四个例子分别作分析，并比较得出了五个共同的要素，这些要素之后轮流在所挑选的备选对世义务的语境中被检验。现在，若要更好地理解对世义务，需要一个额外的步骤。这个步骤就是将对世义务与强行法、公益诉讼进行对比。这是下一章的主题。

第十章 对世义务的概念与强行法及众有诉权的概念之关系的特殊方面

第一节 概述

189 在探讨对世义务的概念与强行法及众有诉权的概念之关系之前,有必要简单解释一下为什么以及在什么范围内将对世义务的概念与后两者进行比较。

就强行法而言,第一个问题的答案是不言而喻的,本书已做了交代。特别是,如第三章所论述的,就在国际法院关于对世义务的意见作出前的几个月,强行法的概念被规定于《维也纳条约法公约》。而对这两个概念的问世起到决定性作用的是两个联合国机构,即国际法院之于对世义务的概念及国际法委员会之于强行法的概念。

然而,这两个概念之间的相似性,远胜于它们在大致相同的时间出现及它们都来源于联合国机构的工作。在本质上,强行法规则及对世义务都意味着对基本道德价值的保护,也都需要国际社会提供全力支持(强行法则需要国际社会全体国家"整体性"的接受与认同)。

上述相似性导致不少学者将两个概念进行类比。[1] 本书并不适合对这两个概念进行综合性对比，特别是因为本书对于强行法的 190
研究将仅限于能使我们可以清晰理解对世义务。因此，不能未经全面比较就仓促定论。但与此同时，将这两个概念的一些特定方面进行比较是完全合理的。同样的，这样的比较也限于阐释对世义务的概念这一目的。

就众有诉权而言，它的关联性在于，依据国际法院在巴塞罗那机车案的判决意见，所有国家都被认为对于保护对世义务具有“法益”。本章下一节将研究，自对世义务判决意见作出以来，众有诉权对于国际学者的吸引力与日俱增，尽管当前研究远非丰足。同样的，本书的目的既非在于对已有关于众有诉权的研究成果锦上添花，亦非在于检视众有诉权是否应被认为是保护对世义务的可采手段。这两个问题由关于众有诉权的专著来讨论较为合适。本书所要探讨的对象限于对世义务的概念是否默示着众有诉权的可采性。

比之于众有诉权，本书花更大的篇幅来讨论强行法，这反映了对众有诉权的研究仍处于起步阶段，或更宽泛地说，对世义务的周边权利及违反该义务的救济权利之研究仍处于起步阶段。

---

〔1〕 参见，如 Gaja, “Obligations *Erga Omnes*, International Crimes and *Jus Cogens*: A Tentative Analysis of Three Related Concepts”, Weiler, Cassese and Spinedi (eds.), *International Crimes*, pp. 151 – 60; de Hoogh, “The Relationship between *Jus Cogens*, Obligations *Erga Omnes* and International Crimes: Peremptory Norms in Perspective”, 42 *Austrian Journal of Public and International Law* (1991), pp. 183 – 214; Acosta Estévez, “Normas de*ius cogens*, *efecto erga omnes*, crimen internacional y la teoria de los circulos concéntricos”, 11 *Anuario de derecho internacional* (1995), pp. 3 – 22; Picone, “Recensione: Lauri Hannikainen, *Peremptory Norms* (jus cogens) *in International Law. Historical Developments. Criteria*, *Present Status*, Helsinki, Finnish Lawyers' Publishing Company, 1988, pp. XXXII – 781”, 73 *Riv. dir. int.* (1990), pp. 791 – 5; Macdonald, “Fundamental Norms in Contemporary International Law”, 25 *Canadian Yearbook of International Law* (1987), pp. 136 – 9; Strozzi, “I ‘principi’ dell' ordinamento internazionale”, 47 *La Comunità internazionale* (1992), pp. 178 – 83。

第二节 对世义务与强行法规范:(一)初步考量

比较对世义务与强行法概念的起始点很容易考虑,以至于常被忽略:当我们谈及强行法一词时,我们几乎都指向了规范,但是当我们谈及对世一词时,我们却都指向了义务。一条强行法规范,和其他国际法规范类似,不仅会导致义务的产生,也会导致其他法律关系的发生。比如,依据《维也纳条约法公约》第53条关于强行法的定义,国家没有能力或无权对其进行规避是强行法的一个不可或缺的要素。[2]

191 偶见国际法学者采用"对世"来修饰规则而非义务。比如,从一般的角度看,所有习惯规则的适用都可被称为是"对世"的,因为与国际条约不同,习惯有着广泛的有效性范围。[3] 但是,这个观点必须多加审慎考虑。第一,一国可以通过持续反对来规避适用某一习惯规则。[4] 第二,除非习惯规则属于强行法范畴,否则两个或多个国家之间就可以通过条约减损其适用。第三,就算存在所有国家都不加反对或减损的习惯规则,即便该规则可约束所有国家,一般也只能导致国家之间产生独立的双边关系,而无法为国家与整个国际社会之间创设关系。是故,尽管可能所有习惯规则都是"对世"的,但鉴于国际法院在其判决意见中指明了对世义务这一概念,这种可能性并不存在于技术层面。

相反,也有实例表明形容词"必要的"(一般意义上等同于"强制的")却被用于修饰义务而非规则。国际法院作出的"伊朗人质案"

〔2〕 参见第三章第四节。

〔3〕 参见 Ago in *Y. I. L. C.* (1976, I), p. 75。

〔4〕 参见第三章第五节。

判决便是实例。[5] 在20世纪70年代晚期,美国在国际法院起诉伊朗,称伊朗违反了外交和领事保护领域的相关习惯国际法与条约规则。国际法院所作的关于申请临时措施的指令以及实体问题的判决的部分论述,引发了国际学术界探讨国际法院是否试图援用强行法和对世义务的概念之问题,尽管法院并未使用这种表述。[6]

在临时措施指令中,国际法院提到,有些"必要的义务"是外交与领事关系所固有的。[7] 接下来,在实体问题的判决中,法院提到,美国和伊朗之间的外交关系并不影响伊朗所负的法律义务的"必要 192
之性质",并呼吁"整个国际社会"关注诸如伊朗挟持美国人质的行为所类似的"不可弥补的损害"。[8] 这些观点给一些学者提供了理由,以断定国际法院试图援用源于强行法规范的对世义务。

但是,国际法院判决中的其他段落似乎支持了相反的观点。法院在临时措施指令中回顾道,一国并无义务与另一国保持外交关

---

〔5〕 参见 Oellers-Frahm, "United States Diplomatic and Consular Staff in Tehran Case", Heidelberg *Encycl.*, ii, pp. 282 – 6. 对于国际法院对解决人质争端的贡献的批评意见,可参见 Janis, "The International Court", Janis (ed.), *International Courts for the Twenty-First Century* (Dordrecht, 1992), pp. 25 – 7。

〔6〕 参见,如 Zoller, "L'affaire du personnel diplomatique et consulaire des Etats-Unis à Teheran", 84 *R. G. D. I. P.* (1980), p. 1024; Bretton, "L'affaire des 'otages' américains devant la Cour Internationale de Justice", 108, *J. D. I.* (1980), p. 820; Morelli, "Norme c. d. fondamentali e norme cogenti", 64 *Riv. dir. int.* (1981), pp. 509 – 10; Frowein, "Jus Cogens", p. 329; Gaja, "*Jus Cogens* Beyond the Vienna Convention", p. 286; Lattanzi, *Garanzie dei diritti dell' uomo nel diritto internatiozionale generale* (Milan, 1983), p. 134, note 116; Gutiérrez Espada, *Derecho internacional publico*. 1: *Introduccion y fuentes*, 4th edn. (Barcelona, 1993), p. 83。

〔7〕 *United States Diplomatic and Consular Staff in Tehran*, Provisional Measures, Order of 15 December 1979, I. C. J. Reports 1979, p. 20, para. 41. 判决的英文文本为作准文本,该文本使用了形容词"imperative"而非"peremptory",后者是形容强行法的通常用语。另外,判决的法文翻译文本使用了"obligations impératives"的表述,与《维也纳条约法公约》第53条的法文本所用的"norms impératives"是非常相近的。

〔8〕 *United States Diplomatic and Consular Staff in Teheran*, Judgment, I. C. J. Reports 1980, p. 41, para. 88; p. 42, para. 92.

系,但当一国与另一国之间缔结了外交关系后,它们所承担的义务就是"相互的"。[9] 有鉴于此,可以推断,按照国际法院的观点,这些义务应建立在两国相互之基础上,而不是针对于国际社会。这当然并非否认所有国家都须履行这些义务,并都对此享有法益,因此任何一国的违反都将对和平造成严重威胁。[10] (在德黑兰人质案中,国际社会也采取了行动以支持美国寻求人质获释的努力。)[11] 从此意义看,关于外交保护的义务可以被视为是"必要的"。用 Lachs 法官在其附于实体判决的个别意见中的话来说,这些义务是"国际
193 社会的共同财产"。[12] 如是,它们来源于为数不多的、对于国家间关系有序发展起到关键作用的国际原则和规则。但是,这些原则和规

[9] I. C. J. Reports 1979, p. 19, para. 38.

[10] 美国国务卿 Cyrus Vance 在 1979 年 11 月 29 日于联合国安理会发布的一份声明中宣称伊朗通过其行为将其自身置于"与国际法框架相对抗"的地位(*I. C. J. Pleadings*, *United States Diplomatic and Consular Staff in Teheran*, p. 227)。类似的,在回复 Diet 的询问时,日本外务省条约局长官指出德黑兰挟持人质的行为"并非纯粹是美国与伊朗之间的双边问题,而是整个国际社会的问题"["Minutes of the Committee for Foreign Affairs, House of Representatives, 91st Session of Diet, No. 14 (April 9, 1980)", p. 3, 部分以英文转载,载于 *Japanese Annual of International Law* (1986), pp. 92 – 4]. 也可参见英国下议院辩论,转载于 982*Parliamentary Debates—Commons* (1979 – 80), 5th Series, March 31 to April 18, pp. 790 – 6。

[11] 参见 Arangio-Ruiz, "Fourth Report on State Responsibility" (Doc. A/CN. 4/444), para. 38 所附参考文献。相关学说可参见 de Guttry, *Le rappresaglie non comportanti la coercizione militare nel diritto internazionale* (Milan, 1985), pp. 106 – 9.

[12] I. C. J. Reports 1980, pp. 48 – 9. Lachs 法官认为外交保护的原则与规则自始就已经得到国际社会所有成员的接受。Lachs 法官的个别意见可以被认为是对伊朗革命委员会发言人(Gotbzadeh)的声明的间接回应,他于 1979 年 11 月 19 日曾宣称外交豁免法"被用于大国的代表在小国犯罪提供保护"。这一声明被记载于 *I. C. J. Pleadings*, *United States Diplomatic and Consular Staff in Teheran*, p. 96。

则并不一定属于强行法或引发对世义务。[13] 此外，若在 Humphrey Waldock 院长(曾为国际条约法的特别报告员，也是《维也纳条约法公约》第 53 条的关键起草者之一)治下的国际法院真的试图援用强行法，法院应会明确此点。

就本书的目的而言，没有必要就人质案中关于强行法和对世义务的概念的各种观点之某一种表示支持与否。相关之处在于，这些不同的观点都在诸如强行法规则或对世义务的传统术语中得到了阐述。易言之，国际法院采用了"必要的义务"这一表述并不是一个与已有观点相矛盾的新术语，恰如同本节开头所写道的，强行法概念用以修饰规则，而对世概念则修饰义务。倘若果真如此，就没有必要将两个概念进行抽象的比较了。我们可以将属于相同范畴的实体或概念进行比较，如某一条规则与另一条规则或某一项义务与另一项义务，而不可将一条规则与一项义务相比。

因此，置于"一项义务及其相应的权利是规则所能生成的根本法律关系"之前提下，通过以下问题可以更好地理解强行法与对世义务之间的关系：强行法规范一定会创设对世义务么？反过来，对世义务是否一定源于强行法规范？以下两节将对这些问题的某些方面进行探讨。

---

〔13〕 依 Jaenicke 的观点，作为国际法律体系(他称为"国际公共秩序")的根本的国际原则与规则较之于强行法更为宽泛。这些根本规则与原则"可能，但不必然会"引发对世义务("International Public Order", pp. 314 – 18)。国际学者中，有些人认为外交机构的不可侵犯可能属于强行法[参见，如 von Glahn, *Law Among Nations. An Introduction to Public International Law*, 7th edn. (Boston, 1996), p. 482]，也有些学者持相反观点[参见，如 Tanzi, *L' immunità dalla giurisdizione degli agenti diplomatici* (Padoue, 1990), pp. 176 – 81]。

第三节　对世义务与强行法规范：(二)强行法规范一定会创设对世义务么？(关于"区域性"强行法概念之浅见)

194 国际法院在巴塞罗那机车案的判决意见所给出的对世义务的四项实例之任何一例，都发源于强行法规范。这个事实很重要，因为它确认了两个概念之间的密切联系。但是国际法院所给出的四项实例本身并不足以得出结论，即所有强行法规则都一定会创设对世义务。前文已经谈及，证明一项国际义务是否为对世义务并不要求该项义务满足强行法规范的条件。[14] 因此，尽管一条规范自身的强行法性质有助于证明其所创设的义务具有对世性(反之亦然)，但该规范的性质及义务的对世性都需不同类型观点分别加以佐证。

此外，第五节将要谈到，某些源于强行法规则的法律关系(比如关涉条约效力的撤销的规则)在运作时并不具有对世性，而仅与当事方因强行法规则而减损条约有关。藉此可见，一项规则和源自该规则的义务之间所经常存在的复杂关系要求我们非常谨慎地判断哪种源于强行法规范的法律关系具有对世性，哪种则不具对世性。

另一个困难在于，除了一般国际法中的强行法规则之外，我们也常碰到所谓的"区域性"强行法规范。多个国家设立区域性合作机制、签署或创设具有有限适用范围的条约或习惯规则都是常见的国际现象。这些国家之间的密切关系将随着彼此间的联合及各自政治经济融合的不同程度而改变。在此方面，我们可以回顾诸如美洲

〔14〕 参见第九章第四节。

国家之间所存在的国际法特别体系的相关争议,[15]或前社会主义阵营(亦有人指出并无一个发展完备的"社会主义"国际法)各国之间 195 的无产阶级国际主义诸原则。[16] 且不论这些争议,一般认为,规范的分支体系的存在并不影响国际法的根本性统一,[17]且区域条约无论如何也不能对一般国际法中的强行法规则作出减损。[18]

由于上述的禁止减损,多个国家作为整个国际社会的一部分可

---

〔15〕 对此问题简要但有益的分析,参见 Oppenheim, *International Law*, i, 8th edn. Lauterpacht, H., pp. 52 – 3。本问题的主要观点(特别是 Alvarez 与 Sa Vianna 的相对观点)已被广为总结与探讨,比如 Urrutia, "La codification du droit international en Amérique", 22 Hauge *Recueil* (1928, II), pp. 170 – 3; Yepes, "La contribution de l' Amérique latine au développement du droit international public et privé", 32 ibid. (1930, II), pp. 776 – 92; id., "Les problèms fondamentaux du droit des gens en Amérique", 47 ibid. (1934, I), pp. 5 – 16。更近的相关评述,参见 Barberis, "Les règles spécifiques du droit international en Amérique latine", 235 ibid. (1992, V), pp. 94 – 6。此处脚注对于美洲法律制度的引用,以及下个脚注对于社会主义法律制度的引用并不意味着忽略其他区域性法律体系。比如现有的伊斯兰法律体系,参见 Bedjaoui, "La vision de las culturas no occidentales sobre la legitimidad del derecho internacional contemporaneo", 11 *Anuario de derecho internacional* (1995), pp. 54 – 62。

〔16〕 参见 Tunkin, *Theory*, pp. 427 – 47。在此问题方面的一部全面的著作为 Schweisfurth, *Sozialistisches Völkerrecht? Darstellung-Analyse-Wertung der sowjetmarxistischen Theorie vom Völkerrecht "neuen Typs"* (Berlin, 1979). 在 20 世纪 70 年代早期发表于 *American Journal of International Law* 的另一系列论文也颇为有趣(考虑到那时的政治事件,学术界对本问题的兴趣达到顶峰)。参见 Hazard, "Renewed Emphasis upon a Socialist International Law", 65 *A. J. I. L.* (1971), pp. 142 – 8; Bulter, "'Socialist International Law' or 'Socialist Principles of International Relations'?", ibid., pp. 796 – 800; Osakwe, "Socialist International Law Revisited", 66 ibid. (1972), pp. 596 – 600。拙著也考察了此议题,参见"Consuetudine internazionale, principi generali enorme di *jus congens* nella dottrina sovietica (anche in rapporto all' Atto di Helsinki)" [Thesis for the J. D. degree (Laurea in Giurisprudenza)", University of Ferrara, Faculty of Law, academic year 1983/84], pp. 171 – 5。

〔17〕 参见 Arangio-Ruiz, *The United Nations Declaration on Friendly Relations*, pp. 157 – 60.

〔18〕 对此点做极其清晰阐述的论著参见 Tunkin, *Theory*, p. 444。

否再进一步创设只适用于这些国家的区域性强行法规范?[19] 维也纳公约关于强行法的规定对此问题以及"区域性"强行法问题均保持沉默。原则上说,并没有什么反对区域性强行法的可能性,前提是(如前所述)这种规范并不违反一般国际法中的强行法规则。毕竟,如果国家之间可以通过条约而创设区域性公共秩序机制,没有理由反对它们之间基于具有强行法性质的区域习惯而设立区域性公共秩序体系。

然而,在实践中,"区域性"强行法往往与一般强行法迥异。首
196 先也是最重要的,"国际社会作为一个整体"接受与认同的条件不适用于"区域性"强行法,原因至少有二。第一,"区域性"强行法规范之定义的背后意味着只有一部分国家(无论多少国家),它不像一般国际法中的强制法规则那样需要整个国际社会支持。第二,"区域性"强行法规范作为一种局部性习惯,并不对一个特定的国家共同体自动适用,而只适用于那些接受这些规范约束的国家。换言之,一个国家共同体不能创设一种"区域性"强行法规范以自动适用于本区域的每个国家,不论这些国家是否表示了同意。因此,"区域性"强行法规范与一般强行法之区别不仅在于其内容,更在于其概念本身。

同理,"区域性"强行法规范与对世义务无疑是难以兼容的。首先,仅有限地适用于部分国家的强行法规则自然难以引致约束所有国家的国际义务。其次,即便在一个成员数量有限的共同体内,一

---

〔19〕 关于"区域性"强行法,参见,如 Virally, "Réflexions sur le '*jus cogens*'", p. 14; *Conference on International law*, *Lagonissi* (*Greece*), p. 71 (Suy), p. 107 (Boutros-Ghali); Sztucki, *Jus Cogens*, pp. 107 – 8; *L' élaboration du droit international public. Colloque de Toulouse*, p. 212 (Ténékidès); Thierry, Combacau, Sur and Vallée, *Droit international public*, 3rd edn. (Paris, 1981), pp. 77 – 8; Gaja, "*Jus Cogens* Beyond the Vienna Convention", p. 284。也可参见 de Quadros, "La Convention Européenne des Droits de l' Homme: un cas de ius cogens régional?", Beyerlin, Bothe, Hofmann and Petersmann (eds.), *Recht. Festschrift Bernhardt*, pp. 555 – 62。

项义务也不可能是“对世的”，因其需要一国的同意方可对其产生约束力。尽管如此，我们仍不能排除对世义务的概念可以促进“区域性”强行法规范发展的可能性。美洲国家人权委员会在 *Roach and Pinkerton* 案的决议可资为证。[20] 在此，有必要介绍该案案情并作简单论述。

两名美国国民，James Roach 与 Jay Pinkerton 因其在 17 岁时所犯下的罪行分别在南加利福尼亚州与得克萨斯州被判有罪。他们被判死刑并被执行。[21] 申诉人代表他们向美洲人权委员会（美洲国家组织下设机构之一）提出诉请，[22]要求委员会判定，美国对 Roach 与 197
Pinkerton 执行死刑违反了美洲关于人权利与义务宣言（American

〔20〕 Resolution No. 3/87（Case No. 9647, United States），委员会在 1987 年 3 月 27 日召开的第 925 次会议批准（OEA/Ser. L/V/II. 69 – Doc. 17）。对此决议的简单提及以及对是否存在演进中的禁止死刑的国际习惯的更宏观的论述，参见 Schabas, *The Abolition of the Death Penalty in International Law*（Cambridge, 1993）; Scheuer, “Capital Punishment and Human Rights”, Beyerlin, Bothe, Hofmann and Petersmann（eds.）, *Recht. Festschrift Bernhardt*, pp. 563 – 77; Orlin, “The Prohibition of the Death Penalty: An Emerging International Norm?”, Rosas, Helgesen and Gomien（eds.）, *Human Rights in a Changing East-West Perspective*（London and New York, 1990）, pp. 136 – 173。

〔21〕 对于未成人施加死刑在美国仍是一个充满争议的话题。在 1989 年 6 月 26 日，美国最高法院以五票对四票判决对于 16 岁或 17 岁时实施了谋杀罪的人执行死刑不是一个残酷的和不寻常的惩罚，并未违反美国宪法第八修正案。参见 Stanford v. Kentucky, 492 U. S. 361（1989）。该案判决摘要可以参见 Lasser, “Stanford v. Kentucky”, Hall, K. L.（ed.）, *The Oxford Companion to the Supreme Court*, p. 821。而 Fitzpatrick 则对该案提出批评，参见“The Relevance of Customary International Norms to the Death Penalty in the United States”, 25 *Georgia Journal of International and Comparative Law*（1995/96）, pp. 165 – 80。

〔22〕 关于美洲体系国家人权保护的问题，参见 Robertson and Merrills, *Human Rights in the World. An introduction to the study of the international protection of human rights*, 3rd edn.（Manchester and New York, 1989, 1992 年微调后重印）, pp. 161 – 95。

Declaration of the Rights and Duties of Man),[23] 该宣言应依据“禁止对犯罪时不满 18 岁的人执行死刑”这一国际习惯进行解释。[24]

针对上述第二项申诉,美国政府对申诉人对于美洲宣言的解释作出抗辩。但是这一点(和当事方在委员会所提出的其他重要问题一样)[25] 与本书此处并无直接关联。美国政府反驳了存在一项禁止对犯罪时不满 18 岁的人执行死刑的国际习惯的说法。即便存在这种国际习惯,它也不能约束美国,因为美国对其是持续反对的。为了支持其观点,美国政府表示,美国一直反对公民与政治权利国际公约中关于最低年龄的规定,且美国总统在提请参议院批准美洲人权条约时也提议对此问题做出明确保留。

本案双方关于是否存在一项习惯规则的争议与该案的决议直接相关,因为美洲人权公约在第 4 条第 5 段明确禁止对于在犯罪时不满 18 岁的未成年人执行死刑,然而美国并非该公约的缔约方,故该规定并不能对抗美国。因此,在美洲委员会的辩论中,申诉人提出,有一项与上述第 4 条第 5 段内容相同的规则已经成为习惯国际法。[26] 在其决议中,美洲委员会认为最低年龄为 18 岁的习惯规则
198 正在演进,但尚未形成。就此,委员会基本上接受了美国的观点,包括该规则因美国的持续反对而不能对其产生约束力的观点。委员会对后一个观点的结论尤其重要:委员会认为持续反对者原则适用于一般国际习惯,而不适用于强行法规则。

尽管申诉人与美国政府都没有在诉状中提出强行法的问题,但委

---

〔23〕 全文转载于 Brownlie (ed.), *Basic Documents on Human Rights*, pp. 488 - 94。

〔24〕 申诉人还请求委员会包括一份关于美国其他未成年人死刑的备忘录,但委员会的最终结论中并未包含此备忘录。

〔25〕 另一个重要的问题是《维也纳条约法公约》(或者说公约所反映的习惯国际法规则)在多大程度上适用于诸如美洲宣言之类非国际条约法律文件。

〔26〕 Resolution No. 3/87, para. 60.

员会裁定这个概念与本案有关。[27] 在对强行法的主要特点，即“相对不可否认性”做出阐述之后，[28] 委员会通过大量援引国际法院在禁止种族灭绝公约的咨询意见，[29] 以及巴塞罗那机车案中关于对世义务的判决意见，强调了强行法规则的人道与道德内容。委员会遂裁定

在美洲国家组织的成员国之中，存在一项已被接受的禁止国家对于儿童执行死刑的强行法规则。这一规范被所有美洲体系国家所接受，包括美国。[30]

为什么委员会援用了“区域性”强行法规则之概念并认为其可适用于美洲体系国家？委员会否认了存在一项关于设立最低死刑年龄的国际习惯，但确认了所有美洲体系国家（包括美国）都同意存在一项不得对儿童执行死刑的国际习惯。换言之，尽管存在一项禁止对未成年人执行死刑的普遍合意，但并非所有国家都同意未成年人就是18岁以下的人。比如，在美国法律体系中，各州都有权自行决定将未成年违法者移送至成人法庭的最低年龄，且死刑也可以适用于16岁以上18岁以下的未成年人。[31]

---

〔27〕“委员会……并非司法机构且并不局限于仅考虑争端双方所提交的诉求”（Ibid.，para. 54）。

〔28〕委员会在其结论中明确地援用了 Brownlie，*Principles of Public International Law*，3rd edn.（Oxford，1979），p. 513（第四版也是相同页码）。

〔29〕参见第五章第二节。

〔30〕Resolution No. 3/87，para. 56.“对儿童执行死刑”与“将死刑适用于儿童”两个概念可以相互替换（委员会在其决议中便是如此）因为法律程序所需的时间使18岁以下的犯罪人欲用尽所有救济在实践上是不可能的。

〔31〕这便是美国参议院外交关系委员会提议美国在批准公民与政治权利公约时应对其第6条，即关于禁止对犯罪时不满18岁的人适用死刑的条款，作出保留的原因，尽管委员会对于该公约总体上表示赞赏。参见“United States：Senate Committee on Foreign Relations Report on the International Covenant on Civil and Political Rights”，31 *I. L. M.*（1992），p. 645，特别是其中第 VI. 2，VII. 2 与 IX(2) 段。美国在1992年批准该公约时作出对于“犯罪时不满18岁的人适用死刑”的保留。（*Multilateral Treaties Deposited with the Secretary-General*，*Status as at* 31 *December* 1995，p. 130.）

199 相应的,委员会要解决的主要问题在于,美国政府允许各州自行决定适用死刑的最低年龄是否违反了美洲国家体系所采用的人权标准。[32] 正因此点,判断美洲国家组织禁止成员国对儿童适用死刑的要求是否具有强行法性质才有意义。美国国内实践缺乏统一性。有些州完全废除了死刑,但有些州则允许成人刑事法庭判处并执行未成年人死刑。倘若一名16岁的人在纪念大桥上犯罪,他可能在弗吉尼亚州被判处死刑,但在哥伦比亚特区却不会如此。因此,是否适用死刑取决于一些偶然因素,比如犯罪地点等。出于这些原因,委员会成员以5比1的多数票决定,[33] 美国对 Roach 与 Pinkerton 执行死刑违反了美洲宣言的第1条与第2条,这两条规定保护的是生命权以及法律面前的平等权。[34]

总结而言,美洲人权委员会并未驳回此案,对世义务的概念对委员会确认美洲体系国家中存在一项可适用的强行法规则及其部分后果起到了关键作用。但是,该概念对于委员会证明存在不以美国的同意为条件对抗于美国的"区域性"强行法规范却未能起到这种作用。如前文所述,这并不是完全依赖于国家同意的"区域性"强行法规范所具有的效力。(在此案中,委员会认为,虽然禁止对儿童执行死刑的规则可以用以抗辩美国,但这是因为美国同意接受该规则)。相反,对世义务的概念对于委员会的决定起到关键作用,因为委员会援用了巴塞罗那机车案的判决意见并凝练出几项根本价值,这些价值也可作为美洲体系国家禁止对儿童执行死刑的基础。因此,虽然本案并没有涉及对世义务的概念,但这一概念却是委员会进行论证并对美洲体系国家的公共秩序的内容与特性做出结论的重要一环。

---

〔32〕 Resolution No. 3/87, para. 43.

〔33〕 决议并未对这份反对意见提供解释。

〔34〕 Resolution No. 3/87, paras. 64 and 65.

第四节　对世义务与强行法规范：(三)对世义务一定源于强行法规范么？(关于“自存性”义务概念之浅见)

本节开头似应重复第3节开头的论述。一方面，对世义务的特定内容及其对国际社会的高程度的支持之要求，使我们可以合理假设衍生该义务的规则应能符合强行法的要求。另一方面，对世义务的独立的证明标准却又否定了前述观点。实践中，本段所提出的问题的核心在于可否大致认为对世义务属于所谓的“自存性”义务。不妨对此问题做以下总结。 200

通常，一项多边条约可引致缔约国两两之间独立的双边关系。正如Riphagen(前任国家责任法特别报告人)正确地指出，这些法律关系仍属双边性质，即便其内容对于该条约的所有缔约国而言是相同的。[35] 另一种情形则是由造法性(law-making)或设标性(standard-setting)条约所创设的义务。Fitzmaurice在其条约法第二次报告中对于相互授惠的条约与必须一体遵行的条约进行了区分。后一种类型的条约可以引致Fitzmaurice所称的“自存性”义务，这些义务作为条约规则不考虑互惠性，而“对于全世界而非特定缔约国”具有约束力。[36]

---

〔35〕 参见“Preliminary Report on the content, forms and degrees of international responsibility (Part 2 of the draft articles on State responsiblity) (Doc. A/CN. 4/330)”, *Y. I. L. C.* (1980, II, Part 1), p. 120, para. 65; “Sixth Report on (1) the content, form and degrees of State responsibility, and (2) the ‘implementation’ (mise en œuvre) of international responsibility and the settlement of disputes (Parts two and three of the draft articles)” (Doc. A/CN. 4/389), *Y. I. L. C.* (1985, II, Part I), p. 7, para. 14。

〔36〕 Fitzmaurice, “Second Report on the Law of Treaties” (Doc. A/CN. 4/107), *Y. I. L. C.* (1957, II), p. 54, para. 126.

创设“自存性”义务的条约的传统例子包括一些人权保护的国际公约。英国在就对禁止种族灭绝公约进行保留的问题上向国际法院提交的书面声明可说明这些义务的性质。英国认为,有些条约在形式以及施行方面均为“契约性的”,因为它们在一缔约国和另一
201 缔约国之间相互创设权利与义务。但是,禁止种族灭绝公约并不属于此类。一国若为禁止种族灭绝公约缔约国,则该国就必须履行条约义务,这些义务对于条约缔约国而言是“不可分”(indivisible)和“绝对的”(absolute),是“所有缔约国对所有国家”的义务。换言之,

> 仅仅它们假设的方法是契约性的。它们的施行却并不仰赖其在缔约国之间的契约关系。[37]

上述义务的不可分性及相应受保护的权利的集合性之特性,使之可以与对世义务进行类比。因此,除了“自存性”义务的表述以外,还有诸如“集合性义务”(obligations solidaires)、[38]“一体性义务”(obligations intégrales),[39]也有学者将此类义务表述为诸如“单方对世义务”(obligation *erga omnes partes*),[40]及“契约性对世义务”(obligation *erga omnes contractantes*)等。[41] 这些表述也都是合理的,如果它们不混淆以下两者之间的本质区别的话:其一,国际法院关于对世义务的判决意见,即它是可以对抗所有国家的义务,无论国家是否同意;其二,尽管在来源上仍属于契约性,却不在传统的

---

〔37〕 *I. C. J. Pleadings*, *Reservations to the Convention on the Prevention and Punishment of the Crime of Genocide*, p. 64 (后续展开讨论部分,参见 pp. 62 – 9).

〔38〕 Sperduti, “Les obligations solidaires en droit international”, Makarczyk (ed.), *Essays Lachs*, pp. 271 – 5.

〔39〕 Reuter, *Droit international public*, p. 152.

〔40〕 Hutchinson, D. N., “Solidarity and Breaches of Multilateral Treaties”, 59 *B. Y. I. L.* (1988), pp. 155 – 6.

〔41〕 Cassese, “Remarks on the Present Legal Regulation of Crimes of States”, p. 57.

互惠基础上运作的义务。[42]

国家责任法的编纂工作及其相关的广泛讨论实际上也可以说明上述两类义务的区别并非仅仅是措辞的不同。Arangio-Ruiz 在其第四次专题报告中指出：

> 对世义务的概念的特性并非在于其所保护的权利的重要性——这恰是强行法的典型特征——而在于这种义务的内容具有"法律上的不可分性"，也就是说，这些义务对于任一当事国之于所有其他国家都同时具有约束力。这也是强行法规范、其他一般国际法规范和 202 诸多多边条约规则（单方对世义务）的典型法律结构。[43]

上述观点在有些情形下是可以接受的。实际上，该报告也明确表示，在国家责任法领域，对世义务的相关问题不在于判断义务的内容，而在于判定对世义务与其相应的受保护的权利的集合之间的关系所产生的后果。[44] 换言之，可以理解，编纂国家责任法的首要任务应专注于对于违反国际义务的行为应产生何种后果。但是，有学者指出，[45]我们不能笼统地接受，对世义务的显著特性在于对其违反将影响所有国家（在违反单方对世义务的情况下，受影响的是全体相对国）。这种观点因其因果倒置而显得太过局限：它将对世义务的根本内容及其所保护的价值问题，降格为一个法律技术问

---

〔42〕 采用"对世义务"这一表述（不含任何本书所探讨的其他附加条件）可以确认除了国际法院在其意见中所指的义务，还可以确认"自存性"义务，这属一种"内部多义"的情形，也就是 Cornu 所定义的相同的术语有两个或以上的意思的情形。[*Linguistique juridique* (Paris, 1990), pp. 89 –90.]

〔43〕 "Fourth Report on State Responsibility – *Addendum*" (Doc. A/CN. 4/444/Add. 1), para. 92. 本段论及对世"义务"，但下一段则论及对世"规则"。这两个术语是否都指的是相同的概念呢？两段论述的上下文似乎可以得出肯定的答案。

〔44〕 "Fourth Report on State Responsibility – *Addendum*" (Doc. A/CN. 4/444/Add. 2), para. 133.

〔45〕 参见，如 Gaja, "Obligations *Erga Omnes*, International Crimes and *Jus Cogens*", pp. 151 –3, para. 1; Lattanzi, *Garanzie dei diritti dell' uomo*, pp. 124 –39。

题，尽管这些技术问题也很重要，但无法对于对世义务的概念进行全面界定。与此相反，此时有必要回顾一下 Ago，国际法委员会国家责任在 Arangio-Ruiz 之前的特别报告员之一，就国际法院巴塞罗那机车案判决意见对于对世义务和其他义务之区分所作的论述：

毫无疑问，藉此判决，法院试图对国际义务做出根本性区分，并在此基础上探讨违反此类义务的行为。此外，法院还默示承认了此种区分能影响决定援引国家责任所保护的对象。法院认为，存在一些国际义务，尽管数量有限，但由于其对整个国际社会的重要性——与其他义务不同——所有国家都对其享有法益。接下来，法院认为，违反这些义务所导致的责任不仅针对此等违反的直接受害国（比如一国因对其领土的侵略而受到损害）；此等责任还针对国际社会的所有其他成员……[46]

203 上述论述澄清了本节的三个重要观点：

（一）国际法院在巴塞罗那机车案中所确认的义务具有对世性，首先因其所具有的内在价值，其次也因为它们的法律结构；

（二）正因为这些义务是对世义务，故可衍生出特别的权利与救济，而不是相反；

（三）尽管对世义务数量很少，却不同于“自存性”义务，后者的数量依赖于国际条约的创设。

总结而言，尽管法律结构类似，对世义务与“自存性”义务之间存在根本区别。混淆这两种义务是一种误导，这既可能损害判断两者之间难以调和的区别的能力，也会损害批判性检视或完全无视两

---

〔46〕“Fifth Report on State Responsibility”（Doc. A/CN. 4/291 and Add. 1 and 2），*Y. I. L. C.*（1976，II，Part 1），p. 29，para. 89.

者之间相似性的能力。[47]

第五节 对世义务与强行法规范：(四)对两个概念的功能之简述

本书对于强行法与对世义务之间的关系往往是参照规范与义务之间的关系进行研究的。另一种有益的研究方式是对两者之间的功能进行考量。本节特地探讨以下问题：在什么情况下，一国会诉诸对世义务的概念而非强行法的概念？一个可能而方便的答案是，仅在需要决定条约是否归于无效的情况下才需援用强行法规则。但是这个答案过于简单且未能考虑到强行法的概念在条约法以外的领域的发展。[48] 与此同时，对于是否关涉条约无效的情形做出区分并不能为本节所要探讨的问题提供有益的解析框架。因此，本章 204
首先探讨涉及条约无效的情形。

依据《维也纳条约法公约》第53条的定义，一项条约若与强行法相抵触则归于无效。条约的此种无效究竟是何种类型？特别地，谁有权声索一项条约因与强行法冲突而无效？只有条约受损国，

〔47〕 Picone 正确地写道将对世义务的运作归入"自存性"义务的运作"是合适的，如果仅从纯粹的结构性视角来分析两类规则的运作的话…… 但是，如果要对比两者各自法律体制的所有特性的话，这可能在方法上不合适……"["Recensione: Claudia Annacker, *Die Durchsetzung von erga omnes Verpflichtungen vor dem Internationalen Gerichtshof*, Hamburg, 1994, Verlag Dr. Kovac, pp. XXII - 146, 77 *Riv. dir. int.* (1994), p. 1120".]

〔48〕 参见第三章第一节。

《维也纳条约法公约》的所有缔约国,还是所有国家?[49] Jiménez de Aréchaga 在其海牙演讲中,通过类比国内法,对于绝对无效与相对无效做出了区分。这两种条约无效的部分区别在于,只有受损国才有权声索相对无效,但绝对无效是"对世的",故任何受益国都可以做出此种声索,或者由法院自行决定。在此前提下,Jiménez de Aréchaga 总结到,强行法的概念本身表明,因减损强行法规则所导致的条约无效是绝对的。但是,他也承认维也纳公约的措辞本身也可以做不同的解读。[50]

当然,我们既有理由允许亦有理由反对所有国家对于违反强行法规则的条约皆有权声索无效。在对于劳特派特的一篇关于条约法的早期论著进行评论时,Yepes(国际法委员会的前任委员)曾颇有说服力地提出,应允许所有国家声索宣告条约无效。他这样写道:

> 一个弱国常迫于压力而与一个强国签署非法条约。因此,有必要允许一种国际众有诉权,允许任何国家,即便是与该事件没有直接联系的国家有权就其他国家所签订的目的非法的条约申请无效。对于某些条约而言,这是唯一有效的使其无效的手段了……[51]

205 可见,Yepes 也强调,关于条约涉嫌与强行法规范相冲突而声索

---

[49] 就这些问题的有益论述,参见 Rosenne, "Bilateralism and Community Interest in the Codified Law of Treaties", Friedmann, Henkin and Lissitzyn (eds.), *Transnational Law. Essays Jessup*, pp. 202 – 27。也可参见 Rozakis, *The Concept of Jus Cogens*, pp. 115 – 18; Ronzitti, "La disciplina dello jus cogens", pp. 272 – 3。

[50] "International Law in the Past Third of a Century", pp. 68 – 9 and 318, note 118.

[51] "Mémoire presenté par M. J. M. Yepes" (Doc. A/CN/4/L. 46), *Y. I. L. C.* (1953, II), pp. 163 – 6, at p. 166. 法语版原文如下:"Il arrive bien souvent qu' un Etat faible soit obligé de signer un traité illicite sous la pression qu' exerce sur lui un autre Etat plus puissant. C' est pourquoi il faut établir une sorte d' action populaire internationale pour autoriser tout Eta, meme s' il n' a aucun intérêt direct, ὰ demander l' annulation d' un traité ὰ objet illicite conclu par d' autres Etats. C' est lὰ le seul moyen efficace d' obtenir l' annulation de certains traités. . ." 本文的英文翻译对 Rosenne 的翻译做了微调, Rosenne "Bilateralism and Community Interest", p. 213。

条约无效的主体问题有其实用性，因为弱国可能非常难以要求对一部具有非法目的条约宣告无效。但是也有相反的观点。在对Waldock提出的第37条草案（维也纳公约最后文本的第53条）的评论中，卢森堡政府认为草案并未明确

谁才有权声索本条项下的条约无效，缔约国或是第三国？如果是前者，卢森堡政府认为这将意味着，一国自己一面对条约的缔结与生效做出了贡献，另一面却做出相反的行为；简言之，这就是所谓的出尔反尔。但另一方面，如果第三国有权声索条约无效，卢森堡政府认为这将与条约相对性原则相违背，因为在缺少一个更高权力机构的情况下，条约相对性原则将继续主导整个条约。〔52〕

考虑到上述不同观点，维也纳条约进行了折中。这一折中方案体现在条约第65条中，这是一项关键条款（国际法委员会在其条约草案评注中如是指出），〔53〕适用于包括《维也纳条约法公约》第53条在内的关于条约无效、终止或中止等规定。〔54〕兹对第65条第1段相关部分摘录如下：

当事国依照本公约之规定援引其承受条约拘束之同意有误为理由，或援引非难条约效力、终止、退出或停止施行条约之理由者，必须将其主张通知其他当事国。

上述措辞很清楚：只有涉嫌违反强行法规范的条约的“缔约方”

---

〔52〕 *Y. I. L. C.* (1966, II), pp. 20 – 1. 在维也纳会议上，有些国家的代表讨论谁可以申请宣告条约无效的问题。参见 *U. N. C. L. T.*, *Off. Recs.*, *First Session*, p. 299, para. 61（智利），p. 310, para. 38（以色列），p. 314, para. 77（埃塞俄比亚），pp. 323 – 4, para. 26（瑞士），p. 325, para. 40（挪威）。

〔53〕 “Draft Articles on the Law of Treaties”, p. 81, para. (1)（对第62条的述评）.

〔54〕 对于维也纳公约的谈判史的研究确认第65条涵盖了所有条约无效的情形。参见 Rozakis, *The Concept of Jus Cogens*, pp. 116 – 17。

才可声索条约无效。[55] 此等“缔约方”可以是该条约的任何一方,不必非要是受损方。另外,仅限于条约缔约方才有权声索条约无
206 效,因此公益并不构成在维也纳公约项下允许第三国请求宣告条约无效的充分理由。正如 Rosenne 所指出的,[56] 这体现了维也纳外交会议的普遍观点,与会各国都不太乐意认同在宣告条约无效的程序方面或其他方面存在共同利益。

第三国无权因条约涉嫌违反强行法规范而声索条约无效有何实践后果?[57] 正如 Yepes 指出的,一个弱国可能发现声索条约无效并不现实。何况,无论各方国力之强盛与否,所有国家也都可能愿意履行涉嫌违反强行法的条约。在这种情况下,对世义务的概念可能颇具现实效果。即便没有正式宣告条约无效,履行违反强行法规则的条约也可能违反一项对世义务,因此可能牵涉所有国家。[58] 第三国可以对此等违反做出反应,要求条约各方承认该条约无效。[59] 藉此方法,采取维也纳公约体系之外的方法也可获得被维也纳公约所排除的条款的类似效果。总结而言,通过允许第三国对于违反强行法的条约各方施压以使其停止执行此条约,对世义务的概念强化了对于强行法规范所保护的根本价值。

诚如本节开头所言,对世义务与强行法的概念也可以不在条约无效的情况下加以考察。一个现实的例子是法国与澳大利亚、新西

---

〔55〕 以及《维也纳条约法公约》第 2 条,“缔约方”是指一国“同意受到条约的约束且条约恰因此而生效”,而“条约”则指任何“国家之间以书面形式缔结的、受到国际法规制的国际协议……”因此,毫无疑问,第 65 条所指的“缔约方”指某一争议条约的缔约方,而不是维也纳公约的缔约方。

〔56〕 “Bilateralism and Community Interest”, pp. 221 – 2.

〔57〕 Mendelson 就此点的简练论述可参见 Cassesse and Weiler (eds.), *Change and Stability*, p. 98。

〔58〕 关于此点,参见 Barile, “La structure de l’ordre juridique international. Règles générales et règles conventionnelles”, 161 Hague *Recueil* (1978, III), p. 90。

〔59〕 参见 Ronzitti, “Lo jus cogens nella Convenzione di Vienna”, p. 273, note 56。

兰就在南太平洋地区实施核试验的争议。上述第九章已详述了此案中澳大利亚与新西兰提出的国际对世义务禁止大气核试验的立场。

法国反对禁止大气核试验已发展为国际习惯的观点,并认为,无论如何,这项国际习惯也不能构成对法国的有效抗辩。法国并没有参与这一进程,因此也无法向国际法院提交任何可支持其立场的抗辩。但是,法国政府在国际法院受理此案后不久即公布了一份白皮 207
书,对在南太平洋地区进行核试验做了科学和法律分析。在这份白皮书中,法国对于澳新两国的诉求做了明确反馈,[60]我们也可藉此比较涉案双方就核试验问题所持的相反观点。

法国政府对于澳新两国在国际法院的起诉做了几项抗辩。特别地,法国宣称:(1)原告国将法国与其他有核国家相比对法国构成了歧视;(2)法国在南太平洋的核试验既未违反原告国的主权,也未违反任何国际环境法;及(3)国际法院对这些案件没有管辖权。[61] 在这些诉求之余,法国政府还就进行大气核试验的合法性问题进行了

---

〔60〕 *Livre blanc sur les expériences nucléaires* (Comité Interministériel pour l' Information, June, 1973).[笔者在此感谢总理信息发布服务处(SJD)提供此份白皮书的影印件供研究用]At p. 1, 在前言中,白皮书写道:"法国政府不接受澳大利亚和新西兰政府在国际法院所做的抗辩。"("政府"一词在文中的大写形式并不相同。)

〔61〕 就核试验案的棘手的管辖权问题而言,法国的部分反对意见在于其1959年依据国际法院规约第36(2)条同意法院的强制管辖权初始声明与1966年作出的关于对国防事宜的保留的新声明。[就此"任择性"条款,参见Merrills, "The Optional Clause Today", 50*B. Y. I. L.* (1979), pp. 87 –116(该文第101 –2段提及法国的声明); id., "The Optional Clause Revisited", 64*B. Y. I. L.* (1993), pp. 197 –244]。依据国际法院在1973年就核试验案作出的两项指令,法国撤回其声明。(See Dupuy, P. M., *Droit international public*, p. 424, para. 522.)但这并没有阻止法国投票支持国际法院就此问题做出咨询意见并提交了其抗辩[Guillaume, "Le France et la Cour international de Justice", *L' internationalité dans les institutions et le droit*: *convergences et défis. Etudes offertes à Alain Plantey* (Paris, 1995), p. 124]。

辩护。[62] 在这个问题上，白皮书反映的观点是，法国在南太平洋进行大气核试验并没有违反任何可被所有国家用以抗辩的新的强行法规范。为支持其观点，法国政府提出了一个更具普遍性的问题，是否国际协议（1969年维也纳公约）中所包含的、当时并未生效的强行法概念，可以被视为已被普遍接受。法国进一步提出，无论如何，澳新两国所提出的不得进行大气核试验的规范并不属于强行法，因
208 为该规范并没有如《维也纳条约法公约》第53条所规定的那样被整个国际社会承认与接受为强行法规范。法国的抗辩的主要论述摘录如下：

从效果看，至少有两个国家明确表示了反对意见：法国——在没有实际的国际裁军措施的情况下坚持该观点——中国亦然。现在，这两个国家，代表着8亿人口，占据了全世界人口的重大比例的两国，也是联合国安全理事会常任理事国。[63]

因此，为了反驳可能提出的禁止核试验的强行法规则已经被世界各大洲、不同发展程度、不同意识形态阵营的国家所接受与认可的抗辩，法国依赖于其与中国的政治力量以及庞大人口来否认可能已经形成的反对进行核试验的强行法规则。[64] 法国的这部分抗辩

---

〔62〕 *Livre Blanc sur les expériences nucléaires*, pp. 13 – 23. 法国针对澳大利亚与新西兰在国际法院提出的主要诉求，参见 de Lacharrière, "Commentaires sur la position juridique de la France à l' égard de la licéité de ses expériences nucléaires", 19 *A. F. D. I.* (1973), pp. 235 – 51。

〔63〕 *Livre blanc sur les expériences nucléaires*, p. 18. 法语原版措辞如下："Deux pays au moins, en effet, se sont nettement prononcés dans le sens contraire: la France—qui maintient cette position à défaut de véritables mesures de désarmement mondial—et la Chine. Or, ces deux pays, qui représentent largement plus de 800 millions d' habitants, c' est-à-dire une proportion substantielle de la population modiale, sont duex des cinq members permanents du Conseil de Sécurité."

〔64〕 De Lacharriére 在其一篇文章中提及了白皮书（当时他任外交部司法事务处主任），并认为法国与中国均为安理会成员，但如今他却完全无视两国各自的人口比例了。（"Tendances contradictoires en matiére de consentement des états", p. 187.）

也进一步反映了如何界定国际社会作为一个整体承认和接受一项强行法规则是一件极具多样性与争议性的问题。〔65〕

无论如何，没有必要对法国的抗辩的说服力进行评估。有趣之处在于，法国试图否认存在禁止大气核试验的强行法规则，但澳新两国在其向国际法院提交的诉状中几乎对强行法问题只字不提，法国在白皮书中也对此进行了确认。〔66〕实际上，原告国除了数处援用了《维也纳条约法公约》，〔67〕并偶尔使用了"国际社会作为一个整体"及类似措辞之外，〔68〕只有澳大利亚在其诉状中援引 Waldock 在 209
条约法编纂过程中的评论时，提了一次强行法的概念。〔69〕

一种简单的解释是，澳新两国之所以不愿意将其诉求建立在强行法之上，是因为国际法院在此案所面对的问题并非条约无效的问题。另一种解释（可能也更有说服力）则与澳新两国对于强行法的概念的总体态度有关。在维也纳会议上，新西兰是对于第 50 条（后成为维也纳公约最终文本第 53 条）做出弃权的 12 个国家之一，而澳大利亚则是对其表示反对的 8 个国家（包括法国）之一。〔70〕新西兰弃权的原因在于其怀疑强行法可能存在"在政治层面被误用的风

---

〔65〕 本书第三章第三节也谈及对此观点的类似的质疑。

〔66〕 "Prenant acte de ce qu'à la différence de certains, l'Australie et la Nouvelle-Zélande ne prétendent nullement que les expériences françaises violeraient une telle règle [de *jus cogens*]..." (*Livre blanc sur les expériences nucléaires*, p. 17.)

〔67〕 参见，如 *I. C. J. Pleadings*, *Nuclear Tests*, i. pp. 511（《维也纳条约法公约》第 38 条）和 512（《维也纳条约法公约》第 43 条）；ibid., ii, p. 130（维也纳条约法公约关于条约终止的规定）。新西兰于 1970 年 4 月 29 日签署了维也纳公约，并于 1971 年 8 月 4 日批准该公约。澳大利亚于 1974 年 6 月 13 日加入该公约。

〔68〕 参见，如 ibid., i, pp. 21（"国家共同体的绝对多数"）和 503（"整个世界社会"）；ibid., ii, p. 55（"整个国际社会"）。又可参见 ibid., i, pp. 156－7（斐济代表声明摘要，附于斐济向国际法院提交的请求参与诉讼的申请）。

〔69〕 参见第九章第三节。

〔70〕 *U. N. C. L. T.*, *Off. Recs.*, *Second Session*, pp. 106－7.

险”。[71] 澳大利亚则更明确地表达了不满(反映在其对第50条的反对),其代表宣称如下

> 澳大利亚政府与法国政府一样,尽管认为第50条的措辞在第一次会议后已有改进,但仍对受到这样一条未经精确设计之原则的约束表示忧虑…… 本国代表因此完全保留自己的立场,不会支持第50条或第61条。[72]

可见,南太平洋核试验争议所涉三国都对《维也纳条约法公约》第53条的规定表示了批评。一方面,法国试图将证明一项强行法规范得到整个国际社会的承认与接受的困难当作其自由进行核实验的理由。但另一方面,澳新两国忽视了强行法的概念,却试图通过对世义务的概念来支持其关于大气核试验系绝对非法,并要求法国立刻停止在南太平洋进行核试验的立场。易言之,强行法与对世义务的概念是处在影响涉案国关键利益的争议之两端的不同工具。澳新两国的在一端,法国则在另一端。这也表明,当事方可以依据
210 其抗辩或申辩的立场,考虑到其诉状的组织计划,以决定援用其中一个概念。一国在国际法院或国际仲裁庭中采用任何一种做法,都可能对争议的结果产生决定性影响。

---

〔71〕 *U. N. C. L. T.*, *Off. Recs.*, *First Session*, p. 312.

〔72〕 *U. N. C. L. T.*, *Off. Recs.*, *Second Session*, p. 95. 也可参见 *U. N. C. L. T.*, *Off. Recs.*, *First Session*, pp. 316 – 17。

第六节　对世义务与众有诉权

在谈论对世义务的概念时，也常会谈及众有诉权（Actio Popularis）。[73] 这一表述指的是，原告在法院所提起的诉讼程序是为了普遍利益，而不必对诉求体现出任何个体利益。众有诉权源于

〔73〕 关于众有诉权，参见 Brownlie, *Principles*, pp. 466 – 73; id., "International Law at the Fiftieth Anniversary of the United Nations. General Course on Public International Law", 255 Hague *Recueil* (1995), pp. 85 – 9; Schachter, *International Law*, pp. 208 – 13; Bollecker-Stern, *Le Préjudice dans la théorie de la responsabilité internationale* (Paris, 1973), pp. 50 – 90; Schwelb, "The *Actio Popularis* and International Law", 2 *Israel Yearbook of Human Rights* (1972), pp. 46 – 56; Seidl-Hohenveldern, "*Actio Pupularis* im Völkerrecht?", 14 *Communicazioni e studi* (1975), pp. 803 – 13; Miaja de la Muela, "El interés de las partes en el proceso ante el Tribunal Internacional de Justicia", ibid., pp. 525 – 61; Silagi, "Die Popularklage als Fremdkörper im Völkerrecht", 4 *South African Yearbook of International Law* (1978), pp. 10 – 28; Jenks, "The General Welfare as a Legal Interest", *Jus et Societas. Essays Friedmann*, pp. 151 – 8; Dupuy, P. M., "Action publique et crime international de l'état: à propos de l'article 19 du projet de la Commission du droit international sur la responsiblité des états", 25 *A. F. D. I.* (1979), pp. 539 – 54。也可参见 Charpentier, "L'Affaire de la Barcelona Traction devant la Cour internationale de justice (arrêt du 5 février 1970)", 16 *A. F. D. I.* (1970), p. 311; Reisman, "Responses to Crimes of Discrimination and Genocide", pp. 56 – 61; Sztucki, *Interim Measures in the Hague Court. An Attempt at a Scrutiny* (Deventer, 1983), pp. 132 – 6; Gray, *Judicial Remedies in International Law* (Oxford, 1987), pp. 211 – 15; Mbaye, "L'intérêt pour agir devant la Cour internationale de Justice", 209 Hague *Recueil* (1988, III), pp. 316 – 18; Guillaume, "Terrorisme et droit international", 215, ibid. (1989, III), pp. 401 – 2; Lauterpacht, E., *Aspects of the Administration of International Justice* (Cambridge, 1991), p. 63。国内法和国际法体系内不同的诉讼资格依据，参见 van Dijk, *Judicial Review of Governmental Action and the Requirement of an Interest to Sue* (Alphen aan den Rijn, 1980)。

罗马法。[74]

国际法上是否也有类似众有诉权的机制？对此问题，国际法院在西南非洲案（第二阶段）的论述是经典诠释。针对原告所提出的须对西南非洲案做出使其监督体系有效的解释，国际法院作了如下论述：

> 若从另一个角度来看，这些申辩构成一项诉求，要求法院允许类似于“众有诉权”的机制，或者一个共同体的任一成员都有权提起法律诉讼为公共利益而辩护。即便某些国内法体系中存在此种权利，但国际法迄今却并没有此概念；法院也无法将其视为符合规约第38
> 211 条第1(c)款所规定的“一般法律原则”而予以纳入。[75]

尽管西南非洲案（第二阶段）的判决最后是基于院长的投票而做出的，但国际法院法官们均一致反对国际法中存在众有诉权的观点。比如，Jessup 法官就此案判决提交了一份颇有说服力的反对意见，对众有诉权并未在国际法中得到普遍建立的多数意见表示了明确同意。[76]

国际法院在巴塞罗那机车案的判决在多大程度上推翻了上述观点仍未有定论。比如，在尼加拉瓜案中，Schwebel 法官指出，众有诉权不可接受的观点正被国际法院关于对世义务的意见“迅速地和决定性地替代”。[77] 相反，在海牙研究院教授国际公法基本课程时，

---

〔74〕 参见 The Digest of Justinian, iv, pp. 793 – 4 (D. 47. 23)。就此概念以及罗马法中众有诉权的各种类型的论述，参见 Casavola, *Studi sulle azioni populari romane. Le actions*。

〔75〕 *South West African*, *Second Phase*, Judgment, I. C. J. Reports 1966, p. 47, para. 88.

〔76〕 Ibid., pp. 387 – 8.

〔77〕 *Military and Paramilitary Activities in and against Nicaragua* (*Nicaragua v. United States of America*), Provisional Measures, Order of 10 May 1984, I. C. J. Reports 1984, p. 197.

Lachs 法官指出,“国际法院的意见与众有诉权相距仍远”。[78] 考虑到巴塞罗那机车案的另一段论述,后种观点则似乎更易于接受,该段论述如下:

就人权这个特别问题而言,判决第 34 段已援引,应该意识到也存在对于不受拒绝司法之权利的保护。但是,在全球层面,关于人权的国际法律文件并没有授予国家不论受害者的国籍而对其受损权利进行保护的权力。是故,只在区域层面该问题才可有解决方案;正是因此,尽管西班牙并非欧洲理事会的成员,但法院在本案中所遇到的可受理性的问题仍可依据欧洲人权公约得到解决,该公约授权缔约国针对任何其他缔约国的违反公约行为提起诉讼,不论受害者的国籍如何。[79]

上文提出了两个有趣的问题。第一个问题关涉对于不受拒绝司 212
法之权利的保护在国际法上的地位。就此问题,本书第一章已经指出,在巴塞罗那机车案中,西班牙在其诉状中曾坚持认为拒绝司法是对于某一特定国家所施加的损害,而不是普遍的国家,兹不赘述。第二个问题则是国际法院对人权保护的区域性与全球性法律文件

---

〔78〕 “The Development and General Trends”, p. 341, note 796. 在“The Law and Procedure of the International Court of Justice 1960 - 1989” [66 *B. Y. I. L.* (1995), pp. 58 -9] 的第七部分, Thirlway 对于对世义务与众有诉权之间的关系并未定论。

〔79〕 I. C. J. Reports 1970, p. 47, para. 91. 法文原文如下:“En ce qui concerne plus particulièrement les droits de l'homme, auxquels le présent arrêt a déjà fait allusion au paragraphe 34, on doit noter qu'ils comportent aussi une protection contre le déni de Justice. Toutefois, sur le plan universel, les instruments qui consacrent les droits de l'homme ne reconnaissent pas qualité aux Etats pour protéger les victimes de violations de ces droits indépendamment de leur nationalité. C'est encore sur le plan régional qu'il a fallu chercher une solution à ce problème. Ainsi, au sein du Conseil de l'Europe, dont l'Espagne n'est pas membre, le problème de la recevabilité, auquel se heurte la requête en la présente affaire, est résolu par la Convention européenne des droits de l'homme qui autorise chaque Etat partie à la convention à porter plainte contre tout autre Etat contractant à raison d'une violation de la convention sans égard à la nationalité de la victim.”

所作的区分。尤其是,《欧洲人权公约》第24条允许任一缔约国就另一缔约国所为的涉嫌违反公约之行为向欧洲委员会提出申诉。[80] 这反映了存在"普遍的法律体系,可以被认为等同于欧洲公法"。[81]

正如国际法院通过援用巴塞罗那机车案最后一部分论述所认同的那样,国际社会当前的一体化水平尚不足以导致建立类似于欧洲人权公约那样的法律体系。因此,对世义务的概念并不当然意味着存在一种众有诉权。易言之,对世义务与众有诉权的概念,尽管在有些方面是相关的,却是相互区别与独立的。[82] 国际法院在东帝汶案中认识到,一般而言"一项规则的对世性以及对管辖权的同意是两件不同的事情",尽管间接,但法院确实由此重申了这个观点。[83]

迄今,国家诉诸众有诉权的概念,并非作为其为自身利益提起诉
213 讼的替代方案,而是作为证明诉讼地位的更传统的理由。在此方面,澳新两国在核试验案的诉状颇具启发。为请求保护对领土的不

[80] 第24条规定如下:"Any High Contracting Party may refer to the Commission, through the Secretary-General of the Council of Europe, any alleged breach of the provisions of the Convention by another High Contracting Party." 相关评论,参见 Pettiti, Decaux and Imbert (eds.), *La Convention européene des droits de l' homme. Commentaire article par article* (Paris, 1995), pp. 571 – 8。也可参见 Frowein, "La Notion de victime dans le CEDH", *Studi Sperduti*, pp. 587 – 99, Velu and Ergec, *La Convention européenne des droits de l' homme* (Brussels, 1990), pp. 791 – 4。

[81] Sperdudi 关于"欧洲人权委员会就奥地利联邦政府诉意大利共和国政府第788/60号申请的可受理问题之决议"的反对意见, 4 *Yearbook of the European Convention on Human Rights* (1961), p. 116。(法文原文措辞如下:"une communauté de droit... [qui] permet de parler avec une certain approximation d' un droit public européen。")

[82] *Oppenheim' s International Law*, i. p. 5.

[83] *East Timor* (*Portugal v. Australia*), Judgment, I. C. J. Reports 1995, p. 102, para. 29. 此份判决所引起的一些重要问题的评论,参见 Dugard, "1996 and All That. The South West African Judgment Revisited in the East Timor Case", 8 *African Journal of International and Comparative Law* (1996), pp. 549 – 63; Rosenne, "Decolonisation in the International Court of Justice", ibid., especially pp. 571 – 2。

可侵犯的主权及海洋自由而反对在南太平洋进行大气核试验，澳大利亚坚持其对于此种保护享有特别利益，和其他国家的利益不同。澳大利亚的法律顾问对此特别利益做了如下阐释：

我不会请求法院仅因为法国进行了大气核试验而要求法国向澳大利亚承担法律责任，无论此等抗辩如何重要。这不是我们的主要抗辩。在我们看来，法院最终必须考虑，法国的责任基于核武器的部件坠落在澳国土及其在澳领空解体。澳大利亚的主要抗辩在于，有害物质的侵入本身违反了澳大利亚的权利，为此澳大利亚有权获得补偿，并且，进一步说，正是法国所造成的有害物质的侵入，才招致对澳大利亚及其国民的严重的危害和损失，尽管此时尚无法计算。[84]

新西兰在请求保护其所认为的“国际社会所有成员”所共同享有的权利也采取了谨慎的说法。[85] 在口头辩论中，新西兰抗辩说对于国际法院关于对世义务的意见进行审慎研究显示此类义务有两大类别。一方面，对世义务保护的是不可分割的基本人权，不能被视为是双边义务的集合。另一方面，禁止侵略，虽然原本是“双边的和私人的”，也逐渐演变为“多边的、普世的和公共的”。在做出上述区分后，新西兰的法律顾问作出如下论述：

这种区分对于普世义务的司法执行以及相应权利的司法保护究竟有什么影响？答案很可能是根本就没有影响，在任何一个案件中，如果某种义务可被认为是对所有国家所负的义务，则每个国家都对该义务的遵守享有利益。这实际上也就是国际法院在巴塞罗那机车案的论证之核心。现在，我们假定需要进一步引入新的诉讼资格之依据。在该案中，难道没有迫切理由将维持一项普世法律利益作为首要任务，此等利益恰源于履行一项在本质上是针对整个国

---

〔84〕 *I. C. J. Pleadings*, *Nuclear Tests*, i. p. 479 (Byers 先生的陈述).

〔85〕 参见第九章第三节。

际社会却又没有其他术语可表达或理解的义务？否认与此类义务
214 相关的普世法律利益将必然导致我已谈及的那种令人沮丧的局面，即一项实体法规则被完全剥夺了司法保护。[86]

上述表态的语气清晰表明了其试探的性质。无论如何，澳新两国不仅没有依赖于众有诉权，反而很小心地提出了证明诉讼资格之不同依据的、经审慎推理而得的抗辩，并尽一切可能地表示它们相对于整个国际社会而言存在特别利益。

第七节 小结

本章分析表明对世义务的概念与强行法以及众有诉权的概念是相互独立的。

笔者从规范与义务的角度检视了对世义务与强行法之间的关系的部分方面，并考察了这两个概念的不同功能。在抽象层面，很难确定一项义务的对世性较之于一项规范的强行法性质是否更难被证明，因为它们的确认程序是不同的。在实践层面，一国援用某个概念取决于多个因素，包括个案的特定情况以及该国援用该概念的特定目的。

就众有诉权而言，对世义务的概念的独立性之首要证据就包括了国际法院在巴塞罗那机车案所采用的措辞。故而众有诉权本身的不确定性并不会对于对世义务概念的运作产生不利影响。实践中，即便援用了对世义务的概念，国家以众有诉权为由时（如果非要找个理由的话）也并非将其作为替代理由，而是作为证明诉讼资格的其他依据。

---

〔86〕 *I. C. J. Pleadings*, *Nuclear Tests*, ii. p. 226 (Finlay 博士的陈述).

总　结

岂有一件事人能指着说，
"看，这是新的"？
在我们以前的世代，
早已有了。

（传道书 1,10）

Gombrich 在创作绘画史上最经典的作品之一时曾说到，神秘 215
"通常是一件艺术巨作所产生的影响"。[1] 也许，一份伟大的司法判决亦然，这当然指的是国际法院关于对世义务的判决意见。[2] 本书目的在于解开至少部分关于对世义务的"神秘"。笔者无法自判这一目的是否已经达到，但有必要强调本书的主要结论与意义。

通过对国际法院判决意见所给的对世义务的四个范例进行个别分析及比较研究，可以确认以下几点共同要素，兹简述如下：

（一）所有范例都关于严格界定的义务；

（二）所有范例都在本质上属于禁止性而非积极义务；

（三）所有范例都是严格意义上的"义务"，而不包括其他基本法律概念；

（四）所有范例所涉义务都源于已被国际条约所编纂为强行法

〔1〕 *The Story of Art*, 16th edn. (London, 1995), p. 300. 此处的图画是莱昂纳多的《蒙娜丽莎》："如同一个活人，她似乎在我们眼前变化着，而且每次我们回望，她都与上次有点不同"。

〔2〕 参见本书前言。

的一般国际法规则,这些条约的缔约国数量极大;及

(五)所有范例所涉义务都对当今的主要政治目标有关键意义,也因此反映了基本道德价值。[3]

尽管这些共同要素并不能被认为是任何对世义务都必须满足的
216 条件,但可以提供研究其他备选对世义务的起始条件。这当然不是要粉饰这些共同要素所带来的困难。比如,有些备选义务或国际文献提出的法律论证的要素并不完全符合上述第(一)、(二)及(三)项要素。[4] 就第(四)项要素而言,确定一项义务是否为对世义务的证据是常变的,[5]而对世义务与强行法的概念之间的关系所展现出的一些要素是难以一蹴而就地界定的。[6] 最后,就第(五)项要素而言,我们不应轻易认为在当今国际社会中,存在很多反映基本道德价值的共同政治目标和普适义务。[7] 除开这些问题,与对世义务相应的权利与救济(本书只能对此进行简略论述)的确切定义,[8]在很多方面仍无定论。

Simma也出于类似的原因而提到,今日的对世义务的概念仍属于一个"应然的"世界而非"实然的"世界。[9] 在Simma所提出的严格的限制条件之下,这种观点是可以接受的,这些条件主要指的是该概念的"结果与意义"(目前仍不清晰并有争议),而不是概念本身(目前已经得到确认)。换言之,对世义务的概念的出现,和其他国际法概念

---

〔3〕 参见第八章第一节。

〔4〕 参见第八章第二、三、四节。

〔5〕 参见第九章第四节。

〔6〕 参见第十章第二节至第五节。

〔7〕 参见第九章第四节。

〔8〕 参见第十章第六节关于公益诉讼的简要分析。

〔9〕 "Does the UN Charter Provide an Adequate Legal Basis for Individual or Collective Responses to Violations of Obligation erga omnes?", Delbrück (ed.), *The Future of International Law Enforcement. New Scenarios—New Law?* (Berlin, 1993), p. 125.

类似,可以被喻为晶体生成,"一次只能产生一个分子,一次只前进一个层级。这个进程是缓慢的……"〔10〕今天,认为对世义务的概念已经具备了所有的分子与层级显然是不够精准的,若认为在缺乏这些分子与层级的情况下对世义务的概念已然确立,也同样不精准。

晶体的比喻还别有用处。借用 Holmes 大法官的话,Dillard 曾提出一个个别意见,认为一个语词并不像一个晶体那样透明与恒定,而是"一个活的思想的皮肤,其颜色与内容可能依其使用时的具体情况与时间而急剧改变"。〔11〕 这些国际法语词,包括那些构成了对 217
世义务的语词,也都无一例外地受此规则制约。因此,如同 Weil 所指出的那样,这一概念被滥用的风险与危害在于"最强大的或为数众多的"国家可能将其意愿强加于其他国家之上。〔12〕 时至今日,这种危险比 Weil 所处的时代更加真切,因为社会主义体系的分崩离析以及相应的国际关系的发展,使今日诉诸对世义务比从前更为可能。〔13〕 但是,就这些问题而言,我们应避免对法律"过分紧张"〔14〕(或过多期待),因为使用或滥用对世义务的概念在本质上是政治问题。无论如何,通过在其判决意见中明确对世义务数量极少,且对

---

〔10〕 "Matter: Its Properties, States, Varieties, and Behaviour", *The New Encyclopedia Britannica*, 15th edn. (Chicago, 1994), xxiii (Macropaedia), p. 622.

〔11〕 I. C. J. Reports 1971, p. 154, note 1. Holmes 大法官在 *Towne v. Eisner* 案的判决意见, 245 U. S. 418 (1918), p. 425。该判决意见也被引用于 Jessup, "Hardy Dillard", 23 *Virginia Journal of International Law* (1983), p. 364, note 5。

〔12〕 "Towards Relative Normativity in International Law?", p. 441.

〔13〕 See Picone, "Nazioni Unite e obblighi '*erga omnes*'", 48 *La Comunità internazionale* (1993), pp. 710 – 11. 关于意识形态的冲突对习惯与条约规则的发展的影响的更宏观讨论,参见 Ferrari Bravo, "Prospettive del diritto internazionale alla fine del secolo XX", 74 *Riv. dir. int.* (1991), p. 526; id., *Lezioni di diritto internazionale*, 3rd edn. (Naples, 1992), p. 57。就当前趋向"普遍人类价值"的发展,参见 Vereshchetin and Mullerson, "International Law in an Interdependent World", 28 *C. J. T. L.* (190), p. 292。

〔14〕 Brownlie, "To What Extent are the Traditional Categories of *Lex Lata* and *Lex Ferenda* still viable? Presentation", p. 67.

世义务是“因其自身性质”而具有对世性,国际法院在减少国际社会的部分成员(无论多大或多强)将其意愿强加于他国的风险方面做出了突出贡献。

在本书论述的基础上,还可能提出两个更为一般性的考量。第一个考量关涉这个概念的所谓“证据”。[15] 对世义务的概念是由国际法院——联合国的“首要司法机构”——提出的。[16] 而这一概念在国际法委员会——联合国大会的下设机构——编纂国家责任法的过程中被赋予了新的内涵。这些事实以及该概念的性质表明,对世义务与联合国之间存在密切关联,更一般地说,该概念的未来发展和国际社会的“机制化”进程存在密切关联。[17] 这种密切关联固然
218 应予认同,任何片面的看法(比如仅关注对世义务相应的保护的权利之看法)都可能导致对该概念作出不精确或不完整的理解,或过分强调某些要素以决定其他要素的风险。[18]

第二个考量则关涉本书对于对世义务的概念所采取的研究方法。前言已述,本书选择的方法是传统方法,大量援用国际法的经典渊源。这种方法使我们可能介绍(或至少是确认或强化)对世义务的概念的新颖性,即今天的国际法并不仅仅规制国家间的双边关系,还涵盖了超越个体利益之简单叠加的考量。同时,此种对世义务的“新学说”中,[19] 也包括一些“早已存在”的东西——[20] 那便是自从有国际关系以来,通过推动共善以寻求国家间和平与正义的必要性。

---

〔15〕 关于法律的“证据”之概念,参见 *Third Restatement*, Section 103, comment (a)。

〔16〕 参见《联合国宪章》第 92 条以及《国际法院规约》第 1 条。

〔17〕 参见 Ago, “Obligations *Erga Omnes* and the International Community”, Weiler, Cassese and Spinedi (eds.), *International Crimes*, p. 238。

〔18〕 参见第十章第四节。

〔19〕 参见第一章开头的注释。

〔20〕 参见结论部分的开头的注释。

参考文献

我在准备这份文献目录时觉得困难重重。如果我仅列出关于对世义务的文献，这个文献目录则无法反映出该概念在国际法中与日俱增的重要性。另一方面，倘若我准备一份“相关”文献的清单（假定我可以区分出“相关文献”与“无关文献”的话），则文献目录将变成一份极其冗长的毫无益处的书单。较为妥适的方法，就是将本书在脚注中所引用的文献列举出来，这些文献乃是我精选而得。

在排列相同作者的不同作品时，专著作品比编辑作品被置于更重要的地位，这两者的重要性则又在文章及合著或合编的书籍之上。相同类比的作品则按照时序排列。为方便起见，作者名字以da, de, el, mac, mc或o（不含van或von）开头或结尾的，则依照这些词缀的首字母顺序排列。作者或编者不明的书籍则依照书名的第一个单词的首字母顺序排列，除非该第一个单词是定冠词或不定冠词。

作为一项规则，文献目录保留了本书作者对所引文献标题的大小写，尽管这种忠实于原文的做法导致在文献目录中大写缺乏一致性。

Abbott, W. M. and Gallagher, J. (eds.) *The Documents of Vatican II* (London, 1967).

Abi-Saab, G. 'The specificities of humanitarian law', Swinarski (ed.), *Studies Pictet*, pp. 265–79.

—— 'Cours général de droit international public', 207 Hague *Recueil* (1987, VII), pp. 9–464.

—— 'Le droit au développement', 44 *Ann. suisse* (1988), pp. 9–24.

—— 'The 1977 Additional Protocols and general inernational law: some preliminary reflections', Delissen and Tanja (eds.), *Humanitarian Law. Liber Kalshoven*, pp. 115–26.

—— 'Les sources du droit international: un essai de déconstruction', *International Law. Liber Jiménez de Aréchaga*, i, pp. 29–49.

Accioly, H. *Traité de droit international public*, French trans. Goulé of the first Portuguese edition, 1933–5, 3 vols. (Paris, 1940–2).

Acosta Estévez, J. B. 'Normas de *ius cogens*, efecto *erga omnes*, crimen internacional y la teoria de los circulos concéntricos', 11 *Anuario de derecho internacional* (1995), pp. 3–22.

The African slave trade from the fifteenth to the nineteenth century (Paris, 1979).

Ago, R. (ed.) *La prassi italiana di diritto internazionale, Prima Serie (1861–1887)*, i. (New York, 1970).

—— 'Positive Law and International Law', 51 *A.J.I.L.* (1957), pp. 691–733.

AGO, R. 'La codification du droit international et les problèmes de sa réalisation', *Recueil Guggenheim*, pp. 93–131.
—— 'Droit des traités à la lumière de la Convention de Vienne. Introduction', 134 Hague *Recueil* (1971, III), pp. 297–332.
—— 'Obligations *Erga Omnes* and the International Community', Weiler, Cassese and Spinedi (eds.), *International Crimes*, pp. 237–9.
—— 'The Concept of "International Community as a Whole": A Guarantee to the Notion of State Crimes', Weiler, Cassese and Spinedi (eds.), *International Crimes*, pp. 252–3.
'Agora: What Obligation Does Our Generation Owe to the Next? An Approach to Global Environmental Responsibility', 84 *A.J.I.L.* (1990), pp. 190–212.
AGRAWALA, S. K. (ed.) *Essays on the Law of Treaties (With special reference to India)* (Bombay, 1972).
AKEHURST, M. 'Custom as a Source of International Law', 47 *B.Y.I.L.* (1974/75), pp. 1–53.
—— 'The Hierarchy of the Sources of International Law', 47 *B.Y.I.L.* (1974/75), pp. 273–85.
ALEKSIDZE, L. A. *Nekotorye voprosy teorii mezhdunarodnogo prava. Imperativnye normy jus cogens* (Tbilisi, 1982) (*Some Theoretical Problems of International Law. Peremptory Norms Jus Cogens*, in Russian, with English summary).
—— 'Legal Nature of *Jus Cogens* in Contemporary International Law', 172 Hague *Recueil* (1981, III), pp. 219–70.
ALFREDSSON, G. and MACALISTER-SMITH (eds.), *The Living Law of Nations: essays on refugees, minorities, indiginous peoples and the human rights of the vulnerable groups in memory of Alte Grahl-Madsen* (Kehl, 1996).
ALLAND, D. *Justice privée et ordre juridique international. Etude théorique des contre-mesures en droit international public* (Paris, 1994).
ALLEN, C. K. *Law in the Making*, 7th edn. (Oxford, 1964).
AL-NAUIMI, N. and MEESE, R. (eds.) *International Legal Issues Arising under the United Nations Decade of International Law* (The Hague, 1995).
ALSTON, P. 'Some Notes on the Concept of the Right to Development', Prémont (ed.), *Essays Khushalani*, pp. 74–84.
AMERASINGHE, C. F. *Studies in International Law (Colombo, 1969)*.
—— *Principles of the institutional law of international organizations* (Cambridge, 1996).
ANAND, R. P. 'Attitude of the Asian-African States toward Certain Problems of International Law', 15 *I.C.L.Q.* (1966), pp. 55–75.
ANDREOPOULOS, G. J. (ed.) *Genocide: Conceptual and Historical Dimensions* (Philadelphia, 1994).
ANNACKER, C. *Die Durchsetzung von erga omnes Verpflichtungen vor dem Internationalen Gerichtshof* (Hamburg, 1994).
—— 'The Legal Régime of *Erga Omnes* Obligations in International Law', 46 *Austrian Journal of Public and International Law* (1994), pp. 131–66.
ANZILOTTI, D. *Corso di diritto internazionale*, i, 3rd edn. (Rome, 1928); *Cours de droit international*, i, French trans. Gidel (Paris 1929).
—— 'Intorno agli effetti delle modificazioni del corso di un fiume sul confine fra due Stati', 8 *Riv. dir. int.* (1914), pp. 73–83.

'Appraisals of the ICJ's Decision: Nicaragua v. United States (Merits)', 81 *A.J.I.L.* (1987), pp. 77–183.

AQUINAS, THOMAS *Summa Theologiae*, Caramello ed., 3 vols. (Turin, 1952).

ARANGIO-RUIZ, G. *The United Nations Declaration on Friendly Relations and the System of the Sources of International Law (with an Appendix on the Concept of International Law and the Theory of International Organisation)* (Alphen aan den Rijn and Germantown, 1979).

—— 'Human Rights and Non-Intervention in the Helsinki Final Act', 157 Hague *Recueil* (1977, IV), pp. 195–332.

—— 'Consuetudine (consuetudine internazionale)', *Enciclopedia Giuridica*, viii (Rome, 1988), pp. 1–11.

—— 'Le domaine réservé. L'organisation internationale et le rapport entre droit international et droit interne', 225 Hague *Recueil* (1990, VI), pp. 9–484.

ARELLANO GARCIA, C. *Derecho internacional publico*, i (Mexico City, 1983).

ARIOSTO, L. *Opere minori*, Segre ed. (Milan, 1954).

ARISTOTLE *The Complete Works (The Revised Oxford Translation)*, Barnes ed., 2 vols. (Princeton, 1984).

ARROW, D. W. 'Seabeds, Sovereignty and Objective Regimes', 7 *Fordham International Law Journal* (1984), pp. 169–243.

AUBURN, F. M. *Antarctic Law and Politics* (London, 1981).

AUSTIN, J. *Lectures on Jurisprudence or the Philosophy of Positive Law*, 5th edn. Campbell (London, 1885).

'Authors Recollect Judge Lachs', Jasentuliyana (ed.), *Perspectives*, pp. 529–36.

BALLADORE PALLIERI, G. *Diritto internazionale pubblico*, 8th edn. (Milan, 1962).

—— 'La forza obbligatoria della consuetudine internazionale', 7 *Riv. dir. int.* (1928), pp. 338–74.

BALLREICH, H. 'Verträge zugunsten und zu lasten Dritter', Strupp and Schlochauer (eds.), *Wörterbuch*, iii, pp. 544–7.

BANTON, M. *International Action Against Racial Discrimination* (Oxford, 1996).

BARBERIS, J. A. 'Réflexions sur la coutume international', 36 *A.F.D.I.* (1990), pp. 9–46.

—— 'Les règles spécifiques du droit international en Amérique latine', 235 Hague *Recueil* (1992, V), pp. 81–230.

BARBOZA, J. 'Necessity (Revisited) in International Law', Makarczyk (ed.), *Essays Lachs*, pp. 27–44.

BARILE, G. *I diritti assoluti nell'ordinamento internazionale* (Milan, 1951).

—— *Lezioni di diritto internazionale* (Padua, 1983).

—— 'Sulle misure cautelari nell'affare degli esperimenti nucleari', 57 *Riv. dir. int.* (1974), pp. 17–28.

—— 'La structure de l'ordre juridique international. Règles générales et règles conventionnelles', 161 Hague *Recueil* (1978, III), pp. 9–126.

—— '*Obligationes erga omnes* e individui nel diritto internazionale umanitario', 68 *Riv. dir. int.* (1985), pp. 5–31.

BARROS JARPA, E. *Derecho internacional publico* (Santiago de Chile, 1955).

BASDEVANT, J. 'Règles générales du droit de la paix', 58 Hague *Recueil* (1936, IV), pp. 471–692.

BASSIOUNI, C. 'Enslavement as an International Crime', 23 *N.Y.U.J.I.L.P.* (1991), pp. 445–517.

BASTID, S. 'Observations sur la pratique du consensus', Tittel (ed.), *Multitudo. Festschrift Wengler*, i, pp. 11–25.

BATTAGLINI, G. *La condizione dell'Antartide nel diritto internazionale* (Padua, 1971).

—— 'Il riconoscimento internazionale dei principi generali del diritto', *International Law. Essays Ago*, i, pp. 97–140.

BAXTER, R. R. *The Law of International Waterways* (Cambridge, Mass., 1964).

——'Multilateral Treaties as Evidence of Customary International Law', 41 *B.Y.I.L.* (1965/66), pp. 275–300.

—— 'Treaties and Custom', 129 Hague *Recueil* (1970, I), pp. 25–106.

BECKETT, W. E. 'Decisions of the Permanent Court of International Justice on Points of Law and Procedure of General Application', 11 *B.Y.I.L.* (1930), pp. 1–54.

BEDJAOUI, M. *Towards a new international economic order* (Paris, New York and London, 1979).

—— (ed.) *International Law: Achievements and Prospects* (Paris and Dordrecht, 1991).

—— 'Some Unorthodox Reflections on the "Right to Development"', Snyder and Slinn (eds.), *International Law of Development*, pp. 87–116.

—— 'La "fabrication" des arrêts de la Cour internationale de Justice', *Le droit international. Mélanges Virally*, pp., 87–107.

—— 'The Right to Development', Bedjaoui (ed.), *International Law*, pp. 1177–1203.

—— 'La vision de las culturas no occidentales sobre la legitimidad del derecho internacional contemporaneo', 11 *Anuario de derecho internacional* (1995), pp. 23–62.

—— and THIERRY, H. 'Future of International Law', Bedjaoui (ed.), *International Law*, pp. 1233–44.

BELLO, D. A. *Principios de derecho internacional*, i (Madrid, 1883).

BELLO, E. G. and AJIBOLA, B. A. (eds.) *Essays in honour of Judge Taslim Olawale Elias*, 2 vols. (Dordrecht, 1992).

BERG, A. 'Nuclear Tests Cases (Australia v. France; New Zealand v. France)', Heidelberg *Encycl.*, ii, pp. 216–19.

BERNARDINI, A. 'Qualche riflessione su norme internazionali di *jus cogens* e giurisdizione della Corte nella Convenzione di Vienna sul diritto dei trattati', 14 *Comunicazioni e studi* (1975), pp. 81–100.

BERNHARDT, R. 'Corfu Channel Case', Heidelberg *Encycl.*, ii, pp. 61–4.

—— 'Custom and Treaty in the Law of the Sea', 205 Hague *Recueil* (1987, V), pp. 247–330.

—— 'Völkerrechtliche Verbote der Diskriminierung von Individuen', Jekewitz, Klein, Kühne, Petersmann and Wolfrum (eds.), *Des Menschen. Festschrift Partsch*, pp. 97–102.

—— 'Customary International Law: New and Old Problems', 19 *Thesaurus Acroasium* (1992), pp. 199–221.

BETZ, J. 'Developing Countries', Wolfrum (ed.), *United Nations*, i, pp. 398–406.

BEYERLIN, U. 'Rio-Konferenz: Beginn einer neuen globalen Umweltrechtsordnung?', 54 *Z.a.ö.R.V.* (1994), pp. 124–49 (in German, with English summary).

—— BOTHE, M., HOFMANN, R. and PETERSMANN, E.-U. (eds.) *Recht zwischen Umbruch und Bewahrung. Völkerrecht, Europarecht, Staatsrecht. Festschrift für Rudolf Bernhardt* (Berlin, 1995).

BIANCHI, A. 'Il Trattato di non proliferazione nucleare vent'anni dopo: prospettive di efficacia *ultra partes*', 100 *Studi senesi* (1988), pp. 263–326.

BIERZANEK, R. and SYMONIDES, J. *Prawo miedzynarodowe publiczne*, 3rd edn. (Warsaw, 1994).

BIRNIE, P. W. and BOYLE, A. E. *International Law and the Environment* (Oxford, 1993).

—— (eds.) *Basic Documents on International Law and The Environment* (Oxford, 1995).

BISHOP, W. W. 'General Course of Public International Law', 115 Hague *Recueil* (1965, II), pp. 151–467.

BLACKSTONE, W. *Commentaries on the Laws of England* (A Facsimile of the First Edition of 1765–1769), 4 vols (Chicago and London, 1979).

BLECKMANN, A. 'General Theory of Obligations under Public International Law', 38 *G.Y.I.L.* (1995), pp. 26–40.

BLUNTSCHLI, J. C. *Le Droit international codifié*, French trans. Lardy (Paris, 1870).

BÖCKSTIEGEL, K.-H., FOLZ, H.-E., MÖSSNER, J. M. and ZEMANEK, K. (eds.) *Law of Nations. Law of International Organizations. World's Economic Law. Liber Amicorum honouring Ignaz Seidl-Hohenveldern* (Cologne, 1988).

BÖHMER, A. 'One Hundred Years: The Kiel Canal in International Law', 38 *G.Y.I.L.* (1995), pp. 325–46.

BOKOR-SZEGÖ, H. *New States and International Law* (Budapest, 1970).

BOLLECKER-STERN, B. *Le Préjudice dans la théorie de la responsabilité internationale* (Paris, 1973).

BOS, A. and SIBLESZ, H. (eds.) *Realism in Law-Making: essays on international law in honour of Willem Riphagen* (Dordrecht, 1986).

BOS, M. *A Methodology of International Law* (Amsterdam, 1984).

BOURQUIN, M. 'La Sainte-Alliance, un essai d'organisation européenne', 83 Hague Recueil (1953, II), pp. 377–461.

BOWETT, D. W. *Self-Defence in International Law* (Manchester, 1958).

—— 'Reservations to Non-Restricted Multilateral Treaties', 48 *B.Y.I.L.* (1976/77), pp. 67–92.

——, CRAWFORD, J., SINCLAIR, I. and WATTS, A. D. 'The International Court of Justice: Efficiency of Procedures and Working Methods. Report of the Study Group established by the British Institute of International and Comparative Law as a contribution to the UN Decade of International Law', 45 *I.C.L.Q.* (1996), Supplement, pp. S1–35.

BRANDT, R. B. 'The Concepts of Obligation and Duty', 73 *Mind* (1964) pp. 374–93.

BRAUD, P. 'Recherches sur l'Etat tiers en droit international public', 72 *R.G.D.I.P.* (1968), pp. 17–96.

BRETTON, P. 'L'affaire des "otages" américains devant la Cour Internationale de Justice', 108 *J.D.I.* (1980), pp. 787–828.

BRIDGE, J. W., LASOK, D., PERROTT, D. L. and PLENDER, R. O. (eds.), *Fundamental Rights. A volume of essays to commemorate the 50th anniversary of the founding of the Law School in Exeter. 1923–1973* (London, 1973).

BRIERLY, J. L. *The Law of Nations. An Introduction to the International Law of Peace*, 3rd edn. (Oxford, 1942); 6th edn. Waldock (Oxford, 1963).

—— 'Règles générales du droit de la paix', 58 Hague *Recueil* (1936, IV), pp. 1–242.

Brierly, J. L. 'The Basis of Obligation in International Law', Lauterpacht, H. and Waldock (eds.), *The Basis*, pp. 1–67.

Briggs, H. W. *The International Law Commission* (Ithaca, N.Y., 1965).

——'Barcelona Traction: The *Jus Standi* of Belgium', 65 *A.J.I.L.* (1971), pp. 327–45.

Brilmayer, L. *Justifying International Acts* (Ithaca, N.Y., and London, 1989).

Broms, B. 'The Definition of Aggression', 154 Hague *Recueil* (1977, I), pp. 299–400.

Brown, R. E., Fitzmyer, J. A. and Murphy, R. E. (eds.) *The New Jerome Biblical Commentary* (Englewood Cliffs, N.J., 1990).

Brownlie, I. *International Law and the Use of Force by States* (Oxford, 1963).

—— *Principles of Public International Law* (Oxford, 1966; 2nd edn. (1973); 3rd edn. (1979); 4th edn. (1990)).

—— *Loaves and Fishes: Access to Natural Resources and International Law (An Inaugural Lecture)* (London, 1978).

—— *System of the Law of Nations: State Responsibility. Part I* (Oxford, 1983).

—— *The Human Right to Development* (London, 1989).

—— (ed.) *Basic Documents on African Affairs* (Oxford, 1971).

—— (ed.) *Basic Documents on Human Rights*, 3rd edn. (Oxford, 1992).

—— (ed.) *Basic Documents in International Law*, 4th edn. (Oxford, 1995).

—— 'A Survey of International Customary Rules of Environmental Protection', Teclaff and Utton (eds.), *International Environmental Law*, pp. 1–11.

—— 'The United Nations as a Form of Government', Fawcett and Higgins, R. (eds.), *International Organization. Essays McMahon*, pp. 26–36.

—— 'Legal Status of Natural Resources in International Law (Some Aspects)', 162 Hague *Recueil* (1979, I), pp. 245–318.

—— 'Recognition in Theory and Practice', 53 *B.Y.I.L.* (1982), pp. 197–211.

—— 'The United Nations Charter and the Use of Force, 1945–1985', Cassese (ed.), *The Current Legal Regulation*, pp. 491–504.

—— 'To What Extent are the Traditional Categories of *Lex Lata* and *Lex Ferenda* still viable? Presentation', Cassese and Weiler (eds.), *Change and Stability*, pp. 66–72.

—— 'Introduction: International Law in the Second Half of the Twentieth Century', Bello and Ajibola (eds.), *Essays Elias*, i, pp. 3–20.

—— 'The Sources of the Law Governing Maritime Delimitation', *International Law. Liber Jiménez de Aréchaga*, ii, pp. 733–44.

—— 'International Law at the Fiftieth Anniversary of the United Nations. General Course on Public International Law', 255 Hague *Recueil* (1995), pp. 9–227.

Bryde, B. O. 'Verpflichtungen Erga Omnes aus Menschenrechten', *Multilaterale Staatsverträge*, pp. 165–90.

Buckland, W. W. and McNair, A. D. *Roman Law and Common Law. A Comparison in Outline*, 2nd edn. revised by Lawson (Cambridge, 1965).

Buergenthal, T. (ed.) *Human Rights, International Law and the Helsinki Accord* (Montclair, N.J., 1977).

Bulajic, M. *Principles of International Development Law. Progressive Development of the Principles of International Law Relating to the New International Economic Order*, 2nd edn. (Dordrecht, 1993).

—— 'A Changing World Calls for International Development Law', Sarcevic and van Houtte (eds.), *Legal Issues*, pp. 1–22.

Butler, W. E. (ed.) *The Non-Use of Force in International Law* (Dordrecht, 1989).

BUTLER, W. E. '"Socialist International Law" or "Socialist Principles of International Relations"?', 65 *A.J.I.L.* (1971), pp. 796–800.
CAHIER, P. 'Le problème des effets des traités à l'égard des Etats tiers', 143 Hague *Recueil* (1974, III), pp. 589–736.
—— 'Changements et continuité du droit international. Cours général de droit international public', 195 Hague *Recueil* (1985, VI), pp. 9–374.
Cambridge Essays in International law—Essays in Honour of Lord McNair (London, 1965).
CAMPBELL, A. H. 'International Law and the Student of Jurisprudence', 35 *Transactions of the Grotius Society* (1935), pp. 113–32.
CANCADO TRINDADE, A. A. *Direitos humanos e meio-ambiente: paralelo dos sistemas de protecao internacional* (Porto Alegre, 1993).
—— 'Co-existence and Co-ordination of Mechanisms of International Protection of Human Rights (at Global and Regional Levels)', 202 Hague *Recueil* (1987, II), pp. 9–436.
—— 'Environment and Development: Formulation and Implementation of the Right to Development as a Human Right', 3 *Asian Yearbook of International Law* (1993), pp. 15–45.
—— 'Relations Between Sustainable Development and Economic, Social and Cultural Rights: Recent Developments', Al-Nauimi and Meese (eds.), *International Legal Issues*, pp. 1051–77.
CANSACCHI, G. *Istituzioni di diritto internazionale pubblico*, 6th edn. Cansacchi and Marazzi (Turin, 1979).
CARBONNIER, J. *Droit civil. Introduction*, 24th edn. (Paris, 1996).
CARDONA LLORENS, J. 'La responsabilidad internacional por violacion grave de obligaciones esenciales para la salvaguarda de intereses fundamentales de la comunidad internacional (el "crimen internacional")', 8 *Anuario de derecho internacional* (1985), pp. 265–336.
CARELLA, G. *La responsabilità dello Stato per crimini internazionali* (Naples, 1985).
CARREAU, D. *Droit international*, 4th edn. (Paris, 1994).
CARRILLO SALCEDO, J. A. *Soberania del estado y derecho internacional*, 2nd edn. (Madrid, 1976).
—— *El derecho internacional en un mundo en cambio* (Madrid, 1984).
—— *Curso de derecho internacional publico* (Madrid, 1991).
—— *El Derecho internacional en perspectiva historica* (Madrid, 1991).
—— *Soberania de los estados y derechos humanos en derecho internacional contemporaneo* (Madrid, 1995).
CARTY, A. (ed.) *Law and Development* (Aldershot, 1992).
CASADO RAIGON, R. 'Las obligaciones "erga omnes" en el derecho internacional contemporaneo', 6 *La Ley* (29 Jan. 1985, No. 1120), pp. 1–4.
CASAVOLA, F. *Studi sulle azioni popolari romane. Le "actiones populares"* (Naples, 1958).
CASSESE, A. *International Law in a Divided World* (Oxford, 1986).
—— *Human Rights in a Changing World* (Philadelphia, 1990).
—— *Self-determination of peoples. A legal reappraisal* (Cambridge, 1995).
—— (ed.) *U.N. Law Fundamental Rights. Two Topics in International Law* (Alphen aan den Rijn, 1979).
—— (ed.) *The Current Legal Regulation of the Use of Force* (Dordrecht, 1986).

CASSESE, A. 'Consensus and Some of its Pitfalls', 58 *Riv. dir. int.* (1975), pp. 754–61.
—— 'Remarks on the Present Legal Regulation of Crimes of States', *International Law. Essays Ago*, iii, pp. 49–64.
—— 'La communauté internationale et le génocide', *Le droit international. Mélanges Virally*, pp. 183–94.
—— 'Note sull'opera di Giuseppe Sperduti', 77 *Riv. dir. int.* (1994), pp. 313–32.
—— and WEILER, J. H. H. (eds.) *Change and Stability in International Law-Making* (Berlin and New York, 1988).
CASSIN, V., DEBEVOISE, W., KAILES, H. and THOMPSON, T. W. 'The Definition of Aggression', 16 *Harvard International Law Journal* (1975), pp. 589–613.
CASTRÉN, E. J. S. 'Aspects récents de la succession d'Etats', 78 Hague *Recueil* (1951, I), pp. 379–506.
CAVAGLIERI, A. *Corso di diritto internazionale*, 3rd edn. (Naples, 1934).
—— 'Concetto e caratteri del diritto internazionale generale', 14 *Riv. dir. int.* (1921/22), pp. 289–314 and 479–506.
—— 'Règles générales du droit de la paix', 26 Hague *Recueil* (1929, I), pp. 315–583.
CAVALLI-SFORZA, L. L., MENOZZI, P. and PIAZZA, A. *The History and Geography of Human Genes*, abridged paperback edition (Princeton, 1994).
CHAMPEIL-DESPLATS, V. 'La notion de droit "fondamental" et le droit constitutionnel français', *Recueil Dalloz Sirey* (1995, No. 42), pp. 323–9.
CHARNEY, J. I. 'The Persistent Objector Rule', 56 *B.Y.I.L.* (1985), pp. 1–24.
—— 'Universal International Law', 87 *A.J.I.L.* (1993), pp. 529–51.
CHARPENTIER, J. 'La procédure de non objection (A propos d'une crise constitutionnelle de l'O.N.U.)', 70 *R.G.D.I.P.* (1966), pp. 862–77.
—— 'L'Affaire de la Barcelona Traction devant la Cour internationale de justice (arrêt du 5 février 1970)', 16 *A.F.D.I.* (1970), pp. 307–28.
CHAUMONT, C. 'Cours général de droit international public', 129 Hague *Recueil* (1970, I), pp. 333–528.
CHENG, B. *General Principles of Law as Applied by International Courts and Tribunals* (London, 1953; reprinted Cambridge, 1987).
—— 'How Should We Study International Law?', 13 *Chinese Yearbook of International Law and Affairs* (1994/95), pp. 214–28.
CHOWDHURY, S. R. 'Permanent sovereignty and its impact on stabilization clauses, standards of compensation and patterns of development co-operation', Hossain and Chowdhury (eds.), *Permanent Sovereignty*, pp. 42–87.
—— DENTERS, E. M. G. and DE WAART, P. J. I. M. (eds.) *The Right to Development in International Law* (Dordrecht, 1992).
CHRISTENSON, G. A. 'The World Court and *Jus Cogens*', 81 *A.J.I.L.* (1987), pp. 93–101.
—— '*Jus Cogens*: Guarding Interests Fundamental to International Society', 28 *Virginia Journal of International Law* (1988), pp. 585–648.
CHUNG, I. Y. *Legal Problems Involved in the Corfu Channel Incident* (Geneva, 1959).
CLARK, R. S. 'Crimes Against Humanity', Ginsburgs and Kudriavtsev (eds.), *The Nuremberg Trial*, pp. 177–99.
CLAUSS, I. *Die Lehre von den Staatsdienstbarkeiten historisch-dogmatisch entwickelt* (Tübingen, 1894).

COCUZZA, C. 'State Involvement in Terrorist Activities and Economic Sanctions: The Libyan Case', 7 *The Italian Yearbook of International Law* (1986–1987), pp. 190–215.

COHEN-JONATHAN, G. 'La coutume locale', 7 *A.F.D.I.* (1961), pp. 119–40.

COLARD, D. 'Premières réflexions sur le "Traité des Traités": la Convention de Vienne du 23 mai 1969', 97 *J.D.I.* (1970), pp. 264–97.

COLSON, D. A. 'How Persistent Must the Persistent Objector Be?', 61 *Washington Law Review* (1986), pp. 957–70.

COMBACAU, J. and SUR, S. *Droit international public*, 2nd edn. (Paris, 1995).

The Concept of Jus Cogens in Public International Law: Papers and Proceedings (Report of a Conference organized by the Carnegie Endowment for International Peace, Lagonissi (Greece), April 1966) (Geneva, 1967).

The Concise Oxford Dictionary of Current English, 4th revised edn. McIntosh (Oxford, 1951).

CONDORELLI, L. 'Custom', Bedjaoui (ed.), *International Law*, pp. 179–211.

—— and BOISSON DE CHAZOURNES, L. 'Quelques remarques à propos de l'obligation des Etats de "respecter et faire respecter" le droit international humanitaire "en toutes circonstances"', Swinarski (ed.), *Studies Pictet*, pp. 17–35.

CONFORTI, B. *Diritto internazionale*, 4th edn. (Naples, 1992).

—— *International Law and the Role of Domestic Legal Systems*, English trans. Provost and Van Praagh (Dordrecht, 1993).

——'In tema di responsabilità degli Stati per crimini internazionali', *International Law. Essays Ago*, iii, pp. 99–111.

'La Convention de Vienne sur le droit des traités', *Notes et Etudes Documentaires* (25 Sep. 1969, No. 3622).

CONWELL-EVANS, T. P. *The League Council in Action: A Study of the Methods Employed by the Council of the League of Nations to Prevent War and to Settle International Disputes* (Oxford, 1929).

CORNU, G. *Linguistique juridique* (Paris, 1990).

COT, J. P. and PELLET, A. (eds.) *La Charte des Nations Unies* (Paris, 1991).

COUVE DE MURVILLE, M. N. L. *Slave from Haiti: A Saint for New York? The Life of Pierre Toussaint* (London, 1995).

COWEN, D. V. *The Foundations of Freedom with Special Reference to Southern Africa* (Cape Town, 1961).

CRAVEN, M. C. R. 'The European Community Arbitration Commission on Yugoslavia', 66 *B.Y.I.L.* (1995), pp. 333–413.

CRAWFORD, J. *The Creation of States in International Law* (Oxford, 1979).

—— (ed.) *The Rights of Peoples* (Oxford, 1988).

—— 'The General Assembly, the International Court and Self-Determination', Lowe and Fitzmaurice, M. (eds.), *Fifty Years. Essays Jennings*, pp. 585–605.

CREASY, E. S. *First Platform of International Law* (London, 1876).

CROSS, R. and HARRIS, J. W. *Precedent in English Law*, 4th edn. (Oxford, 1991).

CRUSEN, G. 'Les servitudes internationales', 22 Hague *Recueil* (1928, II), pp. 1–79.

CZAPLINSKI, W. *Skutki prawne nielegalnego uzycia sily w stosunkach miedzynarodowych* (Warsaw, 1993) (*International Legal Effects of the Illegal Use of Force*, in Polish, with English summary).

DAHM, G. *Völkerrecht*, i (Stuttgart, 1958).

D'AMATO, A. *The Concept of Custom in International Law* (Ithaca, N.Y., 1971).
—— 'Legal Aspects of the French Nuclear Tests', 61 *A.J.I.L.* (1967), pp. 66–77.
—— 'On Consensus', 8 *Canadian Yearbook of International Law* (1970), pp. 104–22.
DAMROSCH, L. F. (ed.) *The International Court of Justice at a Crossroads* (New York, 1987).
DANILENKO, G. M. *Obychai v sovremennom mezhdunarodnom prave* (Moscow, 1988).
—— *Law-Making in the International Community* (Dordrecht, 1993).
—— 'The Theory of International Customary Law', 31 *G.Y.I.L.* (1988), pp. 9–47.
—— 'International *Jus Cogens*: Issues of Law-Making', 2 *European Journal of International Law* (1991, No. 1), pp. 42–65.
DA SILVA CUNHA, J. *Direito Internacional Publico. Introducao e Fontes*, 5th edn. (Coimbra, 1991).
DE AZEVEDO SOARES, A. *Licoes de direito internacional publico*, 4th edn. (Coimbra, 1988).
DECOCQ, A. 'Le droit et la notion de crime contre l'humanité', *Revue des Sciences morales et politiques* (1992), pp. 357–72.
DEGAN, V. D. 'General Principles of Law (A Source of General International Law)', 3 *Finnish Yearbook of International Law* (1992), pp. 1–101.
—— 'Mixed International Jurisdictions as the Last Instances in Enforcement of Human Rights in Successor States of Former Yugoslavia', 106 *Studi senesi* (1994), pp. 323–48.
DE GUTTRY, A. *Le rappresaglie non comportanti la coercizione militare nel diritto internazionale* (Milan, 1985).
DE HOOGH, A. J. J. *Obligations 'Erga Omnes' and International Crimes. A Theoretical Inquiry into the Implementation and Enforcement of the International Responsibility of States* (The Hague, 1996).
—— 'The Relationship between *Jus Cogens*, Obligations *Erga Omnes* and International Crimes: Peremptory Norms in Perspective', 42 *Austrian Journal of Public and International Law* (1991), pp. 183–214.
DE LA BRIÈRE, Y. *La "Société des Nations"? Essai Historique et Juridique*, 2nd edn. (Paris, 1918).
DE LACHARRIÈRE, G. *La politique juridique extérieure* (Paris, 1983).
—— 'Consensus et Nations Unies', 14 *A.F.D.I.* (1968), pp. 9–14.
—— 'Commentaires sur la position juridique de la France à l'égard de la licéité de ses expériences nucléaires', 19 *A.F.D.I.* (1973), pp. 235–51.
—— 'Tendances contradictoires en matière de consentement des Etats', *L'élaboration du droit international public*, pp. 183–203.
—— 'Aspects du relativisme du droit international', Bos, A. and Siblesz (eds.), *Realism: essays Riphagen*, pp. 89–99.
DELBRÜCK, J. (ed.) *The Future of International Law Enforcement. New Scenarios—New Law?* (Berlin, 1993).
DELEAU, O. 'Les positions françaises à la Conférence de Vienne sur le droit des traités', 15 *A.F.D.I.* (1969), pp. 7–23.
DELISSEN, A. J. M. and TANJA, G. J. (eds.) *Humanitarian Law of Armed Conflict. Challenges Ahead. Essays in Honour of Frits Kalshoven* (Dordrecht, 1991).
DE MARTENS, G. F. *Précis du Droit des gens*, i (Paris, 1831).
DENNING, LORD *The Discipline of Law* (London, 1979).

DENZINGER, H. and SCHÖNMETZER, A. *Enchiridion Symbolorum definitionum et declarationum de rebus fidei et morum*, 36th edn. (Freiburg, 1976).
DE QUADROS, F. 'La Convention Européenne des Droits de l'Homme: un cas de ius cogens régional?', Beyerlin, Bothe, Hofmann and Petersmann (eds.), *Recht. Festschrift Bernhardt*, pp. 555–62.
DESCAMPS, E. E. F. 'La droit international nouveau. L'influence de la condamnation de la guerre sur l'évolution juridique internationale', 31 Hague *Recueil* (1930, I), pp. 393–559.
DE STAËL-HOLSTEIN, L. 'La doctrine des servitudes internationales et son application en Scandinavie', 3 *R.D.I.L.C.* (3rd series, 1922), pp. 424–62.
—— 'Autour de la conception juridique des servitudes internationales', 15 *R.D.I.L.C.* (3rd series, 1934), pp. 5–21.
DE TAUBE, M. 'Le statut juridique de la mer Baltique jusqu'au début du XIXe siècle', 53 Hague *Recueil* (1935, III), pp. 441–531.
DETTER, I. *The International Legal Order* (Aldershot, 1994).
DE VISSCHER, C. 'La codification du droit international', 6 Hague *Recueil* (1925, I), pp. 329–453.
DE VISSCHER, F. 'La question des îles d'Aland (*Suite*)', 2 *R.D.I.L.C.* (3rd series, 1921), pp. 243–84.
—— 'La Convention relative à la Non-Fortification et à la Neutralisation des Iles d'Aland', 2 *R.D.I.L.C.* (3rd series, 1921), pp. 568–86.
DE VISSCHER, P. 'Cours général de droit international public', 136 Hague *Recueil* (1972, II), pp. 1–202.
DE WAART, P., PETERS, P. and DENTERS, E. (eds.) *International Law and Development* (Dordrecht, 1988).
DHOKALIA, R. P. 'Problems Relating to *Jus Cogens* in the Law of Treaties', Agrawala (ed.), *Essays*, pp. 149–77.
DIACONU, I. *Normele imperative in dreptul international ('jus cogens')* (Bucharest, 1977) (in Romanian, with English summary).
—— *Curs de drept international public*, 2nd edn. (Bucharest, 1995).
DIAS, R. W. M. *Jurisprudence*, 3rd edn. (Oxford, 1970).
Dictionnaire de la Terminologie du Droit international (Paris, 1960).
DIENA, G. 'Les mandats internationaux', 5 Hague *Recueil* (1924, IV), pp. 211–65.
DIEZ DE VELASCO VALLEJO, M. *Instituciones de derecho internacional publico*, i, 10th edn. (Madrid, 1994).
—— 'El sexto dictamen del Tribunal Internacional de Justicia: Las reservas a la Convencion sobre el Genocidio', 4 *Revista espanola de derecho internacional* (1951), pp. 1029–89.
DIJK, P. (VAN) *Judicial Review of Governmental Action and the Requirement of an Interest to Sue* (Alphen aan den Rijn, 1980).
DILLARD, H. C. 'Some Aspects of Law and Diplomacy', 91 Hague *Recueil* (1957, I), pp. 445–551.
DINSTEIN, Y. *War, Aggression and Self-Defence*, 2nd edn. (Cambridge, 1994).
—— (ed.) *International Law at a Time of Perplexity. Essays in Honour of Shabtai Rosenne* (Dordrecht, 1989).
—— 'The erga omnes Applicability of Human Rights', 30 *Archiv des Völkerrechts* (1992), pp. 16–21.

DIOP, C. A. 'The unity of the origin of the human species', *Racism, science and pseudo-science*, pp. 133–7.
DOMB, F. 'Judicial Decisions of the Supreme Court of Israel Relating to the Administrated Territories', 11 *Israel Yearbook on Human Rights* (1981), pp. 349–54.
DOMINICÉ, C., PATRY, R. and REYMOND, C. (eds.) *Etudes de droit international en l'honneur de Pierre Lalive* (Basel and Frankfurt, 1993).
Le droit international au service de la paix, de la justice et du développement. Mélanges Michel Virally (Paris, 1991).
Les droits de l'homme, droits collectifs ou individuels. Acts du Colloque de Strasbourg des 13 et 14 mars 1979 (Paris, 1980).
DROZDIAK, W. 'Noted Jurist Says Bias Contains "Seeds of Genocide"', *The Washington Post*, 2 July 1995, p. A24.
DUGARD, J. *Human Rights and the South African Legal Order* (Princeton, 1978).
—— *Recognition and the United Nations* (Cambridge, 1987).
—— *International Law. A South African Perspective* (Kenwyn, South Africa, 1994).
—— 'Namibia (South West Africa): The Court's Opinion, South Africa's Response, and Prospects for the Future', 11 *C.J.T.L.* (1972), pp. 14–49.
—— 'International Human Rights', van Wyk, Dugard, de Villiers and Davis (eds.), *Rights and Constitutionalism*, pp. 171–95.
—— '1966 and All That. The South West African Judgment Revisited in the East Timor Case', 8 *African Journal of International and Comparative Law* (1996), pp. 549–63.
DUNN, L. C. *Race and Biology* (Paris, 1958).
DUPUIS, C. 'Règles générales du droit de la paix', 32 Hague *Recueil* (1930, II), pp. 5–289.
—— 'Les antécédents de la Société des Nations', 60 Hague *Recueil* (1937, II), pp. 5-108.
DUPUY, P. M. *Droit international public*, 3rd edn. (Paris, 1995).
—— 'L'affaire des essais nucléaires français et le contentieux de la responsabilité internationale publique', 20 *G.Y.I.L.* (1977), pp. 375–405.
—— 'Action publique et crime international de l'état: à propos de l'article 19 du projet de la Commission du droit international sur la responsabilité des états', 25 *A.F.D.I.* (1979), pp. 539–54.
—— 'Observations sur le "crime international de l'Etat"', 84 *R.G.D.I.P.* (1980), pp. 449–86.
—— 'A propos de l'opposabilité de la coutume générale: enquête brève sur l'"objecteur persistant"', *Le droit international. Mélanges Virally*, pp. 257–72.
—— 'The Judicial Policy of the International Court of Justice', Salerno (ed.), *Il ruolo*, pp. 61–82.
DUPUY, R. J. (ed.) *The Right to Development at the International Level—Workshop, The Hague, 16–18 October 1979* (Alphen aan den Rijn, 1980).
—— (ed.) *The New International Economic Order. Commercial, Technological and Cultural Aspects* (Workshop organized by the Hague Academy of International Law and the United Nations University, held at The Hague on 23–25 Oct. 1980) (The Hague, 1981).

DUPUY, R. J. (ed.) *The Future of the International Law of the Environment. Workshop The Hague, 12-14 November 1984* (Dordrecht, 1985).

—— 'La contribution de l'Académie au développement du droit international', 138 Hague *Recueil* (1973, I), pp. 45–74.

—— 'Communauté internationale et disparités de devéloppement. Cours général de droit international public', 165 Hague *Recueil* (1979, IV), pp. 9–232.

—— 'Thème et variations sur le droit au développement', *Mélanges Chaumont*, pp. 263–79.

—— 'Humanity and the Environment', 2 *Colorado Journal of International Environmental Law and Policy* (1991), pp. 201–4.

—— 'L'action humanitaire', Delissen and Tanja (eds.), *Humanitarian Law. Essays Kalshoven*, pp. 67–77.

DUTILLEUL, J. 'Esclavage', *Dictionnaire de Théologie Catholique*, v/1 (Paris, 1939), columns, 457–520.

The Effects of Independence on Treaties. A Handbook Published after the auspices of The International Law Association (London, 1967).

EHMKE, H., KAISER, J. H., KEWENIG, W. A., MEESSEN, K. M. and RÜFNER, W. (eds.) *Festschrift für Ulrich Scheuner zum 70. Geburtstag* (Berlin, 1973).

EIDE, A., ALFREDSSON, G., MELANDER, G., REHOF, L. A. and ROSAS, A. (eds.) *The Universal Declaration of Human Rights: A Commentary* (Oslo, 1992).

EISEMANN, P. M., COUSSIRAT-COUSTÈRE, V. and HUR, P. *Petit manuel de la jurisprudence de la Cour internationale de justice*, 4th edn. (Paris, 1984).

L'élaboration du droit international public (Colloque de Toulouse) (Paris, 1975).

EL KADIRI, A. *La position des Etats du tiers monde à la Conference de Vienne sur le droit des traités* (Rabat, 1980).

ELKIND, J. B. *Interim Protection. A Functional Approach* (The Hague, 1981).

ERICH, R. 'La question des zones démilitarisées', 26 Hague *Recueil* (1929, I), pp. 591–667.

ERLAND, O. 'Some of the Main Points in the Proposed New Law of Autonomy for Aland', 57 *Nordic Journal of International Law* (1988), pp. 251–5.

Estudios de Derecho Internacional. Homenaje al Profesor Miaja de la Muela, 2 vols. (Madrid, 1979).

Estudios juridico-sociales. Homenaje al Professor Luis Legaz y Lacambra, 2 vols. (Santiago de Compostela, 1960).

Etudes juridiques offertes à Léon Julliot de la Morandière (Paris, 1964).

FALK, R. A. *The Status of Law in International Society* (Princeton, 1970).

FASTENRATH, U. 'Servitudes', Heidelberg *Encycl.*, x, pp. 389–92.

FAUCHILLE, P. *Traité de Droit international public*, i (Paris, 1922).

FAVRE, A. *Principes du droit des gens* (Fribourg, 1974).

FAWCETT, J. E. S. *The Law of Nations*, 2nd edn. (Harmondsworth, 1971).

—— and HIGGINS, R. (eds.) *International Organization: Law in Movement. Essays in Honour of John McMahon* (London, 1974).

FENWICK, C. G. *International Law*, 4th edn. (New York, 1965).

FERENCZ, B. B. *Defining International Aggression. The Search for World Peace* (New York, 1975).

FERRARI BRAVO, L. *Lezioni di diritto internazionale*, 3rd edn. (Naples, 1992).

Ferrari Bravo, L. 'Prospettive del diritto internazionale alla fine del secolo XX', 74 *Riv. dir. int.* (1991), pp. 525–33.
—— 'Considérations sur la méthode de rêcherche des principes généraux du droit international de l'environnement', 7 *Hague Yearbook of International Law* (1994), pp. 3–10.
Finley, M. I. 'Slavery', Sills (ed.), *International Encyclopedia*, xiv (New York, 1968), pp. 307–13.
Finnis, J. *Natural Law and Natural Rights* (Oxford, 1980).
—— *Moral Absolutes. Tradition, Revision, and Truth* (Washington, D.C., 1991).
Fiore, P. *International Law Codified and its Legal Sanction or The Legal Organization of the Society of States*, English trans. Borchard (New York, 1918).
Fischer, G. 'La zone dénuclearisée du Pacifique Sud', 31 *A.F.D.I.* (1985), pp. 23–57.
Fitzmaurice, G. G. 'The Meaning of the Term "Denial of Justice"', 13 *B.Y.I.L.* (1932), pp. 93–114.
—— 'The juridical clauses of the peace treaties', 73 Hague *Recueil* (1948, II), pp. 259–364.
—— 'The Law and Procedure of the International Court of Justice: General Principles and Substantive Law', 27 *B.Y.I.L.* (1950), pp. 1–41.
—— 'The Law and Procedure of the International Court of Justice, 1951–54: General Principles and Sources of Law', 30 *B.Y.I.L.* (1953), pp. 1–70.
—— 'Reservations to Multilateral Conventions', 2 *I.C.L.Q.* (1953), pp. 1–26.
—— 'The Foundation of the Authority of International Law and the Problem of Enforcement', 19 *The Modern Law Review* (1956), pp. 1–13.
—— 'The Law and Procedure of the International Court of Justice 1951–4: Treaty Interpretation and Other Treaty Points', 33 *B.Y.I.L.* (1957), pp. 203–93.
—— 'The General Principles of International Law Considered from the Standpoint of the Rule of Law', 92 Hague *Recueil* (1957, II), pp. 1–227.
—— 'Some Problems Regarding the Formal Sources of International Law', *Symbolae Verzijl*, pp. 153–76.
—— 'Judicial Innovation—Its Uses and its Perils—As exemplified in some of the Work of the International Court of Justice during Lord McNair's Period of Office', *Cambridge Essays McNair*, pp. 24–47.
—— 'The Future of Public International Law and of the International Legal System in the Circumstances of Today', *Livre du Centenaire 1873–1973*, pp. 196–329.
—— 'The Contribution of the Institute of International Law to the Development of International Law', 138 Hague *Recueil* (1973, I), pp. 203–60.
Fitzmaurice, M. A. 'International Environmental Law as a Special Field', 25 *Netherlands Yearbook of International Law* (1994), pp. 181–226.
Fitzmyer, J. A. 'The Letter to Philemon', Brown, Fitzmyer and Murphy (eds.), *The New Jerome*, pp. 869–70.
Fitzpatrick, J. 'The Relevance of Customary International Norms to the Death Penalty in the United States', 25 *Georgia Journal of International and Comparative Law* (1995/96), pp. 165–80.
Flory, M. *Droit international du développement* (Paris, 1977).
—— Mahiou, A. and Henry, J. R. (eds.) *La formation des normes en droit international du développement—Table Ronde franco-magrébine Aix-en-Provence, 7 et 8 octobre 1982* (Paris and Algiers, 1984).

Focarelli, C. 'Le contromisure pacifiche collettive e la nozione di obblighi *erga omnes*', 76 *Riv. dir. int.* (1993), pp. 52–72.
Francioni, F. 'Patrimonio comunė della cultura. Sovranità e conflitti armati', 106 *Studi senesi* (1994), pp. 7–21.
—— and Scovazzi, T. (eds.) *International Law for Antarctica* (Milan, 1987).
Franck, T. M. *Fairness in International Law and Institutions* (Oxford, 1995).
—— 'Word Made Law: The Decision of the ICJ in the Nuclear Tests Cases', 69 *A.J.I.L.* (1975), pp. 612–20.
François, J. P. A. *Grondlijnen van het Volkenrecht*, 3rd edn. (Zwolle, 1967).
—— 'Règles générales du droit de la paix', 66 Hague *Recueil* (1938, IV), pp. 1–294.
Freestone, D., and Davidson, S. 'Nuclear weapon-free zones', Pogany (ed.), *Nuclear Weapons and International Law*, pp. 176–216.
Friedman, L. M. *A History of American Law*, 2nd edn. (New York, 1985).
Friedmann, W. G., Lissitzyn, O. J. and Pugh, R. C. *Cases and Materials on International Law* (St. Paul, Minn., 1969).
—— Henkin, L. and Lissitzyn, O. J. (eds.) *Transnational Law in a Changing Society. Essays in Honor of Philip C. Jessup* (New York, 1972).
Frowein, J. A. *International Law in the Period after Decolonization* (Lagos, 1988).
—— 'Die Verpflichtungen erga omnes im Völkerrecht und ihre Durchsetzung', *Völkerrecht als Rechtsordnung. Festschrift Mosler*, pp. 241–62.
—— 'Jus Cogens', Heidelberg *Encycl.*, vii, pp. 327–30.
—— 'Collective Enforcement of International Obligations', 47 *Z.a.ö.R.V.* (1987), pp. 67–79.
—— 'La Notion de victime dans le CEDH', *Studi Sperduti*, pp. 587–99.
—— 'Reactions by Not Directly Affected States to Breaches of Public International Law', 248 Hague *Recueil* (1994, IV), pp. 345–438.
Furet, M. F. *Expérimentation des armes nucléaires et droit international public* (Paris, 1966).
—— *Le Désarmement nucléaire* (Paris, 1973).
Gaja, G. '*Jus cogens* Beyond the Vienna Convention', 172 Hague *Recueil* (1981, III), pp. 271–313.
—— 'A "New" Vienna Convention on Treaties between States and International Organizations or between International Organizations: A Critical Commentary', 58 *B.Y.I.L.* (1987), pp. 253–69.
—— 'Obligations *Erga Omnes*, International Crimes and *Jus Cogens*: A Tentative Analysis of Three Related Concepts', Weiler, Cassese and Spinedi (eds.), *International Crimes*, pp. 151–60.
Gale on Easements, 15th edn. Maurice (London, 1986).
Garvey, J. I. 'The U.N. Definition of "Aggresion": Law and Illusion in the Context of Collective Security', 17 *Virginia Journal of International Law* (1977), pp. 177–99.
Geck, W. K. 'The Codification of International Law in the United Nations: Promoting and Obstructing Factors and their Results', 17 *Law and State* (1978), pp. 21–44.
George, R. P. (ed.) *The Autonomy of Law. Essays on Legal Positivism* (Oxford, 1996).
Gihl, T. *International Legislation: An Essay on Changes in International Law and in International Legal Situations*, English trans. Charleston (London, 1937).

GIHL, T. 'The Legal Character and Sources of International Law', 1 *Scandinavian Studies in Law* (1957), pp. 51–92.

GILBERT, G. 'The Criminal Responsibility of States', 39 *I.C.L.Q.* (1990), pp. 345–69.

GILL, T. D. *Litigation Strategy at the International Court. A Case Study of the Nicaragua v. United States Dispute* (Dordrecht, 1989).

GINSBURGS, G. and KUDRIAVTSEV, V. N. (eds.) *The Nuremberg Trial and International Law* (Dordrecht, 1990).

GINTHER, K., HAFNER, G., LANG, W., NEUHOLD, H. and SUCHARIPA-BEHRMANN, L. (eds.) *Völkerrecht zwischen normativen Anspruch und politischer Realität. Festschrift für Karl Zemanek zum 65. Geburtstag* (Berlin, 1994).

GIORGIANNI, M. *L'obbligazione (la parte generale delle obbligazioni)* (Milan, 1968).

GIRAUD, E. 'Le droit international public et la politique' 110 Hague *Recueil* (1963, III), pp. 423–801.

GIULIANO, M. 'L'ordinamento internazionale e i fiumi navigabili d'interesse internazionale', 42 *Riv. dir. int.* (1959), pp. 201–38.

—— SCOVAZZI, T. and TREVES, T. *Diritto internazionale. Parte generale*, 3rd edn. (Milan, 1991).

GLAHN, G. (VON) *Law Among Nations. An Introduction to Public International Law*, 7th edn. (Boston, 1996).

GLARE, P. G. W. (ed.) *Oxford Latin Dictionary* (Oxford, 1982).

GOLITSIN, V. V. *Antarktika: tendentsii razvitiia rezhima* (Moscow, 1989).

GOMBRICH, E. H. *The Story of Art*, 16th edn. (London, 1995).

GOMEZ ROBLEDO, A. 'Le *ius cogens* international: sa genèse, sa nature, ses fonctions', 172 Hague *Recueil* (1981, III), pp. 9–218.

GONZALEZ CAMPOS, J. D., SANCHEZ RODRIGUEZ, L. I. and ANDRES SAENZ DE SANTA MARIA, M. P. *Curso de derecho internacional publico*, 5th edn. (Madrid, 1992).

GRAEFRATH, B. (ed.) *Probleme des Völkerrechts* (Berlin, 1987).

—— OESER, E. and STEINIGER, P. A. 'Internationale Verbrechen—Internationale Delikte', 22 *Deutsche Aussenpolitik* (1977), pp. 90–101.

GRAHAM, M. W. 'The Diplomatic Recognition of the Border States. Part I: Finland', 3 *Publications of the University of California at Los Angeles in Social Sciences* (1936, No. 2), pp. i–viii and 81–230.

GRAY, C. D. *Judicial Remedies in International Law* (Oxford, 1987).

GREENBERG, J. 'Race, Sex and Religious Discrimination in International Law', Meron (ed.), *Human Rights*, ii, pp. 307–43.

GREVISSE, M. *Le bon usage. Grammaire française*, 13th edn. Goosse (Paris, 1993).

GRIEF, N. 'Nuclear Tests and International Law', Pogany (ed.), *Nuclear Weapons and International Law*, pp. 217–44.

GROS ESPIELL, H. *Derecho internacional del desarrollo* (Valladolid, 1975).

—— 'La evolucion del concepto de los derechos humanos: criterios occidentales, socialistas y del tercer mundo', 5 *Anuario hispano-luso-americano de derecho internacional* (1979), pp. 73–102.

—— 'Self-Determination and *Jus Cogens*', Cassese (ed.), *U.N. Law Fundamental Rights*, pp. 167–73.

—— 'No discriminacion y libre determinacion como normas imperativas de derecho internacional, con especial referencia a los efectos de su denegacion sobre la legitimidad de los estados que violan o desconocen esas normas imperativas', 6 *Anuario hispano-luso-americano de derecho internacional* (1981), pp. 33–81.

GROSS, E. A. '*The South West Africa Cases*: On the Threshold of Decision', 3 *C.J.T.L.* (1964), pp. 19–25.

GROSSO, G. *Le servitù prediali nel diritto romano* (Turin, 1969).

GROTIUS, H. *De jure belli ac pacis libri tres*, English trans. Kelsey of 1646 edition, Scott (ed.), *Classics of International Law* (Oxford, 1925).

GUARINO, G. *Autodeterminazione dei popoli e diritto internazionale* (Naples, 1984).

GUBIN, V. F. *Rasovaya diskriminatsiya: reaktsionnaya sushchnost' i mezhdunarodnaya protivopravnost'* (Moscow, 1979).

GUGGENHEIM, P. *Traité de Droit international public*, 2 vols. (Geneva, 1953–4).

—— 'La validité et la nullité des actes juridiques internationaux', 74 Hague *Recueil* (1949, I), pp. 195–265.

—— 'Quelques remarques au sujet de l'article 14 de la Convention européenne des droits de l'homme', *René Cassin Liber*, i, pp. 95–100.

—— *et al.* (eds.) *Répertoire suisse de droit international public. Documentation concernant la pratique de la Confédération en matière de droit international public 1914–1939*, 4 vols. (Basel, 1975).

GUILLAUME, G. 'Terrorisme et droit international', 215 Hague *Recueil* (1989, III), pp. 287–416.

—— 'Le statut de l'Antarctique: Réflexions sur quelques problèmes récents', *Humanité. Mélanges René-Jean Dupuy*, pp. 171–7.

—— 'The Future of International Judicial Institutions', 44 *I.C.L.Q.* (1995), pp. 848–62.

—— 'La France et la Cour internationale de Justice', *L'internationalité. Etudes Plantey*, pp. 119–26.

GURUSWAMY, L. D., PALMER, G. W. R. and WESTON, B. H. *International Environment Law and World Order. A Problem-Oriented Coursebook* (St. Paul, Minn., 1994).

GUTIÉRREZ ESPADA, C. *Derecho internacional publico. 1: Introduccion y fuentes*, 4th edn. (Barcelona, 1993).

The Hague Academy of International Law. Jubilee Book. 1923–1973 (Leiden, 1973).

HAIMBAUGH, G. D. 'Jus Cogens: Root & Branch (an Inventory)', 3 *Touro Law Review* (1987), pp. 203–27.

HALL, K. L. (ed.) *The Oxford Companion to the Supreme Court of the United States* (New York and Oxford, 1992).

HALL, W. E. *A Treatise on International Law*, 8th edn. Higgins, A. P. (Oxford, 1924).

HALPIN, A. K. W. 'Hohfeld's Conceptions: from Eight to Two', 44 *Cambridge Law Journal* (1985), pp. 435–57.

HANDL, G. 'Environmental Protection and Development in Third World Countries: Common Destiny—Common Responsibility', 20 *N.Y.U.J.I.L.P.* (1988), pp. 603–27.

HANNIKAINEN, L. *Peremptory Norms (Jus Cogens) in International Law—Historical Development, Criteria, Present Status* (Helsinki, 1988).

—— 'The Continued Validity of the Demilitarised and Neutralised Status of the Aland Islands', 54 *Z.a.ö.R.V.* (1994), pp. 614–51.

HANZ, M. *Zur völkerrechtlichen Aktivlegitimation zum Schutze der Menschenrechte* (Munich, 1985).

HARRIS, M. 'Race', Sills (ed.), *International Encyclopedia*, xiii (New York, 1968), pp. 263–9.

HART, H. L. A. *Essays on Bentham. Studies in Jurisprudence and Political Theory* (Oxford, 1982).

Hart, H. L. A. *The Concept of Law*, 2nd edn. (Oxford, 1994).
—— 'Definition and Theory in Jurisprudence', 70 *Law Quarterly Review* (1954), pp. 37–60.
Hazard, J. N. 'Renewed Emphasis upon a Socialist International Law', 65 *A.J.I.L.* (1971), pp. 142–8.
Heffner, R. D. *A Documentary History of the United States*, 5th edn. (New York, 1991).
Heffter, A. G. *Le Droit international public de l'Europe*, French trans. Bergson (Berlin and Paris, 1857).
Heiskanen, V. *International Legal Topics* (Helsinki, 1992).
Hellie, R. 'Slavery', *The New Encyclopaedia Britannica*, xxvii, pp. 288–300.
Henkin, L. *How Nations Behave. Law and Foreign Policy*, 2nd edn. (New York, 1979).
—— *The Age of Rights* (New York, 1990).
—— *International Law: Politics and Values* (Dordrecht, 1995).
—— (ed.) *The International Bill of Rights: The Covenant on Civil and Political Rights* (New York, 1981).
—— 'National and International Perspectives in Racial Discrimination', 4 *Human Rights Journal* (1971), pp. 263–9.
—— 'Human Rights and "Domestic Jurisdiction"', Buergenthal (ed.), *Human Rights*, pp. 21–40.
—— '"Nationality" at the Turn of the Century', Beyerlin, Bothe, Hofmann and Petersmann (eds.), *Recht. Festschrift Bernhardt*, pp. 89–102.
—— 'Human Rights and State "Sovereignty" (Sibley Lecture, March 1994)', 25 *Georgia Journal of International and Comparative Law* (1995/96), pp. 31–45.
—— Pugh, R. C., Schachter, O. and Smit, H. *International Law Cases and Materials*, 3rd edn. (St. Paul, Minn., 1993).
Herczegh, G. *General Principles of Law and the International Legal Order* (Budapest, 1969).
Heydte, F. A. (von der) *Völkerrecht. Ein Lehrbuch* (Cologne, 1958).
—— 'Die Erscheinungsformen des zwischenstaatlichen Rechts: *jus cogens* und *jus dispositivum* im Völkerrecht', 16 *Zeitschrift für Völkerrecht* (1932), pp. 461–87.
Higgins, A. P. *The Binding Force of International Law. Inaugural Lecture in International Law at the London School of Economics and Political Science. Session 1910–11* (Cambridge, 1910).
—— 'La contribution de quatre grands juristes britanniques au droit international (Lorimer, Westlake, Hall et Holland)', 40 Hague *Recueil* (1932, II), pp. 1–85.
Higgins, R. *Problems and Process. International Law and How We Use It* (Oxford, 1994).
——'Aspects of the Case Concerning the Barcelona Traction, Light and Power Company, Ltd.', 11 *Virginia Journal of International Law* (1971), pp. 327–43.
—— 'Fundamentals of International Law', Jasentuliyana (ed.), *Perpsectives*, pp. 3–22.
Hohfeld, W. N. *Fundamental Legal Conceptions as Applied in Judicial Reasoning and Other Legal Essays*, Cook ed. (New Haven, 1920), pp. 23–114.
Honoré, T. 'Rights of Exclusion and Immunities against Divesting', 34 *Tulane Law Review* (1960), pp. 453–68.
Hoof, G. J. H. (van) *Rethinking the Sources of International Law* (The Hague, 1983).
Hossain, K. and Chowdhury, S. R. (eds.), *Permanent Sovereignty Over Natural Resources in International Law. Principle and Practice* (New York, 1984).

HOSTIE, J. 'Examen de quelques règles du droit international dans le domaine des communications et du transit', 40 Hague *Recueil* (1932, II), pp. 403–523.

Humanité et droit international. Mélanges René-Jean Dupuy (Paris, 1991).

HUTCHINSON, D. J. 'Brown v. Board of Education', Hall, K. L. (ed.), *The Oxford Companion to the Supreme Court*, pp. 93–6.

HUTCHINSON, D. N. 'Solidarity and Breaches of Multilateral Treaties', 59 *B.Y.I.L.* (1988), pp. 151–215.

HYDE, C. *International Law Chiefly as Interpreted and Applied by the United States*, i (Boston, 1947).

IGNATENKO, G. V. (ed.) *Mezhdunarodnoe pravo*, 2nd edn. (Moscow, 1995).

The International Court of Justice, 3rd edn. (The Hague, 1986).

INTERNATIONAL LAW ASSOCIATION, *Report of the Sixty-first Conference held at Paris. August 26th to September 1st, 1984* (Aberystwyth, 1985).

—— *Report of the Sixty-third Conference held at Warsaw. August 21st to August 27th, 1988* (London, 1988).

—— *Report of the Sixty-fifth Conference held at Cairo, Egypt. 21 to 26 April 1992* (Cairo, 1993).

International Law at the Time of its Codification. Essays in Honour of Roberto Ago, 4 vols. (Milan, 1987).

International Law in an Evolving World. Liber Amicorum in Tribute to Professor Eduardo Jiménez de Aréchaga, 2 vols. (Montevideo, 1994).

L'internationalité dans les institutions et le droit: convergences et défis. Etudes offertes à Alain Plantey (Paris, 1995).

ISIDORUS, *Etymologiae*, Lindsay ed. (Oxford, 1911).

JAENICKE, G. 'Diskriminierung', Strupp and Schlochauer (eds.), *Wörterbuch*, i, pp. 387–92.

—— 'International Public Order', Heidelberg *Encycl.*, vii, pp. 314–18.

JANIS, M. W. *An Introduction to International Law*, 2nd edn. (Boston, 1993).

—— (ed.) *The Influence of Religion on the Development of International Law* (Dordrecht, 1991).

—— (ed.) *International Courts for the Twenty-First Century* (Dordrecht, 1992).

—— 'The Nature of *Jus Cogens*', 3 *Connecticut Journal of International Law* (1988), pp. 359–63.

—— 'The International Court', Janis (ed.), *International Courts*, pp. 13–41.

JASENTULIYANA, N. (ed.) *Perspectives on International Law (A Publication on the Occasion of the Fiftieth Anniversary of the United Nations and a Contribution to the Decade of International Law)* (London, 1995).

JEKEWITZ, J., KLEIN, K. H., KÜHNE, J. D., PETERSMANN, H. and WOLFRUM, R. (eds.) *Des Menschen Recht zwischen Freiheit und Verantwortung. Festschrift für Karl Josef Partsch zum 75. Geburtstag* (Berlin, 1989).

JENKS, C. W. 'Unanimity, The Veto, Weighted Voting, Special and Simple Majorities and Consensus as Modes of Decision in International Organisations', *Cambridge Essays McNair*, pp. 48–63.

—— 'The General Welfare as a Legal Interest', *Jus et Societas. Essays Friedmann*, pp. 151–8.

JENNINGS, R. Y. 'Recent Developments in the International Law Commission: Its Relation to the Sources of International Law', 18 *I.C.L.Q.* (1964), pp. 385–97.

JENNINGS, R. Y. 'Nullity and Effectiveness in International Law', *Cambridge Essays McNair*, pp. 64–87.

—— 'General Course on Principles of International Law', 121 Hague *Recueil* (1967, II), pp. 323–606.

—— 'Fifty Years of Hague Academy Lectures on Public International Law', *Hague Academy. Jubilee Book*, pp. 99–115.

—— 'What is International Law and How Do we Tell it When we See it?', 37 *Ann. suisse* (1981), pp. 59–88.

—— 'International Force and the International Court of Justice', Cassese (ed.), *The Current Legal Regulation*, pp. 322–35.

—— 'The International Judicial Practice of the International Court of Justice', 59 *B.Y.I.L.* (1988), pp. 31–47.

—— 'Treaties', Bedjaoui (ed.), *International Law*, pp. 135–77.

—— 'Judicial Reasoning at an International Court', *Universität des Saarlands. Vorträge Reden und Berichte aus dem Europa-Institut*, Ress ed., No. 236 (Saarbrücken, 1991), pp. 1–8.

—— 'New Problems at the International Court of Justice', *International Law. Liber Jiménez de Aréchaga*, pp. 1061–7.

—— 'The Judiciary, International and National, and the Development of International Law', 45 *I.C.L.Q.* (1996), pp. 1–12.

JESSUP, P. C. *A Modern Law of Nations. An Introduction* (New York, 1948; re-impressed in 1968 with a new Preface by the author).

—— 'Silence Gives Consent', 3 *Georgia Journal of International Law* (1973), pp. 46–54.

—— 'Hardy Dillard', 23 *Virginia Journal of International Law* (1983), pp. 363–7.

JIMÉNEZ DE ARÉCHAGA, E. 'Treaty Stipulations in Favor of Third States', 50 *A.J.I.L.* (1956), pp. 338–57.

—— 'International Law in the Past Third of a Century', 159 Hague *Recueil* (1978, I), pp. 1–344.

—— 'The Work and the Jurisprudence of the International Court of Justice 1947–1986', 58 *B.Y.I.L.* (1987), pp. 1–38.

JÖNSSON, C. *The Soviet Union and the Test Ban. A Study in Soviet Negotiating Behavior* (Lund, 1975).

JOHN PAUL II 'From this African shrine of sorrow let us implore heaven's forgiveness', *L'Osservatore Romano* (Weekly Edition in English) (4 Mar. 1992), p. 2.

JOHNSON, S. *The Earth Summit. The United Nations Conference on Environment and Development (UNCED)* (Dordrecht, 1993).

Jus et Societas. Essays in Tribute to Wolfgang Friedmann (The Hague, 1979).

JUSTE RUIZ, J. *Derecho internacional publico?* (Valencia, 1986).

—— 'Las obligaciones "erga omnes" en derecho internacional publico', *Estudios Miaja de la Muela*, i, pp. 219–33.

Justinian, The Digest of, Mommsen and Krueger eds., English trans. ed. by Watson, 4 vols. (Philadelphia, 1985).

Justinian's Institutes, Birks and McLeod eds. (London, 1987).

KAECKENBEECK, G. S. F. C. *International Rivers: A Monograph Based on Diplomatic Documents* (London, 1918).

KALSHOVEN, F., KUYPER, P. J. and LAMMERS, J. G. (eds.) *Essays on the Development*

of the International Legal Order in Memory of Haro F. Van Panhuys (Aalphen aan den Rijn and Rockville, 1980).
KAMTO, M. 'L'accession de la Namibie à l'indépendance', 94 *R.G.D.I.P.* (1990), pp. 577–634.
KAPLAN, M. A. and KATZENBACH, N. DE B. *The Political Foundations of International Law* (New York and London, 1961).
KAPOOR, S. K. *International Law*, 9th edn. (Allahabad, 1992).
KAS'IAN, N. F. *Konsensus v sovremennykh mezhdunarodnykh otnosheniyakh (mezhdunarodno-pravovye voprosy)* (Moscow, 1983).
KAUFMANN, E. 'Règles générales du droit de la paix', 54 Hague *Recueil* (1935, IV), pp. 313–615.
KELLY, C. R. 'Law of the Sea: The Jurisdictional Dispute over Highly Migratory Species of Tuna', 26 *C.J.T.L.* (1988), pp. 475–513.
KELSEN, H. *General Theory of Law and State*, English trans. Wedberg (Cambridge, Mass., 1949).
—— *International Law Studies. Collective Security under International Law* (Washington, 1957).
—— *Principles of International Law*, 2nd edn. Tucker (New York, 1966).
—— *General Theory of Norms*, English trans. Hartney (Oxford, 1991).
—— *Introduction to the Problems of Legal Theory*, English trans. Litschewski Paulson and Paulson (Oxford, 1992).
——'Théorie du droit international coutumier', 1 *Révue internationale de la théorie du droit* (1939), pp. 253–74.
KENIG-WITKOWSKA, M. M. 'The UN Declaration on the right to development in the light of its travaux préparatoires', de Waart, Peters and Denters (eds.), *International Law and Development*, pp. 381–8.
Kent's Commentary on International Law, 2nd edn. Abdy (Cambridge and London, 1878).
KISS, A. C. (ed.) *Répertoire de la pratique française en matière de droit international public*, i (Paris, 1962).
—— 'The International Protection of The Environment', Macdonald and Johnston (eds.), *The Structure and Process*, pp. 1069–93.
—— 'La contribution de la Conférence de Rio de Janeiro au développement du droit international coutumier', Al-Nauimi and Meese (eds.), *International Legal Issues*, pp. 1079–92.
—— and SHELTON, D. *International Environmental Law* (New York and London, 1991).
KLEIN, E. *Statusverträge im Völkerrecht: Rechtsfragen territorialer Sonderregime* (Berlin, 1980).
—— 'Genocide Convention (Advisory Opinion)', Heidelberg *Encycl.*, ii, pp. 107–9.
KLÜBER, J. L. *Droit des gens moderne de l'Europe*, i (Stuttgart, 1819).
KLUGER, R. *Simple Justice* (New York, 1977).
KOCOUREK, A. 'The Hohfeld System of Fundamental Legal Concepts', 15 *Illinois Law Review* (1920), pp. 24–39.
KOHL, W. L. *French Nuclear Diplomacy* (Princeton, 1971).
KOJANEC, G. *Trattati e terzi stati. Limiti soggettivi di validità delle norme positive dell'ordinamento internazionale* (Padua, 1961).

KOLOSOV, I. M. and KUSNETSOV, V. I. (eds.) *Mezhdunarodnoe pravo* (Moscow, 1995).

KOOIJMANS, P. H. 'In the shadowland between civil war and civil strife: some reflections on the standard-setting process', Delissen and Tanja (eds.), *Humanitarian Law. Essays Kalshoven*, pp. 225–47.

KOS, J. S. 'Interim relief in the International Court: New Zealand and the Nuclear Test cases', 14 *Victoria University of Wellington Law Review* (1984), pp. 357–87.

KRIELE, M. 'Das Präjudiz im kontinental-europäischen und anglo-amerikanischen Rechtskreis', *La sentenza in Europa*, pp. 62–80.

KUDRIAVTSEV, V. N. (ed.) *Kurs mezhdunarodnogo prava v semi tomakh* (Moscow, 1989–93).

KUNZ, J.-L. 'L'article XI du Pacte de la Société des Nations', 39 Hague *Recueil* (1932, I), pp. 683–789.

KUPER, L. *International Action against Genocide* (Minority Rights Group Report No. 53, London, 1982).

—— *The Prevention of Genocide* (New Haven and London, 1985).

—— 'Segregation', Sills (ed.), *International Encyclopedia*, xiv (New York, 1968), pp. 144–50.

LACHS, M. *The Teacher in International Law (Teachings and Teaching)* (The Hague, 1982).

—— 'The Development and General Trends of International Law in Our Time (General Course in Public International Law)', 169 Hague *Recueil* (1980, III), pp. 9–377.

—— 'Slavery: the past and the present', Delissen and Tanja (eds.), *Humanitarian Law. Essays Kalshoven*, pp. 613–25.

LAGONI, R. 'Kiel Canal', Heidelberg *Encycl.*, xii, pp. 200–2.

LAMMERS, J. G. 'General Principles of Law Recognized by Civilized Nations', Kalshoven, Kuyper and Lammers (eds.), *Essays Van Panhuys*, pp. 53–9.

LANG, J. *Le plateau continental de la Mer du Nord. Arrêt de la Cour International de Justice 20 Février 1969* (Paris, 1970).

LASSER, W. 'Stanford v. Kentucky', Hall, K. L. (ed.), *The Oxford Companion to the Supreme Court*, p. 821.

LATTANZI, F. *Garanzie dei diritti dell'uomo nel diritto internazionale generale* (Milan, 1983).

LAUTERPACHT, E. *Aspects of the Administration of International Justice* (Cambridge, 1991).

—— (ed.) *International Law. Being the Collected Papers of Hersch Lauterpacht*, 3 vols. (Cambridge, 1970/77).

LAUTERPACHT, H. *Private Law Sources and Analogies of International Law* (London, 1927).

—— *Recognition in International Law* (Cambridge, 1947).

—— *International Law and Human Rights* (London, 1950).

—— *The Development of International Law by the International Court* (London, 1958).

—— 'Implications of the *Norwegian Fisheries* Case', Lauterpacht, E. (ed.), *International Law. Collected Papers*, iii, pp. 213–17.

—— 'Codification and Development of International Law', 49 *A.J.I.L.* (1955), pp. 16–43.

—— and WALDOCK, C. H. M. (eds.), *The Basis of Obligation in International Law and Other Papers by the Late James Leslie Brierly* (Oxford, 1958).

The Law of the Sea. Exclusive Economic Zone. Legislative History of Articles 56, 58 and 59 of the United Nations Convention on the Law of the Sea (Division for Ocean Affairs and the Law of the Sea. Office of Legal Affairs) (New York, 1992).

LAWRENCE, T. J. *Essays on Some Disputed Questions in Modern International Law*, 2nd edn. (Cambridge, 1885).

LAWSON, F. H. 'Rights and Other Relations *in rem*', *Many Laws. Selected Essays* (Amsterdam, 1977), i, pp. 2–22.

LE BLANC, L. J. 'The Intent to Destroy Groups in the Genocide Convention: The Proposed U.S. Understanding', 78 *A.J.I.L.* (1984), pp. 369–85.

LE FUR, L. 'Règles générales du droit de la paix', 54 Hague *Recueil* (1935, IV), pp. 5–307.

LEMKIN, R. *Axis Rule in Occupied Europe* (Washington, 1944).

—— 'Genocide as a Crime under International Law', 41 *A.J.I.L.* (1947), pp. 145–51.

LERNER, N. *The U.N. Convention on the Elimination of All Forms of Racial Discrimination*, 2nd edn. (Alphen aan den Rijn and Rockville, 1980).

LESKY, A. *Geschichte der griechischen Literatur* (Bern, 1957–8); *A History of Greek Literature*, English trans. Willis and de Heer of the second German edition, 1963 (London, 1966).

LI HAOPEI 'Jus Cogens and International Law', *Selected Articles from Chinese Yearbook of International Law* (Beijing, 1983), pp. 41–75.

Liber Amicorum Marc-André Eissen (Brussels and Paris, 1995).

LISSITZYN, O. J. 'International Law and the Advisory Opinion on Namibia', 11 *C.J.T.L.* (1972), pp. 50–73.

LISZT, F. (VON) *Das Völkerrecht systematisch dargestellt*, 12th edn. Fleischmann (Berlin, 1925); *Le Droit international. Exposé systématique*, French trans. Gidel and Alcindor of the ninth German edition, 1913 (Paris, 1927).

Livre du Centenaire 1873–1973. Evolution et perspectives du droit international, Institut de Droit International (under the auspices of) (Basel, 1973).

LORIMER, J. *The Institutes of the Law of Nations. A Treatise of the Jural Relations of Separate Political Communities*, i (Edinburgh and London, 1883).

LOWE, V. and FITZMAURICE, M. (eds.) *Fifty Years of the International Court of Justice. Essays in Honour of Sir Robert Jennings* (Cambridge, 1996).

LOWE, V. and WARBRICK, C. (eds.) *The United Nations and the Principles of International Law. Essays in memory of Michael Akehurst* (London and New York, 1994).

LUKASHUK, I. I. *Mekhanizm mezhdunarodno-pravovogo regulirovaniia* (Kiev, 1980).

—— *Funktsionirovanie mezhdunarodnogo prava* (Moscow, 1992).

—— *Mezhdunarodnoe pravo v sudakh gosudarstv* (Saint Petersburg, 1993).

LUSTIGER, J. M. 'La personne devant le Cardinal Archevêque de Paris', *Recueil Dalloz Sirey* (1995, No. 2), pp. 6–9.

MACDONALD, R. St. J. (ed.) *Essays in Honour of Wang Tieya* (Dordrecht, 1993).

—— 'Fundamental Norms in Contemporary International Law', 25 *Canadian Yearbook of International Law* (1987), pp. 115–49.

—— 'The Principle of Solidarity in Public International Law', Dominicé, Patry and Reymond (eds.), *Etudes Lalive*, pp. 275–307.

—— and JOHNSTON, D. M. (eds.) *The Structure and Process of International Law: Essays in Legal Philosophy Doctrine and Theory* (The Hague, 1983).

—— MATSCHER, F. and PETZOLD, H. (eds.) *The European System for the Protection of Human Rights* (Dordrecht, 1993).

MacGibbon, I. C. 'Some Observations on the Part of Protest in International Law', 30 *B.Y.I.L.* (1953), pp. 293–319.

Magallona, M. M. 'The Concept of *Jus Cogens* in the Vienna Convention on the Law of Treaties', 51 *Philippine Law Journal* (1976), pp. 521–42.

Makarczyk, J. *Principles of a New International Economic Order* (Dordrecht, 1988).

—— (ed.) *Essays in International Law in Honour of Judge Manfred Lachs* (The Hague, 1984).

Mamiani, T. *D'un nuovo diritto europeo* (Turin, 1859).

Mani, V. S. *International Adjudication: Procedural Aspects* (The Hague, 1980).

—— 'The Advisory Opinion in Namibia Case: A Critique', 11 *Indian Journal of International Law* (1971), pp. 467–80.

Manlii Severini Boetii Opera Omnia, ii (Paris, 1847).

Mann, F. A. *Foreign Affairs in English Courts* (Oxford, 1986).

—— 'The Doctrine of *Jus Cogens* in International law', Ehmke, Kaiser, Kewenig, Meessen and Rüfner (eds.), *Festschrift Scheuner*, pp. 399–418. (This article is now reproduced in Mann, F. A., *Further Studies in International Law* (Oxford, 1990), pp. 84–102.)

Manning, W. O. *Commentaries on the Law of Nations*, revised edn. Amos (London and Cambridge, 1875).

Marchisio, S. 'Servitù (diritto internazionale)', *Enciclopedia del diritto*, xlii (Milan, 1990), pp. 342–55.

Marek, K. 'Contribution à l'étude du jus cogens en droit international', *Recueil Guggenheim*, pp. 426–59.

—— 'Criminalizing State Responsibility', 14 *Revue belge de droit international* (1978–79), pp. 460–85.

Margolis, E. 'The Hydrogen Bomb Experiments and International Law', 64 *Yale Law Journal* (1954–55), pp. 629–47.

Marino Menéndez, F. M. *Derecho Internacional Publico. Parte general* (Madrid, 1993).

Maritain, J. 'Autour de la nouvelle déclaration universelle des droits de l'homme (Introduction aux textes réunis par l'Unesco, juillet-août 1948)', *Les droits de l'homme*, Mougel ed. (Paris, 1989), pp. 125–37.

Markesinis, B. S. and Deakin, S. F. *Tort Law*, 3rd edn. (Oxford, 1994).

Martino, R. R. 'All human needs must be respected (Intervention of Archbishop Martino at the UN Conference on Environment and Development)', *L'Osservatore Romano* (Weekly Edition in English) (17 June 1992), p. 13.

May, H. G. and Metzger, B. M. (eds.) *The New Oxford Annotated Bible with the Apocrypha* (New York, 1977).

May, W. E. *An Introduction to Moral Theology* (Huntington, Indiana, 1994).

Mbaye, K. 'Le droit au développement comme un droit de l'homme', 5 *Revue des droits de l'homme* (1972), pp. 503–34.

—— 'L'intérêt pour agir devant la Cour internationale de Justice', 209 Hague *Recueil* (1988, III), pp. 223–346.

—— 'Introduction (Human Rights and Rights of Peoples)', Bedjaoui (ed.), *International Law*, pp. 1043–58.

McCaffrey, S. '*Lex Lata* or the Continuum of State Responsibility', Weiler, Cassese and Spinedi (eds.), *International Crimes*, pp. 242–4.

McClane, J. B. 'How Late in the Emergence of a Norm of Customary Law May a

Persistent Objector Object?', 13 *ILSA Journal of International Law* (1989), pp. 1–26.

McDougal, M. S., Lasswell, H. D. and Chen, L. *Human Rights and World Public Order. The Basic Policies of an International Law of Human Dignity* (New Haven and London, 1980).

—— and Reisman, W. M. *International Law in Contemporary Perspective: The Public Order of the World Community. Cases and Materials* (Mineola, New York, 1981).

—— and Schlei, N. A. 'The Hydrogen Bomb in Perspective: Lawful Measures for Security', 64 *Yale Law Journal* (1954–55), pp. 648–710.

McGoldrick, D. 'Sustainable Development and Human Rights: An Integrated Conception', 45 *I.C.L.Q.* (1996), pp. 796–818.

McKean, W. A. *Equality and Discrimination under International Law* (Oxford, 1983).

—— 'The Meaning of Discrimination in International and Municipal Law', 44 *B.Y.I.L.* (1970), pp. 177–92.

McNair, A. D. *Dr Johnson and the Law* (Cambridge, 1948).

—— *The Law of Treaties* (Oxford, 1961).

—— 'So-called State Servitudes', 6 *B.Y.I.L.* (1925), pp. 111–27.

—— 'The Function and Differing Legal Character of Treaties', 11 *B.Y.I.L.* (1930), pp. 101–5.

—— 'The Stimson Doctrine of Non-Recognition', 14 *B.Y.I.L.* (1933), pp. 65–74.

—— 'Treaties Producing Effects "Erga Omnes"', *Scritti Perassi*, ii, pp. 27–30.

McWhinney, E. *Judge Shigeru Oda and the Progressive Development of International Law. Opinions (Declarations, Separate Opinions, Dissents) on the International Court of Justice, 1976–1992* (Dordrecht, 1993).

—— *Judge Manfred Lachs and Judicial Law-Making. Opinions on the International Court of Justice, 1967–1993* (The Hague, 1995).

Mélanges offerts à Charles Chaumont. Le droit des peuples à disposer d'eux-mêmes. Méthodes d'analyse du droit international (Paris, 1984).

Mélanges offerts à Henri Rolin. Problèmes de droit des gens (Paris, 1964).

Mendelson, M. 'State Acts and Omisssions as Explicit or Implicit Claims', *Le droit international. Mélanges Virally*, pp. 373–82.

—— 'The International Court of Justice and the sources of international law', Lowe and Fitzmaurice, M. (eds.), *Fifty Years. Essays Jennings*, pp. 63–89.

Menzel, E. 'Aland-Inseln', Strupp and Schlochauer (eds.), *Wörterbuch*, i, pp. 21–4.

Mercier, C. *Les Servitudes Internationales* (Lausanne, 1939).

Meron, T. *Human Rights and Humanitarian Norms as Customary Law* (Oxford, 1989).

—— (ed.) *Human Rights in International Law: Legal and Policy Issues*, 2 vols. (Oxford, 1984).

—— 'The Meaning and Reach of the International Convention on the Elimination of All Forms of Racial Discrimination', 79 *A.J.I.L.* (1985), pp. 283–318.

—— 'On a Hierarchy of International Human Rights', 80 *A.J.I.L.* (1986), pp. 1–23.

—— 'The Geneva Conventions as Customary Law', 81 *A.J.I.L.* (1987), pp. 348–70.

Merrills, J. G. *Anatomy of International Law. A Study of the Role of International Law in the Contemporary World*, 2nd edn. (London, 1981).

—— *The Development of International Law by the European Court of Human Rights* (Manchester, 1988).

MERRILLS, J. G. *International Dispute Settlement*, 2nd edn. (Cambridge, 1991).
—— 'On Teaching International Law', 10 *The Journal of the Society of Public Teachers of Law* (New Series, 1968–69), pp. 169–77.
—— 'The Optional Clause Today', 50 *B.Y.I.L.* (1979), pp. 87–116.
—— 'The Optional Clause Revisited', 64 *B.Y.I.L.* (1993), pp. 197–244.
MIAJA DE LA MUELA, A. *Aportacion de la Sentencia del Tribunal de la Haye en el caso Barcelona Traction (5 de febrero de 1970) a la jurisprudencia internacional* (Valladolid, 1970).
—— '"Ius cogens" y "ius dispositivum" en Derecho internacional publico', *Estudios Legaz y Lacambra*, ii, pp. 1121–53.
—— 'El interés de las partes en el proceso ante el Tribunal Internacional de Justicia', 14 *Comunicazioni e studi* (1975), pp. 525–61.
MIATELLO, A. *L'arme nucléaire en droit international* (Berne, 1987).
MIK, C. 'On the Specific Character of State Obligations in the Field of Human Rights', 20 *P.Y.I.L.* (1993), pp. 113–36.
MODEEN, T. 'Aaland Islands', Heidelberg *Encycl.*, xii, pp. 1–3.
MONACO, R. *Manuale di diritto internazionale pubblico*, 2nd edn. (Turin, 1971).
—— 'Cours général sur des Principes de droit international public', 125 Hague *Recueil* (1968, III), pp. 93–336.
MOORE, J. B. *History and Digest of International Arbitrations to which the United States has been a Party*, iii and iv (Washington, D.C., 1898).
MORELLI, G. *Nozioni di diritto internazionale*, 7th edn. (Padua, 1967).
—— 'Norme dispositive di diritto internazionale', 11 *Riv. dir. int.* (1932), pp. 388–404 and 483–508.
—— 'A proposito di norme internazionali cogenti', 52 *Riv. dir. int.* (1968), pp. 108–17.
—— 'Norme c.d. fondamentali e norme cogenti', 64 *Riv. dir. int.* (1981), pp. 509–10.
MORENO QUINTANA, L. M. *Tratado de derecho internacional*, 3 vols. (Buenos Aires, 1963).
MOSLER, H. *The International Society as a Legal Community* (Aalphen aan den Rijn and Germantown, 1980).
—— 'Ius cogens im Völkerrecht', 25 *Ann. suisse* (1968), pp. 9–40.
—— 'International Legal Community', Heidelberg *Encycl.*, vii, pp. 309–12.
MOVCHAN, A. P. *Kodifikatsiia i progressivnoe razvitie mezhdunarodnogo prava* (Moscow, 1972).
—— *Mezhdunarodnyi pravoporiadok* (Moscow, 1996).
—— 'Sovremennyi mezhdunarodnyi pravoporiadok', Graefrath (ed.), *Probleme*, pp. 257–62 (in Russian, with English summary).
MÜNCH, I. (VON) 'The Wimbledon', Heidelberg *Encycl.*, ii, pp. 293–6.
MULLERSON, R. A. 'Sources of International Law: New Tendencies in Soviet Thinking', 83 *A.J.I.L.* (1989), pp. 494–512.
—— and TUNKIN, G. I. (eds.) *International Law* (Moscow, 1990).
Multilaterale Staatsverträge erga omnes und deren Inkorporation in nationale IPR-Kodifikationen—Vor- und Nachteile einer solchen Rezeption (Heidelberg, 1986).
MURASE, S. 'Perspectives from International Economic Law on Transnational Envirornmental Issues', 253 Hague *Recueil* (1995), pp. 283–431.

NAHLIK, S. E. 'Traités internationaux et Etats tiers. Historique d'une codification', 4 *Thesaurus Acroasium* (1977), pp. 9–30.
NAKATANI, K. 'The Functions and the Legality of Economic Sanctions under International Law—A Study of the Legal Consequences of International Wrongful Acts' (published in Japanese in six parts in vols. 100 and 101 of *Kokka Gakkai Zassi—The Journal of the Association of Political and Social Sciences* (1987 and 1988)).
—— 'Economic Sanctions and Compliance: Theoretical Aspects' (paper submitted to the American Society of International Law/Japanese Association of International Law/Canadian Council of International Law (ASIL/JAIL/CCIL) Joint Meeting—Atlanta, 25 Mar. 1996).
NASTASE, A. 'The Right to Peace', Bedjadui (ed.), *International Law*, pp. 1219–31.
The New Encyclopaedia Britannica, 15th edn. (Chicago, 1974; 1994) (Macropaedia).
NGUYEN QUOC DINH, DAILLIER, P. and PELLET, A. *Droit international public*, 5th edn. (Paris, 1994).
NICIU, M. I. *Dreptul international public*, i (Iasi, 1992).
NIEBUHR, G. 'Baptist Group Votes to Repent Stand on Slaves', *New York Times*, 21 June 1995, p. A1.
NINCIC, D. 'Les implications générales juridiques et historiques de la Déclaration d'Helsinki', 154 Hague *Recueil* (1977, I), pp. 45–102.
NYS, E. 'Le concert européen et la notion de droit international', 1 *R.D.I.L.C.* (2nd series, 1899), pp. 273–313.
OBIETA, J. A. *The International Status of the Suez Canal*, 2nd edn. (The Hague, 1970).
O'CONNELL, D. P. *State Succession in Municipal Law and International Law*, 2 vols. (Cambridge, 1967).
—— *International Law*, 2nd edn., 2 vols. (London, 1970).
—— *The International Law of the Sea*, Shearer ed., 2 vols. (Oxford, 1982–4).
—— 'A Re-consideration of the Doctrine of International Servitude', 30 *The Canadian Bar Review* (1952), pp. 807–18.
—— 'The Law of Nature and the Law of Nations: Where does the Church Stand To-day?', 48/49 *Law and Justice* (1975), pp. 48–66.
ODA, S. 'The International Court of Justice Viewed from the Bench (1976–1993)', 244 Hague *Recueil* (1993, VII), pp. 9–190.
—— and OWADA, H. 'Annual Review of Japanese Practice in International Law XV (1976–77)', 28 *Japanese Annual of International Law* (1985), pp. 59–176.
OELLERS-FRAHM, K. 'United States Diplomatic and Consular Staff in Tehran Case', Heidelberg *Encycl.*, ii, pp. 282–6.
—— 'Comment: The erga omnes Applicability of Human Rights', 30 *Archiv des Völkerrechts* (1992), pp. 28–37.
—— 'Die Einsetzung des "Internationalen Tribunals über Kriegsverbrechen im ehemaligen Jugoslawien" durch den Sicherheitsrat', Beyerlin, Bothe, Hofmann and Petersmann (eds.), *Recht. Festschrift Bernhardt*, pp. 733–51.
OGISO, M. 'Japan and the UN Convention on the Law of the Sea', 25 *Archiv des Völkerrechts* (1987), pp. 58–81.
OPPENHEIM, L. *International Law. A Treatise*, Lauterpacht, H. ed., i (6th edn., London, 1947; 8th edn., London, 1955) and ii (7th edn., London, 1952).

Oppenheim's International Law. Peace, i, 9th edn. Jennings and Watts (London, 1992).

ORAA, J. *Human Rights in States of Emergency in International Law* (Oxford, 1992).

ORLIN, T. S. 'The Prohibition of the Death Penalty: An Emerging International Norm?', Rosas, Helgesen, and Gomien (eds.), *Human Rights*, pp. 136–73.

ORREGO VICUNA, F. *Antarctic Mineral Exploitation. The Emerging Legal Framework* (Cambridge, 1988).

OSAKWE, C. 'Socialist International Law Revisited', 66 *A.J.I.L.* (1972), pp. 596–600.

OTT, D. H. *Public International Law in the Modern World* (London, 1987).

Our Common Future (World Commission on Environment and Development) (Oxford, 1987).

Oxford English Dictionary, 2nd edn. (Oxford, 1989).

PADELFORD, N. J. and ANDERSSON, K. G. A. 'The Aaland Islands Question', 33 *A.J.I.L.* (1939), pp. 465–87.

PARRY, C. *The Sources and Evidences of International Law* (Manchester, 1965).

—— (ed.) *A British Digest of International Law*, 2b (London, 1967).

PARTSCH, K. J. 'Discrimination', Macdonald, Matscher and Petzold (eds.), *The European System*, pp. 571–92.

PASTOR RIDRUEJO, J. A. *Curso de derecho internacional publico y organizaciones internacionales*, 6th edn. (Madrid, 1996).

PATHAK, R. S. and DHOKALIA, R. P. (eds.) *International Law in Transition. Essays in Memory of Judge Nagendra Singh* (Dordrecht, 1992).

PATON, G. W. *A Textbook of Jurisprudence*, 4th edn. Paton and Derham (Oxford, 1972).

PAUST, J. J. 'The Complex Nature, Sources and Evidences of Customary Human Rights', 25 *Georgia Journal of International and Comparative Law* (1995/96), pp. 147–64.

PEIRANO BASSO, J. 'Naturaleza y fundamento del derecho internacional publico', *International Law, Liber Jiménez de Aréchaga*, i, pp. 181–208.

PELLET, A. *Le droit international du développement*, 2nd edn. (Paris, 1987).

—— 'Note sur la Commission d'arbitrage de la Conférence européenne pour la paix en Yougoslavie', 37 *A.F.D.I.* (1991), pp. 329–48.

—— 'L'activité de la Commission d'arbitrage de la Conférence européenne pour la paix en Yougoslavie', 38 *A.F.D.I.* (1992), pp. 220–38.

—— 'L'activité de la Commission d'arbitrage de la Conférence internationale pour l'ancienne Yougoslavie', 39 *A.F.D.I.* (1993), pp. 286–303.

PÉREZ DE CUÉLLAR, J. *Anarchy or Order. Annual reports 1982–1991* (New York, 1991).

PEREZ LUNO, A. E. *Los derechos fundamentales*, 2nd edn. (Madrid, 1986).

PERROTT, D. L., 'The Logic of Fundamental Rights', Bridge, Lasok, Perrott and Plender (eds.), *Fundamental Rights*, pp. 1–17.

PETERS, P., SCHRIJVER, N. and DE WAART, P. 'Responsibility of States in Respect of the Exercise of Permanent Sovereignty over Natural Resources: An Analysis of Some Principles of the Seoul Declaration (1986) by the International Law Association', 36 *Netherlands International Law Review* (1989), pp. 285–313.

PETERSMANN, H. 'The Right to Development in the United Nations: An Opportunity for Strengthening Popular Participation in Development. Programs and Prospects', Jekewitz, Klein, Kühne, Petersmann and Wolfrum (eds.), *Des Menschen. Festschrift Partsch*, pp. 125–40.

PETTITI, L. E., DECAUX, E. and IMBERT, P. H. (eds), *La Convention européenne des droits de l'homme. Commentaire article par article* (Paris, 1995).

PHILLIMORE, R. *Commentaries upon International Law*, 2nd edn. (London, 1873); 3rd edn., i (London, 1879).

PICONE, P. (ed.) *Interventi delle Nazioni Unite e diritto internazionale* (Milan, 1995).

—— 'Diritto internazionale dell'economia e costituzione economica dell'ordinamento internazionale', Picone and Sacerdoti (eds.), *Diritto internazionale dell'economia*, pp. 31–105.

—— 'Obblighi reciproci ed obblighi *erga omnes* degli Stati nel campo della protezione internazionale dell'ambiente marino dall'inquinamento', Starace (ed.), *Diritto internazionale*, pp. 15–135.

—— 'Recensione: Lauri Hannikainen, *Peremptory Norms* (jus cogens) *in International Law. Historical Developments. Criteria. Present Status*, Helsinki, Finnish Lawyers' Publishing Company, 1988, pp. XXXII-781', 73 *Riv. dir. int.* (1990), pp. 791–5.

—— 'Nazioni Unite e obblighi "*erga omnes*"' 48 *La Comunità internazionale* (1993), pp. 709–30.

—— 'Recensione: Claudia Annacker, *Die Durchsetzung von erga omnes Verpflichtungen vor dem Internationalen Gerichtshof*, Hamburg, 1994, Verlag Dr. Kovac, pp. XXII–146', 77 *Riv. dir. int.* (1994), pp. 1118–22.

—— 'Interventi delle Nazioni Unite e obblighi *erga omnes*', Picone (ed.), *Interventi*, pp. 517–78.

—— and SACERDOTI, S. (eds.) *Diritto internazionale dell'economia. Raccolta sistematica dei principali atti normativi internazionali ed interni con testi introduttivi e note* (Milan, 1982).

PICTET, J. S. *Development and Principles of International Humanitarian Law* (Dordrecht, 1985).

—— (ed.) *Commentary. III Geneva Convention Relative to the Treatment of Prisoners of War* (Geneva, 1960).

PINCKAERS, S. T. *Ce qu'on ne peut jamais faire. La question des actes intrinsèquement mauvais. Histoire et discussion*, 2nd edn. (Fribourg and Paris, 1995).

PIZA ESCALANTE, R. E. 'La "opinion juris" como fuente autonoma del derecho internacional ("opinio juris" y "jus cogens")', 9 *Anuario hispano-luso-americano de derecho internacional* (1987), pp. 131–94.

PODESTA COSTA, L. A. and RUDA, J. M. *Derecho internacional publico*, updated edn., 2 vols. (Buenos Aires, 1984).

POGANY, I. (ed.) *Nuclear Weapons and International Law* (New York, 1987).

PORTER, J. (ed.) *Genocide and Human Rights: A Global Anthology* (Washington, 1982).

POST, H. H. G. 'Some Curiosities in the Sources of the Law of Armed Conflict Conceived in a General International Legal Perspective', 25 *Netherlands Yearbook of International Law* (1994), pp. 83–117.

POTTER, P. B. 'The Doctrine of Servitudes in International Law', 9 *A.J.I.L.* (1915), pp. 627–41.

POUND, R. *An Introduction to the Philosophy of Law*, 2nd edn. (New Haven and London, 1954).

—— 'Hierarchy of Sources and Forms in Different Systems of Law', 7 *Tulane Law Review* (1933), pp. 475–87.

PRATT, J. T. and MACKENZIE, W. W. *Law of Highways*, 21st edn. Parrish and Lord De Mauley (London, 1967).

PRÉMONT, D. (ed.) *Essays on the Concept of a "Right to Live" in Memory of Yougindra Khushalani* (Brussels, 1988).

PROVOST, R. 'Reciprocity in Human Rights and Humanitarian Law', 65 *B.Y.I.L.* (1994), pp. 383–454.

PUSTA, C. R. 'Le statut juridique de la mer Baltique à partir du XIXe siècle', 52 Hague *Recueil* (1935, II), pp. 109–89.

QUADRI, R. *Diritto internazionale pubblico*, 5th edn. (Naples, 1968).

—— 'Cours général de droit international public', 113 Hague *Recueil* (1964, III), pp. 237–483.

QUÉNEUDEC, J.-P. 'La notion d'Etat intéressé en droit international', 255 Hague *Recueil* (1995), pp. 339–462.

QUIRK, R., GREENBAUM, S., LEECH, G. and SVARTIK, J. *A Comprehensive Grammar of the English Language* (London, 1985).

Racism, science and pseudo-science. Proceedings of the symposium to examine pseudo-scientific theories invoked to justify racism and racial discrimination, Athens, 30 March to 3 April 1981 (Paris, 1983).

RAGAZZI, M. 'Introductory Note to "Conference on Yugoslavia Arbitration Commission: Opinions on Questions Arising from the Dissolution of Yugoslavia"', 31 *I.L.M.* (1992), pp. 1488–90.

—— 'Consuetudine internazionale, principi generali e norme di *jus cogens* nella dottrina sovietica (anche in rapporto all'Atto di Helsinki)' (Thesis for the J.D. degree (Laurea in Giurisprudenza), University of Ferrara, Faculty of Law, academic year 1983/84).

RAMCHARAN, B. G. 'Equality and Nondiscrimination', Henkin (ed.), *The International Bill of Rights*, pp. 246–69.

RAO, T. S. R. 'International Custom', 19 *Indian Journal of International Law* (1979), pp. 515–21.

RAY, J. 'Des conflits entre principes abstraites et stipulations conventionnelles', 48 Hague *Recueil* (1934, II), pp. 631–707.

RAZ, J. *The Concept of a Legal System*, 2nd edn. (Oxford, 1980).

Recueil d'études de droit international en hommage à Paul Guggenheim (Geneva, 1968).

Recueil sur les sources du droit en l'honneur de F. Geny, 3 vols. (Paris, 1935).

REDGWELL, C. 'Universality or Integrity? Some Reflections on Reservations to General Multilateral Treaties', 64 *B.Y.I.L.* (1993), pp. 245–82.

REHNQUIST, W. H. *The Supreme Court. How It Was, How It Is* (New York, 1987).

REID, H. D. *International Servitudes in Law and Practice* (Chicago, 1932).

REISMAN, W. M. 'Responses to Crimes of Discrimination and Genocide: An Appraisal of the Convention on the Elimination of Racial Discrimination', 1 *Denver Journal of International Law and Policy* (1971), pp. 29–64.

—— 'Chinese Fallout', *The Nation*, 8 Jan. 1977.

René Cassin Amicorum Discipulorumque Liber. Problèmes de protection internationale des droits de l'homme, 4 vols. (Paris, 1969–72).

RESCHER, N. *Moral Absolutes. An Essay on the Nature and Rationale of Morality* (New York, 1989).

RESHETOV, I. A. 'Development of Norms of International Law on Crimes Against Humanity', Ginsburgs and Kudriavtsev (eds.), *The Nuremberg Trial*, pp. 199–212.

Restatement of the Law. The Foreign Relations Law of the United States (As Adopted and Promulgated by The American Law Institute at Washington, D.C. May 14, 1986), 2 vols. (St. Paul, Minn., 1987).

REUTER, P. *La Convention de Vienne sur le droit des traités* (Paris, 1970).

—— *Droit international public*, 6th edn. (Paris, 1983) (7th unaltered edn., Paris, 1992).

—— *Introduction to the Law of Treaties*, English trans. Mico and Haggenmacher (London and New York, 1989).

—— *Le développement de l'ordre juridique international: écrits de droit international* (Paris, 1995).

—— 'Principes de droit international public', 103 Hague *Recueil* (1961, II), pp. 425–656.

REZEK, J. F. *Direito internacional publico. Curso elementar*, 2nd edn. (Sao Paulo, 1991).

RIALS, S. *La déclaration des droits de l'homme et du citoyen* (Paris, 1988).

RIEDEL, E. 'Standards and Sources. Farewell to the Exclusivity of the Sources Triad in International Law?', 2 *European Journal of International Law* (1991, No. 2), pp. 58–84.

RIGAUX, F. 'Le crime d'Etat. Réflexions sur l'article 19 du projet d'articles sur la responsabilité des Etats', *International Law. Essays Ago*, iii, pp. 301–25.

RIGO SUREDA, A. *The Evolution of the Right of Self-Determination. A Study of United Nations Practice* (Leiden, 1973).

RIPERT, G. 'Les règles du droit civil applicables aux rapports internationaux (Contribution à l'étude des principes généraux du droit visés au Statut de la Cour permanente de Justice internationale)', 44 Hague *Recueil* (1933, II), pp. 565–664.

RIVIER, A. *Principes du Droit des gens*, i (Paris, 1896).

ROBERTS, A. and GUELFF, R. (eds.) *Documents on the Laws of War*, 2nd edn. (Oxford, 1989).

ROBERTSON, A. H. and MERRILLS, J. G. *Human Rights in the World. An introduction to the study of the international protection of human rights*, 3rd edn. (Manchester and New York, 1989, reprinted with minor revisions 1992).

ROBINSON, H. *The Genocide Convention. A Commentary* (New York, 1960).

RODLEY, N. S. 'Human Rights and Humanitarian Intervention: The Case Law of the World Court', 38 *I.C.L.Q.* (1989), pp. 321–33.

RÖLING, B. V. A. 'The 1974 U.N. Definition of Aggression', Cassese (ed.), *The Current Legal Regulation*, pp. 413–21.

ROLAND, H. and BOYER, L. *Locutions latines du droit français*, 3rd edn. (Paris, 1993).

ROLIN, H. 'La pratique des mandats internationaux', 19 Hague *Recueil* (1927, IV), pp. 493–628.

RONZITTI, N. *Rescuing Nationals Abroad Through Military Coercion and Intervention on Grounds of Humanity* (Dordrecht, 1985).

—— 'La disciplina dello jus cogens nella Convenzione di Vienna sul diritto dei trattati', 15 *Comunicazioni e studi* (1978), pp. 241–99.

—— 'Use of Force, Jus Cogens and State Consent', Cassese (ed.), *The Current Legal Regulation*, pp. 147–66.

RONZITTI, N. 'Trattati contrari a norme imperative del diritto internazionale?', *Studi Sperduti*, pp. 209–72.
ROSAS, A., HELGESEN, J. and GOMIEN, D. (eds.) *Human Rights in a Changing East–West Perspective* (London and New York, 1990).
ROSENNE, S. *The Law of Treaties: A Comparative Guide to the Legislative History of the Vienna Convention* (Leiden and Dobbs Ferry, 1970).
—— *The Law and Practice of the International Court*, 2nd revised edn. (Dordrecht, 1985).
—— *Developments in the Law of Treaties 1945–1986* (Cambridge, 1989).
—— *The World Court. What it is and how it works*, 5th revised edn. (Dordrecht, 1995).
—— 'Bilateralism and Community Interest in the Codified Law of Treaties', Friedmann, Henkin and Lissitzyn (eds.), *Transnational Law. Essays Jessup*, pp. 202–27.
—— '"On Defining International Aggression. An Exercise in Futility". A book review of Benjamin B. Ferencz, "Defining International Aggression. The Search for World Peace"', 12 *Israel Law Review* (1977), pp. 401–5.
—— 'Publications of the International Court of Justice', 81 *A.J.I.L.* (1987), pp. 681–96.
—— 'The President of the International Court of Justice', Lowe and Fitzmaurice, M. (eds.), *Fifty Years. Essays Jennings*, pp. 406–23.
—— 'Decolonisation in the International Court of Justice', 8 *African Journal of International and Comparative Law* (1996), pp. 564–76.
ROSENSTOCK, R. 'Crimes of States—an Essay', Ginther, Hafner, Lang, Neuhold and Sucharipa-Behrmann (eds.), *Völkerrecht. Festschrift Zemanek*, pp. 319–34.
ROSS, A. *A Textbook of International Law. General Part* (London, 1947).
ROUCOUNAS, E. J. 'Le traité et les Etats tiers (Quelques approches subjectives et objectives)', 17 *Revue Hellénique de Droit International* (1964), pp. 299–365.
ROUSSEAU, C. *Principes généraux du droit international public*, i (Paris, 1944).
—— *Droit international public*, 5 vols. (Paris, 1971–83).
ROVINE, A. W. 'The World Court Opinion on Namibia', 11 *C.J.T.L.* (1972), pp. 203–39.
ROXBURGH, R. F. *International Conventions and Third States. A Monograph* (London, 1917).
ROZAKIS, C. L. *The Concept of Jus Cogens in the Law of Treaties* (Amsterdam, 1976).
RUBIN, A. P. 'The International Legal Effects of Unilateral Declarations', 71 *A.J.I.L.* (1977), pp. 1–30.
RUCZ, C. 'Les mesures unilatérales de protection des droits de l'homme devant l'Institut de droit international', 38 *A.F.D.I.* (1992), pp. 579–628.
RUDA, J. M. 'Reservations to Treaties', 146 Hague *Recueil* (1975, III), pp. 95–218.
—— 'Some of the Contributions of the International Court of Justice to the Development of International Law', 24 *N.Y.U.J.I.L.P.* (1991), pp. 35–68.
RUDOLF, W. 'New States and International Law', 21 *Law and State* (1980), pp. 47–73.
RUZIÉ, D. *Droit international public*, 12th edn. (Paris, 1996).
SAHOVIC, M. 'Le concept du crime international de l'Etat et le développement du droit international', *International Law. Essays Ago*, iii, pp. 364–9.

SAITO, Y. 'Judge Tanaka, natural law and the principle of equality', Alfredsson and Macalister-Smith (eds.), *The Living Law: essays Grahl-Madsen*, pp. 399–408.

SALERNO, F. (ed.), *Il ruolo del giudice internazionale nell'evoluzione del diritto internazionale e comunitario* (Padua, 1995).

SALMON, J. J. A. 'Faut-il codifier l'état de necessité en droit international?', Makarczyk (ed.), *Essays Lachs*, pp. 235–70.

Salmond on Jurisprudence, 12th edn. Fitzgerald (London, 1966).

SALVIOLI, G. 'I terzi nel diritto internazionale', 12 *Riv. dir. int.* (1918), pp. 229–41.

—— "La jurisprudence de la Cour permanente de Justice internationale', 12 Hague *Recueil* (1926, II), pp. 5–113.

—— 'Les règles générales du droit de la paix', 46 Hague *Recueil* (1933, IV), pp. 1–164.

SANDS, P. *Principles of international environmental law I. Frameworks, standards and implementation* (Manchester, 1995).

—— 'International Law in the Field of Sustainable Development', 65 *B.Y.I.L.* (1994), pp. 303–81.

SARCEVIC, P. and VAN HOUTTE, H. (eds.) *Legal Issues in International Trade* (London, 1990).

SARIN, M. L. 'The Protection of the Human Environment in a Divided World and International Law', Bello and Ajibola (eds.), *Essays Elias*, i, pp. 197–264.

SCELLE, G. *Précis de droit des gens. Principes et systématique*, 2 vols. (Paris, 1932–4).

—— 'Essai sur les sources formelles du droit international', *Recueil Geny*, iii, pp. 400–30.

SCERNI, M. 'La procédure de la Cour permanente de Justice internationale', 65 Hague *Recueil* (1938, III), pp. 565–681.

SCHABAS, W. A. *The Abolition of the Death Penalty in International Law* (Cambridge, 1993).

SCHACHTER, O. *Sharing the World's Resources* (New York, 1977).

—— *International Law in Theory and Practice* (Dordrecht, 1991).

—— 'How Effective are Measures against Racial Discrimination', 4 *Human Rights Journal* (1971), pp. 293–310.

—— 'International Legislation', Sills (ed.), *International Encyclopedia*, vii, pp. 551–8.

—— 'The Role of the Institute of International Law and its Methods of Work', *Livre du Centenaire*, pp. 403–51.

——'Principles of International Social Justice', *Jus et Societas. Essays Friedmann*, pp. 249–77.

—— 'The Evolving International Law of Development' 15 *C.J.T.L.* (1976), pp. 1–16.

—— 'les aspects jurisdiques la politique américaine en matière de droits de l'homme'. 23 *A.F.D.I.* (1977), pp. 53–74.

—— 'Philip Jessup's Life and Ideas', 80 *A.J.L.L.* (1986), pp. 878–95.

—— 'In Defence of International Rules on the Use of Force', 53 *The University of Chicago Law Review* (1986), pp. 113–46.

—— 'Disputes Involving the Use of Force', Damrosch (ed.), *International Court*, pp. 223–41.

—— 'Entangled Treaty and Custom', Dinstein (ed.), *International Law. Essays Rosenne*, pp. 717–38.

—— 'The Greening of International Law', *Humanité*, pp. 271–7.

SCHACHTER, O. 'United Nations in the Gulf Conflict', 85 *A.J.I.L.* (1991), pp. 452–73.
—— 'Human Rights and Economic Development', Bello and Ajibola (eds.), *Essays Elias*, i, pp. 389–98.
—— and SERWER, D. 'Marine Pollution Problems and Remedies', 65 *A.J.I.L.* (1971), pp. 84–111.
SCHINDLER, D. 'Die erga omnes-Wirkung des humanitären Völkerrechts', Beyerlin, Bothe, Hofmann and Petersmann (eds.), *Recht. Festschrift Bernhardt*, pp. 199–211.
SCHMALBERGER, T. *In Pursuit of a Nuclear Test Ban Treaty: A Guide to the Debate in the Conference on Disarmament* (New York, 1991).
SCHRAG, P. G. *Global Action: Nuclear Test Ban Diplomacy at the End of the Cold War* (Boulder, 1992).
SCHREUER, C. 'Capital Punishment and Human Rights', Beyerlin, Bothe, Hofmann and Petersmann (eds.), *Recht. Festschrift Bernhardt*, pp. 563–77.
SCHWARZENBERGER, G. *International Law as Applied by International Courts and Tribunals*, i (London, 1957).
—— 'International jus cogens?', 45 *Texas Law Review* (1965), pp. 455–78.
SCHWEBEL, S. M. 'Aggression, Intervention and Self-Defence in Modern International Law', 136 Hague *Recueil* (1972, II), pp. 411–98.
—— 'Human Rights in the World Court', 24 *Vanderbilt Journal of Transnational Law* (1991), pp. 945–70.
SCHWEISFURTH, T. *Sozialistisches Völkerrecht? Darstellung—Analyse—Wertung der sowjetmarxistischen Theorie vom Völkerrecht 'neuen Typs'* (Berlin, 1979).
——'International Treaties and Third States', 45 *Z.a.ö.R.V.* (1985), pp. 653–74.
SCHWELB, E. 'The International Convention on the Elimination of All Forms of Racial Discrimination', 15 *I.C.L.Q.* (1966), pp. 996–1059.
——'The *Actio Popularis* and International law', 2 *Israel Yearbook of Human Rights* (1972), pp. 46–56.
'Scintillae iuris'. Studi in memoria di Gino Gorla, 3 vols. (Milan, 1994).
SCOBBIE, I. 'Towards the Elimination of International Law: Some Radical Scepticism about Sceptical Radicalism', 61 *B.Y.I.L.* (1990), pp. 339–62.
—— 'Discontinuance in the International Court of Justice: the Enigma of the *Nuclear Tests* cases', 41 *I.C.L.Q.* (1992), pp. 808–40.
SCOTT, J. B. (ed.) *The Hague Peace Conferences of 1899 and 1907. A Series of Lectures Delivered Before the Johns Hopkins University in the Year 1908*, ii (Baltimore, 1909).
Scritti di diritto internazionale in onore di Tomaso Perassi, 2 vols. (Milan, 1957).
SÉFÉRIADÈS, S. 'Principes généraux du droit international de la paix', 34 Hague *Recueil* (1930, IV), pp. 181–489.
SEIDL-HOHENVELDERN, I. *International Economic Law*, 2nd edn. (Dordrecht, 1992).
—— *Völkerrecht*, 8th edn. (Cologne, 1994).
—— 'Der Barcelona-Traction-Fall', 22 *Österreichische Zeitschrift für öffentliches Recht* (1971), pp. 255–310.
—— '*Actio Popularis* im Völkerrecht?', 14 *Comunicazioni e studi* (1975), pp. 803–13.
—— 'The Charter of Economic Rights and Duties of States', *Studi Balladore Pallieri*, ii, pp. 550–6.
La sentenza in Europa. Metodo, tecnica e stile (Padua, 1988).

SERENI, A. P. *Diritto internazionale*, 4 vols. (Milan, 1956–65).
SETTE CAMARA, J. 'Behind the World Bench', *International Law. Liber Jiménez de Aréchaga*, pp. 1069–79.
SHAHABUDDEEN, M. *Precedent in the World Court* (Cambridge, 1996).
SHAKER, M. 'The Moscow Test Ban Treaty', 27 *Revue égyptienne de droit international* (1971), pp. 41–58.
SHARP, R. H. *Nonrecognition as a Legal Obligation 1775–1934* (Liège, 1934).
SHAW, M. N. 'Genocide and International Law', Dinstein (ed.), *International Law. Essays Rosenne*, pp. 797–820.
SHESTAKOV, L. N. *Imperativnye normy v sisteme sovremennogo mezhdunarodnogo prava* (Moscow, 1981).
SHIHATA, I. F. I. *The Power of the International Court to Determine its own Jurisdiction: Compétence de la Compétence* (The Hague, 1965).
—— 'The Treaty as a Law-Declaring and Custom-Making Instrument', 22 *Revue égyptienne de droit international* (1966), pp. 51–90.
SILAGI, M. 'Die Popularklage als Fremdkörper im Völkerrecht', 4 *South African Yearbook of International Law* (1978), pp. 10–28.
SILLS, D. L. (ed.) *International Encyclopedia of the Social Sciences*, vii (New York, 1972), xiii and xiv (New York, 1968).
SIMMA, B. *Das Reziprozitätselement in der Entstehung des Völkergewohnheitsrechts* (Munich, 1970).
—— (ed.) *The Charter of the United Nations. A Commentary* (Oxford, 1994).
—— 'The Antarctic Treaty as a Treaty Providing for an "Objective Regime"', 19 *Cornell International Law Journal* (1986), pp. 189–209.
—— 'Does the UN Charter Provide an Adequate Legal Basis for Individual or Collective Responses to Violations of Obligations erga omnes?', Delbrück (ed.), *The Future of International Law*, pp. 125–46.
—— 'International Human Rights and General International Law: A Comparative Analysis', 4 *Collected Courses of the Academy of European Law* (1993, II), pp. 153–236.
SINCLAIR, I. M. *The Vienna Convention on the Law of Treaties*, 2nd edn. (Manchester, 1984).
—— *The International Law Commission* (Cambridge, 1987).
—— 'The Impact of the Unratified Codification Convention', Bos and Siblesz (eds.), *Realism: essays Riphagen*, pp. 211–29.
—— 'State Responsibility and the Concept of Crimes of States', Weiler, Cassese and Spinedi (eds.), *International Crimes of State*, pp. 223–5.
SINGH, G. 'The Greenhouse Effect—Need for Legal Control', Pathak and Dhokalia (eds.), *International Law. Essays Nagendra Singh*, pp. 149–59.
SINGH, N. 'Address of welcome delivered by the President of the International Court of Justice, Judge Nagendra Singh, to His Holiness Pope John Paul II on the occasion of the latter's visit to the Court on 13 May 1985', *The International Court of Justice*, pp. 138–40.
—— 'Right to Environment and Sustainable Development as a Principle of International Law', Bello and Ajibola (eds.), *Essays Elias*, i, pp. 181–95.
SLONIM, S. *South West Africa and the United Nations: An International Mandate in Dispute* (Baltimore and London, 1973).

SMETS, P.-F. *Les effets des traités internationaux à l'égard des Etats tiers* (Paris, 1965–6).

SMITH, A. E. *Colonists in Bondage, White Servitude and Convict Labor in America, 1607–1776* (Chapel Hill, N.C., 1947).

SMITH, H. A. (ed.) *Great Britain and the Law of Nations*, i (London, 1932).

SMITH, J. C., *Legal Obligation* (London, 1976).

SNYDER, F. and SLINN, P. (eds.) *International Law of Development: Comparative Perspectives* (Abingdon, 1987).

SÖDERHJELM, J. O. *Démilitarisation et neutralisation des Iles d'Aland en 1856 et 1921* (Helsingfors, 1928).

SÖRENSEN, M. *Les sources du droit international. Etude sur la jurisprudence de la Cour permanente de justice internationale* (Copenhagen, 1946).

—— (ed.) *Manual of Public International Law* (London, 1968).

—— 'Principes de droit international public', 101 Hague *Recueil* (1960, III), pp. 1–254.

SPERDUTI, G. *La fonte suprema dell'ordinamento internazionale* (Milan, 1946).

—— *Lezioni di diritto internazionale* (Milan, 1958).

—— *Il dominio riservato* (Milan, 1970).

—— 'Les obligations solidaires en droit international', Makarczyk (ed.), *Essays Lachs*, pp. 271–5.

Staatsrecht-Völkerrecht-Europarecht, Festschrift für Hans-Jurgen Schlochauer (Berlin, 1981).

STARACE, V. (ed.) *Diritto internazionale e protezione dell'ambiente marino* (Milan, 1983).

—— 'La responsabilité résultant de la violation des obligations à l'égard de la communauté internationale', 153 Hague *Recueil* (1976, IV), pp. 265–317.

Starke's International Law, 11th edn. Shearer (London, 1994).

STARKMAN, P. 'Genocide and International Law: Is there a Cause of Action?', 8 *ASILS International Law Journal* (1984), pp. 1–65.

STEIN, T. L. 'The Approach of the Different Drummer', 26 *Harvard International Law Journal* (1985), pp. 457–82.

STEINER, H. J. and ALSTON, P. (eds.) *International Human Rights in Context. Law, Politics, Morals. Texts and Materials.* (Oxford, 1996).

STONE, J. *Aggression and World Order. A Critique of United Nations Theories of Aggression* (London, 1958).

—— 'Holes and Loopholes in the 1974 Definition of Aggression', 71 *A.J.I.L.* (1977), pp. 224–46.

STREIT, G. 'Les grandes puissances dans le droit international', 2 *R.D.I.L.C.* (2nd series, 1900), pp. 5–25.

STROZZI, G. 'I "principi" dell'ordinamento internazionale', 47 *La Comunità internazionale* (1992), pp. 162–87.

STRUPP, K. and SCHLOCHAUER, H.J. (eds.) *Wörterbuch des Völkerrechts*, 2nd edn., 3 vols. (Berlin, 1960–2).

Studi in onore di Giorgio Balladore Pallieri, 2 vols. (Milan, 1978).

Studi in onore di Giuseppe Sperduti. Fonti internazionali e rapporti fra ordinamenti, l'individuo nel diritto internazionale, altri contributi (Milan, 1984).

SUBEDI, S. P. 'The Doctrine of Objective Regimes in International Law and the Competence of the United Nations to Impose Territorial or Peace Settlements on States', 37 *G.Y.I.L.* (1994), pp. 162–205.

SUCHARITKUL, S. 'The Role of the International Law Commission in the Decade of International Law', 3 *Leiden Journal of International Law* (1990, No. 3, Special Issue December 1990), pp. 15–42.
SUDRE, F. 'Droits intangibles et/ou droits fondamentaux: y a-t-il des droits prééminents dans la Convention européenne des droits de l'homme?', *Liber Eissen*, pp. 381–98.
SUENENS, L. J. *Le Roi Baudouin. Une vie qui nous parle* (Ertvelde, 1995).
SUR, S. 'Sources du droit international. La coutume', *Jurisclasseur de droit international* (1989), 'Fascicule 13'.
SWINARSKI, C. (ed.) *Studies and essays on international humanitarian law and Red Cross principles in honour of Jean Pictet* (Geneva and The Hague, 1984).
Symbolae Verzijl présentées au Professor J. H. W. Verzjil à l'occasion de son LXXième anniversaire (The Hague, 1958).
'Symposium. Earth Rights and Responsibilities: Human Rights and Environmental Protection', 18 *Yale Journal of International Law* (1993), pp. 213–411.
SZTUCKI, J. *Jus Cogens and the Vienna Convention on the Law of Treaties* (Vienna, 1974).
—— *Interim Measures in the Hague Court. An Attempt at a Scrutiny* (Deventer, 1983).
—— 'Some Questions Arising from Reservations to the Vienna Convention on the Law of Treaties', 20 *G.Y.I.L.* (1977), pp. 277–305.
Tableau des Résolutions adoptées (1957–1991), Institut de Droit International (under the auspices of) (Paris, 1992).
TABORY, M. *Multilingualism in International Law and Institutions* (Alphen aan den Rijn and Rockville, 1980).
TAKANO, Y. *Einführung in das Völkerrecht*, German trans. Richter of the second Japanese edition, 1969 (14th reprint, 1977), 3 vols. (Cologne, 1979–92).
TANAKA, K. 'Du droit international au droit mondial', *Etudes Julliot de la Morandière*, pp. 547–70.
—— 'Some Observations on Peace, Law, and Human Rights', Friedmann, Henkin and Lissitzyn (eds.), *Transnational Law. Essays Jessup*, pp. 242–56.
TANZI, A. *L'immunità dalla giurisdizione degli agenti diplomatici* (Padua, 1991).
TARUFFO, M. 'Dimensioni del precedente giudiziario', *'Scintillae iuris'*, i, pp. 383–404.
TAYLOR, T. *The Anatomy of the Nuremberg Trials* (New York, 1992).
—— 'The Nuremberg War Crimes Trials', 450 *International Conciliation* (1949), pp. 243–371.
TECLAFF, L. A. and UTTON, A. E. (eds.) *International Environmental Law* (New York, 1974).
TÉNÉKIDÈS, G. 'L'action des Nations Unies contre la discrimination raciale', 168 Hague *Recueil* (1980, III), pp. 269–487.
TETTAMANZI, D. *Verità e libertà. Temi e prospettive di morale cristiana* (Casale Monferrato, 1993).
THIERRY, H. 'L'évolution du droit international. Cours général de droit international public', 222 Hague *Recueil* (1990, III), pp. 9–186.
—— COMBACAU, J., SUR, S. and VALLÉE, C. *Droit international public*, 3rd edn. (Paris, 1981).

THIRLWAY, H. W. A. *International Customary Law and Codification* (Leiden, 1972).
—— 'The Law and Procedure of the International Court of Justice 1960–1989', 60 *B.Y.I.L.* (1989), pp. 1–157.
—— 'The Law and Procedure of the International Court of Justice 1960–1989', 61 *B.Y.I.L.* (1990), pp. 1–133.
—— 'Reflections on the Articulation of International Judicial Decisions and the Problem of "Mootness"', Macdonald (ed.), *Essays Wang Tieya*, pp. 789–812.
—— 'The Law and Procedure of the International Court of Justice 1960–1989', 66 *B.Y.I.L.* (1995), pp. 1–96.
THOMAS, J. A. C. *Textbook of Roman Law* (Amsterdam, 1976).
THORNBERRY, P. *International Law and the Rights of Minorities* (Oxford, 1991).
TIEWUL, S. A. 'International Law and Nuclear Test Explosions on the High Seas', 8 *Cornell International Law Journal* (1974), pp. 45–70.
TITTEL, J. (ed.) *Multitudo Legum Ius Unum. Festschrift für Wilhelm Wengler zu seinem 65. Geburtstag*, 2 vols. (Berlin, 1973).
TOMUSCHAT, C. 'Equality and non-discrimination under the International Covenant on Civil and Political Rights', *Staatsrecht. Festschrift Schlochauer*, pp. 712–16.
—— 'Das Recht auf Entwicklung', 25 *G.Y.I.L.* (1982), pp. 85–112 (in German, with English summary).
—— 'Obligations Arising for States without or against Their Will', 241 Hague *Recueil* (1993, IV), pp. 195–374.
TOUSCOZ, J. *Droit international* (Paris, 1993).
TREVES, T. 'Military Installations Structures, and Devices on the Seabed', 74 *A.J.I.L.* (1980), pp. 808–57.
—— 'La Déclaration des Nations Unies sur le renforcement de l'efficacité du principe du non-recours à la force', 33 *A.F.D.I.* (1987), pp. 379–98.
—— 'Codification du droit international et pratique des Etats dans le droit de la mer', 223 Hague *Recueil* (1990, IV), pp. 9–302.
TRIGGS, G. (ed.) *The Antarctic Treaty Regime: Law, Environment and Resources* (Cambridge, 1987).
TRUYOL Y SERRA, A. *Los derechos humanos. Declaraciones y Convenios internacionales*, 3rd edn. (Madrid, 1982).
—— *Histoire du droit international public* (Paris, 1995).
—— 'Théorie du droit international public. Cours général', 173 Hague *Recueil* (1981, IV), pp. 9–444.
TUNKIN, G. I. *Theory of International Law*, English trans. Butler (London, 1974).
—— 'Jus Cogens in Contemporary International Law', 3 *The University of Toledo Law Review* (1971), pp. 107–18.
—— 'International Law in the International System', 147 Hague *Recueil* (1975, IV), pp. 1–218.
UDINA, M. 'La succession des Etats quant aux obligations internationales autres que les dettes publiques', 44 Hague *Recueil* (1933, II), pp. 669–773.
ULLOA, A. *Derecho internacional publico*, 4th edn. (Madrid, 1957).
UNGER, R. F. *Völkergewohnheitsrecht—objectives Recht oder Geflecht bilateraler Beziehungen: Seine Bedeutung für einen "persistent objector"* (Munich, 1978).
The United Nations and Apartheid 1948–1994 (New York, 1994).

Uribe Vargas, D. 'La troisième génération des droits de l'homme', 184 Hague *Recueil* (1984, I), pp. 355–76.
Urrutia, F.J. 'La codification du droit international en Amérique', 22 Hague *Recueil* (1928, II), pp. 81–236.
Valencia-Ospina, E. 'The International Court of Justice and International Environmental Law', 2 *Asian Yearbook of International Law* (1994), pp. 1–10.
Vali, F. A. *Servitudes of International Law*, 2nd edn. (London, 1958).
Valticos, N. 'Des parallèles qui devraient se rejoindre: les méthodes de contrôle international concernant les conventions sur les droits de l'homme', Beyerlin, Bothe, Hofmann and Petersmann (eds.), *Recht. Festschrift Bernhardt*, pp. 647–61.
Valtierra, A. *Peter Claver. Saint of the Slaves*, English trans. Perry and Woodward (Westminster, Maryland, 1960).
Vasciannie, S. 'Part XI of the Law of the Sea Convention and Third States: Some General Observations', 48 *Cambridge Law Journal* (1989), pp. 85–97.
Vattel, E. (de) *The Law of Nations or the Principles of Natural Law Applied to the Conduct and to the Affairs of Nations and of Sovereigns*, trans. Fenwick of 1758 edition, Scott (ed.) *Classics of International Law* (Washington, D.C., 1902; reprinted New York and London, 1964).
Velu, J. and Ergec, R. *La Convention européenne des droits de l'homme* (Brussels, 1990).
Verdross, A. (von) *Die Quellen des universellen Völkerrecht. Ein Einführung* (Freiburg, 1973).
—— 'Forbidden Treaties in International Law', 31 *A.J.I.L.* (1937), pp. 571–7.
—— 'Jus Dispositivum and Jus Cogens in International Law', 60 *A.J.I.L.* (1966), pp. 55–63.
—— and Simma, B. *Universelles Völkerrecht*, 3rd edn. (Berlin, 1984).
Vereshchetin, V. S. and Mullerson, R. A. 'International Law in an Interdependent World', 28 *C.J.T.L.* (1990) pp. 291–300.
Verhoeven, J. *La Réconnaissance internationale dans la pratique contemporaine* (Paris, 1975).
—— 'Le crime de génocide. Originalité et ambiguïté', 24 *Revue belge de droit international* (1991), pp. 5–26.
Verosta, S. 'International Law in Europe and Western Asia between 100 and 650 A.D.', 113 Hague *Recueil* (1964, III), pp. 491–613.
Verzijl, J. H. W. *International Law in Historical Perspective*, iii (Leiden, 1970).
Vierdag, E. W. *The Concept of Discrimination in International Law with Special Reference to Human Rights* (The Hague, 1973).
—— 'Some Remarks about Special Features of Human Rights Treaties', 25 *Netherlands Yearbook of International Law* (1994), pp. 119–42.
Villiger, M. E. *Customary International Law and Treaties* (Dordrecht, 1985).
Vinogradoff, P. *Villeinage in England: Essays in English Medieval History* (London, 1892; reprinted 1927).
Virally, M. 'Vers un droit international du développement', *11 A.F.D.I.* (1965) pp. 3–12.
—— 'The Sources of International Law', Sörensen (ed.), *Manual*, pp. 116–74.
—— 'Réflexions sur le "jus cogens"', 11 *A.F.D.I.* (1966), pp. 3–29.
—— 'Panorama du droit international contemporain. Cours général de droit international public', 183 Hague *Recueil* (1983, V), pp. 9–382.

VITTA, C. 'La défense international de la liberté et de la moralité individuelles', 45 Hague *Recueil* (1933, III), pp. 557–666.

VITTA, E. 'Le traité multilatéral peut-il être considéré comme un acte législatif?', 6 *A.F.D.I.* (1960), pp. 225–38.

Völkerrecht als Rechtsordnung. Internationale Gerichtsbarkeit. Menschenrechte. Festschrift für Hermann Mosler (Berlin, 1983).

Völkerrechtlicher Vertrag und Drittstaaten (Treaties and Third States) (in German, with English Summaries of the Reports) (Heidelberg, 1988).

WALDOCK, C. H. M. 'The Anglo-Norwegian Fisheries Case', 28 *B.Y.I.L.* (1951), pp. 114–71.

—— 'The Regulation of the Use of Force by Individual States in International law', 81 Hague *Recueil* (1952, II), pp. 451–517.

—— 'General Course on Public International Law', 106 Hague *Recueil* (1962, II), pp. 1–251.

WALLACE, C. D. 'Barcelona Traction Case', Heidelberg *Encycl.*, ii, pp. 30–3.

WALLACE, R. *International Law. A Student Introduction*, 2nd edn. (London, 1992).

WANG TIEYA 'The Third World and International law', MacDonald and Johnston (eds.), *The Structure and Process*, pp. 955–76.

—— 'International Law in China: Historical and Contemporary Perspectives', 221 Hague *Recueil* (1990, II), pp. 195–370.

WEERAMANTRY, C. G. 'The Teaching of Human Rights', 1 *Sri Lanka Journal of International Law* (1989), pp. 79–111.

—— 'An Appreciation of Judge Nagendra Singh', Pathak and Dhokalia (eds.), *International Law. Essays Singh*, preliminary essay (vi).

—— 'The International Court of Justice in the Age of Multiculturalism', 36 *Indian Journal of International Law* (1996, No. 2), pp. 17–38.

WEIL, P. 'Towards Relative Normativity in International Law?', 77 *A.J.I.L.* (1983), pp. 413–42.

—— 'Le droit international en quête de son identité. Cours général de droit international public', 237 Hague *Recueil* (1992, VI), pp. 9–370.

WEILER, J. H. H., CASSESE, A. and SPINEDI, M. (eds.) *International Crimes of State. A Critical Analysis of the ILC's Draft Article 19 on State Responsibility* (Berlin and New York, 1989).

WEISBURD, A. M. 'The Effect of Treaties and Other Formal International Acts On the Customary Law of Human Rights', 25 *Georgia Journal of International and Comparative Law* (1995/96), pp. 99–146.

WEISS, B. E. *In Fairness to Future Generations: International Law, Common Patrimony and Intergenerational Equity* (Tokyo and Dobbs Ferry, 1989).

——'The Planetary Trust: Conservation and Intergenerational Equity', 11 *Ecology Law Quarterly* (1984), pp. 495–581.

WENGLER, W. *Völkerrecht*, 2 vols. (Berlin, 1964).

WESTLAKE, J. *International Law*, i (Cambridge, 1910), ii (2nd edn., Cambridge, 1913).

WHEATON, H. *Elements of International Law: with a Sketch of the History of the Science* (Philadelphia, 1836).

WHITE, G. E. *The American Judicial Tradition. Profiles of Leading American Judges*, expanded edn. (New York and Oxford, 1988).

WHITE, G. E. *The Marshall Court and Cultural Change 1815–1835*, abridged edn. (New York and Oxford, 1991).

WHITEMAN, M. '*Jus Cogens* in International Law, with a Projected List', 7 *Georgia Journal of International and Comparative Law* (1977), pp. 609–26.

WIECEK, W. M. 'Antelope, The', Hall, K. L. (ed.), *The Oxford Companion to the Supreme Court*, p. 34.

WILBERFORCE, R. 'Some Aspects of the Anglo-Norwegian Fisheries Case', 38 *Transactions of the Grotius Society* (1953), pp. 151–68.

WILLIAMS, C. 'Slavery (and the Church)', *New Catholic Encyclopedia*, xiii (New York, 1967), pp. 281–2.

WILLIAMS, J. F. 'La doctrine de la réconnaissance en droit international et ses dévéloppements récents', 44 Hague *Recueil* (1933, II), pp. 203–313.

WILLISCH, J. *State Responsibility for Technological Damage in International Law* (Berlin, 1987).

WINIARSKI, B. 'Principes généraux du droit fluvial international', 45 Hague *Recueil* (1933, III), pp. 75–217.

WOLFF, C. *Jus gentium methodo scientifica pertractatum*, English trans. Drake of 1764 edition, Scott (ed.), *Classics of International Law* (Oxford, 1934).

WOLFKE, K. *Custom in Present International law*, 2nd revised edn. (Dordrecht, 1993).

—— '*Jus Cogens* in International Law (Regulations and Prospects)', 6 *P.Y.I.L.* (1974), pp. 145–62.

——'Some Reflections on International Environmental Law-Making and Enforcement', 8 *P.Y.I.L.* (1976), pp. 33–53.

WOLFRUM, R. 'Purposes and Principles of International Environmental Law', 33 *G.Y.I.L.* (1990), pp. 308–30.

—— (ed.) *United Nations: Law, Policies and Practice*, new, revised English edn., 2 vols. (Munich and Dordrecht, 1995).

WOOLSEY, L. H. 'The Tacna-Arica Settlement', 23 *A.J.I.L.* (1929), pp. 605–10.

The World Charter for Nature, European Council for Environmental Law (under the auspices of) (Berlin, 1986).

WRIGHT, Q. *Mandates under the League of Nations* (Chicago, 1930).

WYK, D. (VAN), DUGARD, J., DE VILLIERS, B. and DAVIS, D. (eds.) *Rights and Constitutionalism. The New South African Legal Order* (Kenwyn, South Africa, 1994).

WYROZUMSKA, A. 'Problem istnienia w prawie miedzynarodowym publicznym sluzebnosci miedzynarodowego', 7 *Acta Universitatis Lodziensis. Folia Iuridica* (1982), pp. 71–96 (in Polish, with English summary).

—— 'Treaties Establishing Territorial Regimes', 15 *P.Y.I.L.* (1986), pp. 251–76.

YANAI, S. and ASOMURA, K. 'Japan and the Emerging Order of the Sea—Two Maritime Laws of Japan', 21 *Japanese Annual of International Law* (1977), pp. 48–114.

YASSEEN, M. K. 'L'interprétation des traités d'après la Convention de Vienne sur le droit des traités', 151 Hague *Recueil* (1976, III), pp. 1–114.

YEPES, J. M. 'La contribution de l'Amérique latine au développement du droit international public et privé', 32 Hague *Recueil* (1930, II), pp. 691–799.

—— 'Les problèmes fondamentaux du droit des gens en Amérique', 47 Hague *Recueil* (1934, I), pp. 1–143.

ZACKLIN, R. (ed.) *The Process of Change in International Law (Report of a Conference organized by the Carnegie Endowment for International Peace, Geneva, 1963)* (Geneva, 1965).
—— 'The problem of Namibia in International Law', 171 Hague *Recueil* (1981, II), pp. 225–340.
ZEMANEK, K. 'State succession after decolonisation', 116 Hague *Recueil* (1965, III), pp. 181–300.
—— 'The United Nations Conference on the Law of Treaties Between States and International Organizations: The unrecorded history of its "general agreement"', Böckstiegel, Folz, Mössner and Zemanek (eds.), *Law of Nations. Liber Seidl-Hohenveldern*, pp. 675–7.
ZICCARDI, P. 'Règles d'organisation et règles de conduite en droit international. (Le droit commun et les ordres juridiques)', 152 Hague *Recueil* (1976, IV), pp. 119–376.
—— 'Il diritto nell'insegnamento di Roberto Ago', 78 *Riv. dir. int.* (1995), pp. 305–17.
ZICCARDI CAPALDO, G. (ed.) *Repertory of Decisions of the International Court of Justice (1947–1992)*, 2 vols. (Dordrecht, 1995).
ZOLLER, E. 'L'affaire du personnel diplomatique et consulaire des Etats-Unis à Teheran', 84 *R.G.D.I.P.* (1980), pp. 973–1026.
ZOUREK, J. 'Enfin une Définition de l'Agression', 20 *A.F.D.I.* (1974), pp. 9–30.
ZWEIGERT, K. and KÖTZ, H. *Introduction to Comparative Law*, 2nd edn., English trans. Weir, 2 vols. (Oxford, 1987).

索 引

(This index does not list either personal names (listed in the Bibliography) or the names of cases and documents (listed in their respective Tables))

译者分工与致谢

本书的翻译由池漫郊主持,具体分工如下:

池漫郊:致谢语、前言、第一章、第十章、结论,全书的审阅与校对

施楚:第八、九章、

王稀:第三、六、七章、

强之恒:第二、四、五章、部分章节的校对

本书的任何讹误指出,概由池漫郊负责,敬请读者批评指正。

特别感谢法律出版社黄琳佳编辑的支持与努力!

2012 年 10 月 30 日

图书在版编目(CIP)数据

国际对世义务之概念/(英)拉佳齐(Ragazzi,M.)著;池漫郊译. —北京:法律出版社,2012.12
(厦门大学国际法翻译系列)
ISBN 978-7-5118-4328-9

Ⅰ. ①国… Ⅱ. ①拉… ②池… Ⅲ. ①国际法—研究
Ⅳ. ①D99

中国版本图书馆CIP数据核字(2012)第284790号

国际对世义务之概念	莫里奇奥·拉佳齐 著 池漫郊等 译	责任编辑 黄琳佳 装帧设计 贾丹丹

开本 A5　**印张** 11.375　**字数** 262千
版本 2013年1月第1版　**印次** 2013年1月第1次印刷
出版 法律出版社　**编辑统筹** 学术·对外出版分社
总发行 中国法律图书有限公司　**经销** 新华书店
印刷 固安华明印刷厂　**责任印制** 陶 松

法律出版社/北京市丰台区莲花池西里7号(100073)
电子邮件/info@lawpress.com.cn　销售热线/010-63939792/9779
网址/www.lawpress.com.cn　咨询电话/010-63939796

中国法律图书有限公司/北京市丰台区莲花池西里7号(100073)
全国各地中法图分、子公司电话:
第一法律书店/010-63939781/9782　西安分公司/029-85388843
重庆公司/023-65382816/2908　上海公司/021-62071010/1636
北京分公司/010-62534456　深圳公司/0755-83072995

书号:ISBN 978-7-5118-4328-9　**定价**:36.00元
(如有缺页或倒装,中国法律图书有限公司负责退换)